CYNICAL THEORIES

左膠是如何煉成的

左派理論如何讓一切都成了問題？危害社會民主價值

How Activist Scholarship Made Everything about Race, Gender, and Identity—and Why This Harms Everybody

Helen Pluckrose × James Lindsay
海倫・普魯克羅斯、詹姆斯・林賽——著
譯——蔡至哲

多虧我的先生大衛的幫忙，才讓這一切成為可能。還有我的女兒露西，她再也不想聽到後現代主義了，我終於完成我的工作了。

——海倫．普魯克羅斯（Helen Pluckrose）

多虧我的妻子希瑟（Heather），她其實只想過簡單的生活，從來不理解這些東西的存在。

——詹姆斯．林賽（James Lindsay）

目次

推薦序　「你今天Woke了嗎？」

盧省言　國立台灣師範大學歷史學系助理教授

大家有聽說過「覺青」（Woke）這個詞嗎？沒聽過沒有關係，那麼「左膠」（hardleft）呢？

都沒聽過的話，可能也能從字面上的意思看得出來其和「左派」有些關係。就英文來看，Woke 是醒來的意思，意指對社會不正義保持著警覺、覺醒，並致力於批判以及改變這樣的不正義。

舉個讀者們或許會感到親切的例子：二〇二四年巴黎奧運舉行期間，台灣拳擊好手林郁婷以及另一位阿爾巴尼亞選手克莉芙（Imane Khelif），因為不公平且有造假嫌疑的性別檢測而被國際媒體推上風口浪尖，甚至是被暢銷小說《哈利波特》的作者J．K．羅琳（J.K. Rowling）在推特上直指為跨性別男性，認為兩位選手沒有資格參加女性拳擊賽事。一時間推特上吵成一團，很多網民提出要「取消」J．K．羅琳，不再看她的書，更有甚者，要焚燒她的著作。林郁婷事件讓我們看到了社會對「女性」的想像過於狹隘，且反而讓性別開倒車，將女性框在了刻板印象裡。但J．K．羅琳對性別的批評事實上有著長遠歷史，其引起最多爭議的莫過於其二〇二〇年的推文：她回應一篇以〈有月經的人〉當作標題的文章，抨擊該文章不敢大膽說出「女人」兩個字，只敢用「有月經的人」來讓所有跨性別者不感到冒犯。

J．K．羅琳此舉引起許多人的憤慨，甚至連《哈利波特》電影版的許多演員都不同意這樣的發言，開始跟她切割。反之，也有許多人支持她，稱那些批評人士是太過覺青、左膠，凡事都要反對，認為自己在支持社會正義，但事實上在分裂社會。

J．K．羅琳的例子讓我們不禁想問，為什麼會有覺青？為什麼他們在乎社會正義？而這些覺青對社會帶來了什麼影響？

本書的作者海倫．普魯克羅斯（Helen Pluckrose）以及詹姆斯．林賽（James Lindsay）花了一整本書的篇幅解釋何謂走的極端左派的十字軍（覺青），以及這些極端左翼是如何將自己描繪成社會正義的守門人，動輒要求政治正確。且時常只因為他人的一句話，通常是某人曾說過或者做過一些被視為性別歧視、種族主義或者恐同行為，而要求社會取消某人。兩位作者將這種極左分子的興起歸咎於後現代主義的流行。後現代主義（Postmodernism）是一種二十世紀中期興起的思想運動，涵蓋哲學、文學、藝術、建築、文化批評等多個領域。其中心思想是質疑現代主義對理性、科學、進步和普遍真理的信仰。後現代主義也相信知識是權力所建構出來的，因此閱聽到的知識都是需要被解構：我們要心存懷疑，不能被以權力建構出來的知識所支配。

本書以後現代主義為中心，詳細地解釋了後現代主義所發展出來的分支，以及對當前社會的影響。包括後殖民理論、酷兒理論、種族批判理論、交織性女性主義、身心障礙研究和肥胖研究，以及大家可能最常接觸到的社會正義。單就這些主題來看，大家可能會感到疑惑：這些面向都代表著進步價值不是嗎？不少國家賦予LGBTQ和異性戀一樣的權利、女性在社會上有更多發聲管道、弱勢族群議題更常被研究，後現代主義不是給世界帶來了更多美好事物嗎？

的確，身在當代的我們會認為，和一百年以前比起來，以上的議題可說是現在社會進步的象徵，但作者特別指出一點，後現代主義的核心是懷疑，並且認為一切都是危險的。在不斷懷疑，持續解構話語、知識的情況下，容易導致價值混亂，甚至會削弱對社會正義和普遍原則的追求。此外，後現代主義過於強調解構，可能讓人無法形成有建設性的行動。例如，在某些大學裡就曾發生了學生秉持著後殖民主義的精神，抗議為何教授們都是白人？為什麼學生的課程這麼白？為什麼要由殖民者來傳遞知識？學校難道不能找到非白人的教授嗎？

再舉一個離社會大眾更近的例子：近年來氣候變遷變成全球所關注之議題，而在二〇二二年就發生一群抗議者跑到羅浮宮，對著世界名畫〈蒙娜麗莎〉噴灑奶昔，想藉此引起當地政府對氣候變遷之重視。

這些行為有些人贊同，但也有一些人認為「有必要嗎？」

對抗議者的行為評價的分歧，反映出作者在導論中提出的想法：後現代主義關懷弱勢、重視多元平等；但我們也不能否認，自十八世紀啟蒙運動以來所奠基的自由主義造就了今日處在民主社會的我們，並且賦予每個人權力的堅實基礎。但在後現代主義思潮下，如果在追求社會正義的手段上使用了帶著懷疑一切、取消一切、以平等為名而拒絕對話，那麼平等換來的只會是一片廢墟，而那並不是一個值得追求的目標。

對於這些極端左翼的行為評價，我秉持著後現代主義的精神：尊重多元敘事，應該留給讀者們各自解讀，而這也是我認為大家應該要讀這本書的原因。

推薦序　崩潰的自由主義者與左／膠之建構——「反左膠」是如何煉成的？

李柏翰　國立台灣大學健康政策與管理研究所副教授

《左膠是如何煉成的》（*Cynical Theories*）由海倫・普魯克羅斯（Helen Pluckrose）和詹姆斯・林賽（James Lindsay）合著，剖析了當代批判理論及其衍生的社會正義運動對西方文化的影響，他們認為這些運動的思想根源可追溯至二十世紀的後現代主義哲學，尤其是其對真理、知識和權力關係的懷疑態度，助長了社會分裂——後現代主義者認為真理並非普遍適用，而是由特定文化和權力結構建構而成。

此哲學主張中，語言被視為權力的主要工具，決定了人們看待現實的位置與視角，以及對現實的認識，因此後現代主義強調文化與真相的相對性，然而這種懷疑論與解構方法在二十世紀後期逐漸從理論過渡到實踐，成為所謂「應用後現代主義」的基礎，而該過程催生了具批判性的社會正義運動，將性別、種族、性取向、身心障礙等集體身分作為理解社會不平等與壓迫的主要框架。

普魯克羅斯和林賽指出，這些基於「應用後現代主義」的行動雖旨在改善社會不平等，但其方法論往往過於激進，對進步主義和社會制度提出過於強烈的批評，指控其為維持壓迫性權力結構的工具，但這種邏輯導致過度政治化「知識生產」這件事，連科學都被重新定義為文化偏見的產物，而非客觀中立的工具；而強調集體身分的認同政治則忽視了人性的普世性，加劇了社會分裂與對立。

整體而言，這本書對批判理論及其應用提出了深刻的批判，認為其極端應用損害了自由主義、人文主義與科學精神的價值。儘管作者揭示了這些運動中的潛在危機，但其論述也存在簡化的傾向，未能全面考量批判理論內部的多樣性，也並未提出更具建設性的解決路徑。該書為當代文化與政治對話提供了重要的起點，但需要輔以其他角度的探討，才能全面理解這場「文化戰爭」中的複雜性。

捍衛啟蒙價值、反左膠的自由主義左派

本書一大亮點是其對後現代主義到批判性社會正義理論演變歷程的清晰梳理。兩位作者詳細闡述了從哲學理念到政治實踐的過渡過程，說明曾經的哲學上之懷疑論，如何逐漸被轉化為一套政治上實用的行動框架。他們認為，「社會正義運動」雖然起初以挑戰系統性不平等為目標，但在實踐中卻經常採取教條式的態度，這樣會壓抑了自由表達與公開辯

論的空間。

當認同政治將所有社會問題歸結為無所不在的權力結構時，無意中削弱了個人的能動性、普遍人權的意義，並塑造出用政治正確「抓戰犯」的壓抑氛圍，也經常傾向將反對／反思的聲音視為維護壓迫者的表現，這種態度可能阻礙真正的社會進步。與其完全解構既有的社會機制，作者提倡以開放而辯證的態度探索解決問題的新方法，同時確保思想及言論自由，但本書亦有一個重要的宣稱：

本書並非一本想要終結自由女性主義、終結反種族主義的社會行動，或者反對爭取LGBT平權的書。反之，此書來自於我們對性別、種族和LGBT平等的承諾，以及我們擔心這些理論的有效性和重要性，目前正遭受到「社會正義方法」所帶來的驚人破壞。這本書也不會攻擊學術或大學。完全相反，我們嘗試捍衛嚴謹的，以實證為基礎的學術和大學作為知識生產中心的基本功能，以期去抗衡左派的反經驗、反理性和反自由主義，因為這是一股威脅要賦權給那些反知識、反平等和反自由主義的潮流。我們同時也要排斥那些反自由主義的右翼勢力。

作者對基於身分政治的政治與社會行動可能帶來的危害，提出了有力批評。他們警告，過度聚焦於群體身分容易使社會將個人視為其所屬群體的代表，而非具備自主性與多樣性的個體，而可能限制人們跨越身分界限進行合作交流的可能性。換言之，當每個群體都以對抗姿態追求自身權益，社會很容易陷入零和博弈的邏輯，導致群體之間的不信任和敵意升級。

對自由主義的讀者（或宣稱「反左膠」的另一種覺醒者），這些觀點極具說服力。透過強調普世價值與個人能力的重要性，作者倡議以超越群體界限的方式看待社會不平等，也才是真正符合倫理的行動。此論述為當前激烈的文化辯論提供了「理性」、平衡的視角，但它也輕放了人際間失衡的權力關係可能導致個人言說、行動與協商的能力與資本落差，即並非人人都如作者想像中「自由」。

事實上，認同政治與後現代主義之間存在張力，後者解構身分的同一性，而前者卻以身分為固定基礎進行權利訴求，反而更接近自由主義對普遍性的預設。認同政治承繼現代性對平等與本質的追求，同時運用後現代主義對權力結構的批判工具，但最終仍以現代主義的框架（如國家、治理、權利）為訴求目標。這種混雜性凸顯了它與自由主義之間的親近性，也揭示其概念與相關行動之內在矛盾。

左膠與反左膠，一體兩面的後／現代性

儘管提出了重要的批判，《左膠是如何煉成的》一書中也存在不少值得商榷之處。

首先，作者對批判理論的處理過於簡化，將其統一描述為一種單一且極端的意識形態，忽視了其內部多樣性，以及它們彼此間互相批判也不手軟的事實。批判理論涵蓋不同視角和方法，並非所有學者都否定普世價值，過度概括不僅容易導致誤解，也削弱了該書的說服力，特別是對熟悉相關領域的讀者而言。

其次，作者梳理批判理論發展時（比如交織性女性主義、後殖民主義、批判障礙研究等），常以極端案例切入，雖未全盤否認但確實淡化了系統性壓迫之經驗證據與歷史事實，更傾向將這些理論之分析實踐描繪成不合理的推論，忽略了這些研究問題的正當性和洞見，有點可惜。這樣的寫作方式或許能迎合對批判理論抱有懷疑態度的讀者，但其實也很類似他們批判的那些批判研究學者的風格。

該書的另一個問題在於其二元的論述框架，將啟蒙自由主義與後現代批判理論視為完全對立的陣營，這種對立忽略了可能的中間道路，例如批判理論對權力結構與社會不平等的分析，可以與啟蒙思想強調的理性與個人價值相結合，形成更具建設性的解決方案。當代人權學者與倡議已在探索新的討論權利、義務、責任的方式，反倒作者未能探索這些視角，使該書在學術深度有所缺失。

書中將後現代理論比擬為一種近似福音派傳教的文化力量，暗示其對思想和行為的控制極為強大，但這種觀點可能誇大了批判理論的實際影響力；政治上，削弱左翼力量的不是「左膠」，而是極右派。後現代是現代性的延伸，甚至可說是其邏輯的結果，既挑戰普世真理，也反思規範秩序的正當性。歷史而言，從神權、王權再到啟蒙，便是痛苦的過程，後現代思想則延續了這種挑戰權威的「傳統」。

批判觀點確實拓展了當代思考與想像的邊界，即使它們未必總能產生直接的政策影響，仍然具有學術及知識論上的價值，惟作者的批評卻混淆了批判理論中經驗性與規範性之間的界限。若更持平地回應批判理論們的困境——其經常過度強調反規範性（antinormativity），可能難以自圓其說對正義的追求，而其對權威、主流與制度的不信任，可能難以產出甚至拒絕提出具體的解決方案。

這雖是面向普羅大眾的書，但仍小心翼翼做出很多觸發警告（trigger warning），惟恐犯了過度推論的錯，這在當前高度兩極化的公共對話中具有重要的意義。但經常譏諷各種「後〇〇」理論的普魯克羅斯和林賽，最後仍選擇不去看見現代性與後現代性師出同源且一體兩面的處境，而無力探索批判理論與自由主義之間的辯證關係，以及「啟蒙」在當代脈絡中被允許產生之新詮釋。

譯者序　不要「過正」，但依舊同情社會正義

蔡至哲
師大東亞系博士後研究員、政大華人宗教研究中心客座研究員，本書譯者

作為東亞國家的一員，自十九世紀末至二十世紀以降追求現代化（西化）的主流歷史敘事脈絡下，台灣知識菁英還是傾向高舉現代化的根基：理性、民主、科學，大多數人心目中維持著五四以降對「德先生、賽先生」的嚮往。大多數人可能也會同意，上述目標仍處於「革命尚未成功」的奮鬥過程中，是未竟之業。因此某種程度來看，本書打算對後現代思想進行反駁與批評的主旨，並不能完全切合過往整體華人知識界的主旋律。

但是，畢竟都已經走過了二十一世紀的兩個十年了，後現代眾多議題帶來的社會影響，早已無法被東亞世界忽略。尤其是對於引領亞洲「進步價值」的模範生：「台灣」而言！透過本書對於後現代思想發展的三個階段分期和各階段的詳述，譯者相信讀者將會被書中的議題和內容所觸動。

根據作者的分期，後現代思想的第二階段：「應用後現代」，及第三部分：大寫的「社會正義研究」階段，此中帶來的「後殖民」、「種族」、「性別」、「障礙研究」等

相關議題，對於我們這個曾受多個不同政權統治，擁有多元族群與多元文化、多元認同的島嶼而言，當然都是重要問題。

尤其從上世紀末直至近年，台灣社會的女權發展、對性別平等的追求和實踐，已取得舉世注目的成就，因此本書對相關主題的反省都值得島嶼上生存的我們一起反思（但不見得會接受就是了）。

本書的重點是要批判後現代的應用階段和大寫的社會正義研究，並要求我們該重新回到現代性的根基：「自由主義」，也同時大聲疾呼，反對接受那些「後現代」在當前帶來部分「矯枉過正」的後果，並且針對這些問題一一地提出了批判和反省。

作為歷史學出身，譯者在求學時代就曾經聽過部分史學界的前賢打算要「攔截後現代」，堅守所謂歷史與虛構、小說之間的根本差異。不過在實際研究時，歷史學同樣也大量吸收了「性別研究」、「後殖民研究」、「族群研究」等重要成果的啟發。相較之下，比起探討後現代針對單一學科帶來的知識論革命，本書的視野則更加通俗和全面。

作者嘗試警告整個西方社會，激進的應用後現代思想和大寫「社會正義」已經滲透校園、日常生活的各個時空中，並且由於過分強調種族正確、性別正確等話語的使用，將會使得部分違反所謂「正確論述」方法之人，遭受到各種侵略性的攻擊和傷害，這當中最令人恐懼的就是所謂的「取消文化」和「全網封殺」。也就是，不論是否原本存心良善，是無心或有意，只要不慎講出或發表了性別不正確、種族不正確的言論，你就可能在社群媒體上遭受到大規模的抵制和攻擊，甚至在現實中失去工作和職涯的未來可能性。

作者非常擔心上述種種問題將把社會整體帶往極端的二元對立，因為極左的激進犬儒必然激起極右翼勢力的反動。這些危機雖然在當前西方社會更為明顯，但也已經在隨時受到全球化牽動的台灣社會出現。因此本書對於台灣的中文讀者而言，是一本稍微呼應現況，又有點「未雨綢繆」的預警之作。特別在本書將要出版的前夕，代表美國保守勢力的川普剛在二〇二四年十一月的總統選舉中大勝，以王者歸來之姿重回白宮，不得不說與本書的諸多思考方向有所切合。

尤其值得推薦的是，本書的作者雖然帶著批判後現代的立場在追溯後現代三個階段的發展，但其論述的過程卻還是相對準確、平實，頗能充分同情地介紹了後現代思想發展過程中具有合理意義的諸多面向和具體成果。因此，譯者即便翻譯完了全書，個人的立場依然還是傾向於同情作者所反對的所謂社會正義倡議，而不完全接受作者的「矯枉」擔憂。但是如前所述，由於本書作者頗能一定程度地分析呈現不同立場的雙方思想與實踐成果，確實得以幫助讀者從對立的兩端都得到激盪，更讓本書值得買來一讀。

在譯者看來，台灣社會還處在持續深化現代性根基——「自由主義」之階段，所以現況其實是，我們的社會依然還有著對族群的偏見、對原住民、新住民、移工的歧視輕蔑；對不同性別、宗教少數的厭惡和恐懼等。社會上一方面尚缺乏對後現代議題的深刻反省，卻有部分人基於極右派的保守立場使用「取消文化」，在社群、媒體上濫用全網封殺來打壓異己，消滅在輿論上處於弱勢的「他者」。

所以從譯者的角度來看，之所以推薦閱讀本書，倒不是希望大家急著去贊同作者對後現代「矯枉過正」的憂慮，反而是希望讀者透過本書相對簡潔有力的介紹，先好好了解「應用後現代」、大寫「社會正義」的正向意義，反思我們當前的社會。

最後，本書能譯成，首先還是最感謝八旗文化出版社的總編輯富察先生，尤其本書的內容原本並非我的學術專業，最多只能算是我平時滿關心的主題，但富察總編輯還是願意主動邀請我參與此書之翻譯。本書交稿後，富察總編輯也給了我非常多的修改建議，令人感念。當然，譯者自己功力非常不足，必然也有很多不完全處，也懇請讀者和專家們見諒。距離初步譯完的二〇二二年年底至今，終於將在二〇二五年初得見本書順利出版，自然是充滿喜悅和感謝，卻也不得不擔憂和感傷，在此再次為富察總編輯的平安和自由深深祈禱。

誌謝

多虧眾人的幫助，使本書的工作得以完成。更明確的說，那些值得感謝的人族繁不及備載。我們特別要感謝邁克・奈納（Mike Nayna），他是本書大量初稿的早期編輯，特別辛苦，也是我們這些外行人的一位首席顧問。我們希望最終誕生出來的成品，至少讓他可以接受（好吧，其實並沒有）。感謝彼得・博格斯（Peter Boghossian）的支持和編輯建議，也感謝他的不斷嘮叨，讓我們沒有花更多時間在推特上爭論書中的某些要點。

我要特別地感謝喬納森（Jonathan Church），在與他充分討論迪安吉洛（Robin DiAngelo）所提出的白人嬌慣脆弱、實體化等問題上，幫助我們形塑出後現代思想的第三階段。我們也感謝艾倫・索卡爾（Alan Sokal）仔細閱讀手稿，給予許多有用的釐清、建議，大大改進文本的補充。我們特別感謝我們的編輯伊歐那（Iona Italia）無與倫比的文字匠心，以及感謝所有提供反饋、支持和鼓勵的人，特別包括高里・霍普金斯（Gauri Hopkins）、戴恩（Dayne）和克萊德・拉斯伯恩（Clyde Rathbone）、希瑟海英（Heather Heying）和布雷特・溫斯坦（Bret Weinstein）。

導論

在現代時期，特別是在過去的兩個世紀中，大多數西方國家發展出了被我們稱之為「自由主義」的政治哲學共識。自由主義的主要內涵，就是政治民主，限制政府權力，發展普遍人權，每個成年公民在法律面前皆享有人人平等、言論自由，能夠尊重多元價值和誠實辯論，尊重實證和理性，實施政教分離，以及享有宗教自由等。這些自由主義價值觀被我們盡可能地高舉，發展為理想的典範。它和神權、種族歧視、奴隸制、父權制、殖民主義、法西斯主義，以及許多其他形式的歧視，持續鬥爭了幾個世紀，時至今天，仍然有未竟之處。然而在這個過程中，作為普世自由價值觀的捍衛者，堅持認為這些價值適用於每一個人，而不止限於富有的白人男性。這種爭取社會正義的鬥爭總是最為激烈，因為他們必須能夠指出，我們一般稱之為「自由主義」的哲學立場，也適用於廣泛的政治、經濟和社會問題，既包括美國人所謂的「自由派」（liberal）——歐洲人則稱之為「社會民主主義」（social-democratic），也包括在所有國家都被稱為「保守派」的那些溫和形式的人們。這種自由主義哲學，是對各種類型的權威行動（無論是左翼還是右翼，是世俗或者是神權）的反對。

因此，自由主義最好被視為一個兼容並蓄的共同領域，為解決衝突提供了一個框架；在這個框架內對政治、經濟和社會問題持不同觀點的人，可以理性地辯論公共政策。

然而，我們已經走到了一個歷史的轉捩點，作為西方文明核心的自由主義和現代性，面臨了是否能夠繼續維持其理想高度的巨大危機。這種危機的本質顯然是複雜的，因為它至少來自兩股壓倒一切的力量，一種是革命性的，一種是保守性的。兩者正在相互爭鬥，拉扯撕裂著我們的社會，前往某種不自由的方向。極右翼的民粹主義運動者聲稱，要給自由主義和民主政治最後一擊，以對抗世界各地興起，且日益高漲的進步主義和全球主義。他們愈來愈多地轉而嚮往那些能夠保有和維護「西方」主權和價值觀的獨裁者與強人領袖。與此同時，極左的進步社會十字軍，將自己描繪成社會和道德進步的正義和唯一的守門人，彷彿少了他們，民主就變得毫無意義、空洞無味。那些在我們當中最極端左翼的人，他們的革命目標不只公開地把自由主義作為一種壓迫形式而排斥，還以愈來愈威權的方式，尋求建立一種徹底教條性的基要主義意識形態，來規範社會應該要有怎麼樣的秩序。這場爭鬥中的雙方，都將自己的對手視為生存威脅，因此互相助長、極大化了對手的激進行動。時至二十一世紀，這場深層的文化鬥爭，已經充分定義了我們的政治生活，也開始擴及到我們的社會生活。

雖然右派的問題也很嚴重，值得我們仔細分析，但今天我們先要成為洞察左派本質的專家。這部分是因為我們相信，在雙方變得愈來愈瘋狂和愈來愈激進化的過程中，左派的問題，是一種對自由主義歷史的中心，也就是理性力量的背離。正是這種自由主義，對守護我們世俗的自由民主至關重要。如前所述，問題就出在以下的事實中：

進步左派不和現代性聯手，而是跟後現代主義搞在一起，後現代主義排斥客觀真理，並且將之視為由幼稚或是自大偏執的啟蒙思想家所提出的幻想，而貶低了伴隨現代性進步而來的種種成果。[1]

我們致力投入研究，希望在本書中解釋的就是這個問題——後現代主義。不只是一九六〇年代最初的起源，還有後現代主義在過去半個世紀中的變異。不管你從什麼角度觀察，自從共產主義普遍沒落，白人至上主義和殖民主義崩潰以來，後現代主義已經成為（或者說從中產生了）我們不得不面對處理的，一種最不寬容和最專制的意識形態之一。自一九六〇年代以來，後現代主義，作為知識和文化面向上對變遷的回應，在學術界相對曖昧的角落被發展起來，如今卻已經蔓延到學術界的其他領域並進入社會行動，遍及官僚組織，以及小學、中學和高中等國民教育的核心。由此出發，它開始滲透到更廣大的社會之中。當我們比之前更辛苦地進入第三個千禧年時，針對後現代的強烈抵制，無論是理性的還是反動的，都已經開始主導我們的社會政治格局。

這場運動名義上的追求，是所謂的「社會正義」的空泛目標，這是一個可以追溯到近兩百年前的用語。對於不同時期的不同思想家，這個用語具有不同的涵義，也在一定程度上和解決與糾正社會不平等的問題有關，尤其是在涉及階級、種族、性別、性取向等問題時，特別是當這些問題已經超出了法律正義的範疇的情況下。也許這當中最廣為人知的人物，是自由主義進步哲學家約翰・羅爾斯（John Rawls, 1921-2002）。他致力於提出許多有關組織社會正義的哲學理論，由此開展了一個普遍性的思想實驗。在這個實驗中，一個擁有社會正義的社會，乃是一個個人，不管他出生在任何社會背景或身分群體中，都能擁有選擇權，而且又能享有平等和幸福的社會。[2] 此外，另一種明確反自由主義、反普世價值的實現社會正義的方法也被學界廣泛採用，特別是自二十世紀中期以來，這種方法源於「批判理論」（critical theory）。這種批判理論的主要關注在於「揭露隱藏的偏見」和「未經檢視的預設」，通常是藉由指出社會及其運作系統中，那些會出現的瑕疵和不足來揭示問題所在。

從某種意義上說，後現代主義是這種批判方法的一個分支，這種方法在某段期間開始走出了自己的理論之路，然後在一九八〇年代和一九九〇年代，再次被批判社會正義運動者所採用（不過這群人很少會提到羅爾斯的相關主題）。這群人專橫地接受這一宣告的運動，將其意識形態簡化為所謂的「社會正義」，講得好像只有他們在尋求一個正義的社會，而我們其他人都在講相反的事情一樣。也因此這個運動被稱為所謂的「社會正義運動」（Social Justice Movement）。不少線上的批評者經常簡稱他們是「社正膠」（SocJus），或者更常叫他們「覺青」（wokeism）（譯注：它的信念就是要「喚醒」社會不公的本質）。「社會正義」作為大寫「S」和大寫「J」的專有名詞時，乃指「社會正義」非常具體的教條解釋，以及實現它的方法，同時有嚴格的、權威的定義。儘管我們並不甘願把社會正義的根本，也就是原來自由主義的目的，出讓給這種非自由主義的意識形態運動，不過這個用法已經很普遍了。因此，為了澄清概念和做出區分，我們將以第一個字母為大寫的「社會正義」（Social Justice）在本書中來表示上述的意識形態，而小寫的社會正義（social justice），則用來表達更廣泛和通用的意義。在此，我們要明確自己的社會和政治立場：我們反對的是大寫的「社會正義」，而更願意支持小寫的社會正義。

大寫的「社會正義」運動對社會的影響，已經變得愈來愈難被輕忽，特別是以「身分政治」或「政治正確」的形式出現時。幾乎每天都會出現某人被解僱、「取消／停用」（canceled），或者在社群媒體上受到集體霸凌的故事，原因通常是某人曾說過或者做過一些被視為性別歧視、種族主義或者恐同（homophobic）的事情。有時這當中部分的指控是有根據的，而且我們當然也可以自我安慰說，那個跟我們完全不同價值觀的偏執狂，已經因為她或他的仇恨觀點而得到了應有的「報應」云云。然而，愈來愈常出現的狀況是，這些控訴往往是有高度解釋性的，當中的理由常常是被惡意曲解的。甚至，有時這些事件會令人感受到，任何一個動機良善的人，即一個重視普遍自由和平等的人，也可能會在無意中說出了某些違反這種新的話語規定的言論，然後就會對其職業和聲譽帶來一種毀滅性的後果。

這些都是令人困惑和違反直覺的，對於把人的尊嚴放在首位，習慣做出善意解釋，並且寬容各種廣泛觀點的文化而言更是如此。這當中更嚴重的影響是：它對言論自由的文化帶來了寒蟬效應，而言論自由本是兩個多世紀以來自由民主國家最重視的文化。現在，當個好人變成要懂得自我審查，以免說出「不正確」的事情。還有最糟的情況：這成為一種惡意的霸凌形式，當它被制度化後，則變成了我們生活當中的一種霸權。

這些狀況都要解釋。事實上，根本就是「需要」一個解釋，因為這些很難理解的變異，正在以驚人的速度發生。這是因為它們來自一種非常獨特的世界觀，甚至擁有他們自己才講的語言。在英語圈的世界裡，他們說英語，但他們用字遣詞的方式和我們不同。舉例來說，當他們談到「種族主義」（racism）時，指的不是以種族為基礎的偏見，而是他們自己的定義：這是一種滲透在社會所有互動中的種族系統，但是大部分人卻都沒有發現，除了那些經驗過它、或者是接受過適當的「批判」方法訓練的人，才能看到它。這些人有時稱為被喚醒過，即「覺醒青年」（woke）。對這個用詞非常精確的使用技術，實在無法不令人感到困惑；而且即使還處在困惑之中，他們就已經被迫接受原本不會接受的事情，除非有一個共同的參考框架，來幫助他們理解這個詞的實際含意。

這些學者和運動者，不僅講述一種特別的語言，同時也誤用人們原本理解的日常用語，他們知道自己代表了一種完全不同的「文化」，並滲透進我們原本的文化中。接受這種觀點的人，看起來和我們也許生活在同一個物質世界，但在思想上，卻好像活在另一個星球。要理解他們，或者和他們溝通，都變得異常困難。他們痴迷於權力、語言、知識，以及他們內部的關係性質。他們用一個檢視權力互動、言語和文化製造的方式看待世界，即使這些東西看起來一點也不明顯，或者根本就不是真實的。這是一種以抱怨社會和文化為中心的世界觀，目的是使一切都變成一場圍繞著種族、性、性別、性取向等身分標籤的零和政治鬥爭。

對於旁觀者而言，會覺得這種文化彷彿起源於另一個星球，那些外星人對於有性繁殖物種好像一無所知，他們以最憤世嫉俗的方式，解釋我們所有的人類社會互動。但事實上這些荒謬的態度是人性的一部分，反映了我們反覆呈現的接受複雜精神世界觀的能力，從部落的萬物有靈論，到嬉皮精神，再到複雜的全球宗教，各自都以自己的解釋框架，來表述這整個世界。這就是一種特殊的權力觀點，並且是一種造成不平等和壓迫的權力。

和這種觀點的支持者互動，不僅需要學習他們的語言（這本身就非常有挑戰性），還需要學習他們的習俗，甚至包括他們的那些神話——即在我們的社會、系統和制度中延續的「系統性」和「結構性」問題。經驗豐富的旅行者都知道，置身於完全不同的文化中時，願意溝通，會比學習語言本身更為重要。人們還必須學習俗語、隱喻、文化參照和禮儀，這些都影響著如何適當地進行交流。通常而言，我們需要的不只是翻譯，而是更廣義的「詮釋者」，他熟悉兩種習俗，可以進行有效的溝通。這也就是我們在本書想要提供的內容：一本關於目前在「社會正義」這個好聽的口號下，正在廣泛推廣的語言和文化習慣的指南。我們掌握了社會正義的學術，和社會行動主義的語言和文化，我們期待引導讀者穿越這個陌生的世界，追溯這些思想過去五十年來的演變。

此後的那些被稱為「後現代主義」的思想，是從一九六〇年代後期開始，圍繞知識、權力和語言的本質，被串連起來的一組理論概念。它同時從幾個人文學科中興起。後現代主義的核心，就是要排斥它所謂的宏大敘事（或稱後設敘事，meta-narrative），一種對世界和社會廣大、連貫的解釋。後現代排斥基督信仰和馬克思主義。它還排斥科學、理性和後啟蒙時代等西方民主的根基。後現代形塑了後來大部分的那些被稱為「理論」的東西，在某種意義上，後現代就是本書的主角。

在我們看來，如果需要接受並且糾正這個社會經歷的快速變革，理解從一九六〇年代至今的理論創立後的變異是非常關鍵的，特別是自二〇一〇年以來的發展。另外要特別注意的，連貫本書中的那些大寫「T」的「理論」（Theory，以及相關的詞，如理論家和理論上的），指的都是源自後現代主義的社會哲學方法。

本書解釋了上述這些思想如何發展成為二〇一〇年代後期文化戰爭的驅動力量，同時也提出了一種「自由主義」的哲學方法，反制這種學術、社會行動和日常生活態度。本書描繪了這些偏激的後現代「理論」，在過去五十年中持續發展出的各個流派，並以讀者能理解的方式呈現出它們對當代社會帶來的影響。

在本書的第一章中，我們會引導讀者了解一九六〇年代和一九七〇年代，早期後現代主義者的一些重要思想，並介紹兩個主要原則和四個主題，因為這些內容成了之後所有「理論」的核心。

第二章，我們將解釋這些思想是如何在一九八〇年代後期和一九九〇年代出現了一系列新的「理論」變異、被強化，並且在政治上成為可行，也就是「應用後現代主義」（applied postmodernism）。

第三章到第六章，我們將更詳細地探討個別「理論」：後殖民理論（postcolonial Theory）、酷兒理論（queer Theory）、種族批判理論（critical race Theory）和交織性女性主義（Intersectional Feminism）。

第七章我們利用了上述「理論」成果，將探討相對更新一點的「理論」成員：身心障礙研究和肥胖研究。

本書第八章則將探討這些後現代思想的第二次轉變，大約從二〇一〇年開始，後現代原則和相關議題都被確定成了絕對真理。這種方法我們稱之為「具體化後現代主義」（reified postmodernism），因為根據「社會正義」的真理，它將後現代主義的預設視為真實的、客觀的。當學者和社會行動者將現有的理論和研究結合成一種簡化、教條的方法論之時，這種變異就發生了，這當中最著名的，就是所謂的「社會正義研究」（Social

Justice scholarship）。

本書嘗試講述後現代主義是如何運用它偏激的「理論」，解構我們稱之為「舊的諸宗教」的人類思想，這當中包含了傳統的信仰（像是基督信仰）、世俗的意識形態（像是馬克思主義），以及具有一致性的現代體系：科學、自由主義哲學和「進步」思想，進而使用它們自己的新宗教「社會正義」，將上述那些內容取而代之。

這本書講述了原本絕望的東西如何找到新的自信，進而轉化為一種宗教式虔敬的堅定信念。這種從後現代而來的全面性信仰不像以往的宗教那樣以罪惡和巫術等靈性力量來詮釋世界，而是專注於另一種深奧、神祕的物質性力量，像是系統性偏見，以及分散但無所不在的權力和特權系統。本書將探討這種信仰的來源和影響。

儘管這種新發現的信仰引發了重大質疑，卻同時也在自己的信念和目標上，幫助「理論」變得更加自信，且更為明確。也使得來自政治左派、右派或中間派的自由主義者能更容易理解這些思想，並且加以反駁。但另一方面，這種發展也令人憂心，因為它使想要重新建構這個社會的信徒們，更容易掌握這當中的理論，並且採取實際行動。我們可以從他們對科學和理性的攻擊中，看到這些理論對世界的影響。在他們明確的預設中，社會被簡化區分為主流地位和邊緣身分兩者，並以白人至上、父權制、異性戀規範、服從式規範、健全主義和肥胖恐懼症等等的無形系統為基礎。我們發現自己面對著知識和信仰、理性和感性、男性和女性等分類方法的崩壞，並且面臨著愈來愈大的壓力，被要求以「社會正義」的真理自我審查我們的語言。我們也看到帶有雙重標準的激進相對主義，像是判定只有男性才會是性別歧視者，只有白人才會是種族主義者，以及全面拒絕一致性的歧視原則。我們面對著四分五裂和諸多限制的身分政治，以至於當我們想要討論「人應被視為個體」，或者大聲疾呼「要肯認我們有共同的人性」時，已經變得愈來愈困難，甚至會被當成是危險的。

儘管我們當中的許多人，已經認識到這些問題，並且直覺地認為這些想法是不合理的和不自由的，但卻很難對之做出明確的回應。因為對非理性主義和非自由主義的反對，常常會被誤解，或者被誤導成是在反對真正的社會正義，是在抗拒一個更公平的社會。這就阻礙了太多動機良善的人，甚至讓他們完全不敢去嘗試。除了上述，因為批評「社會正義運動」的方法而被貼上「社會正義」敵人的標籤之外，還存在著兩個障礙，阻擋我們想有效解決這些問題。

首先，「社會正義」的基本價值觀根本是非常違反直覺，而且是難以理解的。其次，我們並不總是要跟那些自稱代表「社會正義」的人去爭論什麼才是真正的自由、道德、理性和實證。這些概念一直以來都被認為是推動社會正義的最佳方式。因此，一旦我們完成了對「社會正義理論」的基本原則的理解，我們將繼續討論如何辨別他們，並且駁斥他們。在第九章，我們將探討這些思想是如何脫離學術界的規範，進而去影響現實世界的。最後，第十章將以一個案例，藉由普遍自由主義原則和嚴格的、以實證為基礎的學術研究，呈現明確的公眾承諾來定義現代性，藉此反駁那些後現代思想。如果夠幸運的話，本書的最後兩章，希望呈現我們如何終結「理論」的故事，以及它那曾經充滿希望，但卻低調而不光彩的結局。

因此，本書是為了那些外行人所寫的，他們在這類學術研究中沒有相關背景，但已經看到後現代理論對社會的影響，並且想要了解它是如何運作的。對於自由主義者而言，公平正義的社會當然非常重要，但誰又會注意到「社會正義運動」其實並沒有真的推進這些內容？因此，需要以一致且正義的方法回應該運動，並提出自由主義式的回應。此書是為了任何不同政治屬性的人寫的，只要他們相信思想市場的自由，是一種能夠檢視和挑戰思想並且推動社會進步的方式。本書也希望讀者能夠真正深入了解「社會正義」的思想。

本書並非一本想要終結自由女性主義、終結反種族主義的社會行動，或者反對爭取LGBT平權的書。反之，此書來自於我們對性別、種族和LGBT平等的承諾，以及我們擔心這些理論的有效性和重要性，目前正遭受到「社會正義方法」所帶來的驚人破壞。這本書也不會攻擊學術或大學。完全相反，我們嘗試捍衛嚴謹的，以實證為基礎的學術和大學作為知識生產中心的基本功能，以期去抗衡左派的反經驗、反理性和反自由主義，因為這是一股威脅要賦權給那些反知識、反平等和反自由主義的潮流。我們同時也要排斥那些反自由主義的右翼勢力。

因此，本書將以自由主義哲學立場，嘗試對「社會正義研究」和社會行動主義

（activism）提出批判，判定這種學術社會行動主義，根本不會帶來社會正義和平等。這些領域當中被批評的部分學者，對此可能會嗤之以鼻，由此判定我們是反動的右派，反對研究邊緣人群所面對的社會不公。這種攻擊我們動機的說法，相信只要誠實閱讀本書後，就會不復存在。這些領域內的更多學者，將會接受我們在這些議題上的理性、自由和實證，但是卻拒絕後現代的立場。我們將後現代視為一種「以白人、男性、西方和異性戀的知識建構為中心的現代幻覺」，他們以為不正義的現狀是不會改變的，因此以不適當的嘗試想要改變社會。當然他們會說：「主人的工具，永遠不會拆掉主人的房子。」[3] 和他們比起來，我們承認，我們對於摧毀自由社會以及實證和理性的知識概念沒有什麼興趣，而是對於繼續推進社會正義的進步更感興趣。主人的房子是好房子，問題在於進入的管道是有限的。自由主義擴大了保護和賦予每個人權力的堅實基礎，並且保障了各自的機會管道。如果平等換來的只是一片廢墟，那就不是一個值得追求的目標。

最後，也許這些領域的部分學者會認為，我們對「社會正義研究」的批判是有可取之處的，然後真誠地參與我們。這正是我們期待的交流，並且可以回到對社會正義議題進行有成效的，以及更多元意識形態對話的那條道路上。

第一章

後現代主義——一場知識和權力的革命

一九六〇年代人類的思想發生了根本性的變革。這場變革與幾位法國理論家息息相關，他們的大名雖然不是家喻戶曉，但都已經進入大眾的思想中了，這當中包括傅柯（Michel Foucault, 1926-1984）、德希達（Jacques Derrida, 1930-2004）和李歐塔（Jean-François Lyotard, 1924-1998）。他們使用全新的概念，對世界以及我們與世界的關係重新進行了詮釋，徹底改變了社會哲學，甚至涵蓋了「社會的所有一切」。數十年來，這場變革不僅戲劇性地改變了我們思考的內容和形式，而且改變了我們思考的方法。這場革命對我們如何與世界互動，產生了深遠的影響，不論是看似同溫層的學術領域，還是遠離每日生活的現實。這場變革的核心，是一種激進的世界觀，後來被稱為「後現代主義」。

後現代主義之所以很難定義，可以說原本就是有意為之。它代表了一系列特定的歷史條件，包括兩次世界大戰的文化影響，以及這些影響是如何終止的。那是對馬克思主義理想的普遍幻滅，也是因為後工業環境中，宗教世界觀的可信度下降，以及科技的飛速發展等，而積累出的思想和思維模式。

將後現代主義理解為一種對現代「主義」（*ism*）（一種在十九世紀末和二十世紀上半葉占主流地位的知識運動）和現代「性」（*ity*）（始於中世紀晚期的現代時期，我們可能還活在當中的時代）的拒斥，可能是最有意義的。這種針對我們獲得客觀知識的可能的一種新的激進懷疑主義，已經從學術界向外蔓延，刻意以破壞性的方式，挑戰我們的社會、文化和政治思維。

後現代思想家對現代主義的回應是不同於以往的，他們否定了現代思想部分的根基，同時認為現代思想在許多面向上都走得不夠遠。在這當中，他們特別拒斥了以科學和科技為基礎的真實性、統一敘事、普遍主義及進步主義等現代主義理念。同時，他們對於現代主義者的傳統、宗教和啟蒙確定性，抱持相對謹慎、近乎悲觀的懷疑態度，也伴隨著他們對自我意識、虛無主義，和諷刺形式批判的極端依賴。[1] 後現代主義對思想和社會的結構，提出高度激進的懷疑，使之最終成為一種激進犬儒主義的形式。

後現代主義也是對現代性的一種回應和拒斥。現代性代表了「深刻的文化變革，見證了代議制民主的興起，科學時代，理性取代了迷信，以及個人按照自由意志，去建立生活的價值觀。」[2] 儘管後現代主義公開拒斥這些建立現代性基礎的可能，但它卻對現代性所建立的社會思想、文化和政治，造成了深遠的影響。正如文學理論家布賴恩·麥克海爾（Brian McHale）所言，後現代主義在二十世紀下半葉，成為了西方發達工業社會具主導性的文化潮流（也許說是主流文化之一會更準確），並且擴散到全球各地。[3]

自變革起始，後現代主義已經變異成新的形式，這些形式保留了後現代原有的原則和議題，同時對文化、社會行動者和學者造成的影響愈來愈大，特別是在人文和社會科學領域。因此，理解後現代主義是一個急迫的問題，正是由於後現代拒斥了那些當今先進文明所賴以建立的基礎，所以後現代才更有能力去破壞它們。

後現代主義不僅難以定義。要總結後現代是什麼，也是出了名的困難。它曾經是，並且現在也是，一種多方面的現象，這當中包括了大量的知識、藝術和文化領域。為了使事情變得更加困難，它的界線、性質、形式、目的、價值和支持者，都一直存在著爭議。這看似是一種以多元、矛盾和模棱兩可為榮的思維模式，但是這種模式，並不太能幫助你嘗試理解它，或者其哲學和文化遺留。

定義後現代主義的困難，不僅是哲學問題，它們是空間和時間的，因為它不是一個單一的運動。被稱為「後現代主義」的文化現象的最初表現形式，是藝術性的，大約出現於一九四〇年左右，但到了一九六〇年代後期，它在人文和社會科學的各個領域中變得更為突出，包括精神分析、語言學、哲學、歷史和社會學。另外，後現代主義在這些不同領域和不同時期的表現，也都不盡相同。結果，後現代思想中，沒有什麼是全新的，它的原初思想家，不斷地借鑑他們在超現實主義藝術、反現實主義哲學和政治革命領域的前輩先驅。後現代主義的表現也因國家而異，在共同主題上，產生了不同的變異。

義大利後現代主義者，傾向於突出其美學元素，並將其視為現代主義的延續；美國後現代主義者，則傾向於更直接和務實的方法；法國後現代主義者，更關注現代主義的社會、革命和「解構性」（deconstructive）的方法。[4] 在這當中，我們最感興趣的是法國的方法，因為後現代主義的核心目標，主要就是法國的這些思想，特別是有關知識和權力的思想。通常被簡稱為「理論」的內容，就是由這一系列思想發展的過程中所變異而來的。這些想法以更簡單、更可操作和更具體的形式，被納入「社會正義」行動主義和其學術研究中，也進入了主流社會的意識中。有趣的是，這些思想在英語世界帶來的影響遠遠大於在原本的法國本土。

由於我們的最終聚焦，是那些源自後現代思想的應用，甚至時至今日都具有強而有力的社會影響和文化影響，本章並不打算太泛論地檢視後現代主義的各領域，[5] 也並不想討論到底是哪幾個人才夠格當「後現代」思想家，或是到底「後現代主義」是不是一個有意義的用語。我們也不打算花太多篇幅來討論，是否將批評後現代性的人和後結構主義者，以及那些以「解構」方法為中心的人，對他們彼此之間給出區分會更好。當然，他們之間必定是有所區別的，但這樣的分類主要是學術界才關注的。反之，本書將強調一些後現代主義中比較一致的基本主題，這些內容已經帶動了當代的社會行動主義，也形塑了教育理論及其相關實踐，影響了現今國家的溝通話語。這當中包括了對客觀現實的懷疑，將語言當成一種知識建構，還有被「製造」出的個人，以及權力在這所有一切當中所扮演的角色。這些因素主要是一九六〇年代和一九七〇年代的產物，也成為了「後現代轉向」（postmodern turn）的根基。更具體地說，在這種廣泛的變革中，我們希望解釋這些思想基礎，是如何藉由學術，獲得文化普及性和合法性，製造出概念上的分裂，從而造成當前許多社會、文化和政治的紛擾。

後現代主義的基礎、原則和主題

後現代主義，一般被認為是在一九五〇年到一九七〇年之間出現的，準確的日期，取決於人們的主要關懷，到底是在藝術還是在社會方面。從藝術而言，最早的變革可以追溯到一九四〇年代，阿根廷作家博爾赫斯（Jorge Luis Borges, 1899-1986）等藝術家的作品。但就本書而言，一九六〇年代後期才是關鍵，因為它們見證了法國的興起。社會理論家如傅柯、德希達和李歐塔等人，他們才是後來這些被簡稱為「理論」的最初建構者。在二〇世紀中葉的歐洲，一系列深刻的社會變革正在發生。第一次和第二次世界大戰，都動搖了歐洲對進步概念的信心，也使人們憂懼科技的力量。

因此，那時候全歐洲的左派知識分子，開始懷疑自由主義和西方文明，何以會讓那些心懷抱怨的選民縱容法西斯主義的興起，進而帶來了災難性的後果。對許多人而言，帝國後來也崩潰了，殖民主義失去了道德正當性。西方世界出現了許多來自原本帝國的移民，促使左派知識分子更加關注種族和文化上的不平等，特別是這當中造成問題的權力結構。女權和LGBT的社會行動主義、美國的民權運動，都開始獲得廣大的文化支持。隨著對馬克思主義的幻想破滅，長期存在的主流、左翼的社會正義事業，改由從政治和文化左翼面向而被散播著。共產主義在各地施行的災難性後果，強化了理想幻滅的根據，也徹底的改變了左派文化菁英的世界觀。這當中帶來的結果是，過去各個領域對科學的信念，在推進、製造、正當化那些上個世紀以前不可能發生的恐怖事件所發揮的效果中，已經備受質疑。與此同時，充滿活力的青少年文化形成，產生了強大的大眾流行文化，也和「高端文化」（high culture）一爭高低。科技高速發展，再加上消費品的大規模生產，「中層文化」（middle culture）激發出人們對藝術、音樂和娛樂的一種新的後理性期待。這種轉向，引發了人們的擔憂，也就是社會正在倒退回一個人為的、享樂主義的、資本主義的、虛榮和遊戲的消費主義世界。

當時人們對此的回應，通常是一種普遍的悲觀主義，這種悲觀主義是後現代思想的特色，一方面加劇了人們對人類狂妄自大的恐懼，另一方面強化了對意義和真實性喪失的恐懼。這是一種非常明確的絕望，使得後現代主義自身，可以被說成是一場對真理文化的深層信心危機，對自由社會秩序的不信任，同時也與日俱增。科技快速進步，所帶來的一種日益嚴峻的，對於意義喪失的憂懼，上述種種問題，都可以說定義了這個時代。

後現代主義特別會懷疑科學，和把其他觀點正當化為「真理」的文化宰制方法，以及背後它們的基礎，也就是宏大、全方位的解釋。後現代主義稱它們為「宏大敘事」[6]，它認為這是一種文化神話，也是人類短視和傲慢的一種形式。後現代主義對這種敘事提出了一種激進的、全面的懷疑態度。這種深層的懷疑，更可以被理解為一種對人類整體進步歷史的激進犬儒主義，也是原本就存在的懷疑主義文化思潮的一種變異。廣義的懷疑主義觀點，雖然不是犬儒思想，但在啟蒙思想和現代主義中一直都很顯眼，而且在一九六〇年代後現代主義出現之際，早已在西方社會積累了數百年的力量。

但是，在早期的形式中，廣泛但合理的文化懷疑論，其實對於科學和其他形式的啟蒙思想發展，都是具有關鍵意義的。因為這些思想必須脫離過去主流的那種宏大敘事（主要是宗教性質的）。舉例來說，十六世紀時基督信仰因宗教改革而被重新評估（在此期間宗教分裂成了許多新教教派，各自挑戰彼此和之前的正統觀念）。到了十六世紀末，反無神論的論述也應運而生，等同反映出不再信仰上帝的想法已經開始流行。時至十七世紀，以古希臘知識為基礎的醫學和解剖學，也經歷了一場革命，和身體有關的知識快速發展。科學革命是對舊有智慧的廣泛質疑，和各種知識生產迅速擴散的結果。十九世紀科學方法的發展也聚焦在懷疑主義和更嚴謹的檢視、證偽的需求上。

在犬儒式的「懷疑論」之外，後現代主義者還關注現代社會中真實性和意義的消亡，這也帶來了很大的影響，特別是對於法國理論家而言。尚・布希亞（Jean Baudrillard,

1929-2007）特別明確地表達了這類的擔憂。對於布希亞而言，他那種對於「真實」失落的虛無主義絕望，很大程度上是引用了法國精神分析學家拉岡（Jacques Lacan, 1901-1981）的研究學說，所有的真實都只是「仿真」（simulations，對現實世界現象和系統的模仿）和「擬仿」（simulacra，只是事物「複製」而非一種真實的起源）。[7] 布希亞描述了三個層次的擬仿：把前現代、現代和後現代連結起來。

在前近代，也就是啟蒙的思想徹底改變了我們和知識的關係之前，布希亞說，獨特的真實是存在的，人們也嘗試去代表、呈現出它們。但到了現代，這種連結被打破了，因為物品開始大量生產，因此每個原件都可以有許多相同的複製。他總結說，到了後現代，原作就消失了，一切都成了擬仿，只是對現實的一種不能令人滿意的模仿和某種形象。這種狀態被布希亞稱為「超真實」（hyperreal）[8]。這代表了，後現代主義者喜歡在語言中尋找意義的基礎，而且過度關注語言如何藉由限制和形塑知識，來建構社會現實的方式，也就是，只有語言才代表了什麼是真實的。

威脅真實性的現象，同樣也是其他後現代思想家的核心關注問題。舉例來說，法國哲學家德勒茲（Gilles Deleuze, 1925-1995）和皮埃爾・瓜塔里（Pierre-Félix Guattari, 1930-1992）認為，人的自我正遭受到資本主義消費社會的綑綁限制。[9] 同樣地，美國馬克思主義學者詹明信（Frederic Jameson）特別譴責後現代性的淺薄，他認為這些都是表面，沒有更深的意義。就像是布希亞一般，詹明信將後現代狀態視為一種「仿真」，所有一切都是人為的，只不過是由複製品組成，都不是原創物。在這種典型的後現代主義中心的絕望表達中，他診斷出一種「感動的消失」（waning of affect），一種不再有心於任何事物的思考。對詹明信而言，外在審美占據了我們，使人保持距離，分散了人們對深層的關懷和注意力。由此出發，他也公開抱怨後現代性核心的犬儒主義。如他所述，「主體的死亡」是指個性和信心在穩定的自我中的失落。詹明信說「拼貼的山寨品」（Pastiche）已經取代了之前的裝模作樣（parody）：這當中已經沒有目的或深度，只有冷血的借用和循環。廉價可得的經驗帶來了滿足，一種持續的提升感受（sublime）、人造的快感。總體而言，這種漫無目的、目標和基礎的喪失帶來了一種懷舊（nostalgia），不斷地要向後回顧才得以尋找我們的現在。[10] 關鍵的是，後現代性核心批判的深層絕望，大多是敘事性的，而不是方向性的。解決方案根本尚未到來。

此種反動的，對現代主義和現代性的懷疑論，是後現代思想的特徵，特別尖銳地表現在對科技和消費社會的不滿和焦慮上，這些都影響了學術界去聚焦在文化批判上。在一九七九年，哲學家、社會學家和文學批評家李歐塔將這些總結為「後現代狀態」（the postmodern condition）。他把這些描述為一種對人們生活的任何廣泛意義建構基礎的可能性的深層懷疑。人類學家和地理學家大衛・哈維（David Harvey）也將這種情境稱為「後現代性的狀態」（the condition of postmodernity），他認為這是「啟蒙議程的崩壞」（the breakdown of the Enlightenment project）所造成的。[11] 不過最終看來，這些思想家說的大多都是一種一般性的感受，也就是形塑出現代性特徵的科學和倫理安定性已經難以為繼，主要分析工具的失落更使情況變得絕望。他們對這種狀態的總結，採取了極端激進的懷疑和深層的犬儒主義，特別是針對語言、知識、權力和個人。[12]

所以到底什麼是後現代主義？線上大英百科全書將後現代主義定義為：

一種在二十世紀晚期的，以全面懷疑主義、主觀主義或者相對主義為特徵的運動；對理性的普遍懷疑；以及對意識形態在堅守、迴護政治權力和經濟權力所扮演的角色的敏銳感知。[13]

華特．安德森（Walter Truett Anderson）在一九九六年的著作中，則描述了後現代主義的四大根基：

1. **自我概念的社會建構：**一個人的身分認同，是被多種文化力量所建構的，而非原本就存在的；
2. **道德和倫理論述上的相對主義：**道德不是被發現的，而是被創造的。也就是說，道德的根基，並不是建立在文化傳統或宗教傳統之上，也不是一種天命、命定，而是被辯證地和選擇性地建構出來的。這是一種相對主義，不只是信仰的意義上而已，而是所有形式的道德，都是社會建構出來的文化世界觀；

3. 對藝術和文化的解構：聚焦在無止境的即興創作，和多樣變化的議題，並且將「高雅」和「低俗」文化融合；

4. 全球化：人們將各種邊界，視為可以跨越和重新建構的社會建構，並且傾向於輕看他們的這些部落規範。[14]

大多數人會同意，後現代主義集中在一些主要議題上，不管後現代主義者多麼地反對這種描述。我們可以說，這些議題是「後現代的宏大敘事」（postmodern metanarrative）的基礎。對於心理學教授、兼任質性研究中心主任（Center of Qualitative Research）的斯泰納．可瓦里（Steinar Kvale, 1938-2008）而言，後現代主義的中心議題，包含了懷疑任何人類有關真理的客觀表述現實，並且聚焦語言，還有社會如何使用語言來製造他們自己的在地現實的方法，也否認普遍性的存在。[15] 這些問題被解釋為，如此一來就增加了人們對敘事和說故事的關注，特別只是內建於特定文化下所建構出來的「真理」，以及一種相對主義。也就是說，我們對現實的不同描述，並不足以得出任何最終的，或者某種客觀的方法，會有資格來論斷他者。[16]

緊隨著可瓦里之後的關鍵觀察是，[17] 後現代轉向帶來了一個重要變化，也就是從客觀、普遍，和主觀、個體之間的現代主義的二分法，轉向了在地敘事（及其敘事者的生活經驗）。換句話說，客觀真實的事物和主觀經驗的事物之間的界線，已經不再被接受。社會認知是由個人以獨特的方式和普遍現實互動所彼此形塑的。這些原本是個人自由、普遍人性和平等機會的自由主義原則的基礎，被據說是多個以上的，且同樣有效的知識和真理所取代，這些知識和真理，是由社會中擁有共同地位、身分標籤的人的群體，所建構出來的。因此，根據後現代主義思想，知識、真理、意義和道德，都只是一種文化建構，或者是個別文化的相對產物，這些東西都不夠格成為評判其他文化的必要工具或話語。

後現代轉向的核心，是對現代主義和現代性的回應和拒斥。[18]根據啟蒙思想，我們可以多少藉由那些可靠的方法論來了解客觀現實。科學方法會生產出客觀的現實知識，使我們能建立現代性，這些知識讓我們得以繼續生活下去。相比之下，對後現代主義而言，現實最終只是我們社會化和生活經驗的產物，只是被語言系統所建構出來的東西。

創造了「後現代轉向」（the postmodern turn）一詞的社會學家史蒂文．塞德曼（Steven Seidman），在一九九四年認知到這種變化的深層意義：「西方社會正在發生廣泛的社會和文化轉變，『後現代』的概念至少抓住了這種社會變革的某些面向。」[19]安德森在一九九六年寫下的內容，更強烈地描述這種狀況：「我們正處於一個偉大的、令人困惑的、壓力山大的、悲慘的，但也充滿希望的歷史變革，這和我們『相信什麼』

無關，而關乎我們會『如何』信仰……世界各地的人們都在進行這樣的信念變革，更明確的說法是有關信仰的信念轉變。」[20]塞德曼和安德森在這裡描述的是「知識論」（epistemology）上的變化，也就是我們如何獲得和理解知識的變化。後現代轉向的主要特徵是，拒絕啟蒙價值觀，特別是啟蒙運動有關的知識生產的價值觀，它和權力及其不正義的利用，都是連結在一起的。因此，後現代對啟蒙運動的觀點是偏狹的，是犬儒而憤世嫉俗的。[21]總結來說，被後現代主義者所拒絕的啟蒙運動，被定義為相信客觀知識，普遍真理、科學（或者廣義的實證）作為獲得客觀知識的方法以及理性的力量，可以藉由語言直接溝通的能力，普遍的人性和個人主義。他們還拒絕相信，西方因為堅持這些啟蒙運動的價值觀，才得以經歷了重大進步，並且拒絕讓西方繼續以啟蒙運動的樣貌走下去。[22]

兩個原則和四個主題

後現代思想家以各種不同的方式，對現代主義和啟蒙思想採取拒斥的態度，特別是在普遍真理、客觀知識和個體的問題上。

但是，我們還是可以發現，這當中帶有一致性的、連貫性的主題。後現代轉向和兩個中心原則是息息相關的，首先是知識，然後是政治，這當中又有四個重要的主題基礎，這些原則分別是：

- **後現代知識原則**：對於取得客觀知識或真理的一種激進懷疑態度，並且致力於文化建構主義。
- **後現代政治原則**：相信社會是由權力和階級系統形塑而成，並且決定了我們「可以知道什麼」以及我們「如何知道什麼」。

然後，後現代主義的四大主題分別是：

1. 界線的模糊
2. 語言的力量
3. 文化相對主義
4. 個體和普遍性的失落

以上這六個主要概念，使我們能夠辨別後現代思維，並且能幫助我們理解它是如何運作的。它們是「理論」的核心原則，即便時至今日，後現代主義及其應用，已經從當初的絕望和解構，發展到今天更尖銳的，幾乎像是宗教一樣的社會行動主義的時刻，這些基本原則也還是不動如山。

以上就是我們希望研究的現象，它源於人文學科的各種理論方法，特別是在上個世紀，被稱為文化研究（cultural studies）的理論方法，之後發展成今日後現代主義的社會正義研究、社會行動主義和相關文化。

後現代知識原則——

對客觀知識或真理是否可以獲得的激進懷疑論以及文化建構主義

後現代主義對於「我們是否能獲得客觀真理？」這個問題，抱持著一種激進的懷疑態度。比起把客觀真理視為真實存在之物，並且可以藉由實驗、證偽，和可辯駁性（defeasibility）等過程，而暫時得到（或逼近的）有關的結果，就像啟蒙運動、現代主義和科學思想所認為的那樣。後現代的知識方法，則是放大了一種窄化的、幾乎索然無味的真理概念，他們判定說，我們的認知能力是有限的，必須藉由語言、概念和分類來表達知識，因此堅持說，所有對真理的主張，都只是某種文化的價值建構。這些內容，被稱為文化建構主義（cultural constructivism）或者社會建構主義（social constructivism）。在他們看來，即使是科學方法，也不會被視為比其他方法更好或更有正當性的知識產生方式，而只是被視為眾多文化方法之一，和其他方法一樣容易受到偏見和錯誤推論的影響，也可能會出現錯誤。

文化建構主義並沒有信仰，現實其實只是由文化信仰創造的。以我們認為太陽是繞著地球轉的信念為例，文化建構主義不關心這種信念是否正確，以及我們的信念是否與太陽系及其運動有任何關聯，相反，人類和他們的文化結構是如此緊密相連，以至於所有的真理或知識主張都是這些文化結構的產物，於是我們早就已經決定「這個才是真理」，或者是「大家都知道的常識」：地球之所以是繞著太陽轉的，這是因為「我們在當代文化中確立建構真理的方法」的影響。也就是說，就算現實不會根據我們的信念而改變，但我們如何思考現實和真實之間的關係（或者什麼是錯誤，什麼是「瘋了」）卻會改變。舉例來說，如果我們屬於某種用不同方法去生產知識，並且以不同的方式讓知識取得正當性的文化，那麼在這種規範中，太陽繞地球轉可能就是「真實的」。那些不同意的、被視為「瘋了的」人的地位，也會隨之改變。

就算「我們以我們的文化規範創造現實」的主張，和「我們根據我們的文化規範，決定什麼是真的／大家都該知道的」主張，兩者之間並不能劃上等號，但是在實踐中，卻沒有不同的區別。

後現代的知識進路會否認，他們拒斥真理或知識是一種經過實證的內容，是可以和現實相對應的東西，不管所討論的時間或文化如何，也不論那種文化是否認為，實證是確定真理或知識的最佳方式。反之，後現代方法表面上雖然會承認某些客觀現實的存在，但它卻聚焦在檢視文化偏見和預設，也就是那些會阻礙我們了解現實的障礙，並把它們如何運作的方法都給理論化了。[23]

這就是美國後現代哲學家理查・羅蒂（Richard Rorty, 1931-2007）所言：「我們需要區分兩者，世界就在那裡，但是真理卻並非就在那裡。」[24]從這個意義上來說，後現代主義的基礎就是，全面地拒斥「真理符應理論」（correspondence theory of truth）：那種相信客觀真理存在，並且和世界上實際事物有對應的情況，藉此讓我們確信其為真實的立場。[25]當然，這些有關「外在」客觀現實真實存在的真理，以及我們還有能力去了解它們，這正是啟蒙思想的根源，也是科學發展的核心；而對此採取激進的深層懷疑觀點，就是後現代知識思考的核心。

法國哲學家傅柯，這位後現代主義的中心人物，也表達了同樣的懷疑。他爭辯說：「在任何特定的文化和特定的時間點，總是只有某種知識論，定義了知識的所有可能條件，不管是否有用理論化表達出來，或者是在不知不覺中，就這麼發生著。」傅柯特別關注語言，或者應該更具體地說是「論述」（discourse），我們談論事物的方法，還有知識的生產製造和權力之間的關係。[26]在整個一九六〇年代，他在像是《瘋癲與文明》（*Madness and Civilization*, 1961）、《臨床的誕生》（*The Birth of the Clinic*, 1963）、《詞與物》（*The Order of Things*, 1966）和《知識考古學》（*The Archaeology of Knowledge*, 1969）等等有影響力的著作中，詳細探討了這些思考。[27]對傅柯而言，一個陳述不僅呈現這當中的資訊，而且也揭露了論述的規則和條件。然後，這些就會左右了真理的宣告和知識的建構。霸權話語是非常強而有力的，因為這些會左右了在給定的時空下，什麼東西才有資格被認為是真實的。因此，社會政治權力，才是傅柯的分析中那位真理的最終裁判者，而不具有和實際現實之間的對應關係。

傅柯對於權力究竟如何影響著那些被我們認為是知識的概念，深感興趣，以至於他在一九八一年創造了「權力－知識」（power-knowledge）一詞，傳達了話語和已知事物之間，強而有力且不可分割的連結。傅柯將占主導地位的思想和價值觀稱之為一種「知識論」（episteme），因為它形塑了我們辨別知識和我們如何與知識之間互動的方式。

在《詞與物》之中，傅柯反對真理的客觀概念，並且建議我們代之以「真理體制（政權）」來思考，這種系統會因為不同的文化和時代的特定認識而隨之改變。於是，傅柯採取了這樣的立場，也就是我們並未發現真理的基本原則，所有知識對於知識者而言，都只是「某地的、在地的」（local）[28]，這些想法就是後現代知識原則的基礎。傅柯並不否認有現實存在，但是他懷疑，人類是否真的有能力，超越我們的文化偏見，來得到真實。

這當中得出的主要結論是，後現代的懷疑論並不是一般老式的懷疑論，也就是我們一般稱之為「理性懷疑」的懷疑論。科學和其他產生知識的嚴謹方法所採用的懷疑態度會問說：「我如何能確定這個命題是正確的？」並且只會試探性地接受，那些已經在反覆嘗試反駁後，還是倖存下來的暫時性的真理。這些命題，是在模型中被提出的，這些模型被理解為暫時的概念構造，用於解釋和預測現象，並且根據它們擁有如此做的能力，來判斷事物。而後現代主義者那種帶著更全面的懷疑主義的原則，則被稱之為「激進懷疑論」（radical skepticism）。這種思想說：「所有的知識都是被建構出來的：所以真正有趣的重點是，到底某個知識，為何是以這樣的方法，被建構出來的理論問題。」因此，激進的懷疑主義，和啟蒙運動的科學懷疑主義兩者之間，其實是有很明顯的不同。後現代觀點錯誤地堅持認為，科學思想對於確定什麼是真實的和不真實的方面，並不特別的可靠和嚴謹。[29]科學推理，在此被解釋為另外一種「宏大敘事」，也就是對事物如何運作的全面解釋；而後現代主義，則是從根本上對於所有這類的解釋都抱持懷疑態度。在後現代思維中，已知的東西，只在製造知識的文化規範中會為人所知，這當中代表了背後的權力系統。於是，後現代主義將知識視為只是在地性的，和帶有強烈政治性質的。

上述這種觀點，人們大多歸結於法國哲學家李歐塔，他批判了科學、啟蒙運動和馬克思主義。對李歐塔而言，每個運動議程案例，都是現代主義或啟蒙運動宏大敘事的一種典型。李歐塔憂心地說，到了最後，科學和技術也只不過是一種使真理主張合法化的「語言遊戲」，而且它們同時也在控制著其他所有的語言遊戲。他哀悼傳統的在地小「知識」在敘事形式上被消失，也認為科學不再帶有內在的意義，有價值的敘事失落了。李歐塔聞名的後現代主義特色描述，就是「對宏大敘事的懷疑論」，這對後現代主義作為一種思想流派、分析工具和世界觀的發展，都產生了極大的影響。[30]

這是後現代主義對知識和知識生產、製造所帶來的巨大影響。它並沒有發明一種重新評估既有信念的懷疑。然而，它卻無法肯定科學，和其他形式的自由推理（像是支持民主和資本主義的論證）。與其說原本那種方法（譯者注：現代方法），是一種宏大敘事（儘管他們還是在應用這些內容），不如說是不完美，但至少還堪用的，一種能夠自我糾正的過程，針對包括他們自身在內的一切事物，也帶有懷疑，但也還是一種富有成效且可行的形式。這個錯誤，導致後現代陷入了一種也同樣被誤導的政治議程中。

後現代政治原則——

相信社會是由權力和階級系統組成，這些系統決定了我們可以知道什麼以及我們如何知道什麼。

後現代主義在政治上的特點，是深刻地聚焦於「權力」。「權力」是建構和主導社會的力量，這個重點，也是否定客觀知識的密碼。權力和知識被視為是密不可分的兩者，這在傅柯的著作中有最明確的論述。傅柯將知識稱為所謂的「權力—知識」。李歐塔還描述了科學語言、政治語言和倫理語言之間「嚴密的內在相關性」[31]，德希達也對存在於語言中的優越和從屬的等級二元論中的權力動態非常感興趣。

同樣地，德勒茲和瓜塔里認為，人類被「編碼」（coded）在各種權力系統中，被限制在資本主義和貨幣流動中才能自由活動。在這個意義上，對後現代「理論」而言，權力不僅左右了什麼是事實正確，而且也決定了什麼才是道德上的善，權力就代表了宰制、征服，也意味著壓迫，這些都是不好的，需要被打破。以上這些態度，就是整個一九六〇年代，在巴黎索邦（Sorbonne）所瀰漫的情緒，許多早期的「理論家」於知識上，都受到了他們強烈的影響。

由於他們對權力動態的關注，使這些思想家認為，握有權力者都會有意或無意地組織社會，以便使他們繼續得利，藉此能長久迴護他們的權力。他們藉由將某些談論事情的方法正當化來達成此一目的，接著傳播到整個社會，製造出那些被視為常識的內容，並且在各個面向上發展出社會的規範。因此，權力藉由在社會中擁有正當性，或者被授權過的話語，會不斷被強化、鞏固，這當中包括了期待文明和理性的理想論述，所謂的訴諸客觀證據，甚至還有這當中的語法和句法規則。這樣的結果是，後現代主義的觀點，很難從其外在表面上來完整理解，因為它看起來很像某種陰謀論。事實上，它所暗示的陰謀又是很微妙的，在某種程度上，其實根本不是一套「陰謀」（conspiracies），因為根本沒有統籌一致的行動者在彼此之間動員串連。反之，是我們每個人都參與在這個陰謀當中。「理論」因此特別成為了一種沒有陰謀者的陰謀論。在後現代理論中，權力不像是在馬克思主義裡的結構那般，會由上層直接地、明確地行動，而是已經滲透到社會的各個層面，並且藉由日常的互動、期望、社會條件，和由文化建構出來的論述被每個人強制性地執行著，並且表達出一種對世界的特殊理解。這些都會控制著，哪些等級系統會被保存下來。舉例來說，像是有經過正當的法律程序，或者由科學給予正當性後而被發表的東西，這整套是一個讓人們得到各自所在位置，或者各自被編碼寫入的系統。特別要注意的是，在每個案例中，造成壓迫的原因是「社會系統」（social system），以及這個系統固有的權力動態，而不一定是某個任意的個別代理人。因此，一個社會、社會制度、系統，或者某種制度，都可以在一定程度上，被視為帶有壓迫性質，但是我們卻無需去特別揭發出任何參與在這當中的某個個人，因為這當中並不會帶有某個單一的壓迫性。

後現代主義者並不會將壓迫制度，視為一種有意識的、一致性的、父權制的、白人至上主義的結果，或者是異性戀的陰謀。反之，他們認為，這是系統自身發展後的必然結果，這些系統會使某些群體優越於其他群體，和權力有關的系統建構出了一種必然會有的、「無意識的」、「不帶有一致性」的陰謀。他們相信，這些系統就是父權制、白人至上主義和異性戀，因此這必然會帶來西方白人至上、異性戀霸權、父權男性優先的不公平結果，並且會藉由排除女性、種族和性少數群體的觀念，來持續迴護，維持現狀。

更簡潔地說，後現代政治思想的一個核心信念是，社會中的強大權力會本質性地，將社會組織成為自身利益服務的分類和等級系統。他們藉由規範如何談論社會及其特徵，以及規範我們該接受什麼是真實的來實現此一目的。舉例來說，藉由後現代主義的理論視角來看，如果我們要求某人，要為了他的主張提供證據和推理，這就會被視為，你參與在一個由帶有權力的人所建立和設計出來的體系的一種要求。而且由他們的觀點看來，這個被視為有價值的生產論述和知識的系統，藉由你參與其中，就排除掉了其他可以溝通交流和產生「知識」的方法。換句話說，後現代理論認為科學的組織方法，也是為了創立它的那些有權力的人，也就是為那些西方白人的利益來服務。同時，他們還設下了阻止其他人參與的障礙。由此出發，後現代理論核心中帶有的憤世嫉俗性質，就是非常明顯的。

因為他們聚焦於那個自我延續、迴護的權力系統，所以最早的後現代理論家，很少去提倡任何具體的政治行動，而是更願意沉浸在玩世不恭的破壞當中，或者一種虛無主義式的絕望之中。事實上，在原初的後現代主義思想底下，有意義的變革，在很大程度上都被認為是不可能的，因為這所有一切在本質上都是無意義的；在道德上，又是帶有文化相對性的。儘管如此，在整個後現代理論中，左翼觀點明確地認為，帶有壓迫性的權力結構限制了人類，因此應該要受到譴責。這就帶來了一種道德要求，也就是解構、挑戰、問題化（發現並誇大其中的問題），並且抵制所有支持壓迫性權力結構、和權力結構相關的分類，以及使它們續存的語言背後的思維方式，由此將價值系統，放入一個能遷就其功能的敘述理論中。

這種衝動，產生了一種平行的雙向驅動力量，也就是我們應該要優先考慮邊緣群體的敘事、系統和知識。傅柯最為明確地點出了壓迫性制度系統一直存在著的危險：

我的觀點並非是說一切全是壞的，但是，卻都是危險的。這危險的和壞的並不完全是一樣的。如果一切都是危險的，那麼我們還是有事可做。因此，我的立場不會導致冷漠，而是帶來了過度和悲觀的社會行動主義。我認為我們每天，必須都要做出會左右事情的倫理——政治選擇，就是主要的危險。[32]

後現代理論家經常視這種看法為一種創新，但其實又是類似的。除了這當中法國式的革命目標之外，它根本就不新。在啟蒙運動和現代時期，逐漸形成的自由、世俗民主的特點，也是要對壓迫力量進行鬥爭和對自由的追求。與天主教會霸權的鬥爭，主要是一場道德上和政治上的衝突；法國大革命反對教會和君主制；美國革命反對英國的殖民統治和非代議制政府。在這些早期階段中，首先是君主統治和奴隸制，然後是父權制和階級制度，最後是異性戀霸權、殖民主義和種族隔離，這些制度都受到了自由主義的挑戰，而最終被超克了。這些進步在一九六〇年代和一九七〇年代進展最快，當時種族和性別歧視被判為非法，同性戀也在刑事上被除罪化了。這一切都發生在後現代主義產生影響之前。後現代主義並沒有發明那種從倫理上針對壓迫性權力體系和對等級制度提出的反對。事實上，許多最重要的社會和倫理上的進步之所以發生，早在後現代所拒絕的那個應用自由主義方法的階段來到之前，就都已經存在了。

後現代那種帶有倫理性動力的社會批判方法，是無形的，且是不可證偽的。正如激進懷疑主義的觀點所說的那般，後現代思想的基礎是多個「理論」原則，和多種看待世界的方法，而不是某個真理主張。由於拒絕客觀真理和理性，後現代主義也拒絕去證明自身，因此這搞得我們根本無法與之爭辯。

李歐塔寫道，後現代觀點並沒有聲稱什麼是真的，「因此，我們的假設不應該被寄予和現實有關的預測可能，而是帶有能夠提出問題的策略性價值。」[33] 換句話說，後現代理論並不探求真相，只是一種很有用的策略：為了實現自己的目的。藉由自我定義，在道德上顯得很高尚，在政治上顯得很實用。

這種對真理和知識客觀性的普遍懷疑，以及將兩者都視為文化建構的論斷，帶來了對四個主題的關注：**界線的模糊**、**語言的力量**、**文化相對主義和個體的失落**，以及對**群體認同**的全面擁護。

1. 界線的模糊

對客觀真理和獲取知識的可能性的激進懷疑，加上對為權力服務的文化建構主義的信念，帶來了後現代對於前輩思想家普遍以為是真實的那些界線和分類的全面懷疑。這些不僅包括客觀和主觀、真理和信仰之間的界線，還包括科學和藝術（特別是李歐塔）、自然和人工（特別是布希亞和詹明信）、高雅和低俗文化（見詹明信的著作），人和其他動物，人和機器（德勒茲），以及對性和性別、健康和疾病（特別是傅柯）之間的不同理解。幾乎每一個具有社會意義的分類，都被後現代理論家給故意複雜化和問題化，藉此否認這些分類具有任何客觀有效性，並以此來破壞、摧毀可能存在於它們之間的權力系統。

2. 語言的力量

在後現代主義下，許多以前被認為是客觀真實的想法，現在被視為僅僅是語言的建構。傅柯將它們稱之為建構知識的「論述」；李歐塔在維根斯坦（Wittgenstein，1889-1951）的基礎上，進行了擴展、延伸，稱它們為使知識合法化的「語言遊戲」。

在後現代思想中，語言被認為具有控制社會和我們思考方式的巨大力量，因此其本身就是危險的。它也被視為一種不可靠的生產、製造和傳播知識的方式。對語言的痴迷，是後現代思維的核心，也是後現代在方法論上的關鍵。很少有思想家比德希達能更明確地表現出，後現代對於詞語那種神經質一般的執著。他在一九六七年發表了三本著作：《論文字學》（*Of Grammatology*）、《書寫與差異》（*Writing and Difference*）和《聲音與現象》（*Speech and Phenomena*），在這當中他介紹了一個非常流行的概念：「解構」，深刻影響了後現代主義。在這些作品中，德希達拒絕了詞語可以直接指代現實世界中的事物的那種常識性的觀點，[34] 反之，德希達堅持，詞語僅僅是指向了其他詞語，以及指出它們彼此差異的方法，從而形塑出了「意表鏈」（chains of signifier），它可以在沒有支撐的狀況下，向各方傳播，這就是他著名，而且經常被誤譯的一段話的含意，「除了文本外什麼也不存在（可讀：並沒有意義）。」[35]（there is nothing [read: no meaning] outside of text.）對於德希達而言，意義總是相互關聯的和遲延的，根本永遠無法觸及，只存在於論述的內在之中。德希達認為，語言的這種不可靠性，代表著它根本無法代表現實、真實，或者能夠將真實傳達給其他人。

在這種理解下，語言藉由二元等級系統運作著，總是將一個元素置於另一個元素之上，藉此來產生意義。舉例來說，「男人」被定義為和「女人」相對，而且是更優越的。此外，對於德希達而言，說話之人的意思，並不比閱聽之人的解釋更帶有權威，因此本意無法越過閱讀者的影響。因此，如果有人說，某種文化的某些特徵會產生問題，而我卻有意、刻意地，將這種說法說成了，他們在誇大這個文化的低劣，故意要冒犯這個文化。但在德希達的分析中，就會變得沒有空間可以去解釋，這個所謂的冒犯，是因為我對於原本說話內容的一種誤解。這就是德希達對於羅蘭．巴特（Roland Barthes, 1915-1980）的「作者已死」（the death of the author）概念的挪用，這也使得作者的本意變得根本不那麼重要了。[36]因此，由於人們認為論述、話語，會製造和迴護、維繫壓迫，所以更要小心細膩地去監督和進行解構。這就對道德上和政治上的行動，帶來了明確的影響。

對於以上問題，最常見的後現代主義者的回應，就源於德希達所提出的解決方案：藉由尋找內部不一致（aporia），進行「解構性」的閱讀，當文本被充分地、仔細地檢查（特別是自一九九〇年代以來，甚至可以說是過分仔細地，伴隨著「理論」而來的相關規範被推動之後）時，文本就會產生內在矛盾，並且毀掉它自身和原本的目的。因此，這種語言的解構方法在實行之際，看起來就好像是要故意放錯、劃錯重點，而顯得吹毛求疵。

3. 文化相對主義

由於在後現代理論中，真理和知識被認為是由主導社會運作的話語和語言遊戲所建構出來的，而且，又因為我們不能跳出我們自己的系統和分類框架，因此並沒有一個足夠有利的位置讓我們得以去檢視它們。所以，「理論」會堅持認為，沒有哪一套文化規範會真的優於任何其他的一套文化規範。對於後現代主義者而言，從不同的文化去針對另一種文化的價值觀和倫理，進行任何有意義的批評都是不可能的。因為每種文化，都在不同的知識概念下運作，而且還都只根據自己的偏見在說話。因此，所有的這些批評被提出來，根本上就是錯誤的，甚至在最壞的狀況下都是違反道德的，因為它預先設定自己的文化在客觀上是更優越的。此外，「理論」又堅持認為，儘管人們可以從系統內部中去批評自己的文化，但只能使用它的系統中那些被准許使用的話語進行批評，這就已經限制了這當中足以產生變革的能力。

在很大程度上，一個人到底可以使用哪些話語？根本取決於某人在系統中的位置、立場，同樣地這些內容對批評者而言，到底是會被接受或者被駁回批評，也取決於對批評者立場的政治狀態的評估。特別是任何被認為帶有影響力的立場的批評，往往都會被反駁掉。因為根據定義，它會被判定，這是對這種帶有壓迫性質的現實的無知（或不屑一顧），不然就是為了被批評者自身的利益服務的犬儒性的嘗試。後現代主義認為，個人是權力話語的載體，這取決於他們和權力之間的關係，這使得文化批判在他們看來完全是無望的，除非是作為一種被「理論化」後，足以成為被邊緣化的人們，或者被壓迫者握在手中的武器。

4. 個體與普遍性的失落

對於後現代理論家而言，個體擁有自主性的概念，在很大程度上也是一個神話。和其他一切事物一樣，個人是強大話語和文化建構知識下的產物。同樣的，普遍的概念，不管是有關人性的生物普遍性，或者道德普遍性，像是平等權利、自由居住權，無論階級、種族、性別或者性取向如何，所有個人該擁有平等機會的這些東西，對後現代來說，其實都是幼稚、天真的。在最壞的情況下，它只是另一種權力知識的運作，嘗試將主導地位的話語，強加給每個人。後現代觀點在很大程度上，拒絕了最小的社會單位：個人，也拒斥了最大的單位：整體人類，而只關注作為知識、價值觀和話語的生產者的小規模的、在地的群體。因此，後現代主義關注那些被理解為，以相同方式被定位的人，舉例來說，以種族、性別或者階級為基礎，並且由於這群人擁有這種共同的定位，所以會擁有相同的經驗和思考。

後現代主義不是死了嗎？

當前許多思想家的某種主流觀點會說，後現代主義已經死了、消亡了。我們卻認為：並沒有。我們認為它只是成熟、變異和進化了（這種發展自一九六〇年代以來，至少發生過兩次），並且上面詳述的兩個特徵原則和四個主題，仍然普遍存在並具有其文化影響力。儘管在過去半個世紀中，後現代的核心原則和相關主題的呈現、使用和互動方式，已經有了明顯的變化，但「理論」還是很完整的。我們最關心的，是那些目前正在應用的「理論」，這些內容構成了本書其餘部分的主題。然而，在解釋「理論」是如何變異之前，我們首先應該破除普遍以為的，後現代主義在幾年前就已經逝去、消亡的神話。

有關後現代主義，究竟是什麼時候真正逝去、消亡的，有著很多爭論。一些人認為它在一九九〇年代就被終結，把位置讓給了後殖民主義；也有人說，後現代在二〇〇一年九月十一日，九一一事件後終結，因為從那時起，我們進入了一個沒有什麼明確、明顯特徵的新時代。

後現代的文本，在一九六〇年代後半期、一九七〇年代，和一九八〇年代大部分時間中，被散布、傳播著，確實並沒有一直持續到一九九〇年代，這些論斷當然也是事實沒錯。這是因為，後現代主義的早期形式：終極關懷上的無意義、缺乏方向，只關心解構、破壞和問題化，而不打算提供任何重建的資源，所以讓它就只能存在於這段期間。從這個意義上說，後現代理論的高度解構階段，可能到一九八〇年代中期就已經算是結束了。但是後現代主義和「理論」，就到此為止了嗎？並沒有。本章前述的那些想法完全沒有逝去，只是發生變異了，並且多樣化為不同的分支，成為了我們今天必須接受的犬儒、憤世嫉俗的「理論」，並且變得更為目標導向和具有可操作性。由此觀察出發，我們將注意力轉向下一波學術社會行動主義，被稱為「應用後現代主義」（applied postmodernism）的此一階段的發展。

第二章

後現代主義的應用轉向——讓壓迫成為真實

後現代主義在一九六〇年代後期首次出現在知識界，並且迅速風靡了左派和左傾學者。隨著知識風潮的發展，它的追隨者開始行動起來，生產出大量的激進懷疑「理論」。在這當中，被認為是屬於西方現代性的現有知識和那些獲取知識的方法，不分青紅皂白地都會被批判和解構。從廣義上而言，那些作為舊的宗教一般存在的思想，都必須被拆毀。因此，我們可以了解，由客觀現實出發，我們所謂的「真理」以及與之相對應的想法，那些建立起現代性的基礎預設，在某種程度上全都成了待宰的羔羊。後現代主義者，嘗試使過往我們理解、進入和生活在世界和社會中的方式，都變得很荒謬。儘管這些都是看似很潮、又具有影響力的東西，但事實上這些方法也是有其限制的。無休止的拆毀和破壞，或者，正如他們所說的：「解構」，必然會自我毀滅，也注定要毀滅一切有趣的東西，而會讓其自身也變得「乏味無趣」。[1]

也就是說，「理論」也會無法滿足那些陷入虛無主義絕望境地的人們。它需要做一些事情，一些具有可操作性質的事情。因為後現代自身充滿了道德上和政治上的核心價值，它必須將理論自身應用於，把在社會核心裡所看到的那些不正義地掌握權力的問題，都給指明、揭露出來。在一九六〇年代後期開始首次大爆發之後，後現代主義的高度解構階段，到了一九八〇年代初期就結束了。但是，後現代主義並沒有逝去，從這些灰燼中，又出現了一系列新的「理論家」，他們的使命，是要讓後現代主義的一些核心原則能夠適用於世界，而且還要能夠「重新建構」一個更美好的世界。

學術界普遍以為，到了一九九〇年代，後現代主義就已經消亡、逝去。[2] 但事實上是，它只是從早期的高度解構階段變異成一系列高度政治化和可操作的「理論」。這所有一切，都還是由後現代主義本身所發展變異而來的。我們將這種最晚近的發展，稱為「應用後現代主義」。此一變化發生在一九八〇年代末和一九九〇年代初所出現的新一波「理論家」當中。使用這些新的、應用的後現代主義的「理論家」們，也來自各自不同的領域，但在許多面向來說，他們彼此的想法又比他們的前輩思想家們更為接近，並且提供了一種更加可以應用和友善的方法。在這個轉折中，「理論」變異為少數群體的「理論」：後殖民（postcolonial）、酷兒（queer）和種族批判（critical race），並且要在這個世界、社會上發揮實際作用，以便能去解構社會的不正義。

由此，我們可以將後現代主義，視為一種有快速進化能力的病毒，它的原始和最純粹的形式是沒辦法存續的：病毒撕裂了宿主，也同時摧毀了自身。它的內容很難掌握，而且似乎和社會現實是脫節的，所以也無法從學院散播到普通大眾當中。後現代主義經過了變異之後，才得以跨越不同「物種」之間的隔閡，從學者到運動者，再到普通人群中被散布開來。因為後現代開始變得愈來愈容易掌握，以及愈來愈擁有可操作性，也因而變得更具傳染力。圍繞後現代「理論」核心的內容，在後來發生了變異，形成了幾種新的風格，這些風格沒那麼有趣，但卻有更堅信自身的（宏大）敘事。這些內容，都聚焦集中在一個以前還不存在的現實目標上：我們要以一種自稱為「社會正義」的意識形態願景，來重建我們的社會。

理論的變異

對於後現代主義者而言，「理論」是指一系列特定的信念，它假定世界和我們在獲得相關知識的能力上，是以後現代知識和後現代的政治原則來運作的。這個「理論」的預設是，客觀的真實是無法被知道的。所謂的「真理」，是藉由語言和「語言遊戲」，在社會上被建構出來的，並且會經過在地的、某種特定文化和知識的功能，在迴護、延續和促進特權者的利益。因此，「理論」的明確意義，就是要批判性地檢視、審查話語和論述。這些都代表著特定的內容。也代表了它們要進行細膩地審查，以揭露和破壞它所預設的政治權力動態，藉此說服人們拒斥它們，並且發起帶有意識形態的革命。

從這個意義上來說，這些理論從未消失，雖然它也已經不是原來的樣貌了。在一九八〇年代後期和大約二〇一〇年之間，它以原來的基本概念，變異發展出更適用、應用的版本，並且形成了全新的學術領域的根基，從而帶來了深遠的影響。這些新的學科，後來被鬆散地稱為「社會正義研究」（Social Justice scholarship），這些內容從民權運動和其他自由主義、進步理論中，吸收了社會正義的概念。而且很巧合的是，這一切都是在法律平等已經基本實現的情況下，才開始被啟動的。到了那個時間點，推動反種族主義、女性主義和ＬＧＢＴ社會行動主義的運動，都已經開始邊際效益遞減。既然在工作職場上，種族歧視和性別歧視都已經是非法的，而且同性戀在整個西方也幾乎都被合法化了。這麼一來，西方社會有關平等問題的主要障礙，就轉變成了後現代所謂的：很難消去的偏見。這些問題，體現在態度、預設、期望和語言之中。對於那些想要解決這些不太明顯的問題的人而言，他們就聚焦於那些「理論」。理論強調權力和特權體系，會經由話語、論述被存續下來。於是這些「理論」，就成為了一個理想的工具，只要略過它原本有的那些，會把一切所有都完全解構掉，而且會不分青紅皂白地，對所有一切都抱持懷疑態度，和那種令人不悅的虛無主義的內容。只要我們能略過以上這些，不能真正適用於任何具有建設性目的之內容上，則後現代理論就可能是一個理想的工具。

新的「理論」形式，出現在後殖民主義、黑人女性主義（black feminism）——由關注種族和性別的非裔美國學者所開創的女性主義分支，[3] 交織性女性主義、（從法律角度出發的）種族批判理論和酷兒理論，所有的這些，都嘗試要批判性地描述這個世界，「以便能改造世界」。這些領域的學者，愈來愈常爭論說，雖然後現代主義可以幫助揭露知識上社會建構的本質，和這當中相關的種種「問題」，但社會行動主義和徹底激進的懷疑主義，這兩者之間卻是不能相合的。

我們需要接受某些群體，確實會因為他們所擁有的身分而面臨著不利和不正義的情況。此一概念過去曾被激進的後現代思想家們給徹底解構。因此，一些新的「理論家」由此批評了他們的前輩也是一群擁有特權的人。這些後輩們聲稱，這些問題體現在他們解構身分，以及他們以某些身分為基礎而同樣具有壓迫他人的能力之上。部分人指責說，這些理論家的祖先是白人男性，富有和身為西方人的身分，這已經足以讓他們有空在那擺出一副玩世不恭，只會諷刺和抱持徹底懷疑的態度，因為社會根本就是為了他們的利益而被建構而成的。這帶來的結果是，雖然新的「理論家」們，保留了很多「理論」，但他們並沒有完全要放棄某些穩定的身分和客觀的真相。不過，他們聲稱這兩者的數量都是有限制的。他們認為，某些身分會比其他身分享有特權，而且這種不正義，就是「真實」存在的「客觀」問題。

最早期的後現代思想家，破壞了我們對知識、真理和社會結構的理解，而新的「理論家」則根據他們自己的敘述，又從頭開始再次重建了這些內容。這當中許多人的價值觀和方法論，都來自新的左翼政治社會行動主義（New Left political activism）。這些轉向，其實又都是法蘭克福學派（Frankfurt School）批判理論的產物。因此，雖然最初的（後現代）「理論家」有點漫無目的，他們利用諷刺和玩世不恭，想扭轉等級制度系統，並且去破壞他們所認為的不正義的權力和知識（或者說權力—知識）結構。第二波（應用）後現代主義者，則專注於拆除等級制度系統，並且嘗試去提出有關權力、語言和壓迫問題的真相。在這段「應用轉向」的期間，這些「理論」經歷了一次「道德變異」（moral mutation），它使用了許多有關權力和特權之間，所帶有的有關是非對錯問題的信仰。最初的「理論家」，滿足於觀察、悲嘆和嘲諷、玩弄這些現象，新的一批則想要重新安排社會秩序。他們推論社會之所以不正義，就是由於不當的言論被合法化所造成的。那麼同樣的，我們就可以藉由使不良言論被去合法化（變成非法的），並且用更好的言論將其取而代之，以此來實現社會正義。那些採取這類「理論方法」（Theoretical approaches）的社會科學和人文學者們，彼此開始形成一個左派道德社群，這些人不只是一個純粹的學術群體，而是一個更熱衷於倡議事情該有某種特定的「應然」（ought）問題，而不是一群嘗試對事物「是什麼」（is）做獨立研究與評估的知識分子，上述這種態度，更容易讓我們聯想到的，其實是一間教堂或者宗教團體，而不該是一所大學。

新的誤區

「新的理論」出現了，主要是關懷種族、性別和性取向，並且是帶有明確批判性、目標導向和道德主義的。不過他們也還是保留了後現代的核心思想，也就是說，知識只是由權力建構出來的，我們把人和現象組織出來的分類、範疇，只是一種為權力服務而被設計出來的誤區。語言在本質上也是危險的和不可靠的，所有文化的知識主張和價值觀，都該是同等而有效的，只有在它們自身的脈絡下才能被很好的理解。集體的經驗是優於個人和普遍性的。這些人專注於文化權力，從客觀上直接認為，權力和特權是陰險的、腐敗的力量，它們會以近乎神祕的方式維繫、迴護其存在。他們明確的表示，他們這樣做的目的，是根據他們的道德願景，同時引用最初的後現代「理論家」的思想，[4]藉以改造社會。美國的後現代主義文學理論家麥克海爾如此寫道：

隨著後結構主義來到北美，「理論」應運而生，在其後的數十年間，變成了那些如此令人熟悉，而且都具有獨立意義的用語：不再只是這種或者那種的理論。舉例來說，不再是原來結構主義敘事學所期望的，只是一種敘事理論，也不再只是一般性的理論，那種在別的時代可能被當成某種推論，甚至實際上只不過是一種哲學。[5]

他還指出，在其他部分：

> 「理論」這個用語自身，從一九六〇年代中期開始就擁有了特殊的意義，這是一種後現代現象，而「理論」本身的成功和散播，也成為了後現代主義的一種特徵。[6]

也就是說，到了一九九〇年代後期，最純粹、最原始形式的後現代主義，雖然已經過氣、過時，但是「理論」本身卻並沒有退流行。

正是「理論」，為了偏激的激進主義者，包括社會行動主義，提供了一種有關整個世界和社會的一切思維方式，也為人文學科的許多學術研究帶來影響，並在社會科學領域中有了相當的發展，特別是社會學、人類學和心理學。[7] 後現代主義已經被重新建構願景，並且成為以身分、文化和社會正義為中心的學術、社會行動主義，和相關專業實踐等主流形式的思想基礎。

然而，許多明明以後現代知識和政治原則為中心發展思想的學者，卻會去貶低後現代主義，並且堅持說，自己根本不在他們的思想範疇內。如此使用後現代思想的人，其實也並不少見。著名的文學和進化論學者喬納森．戈特沙爾（Jonathan Gottschall）對這種奇怪的現象有過解釋。他認為所謂的「解放主義者典範（liberationist paradigm）」，也就是一種嘗試將人性與生物學分離的社會理解，在左派學者中已經非常普及，甚至成為了許多領域的默認預設。因此，戈特沙爾告訴我們：「說什麼『理論』已經逝去的傳言，很明顯，根本就言之過早了。」[8]

也許，具有諷刺意味的是，「理論」根本已經被許多學者內化，因此化為無形，甚至是在那些自認已經迴避掉「理論」，並且聲稱使用經驗、實證數據的人也是一樣。[9] 正如麥克海爾所言：

「理論」自身已經延續壽命到了新的千禧年。就算它看起來，好像不如當初一九七〇、一九八〇年代，那個後現代主義的鼎盛時期那般，那麼樣的引人注目，其實是因為它已經變得非常普及，所以才在很大程度上被忽略了。自一九八〇年代後期以降，「理論」特別激活了女性主義、性別研究和性研究的論述、話語，也支撐了後來所謂的「文化研究」。[10]

無論我們稱其為「後現代主義」、「應用後現代主義」、「理論」或其他任何稱呼，那種以後現代知識和政治原則的社會概念為基礎，也就是一套激進的懷疑論思想，還包括那當中的知識、權力關係，以及語言都是被強權利用的壓迫性社會結構等等，上述種種不僅都被完整地保存下來，而且在許多以身分和文化為基礎的「研究」領域中可以說是蓬勃發展，特別是在所謂「理論」的人文學科當中。

這些內容反過來又經常影響著社會科學和教育、法律、心理學和社會工作等等專業項目，並被運動者和媒體，帶入到更廣泛的大眾文化之中。由於「理論」在學術上被普及的結果，後現代主義已經變得很能適應環境，讓運動者和公眾都可以大方地使用。

應用那些原本不方便的

十七世紀初，隨著啟蒙運動在歐洲奠定了根基，並且徹底改變了人類的思想之後。當時的許多思想家開始努力地想解決一個新的問題：徹底的懷疑主義，一種認為我們去相信「任何事物」都是沒有理性基礎的信念。這當中最著名的人物，是法國數學家、科學家和哲學家笛卡爾（René Descartes, 1596-1650），他論述了在他心目中，信仰和哲學可以賴以立足的哲學根基。一六三七年，他在《談談方法》（*Discourse on the Method*）[11]一書中，首次寫下了「我思故我在」（Je pense, donc je suis）這句話，後來又改寫為更著名的拉丁文：*Cogito, ergo sum*。這是笛卡爾針對啟蒙時代懷疑主義為世界帶來的解構力量，所做出的回應。

大約三個半世紀後的一九八〇年代，類似的事情又出現了。面對後現代激進懷疑論帶來的更強的解構力量，使得一群新興的文化「理論家」，發現自己陷入了相似的危機。自由社會行動主義獲得了巨大的成功。前幾十年偏激的新左派社會行動主義已經失寵，後現代主義的反現實主義和虛無主義又面臨絕望，而起不了什麼作用，也無法帶來變革。如果我們想要修正這個問題，就必需要從根本上抓住一些可操作和更實際的內容，因此「理論家」和運動者，開始整合聚集在笛卡爾最著名的那段，原本根本是平行而不太會交會的新思想上。對笛卡爾而言，能思考就代表存在「某些東西」必定是真實的。對於一九八〇年代的社會行動主義學者而言，和壓迫有關的痛苦，就代表著某些可能遭受痛苦的事物，以及那背後使這些痛苦發生的系統是真實存在著的。「我思故我在」這句話，在新的存在正義之下被賦予了新的生命：「我經歷了壓迫，故我存在……對於支配和壓迫方而言，也同樣如此。」（I experience oppression, therefore I am ..... and so are dominance and oppression.）

伴隨著後現代主義重建其自身的基礎，在這塊新的哲學基礎上的發展，就出現了許多新的學術飛地（譯注：飛地乃指被包圍在另外一個國家境內，和本國其他領土不接壤的區域）。這些研究常會利用眾多「理論」，把重點放在語言和權力影響社會的方式及其特定面向。這些領域中的各個「理論」：後殖民、酷兒、種族批判、性別研究、身心障礙研究和肥胖研究，都將在本書接下來的各個章節中被細膩地處理。在這當中，酷兒理論應該是唯一一個，真正專屬於應用後現代理論方法的領域，但是上述其他所有這些研究領域也確實都被應用後現代主義思維所主導著。那些嘗試以特定方法應用後現代主義元素的「理論家」，就是應用後現代轉向的開創者，也成為了「社會正義研究」的開山祖師。

後殖民研究，是最早興起的應用後現代學術。儘管也還有其他研究殖民主義影響的方法，但是後現代理論建構了此一學科的大部分根基，因此使得後現代主義和後殖民主義經常被放在一起談論。後殖民理論之父薩依德（Edward Said, 1935-2003），在很大程度上就參考了傅柯，因此他的工作重點，就是話語、論述到底是如何建構出現實的。[12] 對薩依德而言，只停留在解構權力結構，並且由此去呈現出所謂的東方只是被西方給建構出來的，這樣還遠遠不夠。我們還必需要去修正和改寫歷史。在他那部開創性的著作《東方主義》（*Orientalism*）一書中，他認為：「歷史是由男人和女人製造的，同樣它也可以被塗抹和改寫……因此『我們的』東方、『我們』東方的，要真的成為屬於『我們』所擁有的，和由『我們』來左右方向的。」[13]

薩依德的傳人，哲學家霍米・巴巴（Homi K. Bhabha）和史碧瓦克（Gayatri Chakravorty Spivak）也很重視傅柯，不過他們更常以德希達為本。他們完全不相信語言傳達意義的可能，但是他們卻同樣相信，在語言中隱藏著不正義的權力動態。由於此類聚焦在語言會傳達權力的問題的關懷，後殖民理論發展出了一個明確的政治目的，正如後殖民學者琳達・哈欽（Linda Hutcheon）所言：解構原本西方有關於東方的敘事，以便能夠去揭露和放大那些被殖民的人民的聲音：

> 後殖民主義與女性主義者一樣，是一種既能解構但也是具有建設性的政治事業，因

為它隱含了一種原始後現代解構衝動中，所缺乏的那種能動性和社會變革理論。雖然兩個「後」都在諷刺，但後殖民不會僅僅只是停留在諷刺的階段。[14]

另一種新的「理論」，是在女性研究，以及後來的性別研究中被發展起來的。它源於女性主義思想和文學理論之間的交織。當然，女性研究並非由後現代開始的。在很大程度上，它和其他形式的女性主義理論相呼應，在這當中，眾多理論都曾藉由批判性的馬克思主義視野去分析女性的地位。根據這種「理論」，西方父權制，在很大程度上是資本主義的延伸，藉由這種方法，女性受到了獨特的剝削和被邊緣化。但是，為人所熟知的是，傅柯拒絕了這種自上而下的權力理解，而更贊成由話語論述帶來的那種滲透社會的網絡。創立酷兒理論的傅柯派「理論家」們，就跟著傅柯一路繼續發展下去。

到一九八〇年代後期，這兩者之間的區別，已經開始在各種類型的女性主義者之間產生了分歧，她們對於在解構方法上到底該走多遠的問題，彼此有著不同的異議，[15]甚至時至今日這些分歧都還存在。唯物主義女性主義者瑪麗・波維（Mary Poovey）清楚地描述了此一觀點，她的主要關懷是預設父權制和資本主義，是如何迫使女性進入社會所建構出來的性別角色的，她就是這樣的一位女性主義者。波維被解構方法所吸引，因為它們能夠破壞她所認為的那些，由社會建構起來的性別刻板印象，這種刻板印象被宣稱能反映出內在人性的信念，通常會被稱為「本質主義」（essentialism），但作為一位唯物主義者，她擔心解構在其最純粹的形式中，會根本不允許「女人」此一分類的類別存在。[16] 因為這是一種新的存在。

波維和後殖民「理論家」一樣，希望將後現代方法，應用在社會行動主義上。因此，她倡議在女性主義上應用「工具箱（toolbox）」的方法，在這種方法中，我們可以使用解構方法，來消除性別角色，但不能直接消除性別的存在。她認為，我們必須接受：女性，這種對人的分類，而且她們受到另一類人：男性，所帶來的壓迫，也是真實存在的。因為是真實的，所以我們才要與之鬥爭。所以，這需要賦予「女性」和「男性」的階級，以及它們之間的權力動態，一種穩定和客觀的真實性。她將「理論」的某些面向，引入了女性主義和性別研究。

朱迪斯．巴特勒（Judith Butler）是一位女性主義者和LGBT學者、運動者，她創建了酷兒理論發展的基礎，也是針對這一困境所提出的一種相反解法的縮影。在一九九〇年出版的最有影響力的《性／別惑亂：女性主義與身分顛覆》（*Gender Trouble*）[17] 一書中，巴特勒關注「性別和性」（*and*）的本質，認為那都是社會建構的。對於巴特勒而言，「女人」不是一種人，而是一種「性別化」建構過程的真實呈現。巴特勒的性別展演（gender performativity）概念，認為我們透過行動和言說讓性別變得真實。這些思想讓她徹底走向後現代，選擇解構一切，拒絕有關性、性別和性取向具有穩定的本質和客觀真理的概念，同時又保持激進的政治立場。這些思想，在兩個面向上發揮功用。首先，巴特勒藉由提出「真實效應」（reality-effects）和社會或者文化上的「虛構」（fictions），解決她所認為的性別、性和性取向的真實性，是如何被社會所建構出來的。對於巴特勒而言，具體的結構本身，雖然並不是真實的，但這個結構又確實真的存在。其次，因為「酷兒」被理解為不屬於某種分類範疇的東西，特別不能用在定義男性和女性，男子氣概和女性特質，異性戀和同性戀的人，所以破壞和拆除這些分類範疇，對於社會行動主義者而言，就變得至關重要。因此，在巴特勒使用的意義上，進行「酷兒」（To queer）可以被視為動詞，而讓我們「去酷兒」某物，指的就是，讓某種東西在分類上，變成不穩定的性質，以及對與之相關的規範，那些大家都接受的真理，進行一種破壞。這樣做的目的是將「酷兒」，從被分類的壓迫中，給解放出來。

儘管巴特勒大量引用了傅柯和德希達，但她並不會把自己當成是一位後現代主義者。事實上，她並不認為「後現代主義」是一個具有一致性、連貫性的用語。然而，這種說法並不表示這是一種對後現代主義的貶低，因為不一致、不連貫和不確定性，正是巴特勒酷兒理論的核心概念。巴特勒在她一九九五年的〈意外的基礎：女性主義和「後現代主義」之間的問題〉（Contingent Foundations: Feminism and the Question of Postmodernism）一文中，用她慣用的那種有點難以理解的行文風格寫道，後現代主義的重點，是理解帶有壓迫性的權力結構，在那當中有明確的定義，也有穩定的分類範疇，當我們認識了這些內容，就可去實現酷兒的政治行動。[18] 因此巴特勒認為，與其否認後現代主義的預設或方法，倒不如就像我們最好不要定義性、性別或性取向一般，我們也最好不要去定義後現代主義，因為這樣走下去，將有可能，甚至導致後現代，也成為了另一種強大的壓迫力量，也就是另一種分類上的暴力。這些是巴特勒從德希達那裡所得出的一種想法。

巴特勒藉由將不確定性和模糊性融入她的哲學思想中，避開了原始後現代主義那種，容易傾向漫無目的之障礙。她對此解釋說：「這當中的任務，是要去探索，確立基礎的理論運動到底授權給了我們什麼，以及它究竟明確地排除了或者取消了什麼？」[19] 在巴特勒思想中，對分類相關問題的不斷檢視和解構，可以使我們解放那些不能被量身訂製，歸入某種分類範疇的人、事、物。

在另一個理論軸線中，另一位極具影響力的女性主義者葛勞瑞亞・沃特金（Gloria Watkins），貝爾・胡克斯（bell hooks）是她的筆名，她故意用小寫字母來書寫自己的筆名。胡克斯的工作，始於一九八〇年代後期，她認為有必要去修改後現代理論。胡克斯是一位非裔美國學者和運動者，她反對後現代主義，特別是後現代理論和女性主義，因為它排斥黑人、婦女和工人階級。胡克斯認為，這些思想都限制了實現社會和政治變革的能力。她之所以批評後現代主義，不是從它作為假設或思想的角度，而是因為後現代主義和白人男性菁英思想家之間的連結、發展，和高度被接受的程度。胡克斯在一九九〇年所寫的文章〈後現代黑人〉（Postmodern Blackness）中批評，儘管後現代主義有效地吸引了我們對差異和差異性所該要投入的關注，但後現代主義仍是被白人男性知識分子和學術菁英所主導的東西。她特別批評後現代對穩定身分的輕忽，認為後現代主義應該要善於應用身分政治問題：

後現代對「身分」的批判，雖然和新的黑人解放鬥爭有關，但往往以一種「有問題」的方法被提出。既有的白人至上主義政治，背後都會有避免激進的黑人主體性形成的企圖，我們不能輕率地忽略對身分政治該有的憂慮。[20]

她又提問說：

當許多過去曾經被征服的人，覺得自己遇到了首次可以發聲的歷史時刻，我們是否也應該同時懷疑後現代那種對「主體」的批判呢？[21]

對胡克斯而言，問題不在於後現代主義沒有用，而是後現代是針對白人男性知識分子的經驗而被量身訂製的，所以當中沒有身分政治該有的位置。胡克斯聲稱，後現代思想在破壞身分概念上犯了錯誤，這導致它排除了美國黑人，特別是黑人女性的整體聲音和經驗，以及她們為了追求種族平等而必須破壞主流敘事的期待。她甚至認為，後現代主義壓制了一九六〇年代出現的黑人呼籲，這些人是藉由應用現代主義的普世政治議程，才得以實現在公民權上的平等。[22] 胡克斯認為，後現代主義需要走出大學並進入現實的世界中，要懂得質疑白人男性的觀點，就是因為「他的」特權，才使得他們有空去懷疑「身分」的重要性，也要懂得為那些不懂激進政治的外行黑人的日常行動提供一些幫助。她對此寫道：

> 後現代文化具有去中心化的性質，可以成為斷開連結的空間，也可以為新的和多種不同形式的連結提供可能。在某種程度上，斷裂、表面、語境脈絡和許多其他事件，都創造了縫隙空間，也為反向的實踐，騰出了位置，不再要求知識分子被偏狹、孤立的領域所限制，而變得和日常世界之間沒有任何有意義的連結。[23]

胡克斯的想法和種族批判理論同時應運而生，後者則是來自法律批判學者，最著名的人是德里克・貝爾（Derrick Bell, 1930-2011）。貝爾的一名學生金柏莉・坎秀（Kimberlé Crenshaw），也是一位法律學者，她的思想也受到了像是胡克斯這樣的黑人女性主義者的深刻影響。坎秀在一九九一年一篇具有開創性的文章〈描繪邊緣：交織性、身分政治和針對有色女性的暴力〉（Mapping the Margins: Intersectionality, Identity Politics, and Violence Against Women of Color）[24] 中，對後現代主義就進行了類似的批評。她在兩年前的一篇更具爭議性的文章中，還引入極具影響力的「交織性」（intersectionality）概念，也為這篇文章奠定了基礎（詳見本書第五章）。

交織性讓我們準確地認識到，對於身在受壓迫身分的「交互點」（比如黑人和女性）上的人們而言，可能存在著某些特殊的歧視，而當代的歧視性刑事犯罪法律，卻根本沒有辦法去察覺到，也不知道要去解決此一問題。

舉例來說，坎秀就注意到，在大量僱用黑人男性和白人女性，但卻幾乎沒有幾個黑人女性的那種工作場所，會有可能發生一種「合法地」歧視黑人女性的狀況。她還明確地認識到交織身分群體所面臨到的偏見，不僅包括針對這當中分別對兩個身分群體所帶有的偏見，還包括其他的一種特殊的偏見。舉例來說，黑人女性可能會面臨那些針對黑人和女性常有的偏見，同時也會經歷其他一些特別針對黑人女性的歧視。以上內容，坎秀可說是提出了重要的觀察，同時她對於後現代理論在根本上能帶來解構的潛力抱持積極的態度，並且將這些「理論」集中應用在她新的「交織性」框架中，藉此解決對有色女性的歧視。她對此寫道：「我認為交織性，是一個能把當代政治和後現代理論連結起來的暫時概念。」[25] 坎秀由此提出了一種更帶有政治性的後現代主義形式，這對於種族運動者而言，已經是可行、可實踐的。[26]

與波維、巴特勒，還有胡克斯一樣，坎秀既想保持對種族和性別作為社會建構的「理論」的理解，同時又想用解構的方法來批判它們，「並且」（*and*）論斷出一個具有穩定性的真理宣告：某些人因為種族或性別的身分而受到歧視。因此她計劃藉由身分政治出發，要在法律上來解決這種歧視問題。她寫道：

> 後現代主義質疑意義是一種社會建構的方法，這當中的描述性內容通常是合理的。但是，這種批評，有時反而會誤讀了社會建構的意義，並且扭曲了這當中所帶有的政治相關性的問題……當我們說種族或性別等分類是被社會所建構出來的，並不是在說，這些分類在我們的世界中是沒有意義的。反之，實際上，對於處於一個巨大而且帶有延續性，以及處於被宰制、從屬地位的人們而言，後現代理論很能夠幫助我們思考這些問題，也就是權力集中圍繞在某些分類的類別之上，並且還會針對他者，繼續行使其權力。[27]

坎秀認為，身分的分類類別是「具有意義和後果」的；[28] 也就是說，有關身分的分類類別也是客觀而且是真實的。她區分了一個「黑人」和一個「剛好是黑人的人」[29] 兩者之間的差異，並理所當然支持前者。坎秀認為這種區分是身分政治不可或缺的一部分，並且代表著身分政治和以普遍自由主義為特徵的民權運動兩者之間在方法上的不同。這些思想，就是應用後現代主義轉向中的共同主題。

一旦身分和權力被客觀化、真實化，並且使用後現代方法對其進行分析，交織性的概念就很快可以超越原本只是一種法律理論的界線，並成為文化批評和社會政治行動上的一個強而有力的工具。由於應用後現代理論，明確地將後現代主義應用於身分政治，也使得應用後現代理論，開始被對身分感興趣的各樣學者所使用，這當中包括種族、性、性別、性取向、階級、宗教、移民身分、身體健全或精神素質和體型、體重等研究。在坎秀的建言下，社會建構主義已經成為這些迅速興起的文化批判研究領域的深層基礎，藉以解釋為什麼某些身分會被邊緣化，同時也認定這些社會建構本身，都是客觀且真實存在的。

舉例來說，身心障礙研究（disability studies）[30]和肥胖研究（fat studies）[31]等領域，最近已成為「社會正義研究」的顯學。雖然身心障礙研究和肥胖女性主義（fat feminism）之前早就已經存在，而且也減少了社會對身障人士和肥胖者的偏見和歧視。但這類運動近年開始採取更激進的社會建構主義方法，更明確地應用後現代原則和主題，特別是酷兒理論。它們已成為交織性框架的一部分，並且也採用了許多應用後現代理論的方法。在這當中，他們認為身障者和肥胖者都擁有自己的身心障礙和肥胖的相關知識，這些內容甚至比科學知識更有價值。這不僅是一個明確的事實，也就是身心障礙者和胖子們，才真正知道身心障礙和肥胖的感覺，而身體健全和苗條的人卻無法理解他們。所以，這些領域的學者和運動者堅持認為，將身心障礙和肥胖，理解為在還有可能的情況下，是一種需要被治療和被糾正的身體問題，這本身就是一種社會建構，這些想法就來自於我們對身障者和肥胖者所帶有的系統性厭惡。

應用後現代的原則和主題

儘管已經變異了，帶有了身分政治的那種可操作性，但應用後現代主義，仍然保留了兩個後現代原則的原初核心。

- **後現代知識原則**：對獲得客觀知識或真理的可能性，抱持激進的懷疑態度，以及對文化建構主義的肯認。

那些被稱為後現代的思想，像是對客觀知識或真理的否認，以及對文化建構主義的堅持，相信無論它是什麼，只要是被我們稱之為真理的信念，都只不過是一種文化的建構，這些思想在很大程度上都被保留下來了。不過，這當中加上了一個重要的附帶條件：在以身分為基礎的應用後現代思想上，身分和壓迫問題，已經被視為客觀的、真實的已知特徵。也就是說，由建構知識的權力和特權系統所組織而成的社會概念，被認為是客觀的、真實的，並且和身分的社會建構之間有著彼此的內在連結。

- **後現代政治原則**：一種相信社會是由權力和等級制度系統組織而成的信念，這些制度系統，決定了我們可以知道什麼，以及我們如何知道。

上述這些思想內容，也都被保留了下來。事實上，這正是身分政治倡議的核心內容，身分政治之所以可行的必要性，正是要以「社會正義」之名拆除等級制度體系。

即便後現代思想的高度解構階段已經逝去，但後現代思想的四個關鍵主題，在緊隨其後而來的應用後現代轉向中，又繼續倖存了下來。

1. 界線的模糊

界線的模糊這一主題，在後殖民和酷兒理論中是最為明顯的。它們都明確地聚焦在流動性、模糊性、不確定性和混合性的思想上，打算要把所有的這一切都給模糊掉，甚至要去破壞不同分類類別之間的界線。他們對所謂的「破壞性二元系統」（disrupting binaries）的共同關注，則是來自於德希達所說的，等級系統的本質和語言結構，並不帶有意義的說法。

這些主題，在種族批判理論中並不太明顯，它可能是非黑即白的（雙重涵義指涉），但在實踐中，種族批判理論的交織性女性主義元素，同時會包含許多身分分類，並且嘗試把「不同的理解方式」（different ways of knowing）也納入。這就導致了證據與經驗的混亂結合，在這當中對生活經驗的個人解釋（通常這會被「理論」引導或誤導），被提升為證據等級（通常實際上只是「理論」）的地位。

2. 語言的力量

所有新的應用後現代理論，都強調語言的權力性質和危險性。所以所謂的「論述、話語分析」在這眾多的領域中，都發揮著核心作用。學者們仔細地研究語言，並根據理論框架，對這些內容進行詮釋。舉例來說，許多電影因為內容中有著一些「有問題」的描寫，而被「刻意地」（closely）檢查，然後再被貶低，即使它們的主題和「社會正義」之間大部分是一致的。[32] 此外，語言是強而有力且危險的想法，現在也已經被傳播、散布的非常普及，並且成為許多學術和社會行動主義的基礎。這些內容，充滿在話語（或口頭）暴力、安全空間（safe space）、微型歧視（microaggressions）和觸發警告（trigger warning）為中心的主題當中。

3. 文化相對主義

文化相對主義當然算是在後殖民理論中，最為突出的「理論」。由於在「社會正義研究」和社會行動主義中，都廣泛地使用了交織性框架，並且將西方理解為壓迫性權力結構的頂峰，這就使得文化相對主義成為了所有應用後現代理論的規範。同時，這種應用是有關於知識是如何被製造、認知和傳播的。作為一種人為的文化製造，也應用在道德和倫理原則之上，因為那也是另一種文化製造。

4. 個體與普遍性的失落

對身分的分類類別和身分政治的強烈關注，也代表了個人和普遍性在很大程度上已經被貶低了。主流的自由主義重點在於實現普遍人權，推動機會均等的可能，讓每個人都可以發揮自己的潛力。但應用後現代學術和社會行動主義都對這些價值觀深表懷疑，甚至會公開敵視這些內容。

應用後現代「理論」很容易會把主流的自由主義視為驕傲、幼稚，或者認為他們對於擁有邊緣身分的人，身處在被限制和約束之中，背後的那些根深柢固的偏見、預設，採取了一種漠不關心的態度。應用後現代主義中的「個體」，更像是被質疑的某個身分群體之人所加在一起的總和。

社會正義研究的興起

其實以上那些變異都很微不足道，讓我們無法把「理論」當成已經和後現代主義之間有深切的背離，但這些內容卻都還是意義重大。一九八〇年代和一九九〇年代的「理論家」們，失去了高度解構的後現代主義所帶有的那些原有特徵，像是那種玩世不恭的諷刺和對意義的絕望。反之，他們變得很有目標導向，以期使得後現代主義能適應於制度體系和政治。儘管這些身分是在文化上被建構的，但是，我們藉由恢復身分的概念卻可提供了群體知識，也賦權給了群體，因而使得社會行動主義的具體形式得以被發展出來。由此出發，「理論」從主要是描述性的，變異為高度規範性的，發生了從原本「是什麼」（is）到「應該是什麼」（ought）的轉變。在應用後現代轉向之後，後現代主義不再是一種描述社會，或者只是一種削弱、貶低我們對長期建立起來的現實模型的信心的一種方法，應用後現代開始期望自身能成為實現「社會正義」的武器。此一雄心壯志，開始在二〇一〇年代初期實現，當時的後現代主義又發生了第二次重大的進化變異。

從應用後現代轉向中出現的新的「理論」，使學者和運動者有能力，去針對後現代的社會概念來「做」一點什麼。如果知識是一種權力結構，藉由談論事物的方式來發揮作用，那麼知識也可以經由改變我們談論事物的方式，進而使得原有的權力結構被推翻。因此，應用後現代主義，著重於要掌控論述，特別是藉由將它認為在「理論上」有害的那些語言和形象給「問題化」。這代表著應用後現代，會刻意去尋找那些他們所預設的、存在於社會中，帶來壓迫性問題的方法，把這些東西都給特別劃重點、揭露出來，有時是用相當微妙的方式「使壓迫變得可見」。

對語言的嚴格審查，和對與身分有關的更嚴格用語的規範發展，通常被我們稱之為「政治正確」，這些內容在一九九〇年代達到了頂峰，並且和二〇一〇年代中期發生的一切都是息息相關的。

這帶來了在政治上可以去實踐的結論。如果我們接受是真實的東西，只是因為異性戀、白人、富有的西方男人的話語享有特權，所以被接受，那麼應用「理論」則嘗試去指出，我們也可以賦予邊緣身分群體權力，堅持以他們的聲音為優先來挑戰原有的特權體系。這種信念，增加了身分政治的侵略性，甚至帶來了像是「研究正義」（research justice）之類的概念。此一令人擔憂的提議，會要求學者必須優先引用女性和少數族裔的內容，並且儘量減少引用西方白人男性的東西，這是因為那種重視以實證和合理論證為中心的知識製造的研究，其實也是一種西方白人式的不公平特權文化結構。因此，在這種觀點中，「其他形式的研究」（other forms of research）像是迷信、精神信念、文化傳統和信仰，以身分的經驗為基礎和情感的反應等等，應該要共享原本僅僅屬於嚴謹研究才配擁有的聲望。這種要求，已經變成了一種道德義務。[33]

由於這些方法，幾乎可以應用於任何事物，因此自二〇一〇年以來，出現了大量以某種（或每一種）身分為基礎的領域工作。它以絕對的確定性論斷了知識和權力是一種社會建構的等級制度，這當中的一切，也都是客觀的真相。這代表了一種始於後現代主義的應用轉向的變異，而且這些新的預設已經變得非常普及了，使得人們認為這些東西都是理所當然的，這些東西大家都已經「知道了」。這項工作結合了被稱為「女性主義知識論」（feminist epistemology）、「種族批判知識論」（critical race epistemology）、「後殖民知識論」（postcolonial epistemology）和「酷兒知識論」（queer epistemology）的方法，以及範圍更大的「不正義的知識論」（epistemic injustice）、[34]「壓迫性的知識論」（epistemic oppression）、[35]「知識論剝削」（epistemic exploitation），[36]和「認知暴力」（epistemic violence）。[37]所謂的「知識論」是指知識產生方式的用語，「認知」（epistemic）乃是指「與知識相關的」。以上所有這些方法在結合起來後所帶來的內容，通常會被稱為「社會正義研究」。儘管表面上看起來，這些內容是很多樣性的，但這些所謂「其他知識」的方法，也都是以這些類似的觀念為基礎。也就是說，具有不同邊緣身分的人帶有不同的知識，這些知識來自他們作為這些身分群體成員所共享、體現的生活經驗，特別是那些被系統性壓迫的成員。

這些人作為知識者，當他們被迫在一個不被他們所「主導」的系統中運作時，就可能處於很不利的位置。另一方面，又因為他們熟悉多種認知系統，所以他們也可能享有某種特殊的優勢。但是，當他們的知識未被納入或者承認時，他們就可能會成為「認知暴力」下的受害者，或者當他們被要求去分享時，他們又可能會成為「認知剝削」下的受害者。

這些變異一直在持續地打破學術和社會行動主義之間的分界。曾經我們會認為，站在特定的意識形態立場，會帶來教學或學術上的失敗。在過去，教授和學者被期待要先放下自己的偏見和信念，以便盡可能客觀地處理所帶領的學科。在學術上我們之所以被鼓勵要這麼做，是因為我們知道，其他學者有能力，而且也真的會去點破以某種意識形態為中心的這些內容，是帶有偏見或者帶有某種動機的推論，由此其他學者也會引用證據和論據，對此加以反駁。所以，老師們如何才能知道自己的教學足夠達至客觀？那就是學生們根本不知道老師的政治立場，或者不知道老師的意識形態到底是什麼。

但是，以上這些並不是「社會正義研究」應用在教育上的情況。現在，教學會被認定是一種政治行為，那麼在這當中，就變得只有某一種政治立場是可以被接受的，那就是由「社會正義」和「理論」所定義的身分政治。在從性別研究到英語文學的眾多學科中，大部分都已經完全接受了某個理論，或者某種意識形態立場，然後大家都得要戴上那個眼鏡來檢視所有材料，但是卻不需要嘗試去證偽那些在有問題的證據下所提出的詮釋，或嘗試去找出其他可替代的詮釋。從現在起，學者們可以公開宣稱自己是社運人士，並且在要求學生接受以「社會正義」意識形態為基礎、視那些內容為真理的課程中，直接教授社會行動主義的內容，並且製造、生產出擁護它的作品。[38] 二〇一六年一篇特別出名的論文，刊登於《性別：性別研究多樣學科期刊》（*Géneros: Multidisciplinary Journal of Gender Studies*）甚至將女性研究比作愛滋病毒和伊波拉病毒，是一種免疫抑制病毒，使用那些由學生轉為運動者的群眾作為病毒的載體，而去傳播、散布屬於他們版本的女性主義。[39]

儘管上述這些變異，可能令人驚訝或者令人擔憂，但是這些倒不是一種地下議程的運作結果。這些議程都是開放和明確的，並且一直以來都是如此。舉例來說，在二〇一三年，正如同具運動者和學者身分的桑德拉．格雷（Sandra Gray）所堅持的那般：

挑戰我們的學生，以便讓他們去做到或者成就更大的事情，這是要成為學術行動公民至關重要的部分。在早期的大學裡，學生會把大學的思想帶到文盲那裡，充當傳教士，向農民傳授新思想，從而在農村傳播路德教會思想等運動。雖然我們不會再建議我們的學生要在社會上傳播路德教會的理想，但是我們為學生提供了批判、辯論和研究的工具，藉此提供了能去實現公民身分的行動資源，甚至也激勵了一些人去擔任更激進的角色。最後，作為他們正常工作生活的一部分，學者們需要結成聯盟和彼此連結，有時甚至成為政治和倡議組織的成員。他們「為了一個事業」進行嚴謹的研究，以便能夠讓這些內容，再次被接受為具有正當性的知識製造。[40]

二〇一八年，社會行動主義學者出版了名為《走上街頭：學術在倡議中的作用和學術中倡議扮演的角色》（*Taking It to the Streets: The Role of Scholarship in Advocacy and Advocacy in Scholarship*）的論文集。[41] 雖然學者本就可成為社運人士，而社運人士也本來就可以成為學者，但是將這兩個角色結合起來，帶有義務般地去製造問題，也就像是當某個政治立場在大學裡被教授時，就很容易成為正統，會變得無法被質疑那樣。社會行動主義和教育之間其實存在著一種基本的張力，社會行動主義預設自己已有十足的把握去了解真理、真相，並且想要據此採取行動，但教育這端則會警覺到，教育本身並不那麼能夠確認什麼是真理、真相，因此需要了解更多。[42]

應用後現代思想，以原始後現代理論所沒有的方法跨越出大學的界線，而且這樣做至少有部分原因是因為它們有採取行動的能力。在全球範圍內，這些思想已經占有了主導地位。後現代知識和後現代政治原則，現在經常被這些社會運動者用以向大眾呼籲，也愈來愈多地被公司、媒體、公眾人物和公眾所帶動。

而我們作為普通公民，則愈來愈對這些社會正在發生的事情，以及它究竟是如何如此迅速地發生，感到困惑。我們經常聽到有人要求要「去殖民化」，不論是從學術課程，到我們的髮型風格，甚至到數學課堂的種種一切。我們聽到對文化挪用的哀嘆，同時也聽到對藝術中某些身分群體缺乏代表性的抱怨。我們聽說，只有白人才會是種族主義者，他們一定是的啦！這些結論都已經被大眾所默認了。

政客、演員和藝術家們，會以跨界表現為榮。公司會炫耀他們對「多樣性」（diversity）的尊重，同時明確表示，他們很在意表面身分上的多樣性（而不是實際的意見）。各種組織和激進團體，也宣布說他們是很有包容性的，但僅限於同意他們理念的人。美國的工程師會因為說這個世界確實存在著性別差異，而被谷歌（Google）這樣的大公司解僱；[43]英國喜劇演員則因為重覆那種有可能被美國人視為種族主義的笑話，而被英國廣播公司（BBC）給解僱。[44]

對於我們大多數人而言，這些問題既令人困惑，又令人感到擔憂。很多人想知道，這中間到底發生了什麼事情？我們到底是如何走到這一步的？這一切又代表了什麼？以及我們該如何（以及多快能夠）解決它？並且恢復一些原本具有的共識、慈愛和理性。這所有的一切，都成了難題。當下已經發生的事情是：應用後現代主義已經形塑出了自身，被「實體化」（reified）了，並被視為真實的，就像是社會正義的真理一般，還被那些社會運動者廣泛地傳播、散布著，並且很諷刺地，它自身就變成了一種具有宰制性質的宏大敘事。它已經成為了一種具有可操作性的神話，普及社會的信條，特別是在左派之中。在字面或經常在象徵上，誰若是敢不服從它的結果是會很致命的。這些內容已經成為一個沒辦法被挑戰，而且占有主導地位的正統。

幸運的是，大多數人，更不用說公司、組織和公眾人物，不太可能真的都是激進的文化建構主義者，而帶有後現代的社會觀念，並致力於對「社會正義」進行交織性的理解。然而，由於這些觀點為複雜的問題和理論提供了表面上的深入解釋，它們已成功地從象牙塔中晦澀不明的學術理論，那種原本只有知識分子才會去相信的東西，變異為普遍的，關於世界如何運作的一般「智慧」的一部分。因為這些思想變得如此普及，除非我們向人們呈現出它們的本質，並且藉由使用一致的自由主義原則和倫理去抵抗它們，這麼一來在理想的情況下，事情才可能會有所改善。

為了要了解「社會正義研究」，是如何藉由應用後現代轉向，而從後現代理論中被發展出來，我們必須更深入、更具體地去探索這些新的「理論」。正是這些應用「理論」：

後殖民、性別、酷兒、種族批判等，而並非是後現代主義原來的自身，已經走向世界，並且展現在學術、社會行動主義和我們的各種組織、機構中。

在接下來本書的五個章節中，我們希望能夠解釋，這些應用「理論」是如何發展的。然後，在第八章中，我們將藉由「社會正義」的意識形態，解釋它們是如何被視為理所當然的大寫「T」的「理論」真理。

（編按：在接下來的章節中，這些應用「理論」：後殖民、酷兒、種族批判、性別等，原文皆以大寫「T」標出，為方便閱讀，以下就不再加以引號，只在「理論」被單獨提及以及作為總稱時才標明，以作提醒和區分。）

第三章

後殖民理論——解構西方以拯救他者

後殖民理論嘗試解構西方，正如它所看到的那樣，這個雄心勃勃的拆毀計畫，無疑是應用後現代主義的第一種體現。後殖民理論和在後現代主義進入文化研究之前，那些已經發展出相當成熟的思想，也就是走學術路線的那類種族和性別理論，兩者是很不同的。後殖民理論，是直接源自後現代思想的。此外，後殖民理論的出現，是為了實現一個特定的目的，也就是「去殖民化」：有系統地去消除殖民主義的所有表現和影響。

雖然後現代主義將超越和拆毀現代性的內容，視為一種自身的關鍵特徵，但後殖民主義更將這個內容，縮小聚焦在殖民主義相關的問題上。更具體地說，在後殖民理論中，被突出的是後現代知識原則以及後現代政治原則，它拒絕客觀真理，而完全支持文化建構主義。後殖民主義認為，世界是由權力和特權系統所建構而成的，這些系統決定了什麼可以被我們知道。後現代思維的四大主題：界線的模糊、對語言帶有壓倒性力量的信念、文化相對主義、個體的失落和否定普遍性，在整個後殖民主義中，都可以被找到。

儘管並非所有後殖民學者的觀點，都是後現代主義的，但過去和當今的那些關鍵人物肯定都是帶有後現代主義思想的。而且這種方法，在當今的後殖民社會正義研究和行動主義中，又占有主導地位。[1]

後殖民主義和相關理論，興起於特定的歷史背景：主導全球政治超過五個世紀的歐洲殖民主義，在道德上和政治上發生了崩潰。歐洲殖民主義大概在十五世紀左右真正開始興起，並且一直持續到二十世紀中葉，後殖民主義的預設就是，歐洲列強藉由其強大的力量去開疆拓土，並且對其他民族和地區，行使政治和文化霸權。這種建立帝國的態度，其實是二十世紀之前許多（如果不是絕大多數的話）文化的典型態度。歐洲殖民主義以全面的解釋、故事和對自身的辯護，進行了某種宏大敘事。他們宣稱並且嘗試以自己的方式，使這些權力被正當化。這當中包括了法國殖民主義中的「文明教化的使命」（la Mission Civilisatrice）和北美的「明確的天命」（Manifest Destiny）都是類似的內容，這些都是從啟蒙運動前一直到現代時期，知識製造和政治組織的核心概念。[2]

然後，歐洲殖民主義以驚人的速度，在二十世紀中葉動搖並且崩潰。特別是在二戰之後，去殖民化的努力，不管在物質和政治的面向，都有飛快的進展。到一九六〇年代初，學術界和普羅大眾，特別是激進左派，大家都立場鮮明地，對殖民主義的道德表達憂慮。因此，殖民主義的崩潰，可以說是後現代主義興起的社會和政治環境的核心問題，特別是在歐洲大陸的大學、研究單位當中。最終，後殖民理論家藉由聚焦殖民主義的論述（談論事物的方式），拒絕了殖民主義的宏大敘事，從而確立了自身的地位。因此，後殖民主義主要是後現代主義在縮小範圍後，聚焦在現代性的一個特定要素：殖民主義上的應用的工具，也就是後殖民理論（postcolonial Theory），這是特別為此問題應運而生的理論。後殖民理論家，研究殖民主義話語，揭發殖民主義論述是如何保護強權和特權者利益的意圖，特別是所謂的宰制霸權，也就是「文明的」西方（和基督教）的霸權論述，是如何將他者的文化解釋為「不文明」和「野蠻」的。

作為一種應用後現代議程的後殖民主義

隨著對殖民主義的關懷，在二十世紀中葉增長，精神醫學家法農（Frantz Fanon, 1925-1961）的工作也迅速擴大了影響。法農出生於法國殖民統治下的馬提尼克島（Martinique），他通常被認為是後殖民理論的奠基人。他在一九五二年出版的著作《黑皮膚，白面具》（*Black Skins, White Masks*）[3]一書中，對種族主義和殖民主義進行了強而有力的批判。他在一九五九年的作品《垂死的殖民主義》（*A Dying Colonialism*）[4]一書中，則記錄了阿爾及利亞在脫離法國的獨立戰爭期間在文化和政治上的變化。然後，他在一九六一年出版的著作《地球的不幸》（*The Wretched of the Earth*）[5]也為後殖民主義和後殖民理論奠定了根基。從他的著作中，我們可以看到這些相關主題的內容如何發生了深刻的變化。到了一九六一年，在法農看來，殖民主義首先代表了對被殖民者人性的系統性否定：這個主題在法農的分析中，占有非常重要的地位。所以他自始至終，都在談論在論述上對被殖民的人們身分和尊嚴的那種否定。他堅持認為，殖民地人民必須進行暴力抵抗，以保持他們的心理健康和自尊。法農的這些著作，同時具有深刻的批判性，還有公然的革命性，這些態度，一直影響著後殖民主義和左翼社會運動，使他們走向更激進的面向。

然而，在一九六一年寫作之際，法農很難被算成是一個後現代主義者。他使用的方法通常被理解為現代主義的，因為雖然它帶有高度懷疑的態度，很明顯看起來是既批判又激進，但是他的批評主要引用了列寧對資本主義的那種馬克思主義式的批判。法農的分析，在很大程度上也依賴於精神分析理論。法農的哲學，在本質上又是人文主義的。然而，後來的思想家，包括後殖民理論之父薩依德，從法農對一個人的文化、語言和宗教，是如何從屬、被征服於另一個人的心理影響的描述中，得到了啟發。法農認為，如果可能的話，殖民主義的心態和思維模式勢必要能被拆毀、被扭轉，至少要在遭受殖民統治的人們之中被拆毀，還要在那些使殖民主義世界觀正當化的人的思想中被扭轉。

這種對態度、偏見和話語的關懷，非常合於後現代主義。以後現代方法，看待後殖民主義的這群學者，就成為了後殖民理論家。這群人也將他們的工作，視為一個要去超克和殖民主義相關，以及將其推演為合法化的相關心態、思維模式的議程（而不是關注殖民主義帶來的實際和物質的影響）。他們主要利用後現代的知識觀念，將知識視為一種由話語延續的權力結構。後殖民理論的關鍵思想是，西方藉由其論述將自己和東方相對立起來，藉此論斷說「我們是理性的，他們是迷信的」；「我們是誠實的，他們是欺騙的」；「我們是正常的，他們是奇怪的」；「我們是先進的，他們是原始的」；「我們是自由的人，他們是野蠻的人」，東方被建構成一種西方可以與之比較的陪襯者。「他者」或「使他者化」一詞，就是用於描述那些為了提高自己而貶低他人的行為。薩依德將這種心態、思維模式稱為「東方主義」（Orientalism），藉由此一動作讓他能夠對東方主義者進行強烈的貶低、排斥，也就是那些從他者的視野去研究遠東、南亞，特別是中東的那些當代學者。

薩依德在一九七八年[6]出版的《東方主義》一書中，提出了他的新思想，這本書不僅為後殖民理論的發展奠定了基礎，而且將可應用的後現代理論的概念帶給了美國讀者。薩依德是一位巴勒斯坦裔美國理論家，主要借鑑了法農和傅柯，[7]特別是傅柯的「權力—知識」的概念。儘管他最終對傅柯的方法也提出了許多批評，但是薩依德還是認為，權力和知識的概念能幫助我們理解東方主義。對薩依德而言，最重要的還是傅柯的論點，也就是我們如何以論述建構出了知識，因此在社會中的一個有權力的強大群體，也就有了資格去主導話語，從而定義什麼該成為知識。

舉例來說，薩依德寫道：

我發現，在這裡使用傅柯的話語概念（正如他在《知識考古學》和《規訓與懲罰》中所描述的）來辨別東方主義是非常有效的。我的論點是，如果不將東方主義作為一種論述加以觀察，就無法理解歐洲文化是如何在後啟蒙時期，從政治上、社會學、意識形態、科學和想像上，在各個方面控制，甚至製造出一套非常有系統的學科。[8]

薩依德認為，東方主義的核心就是西方話語、西方論述，正是這些話語建構了東方，將一個既被貶低過、又異化過後的東方性格，強加於東方之上。可見後現代主義思想對薩依德的影響，是絕對不能被忽略掉的。即使薩依德本人沒有真的直接說出，如果沒有傅柯的思想，就「不可能」理解東方主義。

從那之後，這種解構所謂西方霸權的期待，就一直主導著後殖民理論：許多後殖民學術，就是東方主義的文本解讀。這部分是因為薩依德的行動完全在文學上著手，如提出對於約瑟夫．康拉德（Joseph Conrad, 1857-1924）於一八九九年出版的短篇小說《黑暗之心》（*Heart of Darkness*）[9]的不滿。在這個寓言故事提出了有關種族主義和殖民主義的重大問題。與其提倡對文本的主題要素進行廣泛的理解，薩依德更喜歡藉由「細膩閱讀」來審視文本，以揭露出西方以話語建構、維繫和實現東方主義二元論的各種方法。

在薩依德的思想中，我們看到了應用後現代的論述分析，它將權力不平等解讀為主流與邊緣（區域）文化群體之間的互動，嘗試從被壓迫者的角度來改寫歷史。這種改寫往往採取恢復失去的聲音和觀點的高效用形式，以提供更全面、更準確的歷史圖像，但是也經常被使用為以在地或政治敘述作基礎來重寫歷史，或者用以同時提高多個不可調和的歷史地位，從而委婉地拒絕要求任何客觀知識的可能。

在《東方主義》的導論中，我們可以看到後現代的觀念，即知識不是被發現的，而是被製造出來的，薩依德在這當中寫道：

> 我的論點是，歷史是由男人和女人創造的，就像它也可以被取消和重寫一樣，總是有各種沉默和掩蓋，總是有強加上去的形狀和被容忍的扭曲，所以「我們西方」的「東方」、「專制主義」，就變成東方的「我們」所擁有的走向了。[10]

因此，他的作品不僅是要去解構，也是一種對重新建構的呼籲。後殖民理論包含了一種原始後現代主義所缺乏的（通常是社會運動的／典型激進的）政治議程。著名的後殖民女性主義學者琳達．哈欽也闡明了這一點。[11] 談到女性主義和後殖民主義學術之際，她對此寫道：「兩者都有不同的政治議程，而且往往有一種能動性、能實踐的理論，使他們能夠超越原本只打算要解構現有正統觀念的後現代限制，進入社會和政治行動的領域之中。」[12] 像許多追隨後現代主義者並嘗試應用其思想的批判理論家一樣，哈欽主張採用後現代理論來支持政治社會行動主義。因此，明確以社會運動為目標導向的後殖民理論，是

「應用後現代」思想學派中最早出現的類型。

還有另外兩位學者與薩依德同被視為是後殖民理論的奠基者：史碧瓦克和霍米・巴巴。與薩依德的作品一樣，他們的作品在起源和定位上都是徹底而明確的後現代主義。但由於他們更關注德希達的語言解構，因此在語言和概念上都艱深到晦澀不明。史碧瓦克對後殖民理論最重要的貢獻，可能是她在一九八八年的文章〈從屬者有資格說話嗎？〉（Can the Subaltern Speak?）[13]，這篇文章強烈地聚焦在語言上，並關注權力結構在限制語言方面所起的作用。

史碧瓦克認為，從屬者，也就是那些被殖民的，處於被統治地位的民族是無法發聲的。即使看似是在代表自己，其實也還是一樣的結果。她認為，這是一種權力滲透到話語、論述方法之中所帶來的直接結果，並為那些身處主流話語、論述之外的人，製造了難以逾越的交流障礙。她借鑑薩依德和傅柯，在〈從屬者有資格說話嗎？〉一文中，史碧瓦克發展出了「認知暴力」（epistemic violence）的概念，用以描述當從屬者作為知識者的知識和地位，被主流話語給邊緣化時所受到的傷害。

史碧瓦克的後現代主義思想傾向，在她對德希達解構主義思想的引用上顯得更加明確，讓她想要在維持刻板印象的權力滿載二元系統中帶來一股顛覆力量，同時也要反轉等級制度。她對此稱之為「策略性本質主義」（strategic essentialism）。[14]她告訴我們，本質主義（essentialism）根本就是一種統治的語言工具。

殖民者藉由將從屬群體視為可被刻板化和貶低的整體「他者」，從而使他們所帶來的壓迫正當化。策略性本質主義也會應用這種群體認同感，但這是為了要以此作為一種抵抗、反制的行為，以及在從屬群體中，暫停個體性和群體內的多樣性，以便能藉由整體的認同來促進共同目標。換句話說，這是以刻意的雙重標準來定義一種特殊的身分政治。

這就是史碧瓦克理論的典型特徵。史碧瓦克更多地依賴德希達，而不是薩依德和傅柯，因為傅柯太有政治傾向。由於德希達關注語言的模糊性和流動性，以及他使用了非常深奧難懂的字句來寫作，從根本的原則上就拒絕言說任何具體的東西，所以史碧瓦克的作品也變得非常模棱兩可和晦澀不明。舉例來說，她寫道：

> 我發現（德希達的）話語形態，比起傅柯和德勒茲直接、實質性地介入更多「政治」議題（後者邀請「成為女人」），而且要來得更為細緻、全面而有效。這也使得傅柯和德勒茲所帶來的影響，對美國學術界的熱情激進分子而言更為危險。德希達對於吸收、同化時那種挪用他者的危險，標記了激進的批評。他從起點去閱讀錯誤挪用。他呼籲將那些不切實際的思想結構，改寫為一種「精神錯亂、噪音，那是我們內在他者的聲音」。[15]

難以理解和不切實際，是當時流行的理論風潮，特別是在後殖民理論家當中。霍米．巴巴則是另一個值得注意的後現代例子，他在一九九〇年代一直在這個領域占有主導地位，在創作幾乎難以理解的文字方面的能力，史碧瓦克與之相較之下都顯得黯然失色。霍米．巴巴可以說是最著名的後殖民學者，也是最具解構性的一位，這主要受到拉岡和德希達的影響。他主要聚焦於語言在建構知識中所起的作用。[16] 對於那些完全懷疑語言傳達意義能力的人而言，霍米．巴巴的作品是出了名的難讀。一九九八年，他在哲學和文學的糟糕寫作比賽中，獲得第二名，只被巴特勒給打敗，他的句子是：

如果在一段時間內，對於紀律的使用，欲望的詭計，都是可以被計算的，那麼很快，內疚、辯護、偽科學理論、迷信、虛假權威和分類的重複，這就可以被視為形式上「正常化」的一種絕望，努力分裂話語的擾亂，違反了其陳述形式的理性、開明的主張。[17]

這個令人讀了有看沒有懂的內容，就是一個徹底後現代的句子。說穿了，這代表著我們被告知的種族主義、性別笑話，都是殖民者為了控制從屬群體，但是歸根結柢，殖民者也在嘗試說服自己，他們談論事情的方法是有道理的，因為他們也暗自害怕自己的方式不合理。一種特殊的讀心術一樣的主張貫穿於霍米．巴巴的作品之中，並奠定了他的信念。

也就是要拒絕穩定的描述性分類，如此就可以顛覆殖民統治。[18] 當然，這是完全不可證偽的，並且如上文所述，也是無法被理解的。[19]

霍米．巴巴的作品經常被批評為無來由地晦澀難懂，因此難以實際用於解決後殖民問題。而且霍米．巴巴和其他後殖民主義學者不同，他還明確反對後殖民研究中的唯物主義政治方法，以及馬克思主義和民族主義。霍米．巴巴甚至發現，他所使用的後現代理論的語言也可能存在問題。他提問說：「理論語言僅僅是西方文化特權階層的另一種權力策略，以製造一種他者的論述，以便能加強其自身的權力–知識嗎？這兩者之間是等式的嗎？」[20] 在這裡，他設法明確地引用了傅柯和德希達的隱喻，同時否定了它們，最後也自我否定了。

後殖民理論最著名的開山祖師們，形塑出了應用後現代的第一個分支，這些都是從後現代理論的主幹中所長出來的分支。這種後現代的聚焦是有其成果的。他們的研究不是要影響曾處於殖民統治下的國家和人民的物質現實，或者去調查被殖民後的結果，而是對被神聖化或問題化的態度、信仰、言論和心態、思維方式的一種分析。他們從設定西方白人（以及被理解為「白人」和「西方」的知識）優於東方人、黑人和棕色人種（以及和非西方文化相關的「知識」）的預設中，簡化地建構了這些內容，儘管這其實也正是一種他們聲稱要與之對抗的刻板印象。[21]

心態思維方式比較

當然，殖民主義敘事也是真實存在的，在殖民地的歷史（歐洲和其他地區）上都存在著大量證據。舉例來說，我們可以觀察一下一八七一年的這段令人反感的內容：

低等或墮落的種族，可以藉由更優越的種族得到重生，這是神的旨意之下，人類秩序的一部分……大自然造就了一個工人種族：中國人，他們技術不錯，卻幾乎沒有榮譽感；公平地治理他們，再向他們徵稅，給這些被征服的種族足夠的好處，他們就會感到滿足，還會懂得回報這麼一個會賜福給他們的政府；黑人：是一個耕地的種族；以人道和慈善待他，一切就能得償所願；歐洲人：是一個為人師和該成為軍人的種族……當我們讓每個人做他該做的事，世界就會變得更為美好。[22]

但以上這些內容，其實在今天人們的心態、思維中早已不復存在。二十世紀隨著殖民主義的衰落和民權運動的興起，這些內容在道德上變得愈來愈站不住腳，而且現在已理所當然地，會被認為是極右翼立場的一種極端主義。然而，這些態度在後殖民理論中卻被引用，好像它們從過去到現在一直都還在持續發生著影響，對今天人們如何討論和看待問題，仍然產生不可磨滅的印記那般。後殖民理論在很大程度上就是藉由這種預設，也就是說幾世紀前所建構的語言現在也一定還存在，且仍然帶給我們永久性的問題的這種預設，來確立其大部分的重要主張。

然而，使上段史料引文中那普遍令人反感的態度得以消失的，是帶來真正社會變革的那股力量，而並非基於以後現代為基礎的分析或後現代的取向。社會變革早就先於這些發展，並且之所以有這些發展，是藉由普遍和個人自由主義理念所帶來的成果。這種形式的自由主義認為，科學、理性和人權都是每個人本該擁有的資產，並且的的確確不該被任何一群人所壟斷，無論他們是男人、西方白人，還是其他任何人。

後現代的後殖民主義方法與這種自由主義，兩者之間的方法論卻是完全不同的，並且經常被批評，認為後殖民其實反而是讓東方主義的二元論得以延續，而不是真的想要去超克這些二元對立。

某種（西方）殖民的思維方式說：「西方人是理性和科學的，亞洲人是非理性和迷信的。因此，歐洲人必須為了亞洲的利益而宰制亞洲。」

某種自由主義的思維方式說：「所有人都有理性和科學的能力，但個體間會有很大差異。因此，所有人都必須擁有各種不同的機會和自由。」

某種後現代的思維方式說：「西方建構了這樣一種觀念，也就是理性和科學是好的，以便能繼續保有自己的權力，並且將來自其他區域的非理性、非科學的知識生產形式給邊緣化。」

因此，儘管自由主義的心態和思維方式，早就已經拒絕了那種把理性和科學視為單單只屬於西方白人的那種傲慢的殖民主張，但後現代的人們，卻重新接受了它，然後再認為說，理性和科學本身，只是一種特定的認識方法，並且還帶有壓迫性。所以，他們嘗試藉由運用後現代主義的核心原則，要來校正這種壓迫。殖民主義的應用後現代思維心態和後現代思維心態其實是很相似的，但是卻增加了一個社會行動主義的結論上去。

某種應用後現代主義的思維方式會說：「西方建構了這樣一種觀念，也就是理性和科學是好的，以便能繼續保有自己的權力，並且將來自其他區域的非理性、非科學的知識生產形式給邊緣化。因此，我們現在必須貶低西方白人的認知方式，因為那是屬於西方白人的，從而提倡東方認知方式（以此來平衡原本的權力不平等狀態）。」

以上這種做法，經常被稱為「去殖民化」（decolonizing）和尋求「研究正義」（research justice）。

把一切都去殖民化

雖然在最一開始，後殖民理論的學術研究主要採用的是文學批評，以及對殖民主義書寫的話語、論述進行分析的這種形式，並且經常用高度晦澀的後現代理論語言去表達，但之後這個領域逐漸擴大而且也更為簡化。到了二十一世紀初，把一切去殖民化的概念開始主導學術和社會行動主義，新的學者正在以不同的方式使用和發展這些概念，並使之具有更多可操作的元素。他們保留了後現代的原則和主題，並且將關注點從表面上有關殖民主義的思想和言論，擴展到對具有特定身分地位的人所持有的優越態度。在這當中包括了流離失所的原住民群體和來自某些種族或少數民族的人，他們可能因某種方式而被視為下層階級、離散者或混血，或因其非西方信仰、文化或習俗而長期處於被貶低的地位。後殖民理論的目標也因此變得更具體：並非以過去後現代主義典型的那種相當悲觀的方式去破壞他們視為殖民主義的話語，而是更多地聚焦在採取積極行動來對這些話語、論述進行去殖民化，使用自二〇一〇年以來開始流行的那些更激進的「社會正義」方式。以上這些，主要是藉由各種去殖民化運動來達成的，這些都可以被看作是晚近的這些理論家，將後殖民理論的預設給具體化，並將當中內容直接付諸實踐的產物。

去殖民化的涵意，各自有諸多不同的內容。它可以簡單地指涉那些研究國籍和種族的學者：這就是英國全國學生聯盟（NUS）運動。在二〇一五年的「為什麼我的課程會是白色的？」（Why is My Curriculum White?）[23]，以及二〇一六年的「解放我的學位」（#LiberateMyDegree），這兩個運動的主要焦點是要去減少對前殖民大國白人學者的依賴，並且以來自前殖民地區的有色人種學者取而代之。藉由常被描述為「他者的認知方法」〔（other）ways of knowing〕的理論底下，我們就可看到在「知識」和「知識論」上，也就是有關我們該如何決定什麼才是真實的，在方法上的多樣性驅動力。這也帶來了針對那些被理解為「西方知識」的強烈批判、質疑和貶低這樣一種強烈傾向。

由此出發，我們可以採用一種以物理空間為中心的閱讀形式，就像那是需要被解構的「文本」，這是後現代理論如何模糊界線並聚焦在「語言」力量的一個例子。「推倒羅德像運動」（Rhodes Must Fall）於二〇一五年在開普敦大學發起，目標是要拆除各地紀念塞西爾・羅德（Cecil Rhodes, 1853-1902）的雕像，後來這個運動傳到了包括牛津大學在內的其他大學，這也是一個很好的例子。作為一名在非洲南部的英國商人和政治家，羅德對南非種族隔離的大部分法律框架確實是帶有責任的，因此反對只對他有利的描述是完全合理的。然而，圍繞這個運動的相關言論以及當中所訴求的內容，卻開始遠遠超出了反對種族隔離、殖民主義的剝削和反對不自由的做法。舉例來說，在牛津的那些象徵性變革的要求，像是移除「有冒犯意味的」殖民主義雕像和圖像，已經和其他社會運動的要求兩相合流。[24] 這包括額外推動增加同意「理論」的少數族裔和種族在校園中的代表性，並且更加關注課程中「該要學習什麼」以及「如何去學習」。

在《把大學去殖民化》（*Decolonising the University*）一書的導論中，主編班布拉（Gurminder K. Bhambra）、格布里亞爾（Dalia Gebrial）和尼山奇奧魯（Kerem Nişancıoğlu）更詳細地解釋說，去殖民化可以指對殖民主義的物質表現和論述進行研究，並且提供「替代方法」（alternative ways of thinking）[25]，這是一種「有立場的理論」（standpoint theory），相信知識來自不同身分的群體的生活經驗，由於這些群體在社會中的定位不同，因此會看到社會的不同方面。[26] 所以對於去殖民主義的學者而言，「以歐洲為中心的知識形式」和「唯一賦予西方大學作為知識生產的特權場所的知識論霸權」，[27] 正是兩個大問題，「關鍵不在於簡單地去解構這些理解，而是要帶來實際的變革」。[28] 換句話說，藉由使用社會行動主義，來實現象徵性的「脈絡化」目標，來影響校園裡的雕像，去殖民化社運人士也嘗試強化他們的團隊，更確實地根據他們對「理論」的應用而帶來教育上的「變革」。

因此，後殖民理論的兩大焦點在把一切去殖民化的努力中是明確的：民族起源和種族問題。[29] 舉例來說，受薩依德影響的班布拉及其同儕們，將知識視為地緣性的：「大學知識的內容，都是被西方原理所宰制並只為西方服務。」[30] 對「理論」家凱欣德．安德魯斯（Kehinde Andrews）來說，種族批判理論才更有影響力，這些知識也更和膚色問題息息相關：「社會對黑人知識的輕視並非偶然，而是種族主義影響下的直接結果。」安德魯斯告訴我們，我們必須「永遠拋棄那種知識可以在沒有價值判斷下就被製造出來的想法。我們的政治形塑了我們對世界的理解，而具諷刺意味的是，偽裝中立反而會使我們的努力都白費了。」[31]

請特別注意，「無價值判斷」和「中立」的知識是根本不可能獲得的，並且還必須要將這種想法永遠放棄的這句論斷。「理論」認為，客觀知識，那些對每個人都適用的知識，無論你的身分如何都是一樣的內容，這樣的客觀知識是無法真正獲得的，因為知識總是和文化價值觀緊密相連。這就是後現代知識的原則。對於「理論」而言，目前最受到重視的知識，本質上都只是白人的和西方的，所以「理論」把這些都解釋為是不公正的，無論這些知識產生的過程是多麼的可靠。這就是後現代的政治原則。在牛津大學「推倒羅德像運動」的「目標」中的「普世」一詞，正代表了這種共同信念，這個運動就是要：「糾正傳統學術界高度選擇性的敘述，那種將西方視為普遍知識的唯一生產者，藉由整合從屬的和在地的知識論……（並且創立）一個在學術上更加嚴謹、完整的學院。」[32]

因此，即便是在晚近的理論應用中，我們也看到了對知識可以是客觀的、普遍的，或者知識可以是中立的、真實的，那種極端懷疑。這帶來了一種信念，也就是所謂的嚴謹性和全面性，並不是來自於良好的方法論、懷疑和證據，而是來自以身分為基礎的「立場」和多元的「認知方法」。[33]這種方法，就算實際上無法好好運作也被認為無關緊要，因為它還是會被認為是「更公正」的方法。也就是說，這種信念，源於一種不管實際情況「是什麼」，而是「應該」是什麼的預設。

這種觀點被用來倡議和介入歷史修正主義：改寫歷史，而且通常是為了某種政治議程來服務。這種觀點會去指責嚴謹的方法是「實證主義」的，因此反而是有偏見的。正如格布里亞爾《把大學去殖民化》一書中所言：

> 社會大眾對歷史是什麼的感覺，仍然受到實證主義傾向的影響，認為史家的角色，

應該只是在一個解放權力的過程中，去「揭露」過去歷史上值得被「揭露」的事實。這種致力於使歷史作為實證的在知識論上的堅持，反而成為了殖民者機構中的有用工具，因為它掩蓋了至今為止一直在背後支持「製造歷史」的權力關係。[34]

這裡的抱怨實際上是在說，歷史不能被信任，因為它是「由勝利者書寫的」。雖然這種擔憂的背後確實也有些道理，但是大多數嚴謹的實證史家都會嘗試尋找能論證他們主張的證據，來幫助大家了解真相。和理論家不同，他們相信真相是存在的。舉例來說，研究中世紀戰爭的歷史學家，經常建議天真的讀者在閱讀戰爭紀錄時，將紀錄上說的在場士兵人數，直接除以十，才能得到更真實的數字。這種過度誇大數字的問題（可能是為了讓故事更精采），是由尋找士兵薪資紀錄的那些實證史家所發現的。同樣，經驗主義立場的女性主義學者，也會利用法律和財務紀錄來表明，女性在社會、法律和商業中所發揮的作用，比長期以來我們所以為的都要積極得多。誠然我們對歷史的了解，有可能會被殘存下來的那些有偏見的史料所扭曲。但想要降低這種情況的方法，應從經驗和實證上去檢視這些說法，並且揭露帶有偏見的敘事當中所隱含的虛假問題，而不是換來一種更大的偏見，還直接宣布這當中的部分內容是不能被批評的。

除了批判實證主義學術外，去殖民主義敘事還經常攻擊理性。後殖民學者將理性視為西方的思維方式。舉例來說，二〇一八年《把大學去殖民化》書中的一篇論文〈把哲學去殖民化〉（Decolonising Philosophy）在開始就論述說：

一般而言我們很難反駁此一觀察，也就是哲學，作為現代西方大學的一個領域、或者一門學科，仍然是充滿歐洲中心主義的，這是一個屬於一般白人，特別是一個白人、異性戀、父權特權和優越結構的堡壘。[35]

他們以典型的立場理論風格，將哲學概念的價值和哲學家的性別、種族、性取向和地緣關係都給連結起來。具有諷刺意味的是，作者還是藉由引用傅柯的「權力─知識」思想來達成此一目標的。儘管有證據表明，傅柯實際上明明就是一個西方白人，而且他的思想是在西方才最得到迴響。

傅柯的知識概念，以及它被用來解構那些被接受為真實的分類方式，對整個理論思想路線都產生了影響。舉例來說，它出現在對去殖民化使命的描述當中：

任何致力於將哲學去殖民化的付出，都不能僅僅滿足於簡單地在現有的權力─知識安排，只是去增加新的領域而已，或者還是以歐洲中心的整體規範來定義這個領域，或是還在複製這些規範本身。舉例來說，在從事非歐洲哲學時，重要的是要避免複製已經被歐洲哲學滲入，及其許多以歐洲中心去定義的，那些有問題的時間、空間和主體性概念。36

也就是說，在一個希望去殖民化的領域中，只是增加了其他哲學方法，還是遠遠不夠的。後殖民理論家，堅持歐洲哲學必須被完全地拒斥，甚至到了將時間和空間都解構為西方結構的地步（正如將在本書之後章節中所看到的，這種說法也出現在酷兒理論中，它以非常相似的後現代術語在運作著，這些內容都來自於傅柯）。

在這個成熟的後殖民理論中，四個後現代主題都非常明顯：界線的模糊、語言的力量、文化相對主義，以及為了群體認同而帶來的普遍性和個體的失落。這些主題，很明顯就是後殖民理論思維心態和去殖民化運動的核心。我們可以在去殖民化哲學的目標聲明中找到它們：

> 哲學，似乎在人文學科的話語中占有特殊的位置，因為它關懷整個大學學術的根基：理性。這包括提供識別和劃分人文科學、自然科學和社會科學的標準，以及區分理性和信仰，世俗主義和宗教，「原始」和古代、現代之間的標準。這些都是支撐現代西方理性和現代西方大學的核心支柱。因此，現代西方研究型大學與文科，在很大程度上將自己基本概念的基礎結構，建立在理性、普遍主義、主觀性、主體與客體關係，真理與方法的哲學表述上。但是，所有的這一切，都將成為去殖民化轉向中批判

性分析的相關目標。[37]

以上是應用後現代主義的教科書的示範內容，當然這些也都是具有可操作性的。它所倡議的行動，通常被稱為：「研究正義」。

實現研究正義

研究正義基於這樣一種信念，也就是判定科學、理性、經驗主義、客觀性、普遍性和主觀性，這些作為取得知識的方法的價值，過去其實是被過度高估了；而情感、經驗、傳統敘事和習俗以及精神信仰，在過去則是被嚴重低估了。因此，一個更完整、更公正的知識生產體系，對後者的評價，至少要被改寫成和前者一樣高。事實上，又由於科學和理性在西方的長期統治，後者的價值根本應該要被提的比前者更高才對。二〇一五年由安德魯．喬利維特（Andrew Jolivette）主編的著作《研究正義：社會變革的方法論》（*Research Justice: Methodologies for Social Change*）一書，就是這當中的關鍵文本。喬利維特是舊金山州立大學美國印第安研究教授和前系主任，他在這部著作的導論中，就定義了這種方法的目標：

> 「**（大寫R）研究正義**」是一種戰略框架和方法論的介入，目標在於改變研究中的結構性不平等問題……它建立在對不同形式的知識（包括文化、精神和經驗）的平等政治權力，和正當性的願景之上。我們的目標，是在依靠數據和研究的公共政策和法律當中要帶來社會變革，以實現更大的平等。[38]

這就是社會行動主義。它不僅尋求徹底改變大學課程中對知識和嚴謹的理解，不但不是要去改進它們，而且還嘗試去影響公共政策，使之遠離證據和理性的工作，轉向情感、宗教、文化和傳統，改為強調「生活經驗」（lived experience）。

它嘗試挑戰過去我們將「學術研究」視為收集經驗數據並且進行分析，以便能更好地認識社會問題的重要理解。此一主題，在二〇〇四年出版的《跨文化背景下的去殖民化研究：批判性個人敘事》（*Decolonizing Research in Cross-Cultural Contexts: Critical Personal Narratives*）[39]一書中，體現得最為強烈。這部著作聚焦於原住民研究，由阿拉巴馬大學特殊教育教授卡根多．穆圖亞（Kagendo Mutua），和亞利桑那大學文化、社會、教育／司法和社會調查教授貝絲．布魯．斯瓦德納（Beth Blue Swadener）所主編。編輯們在介紹書中的論文時，引用霍米．巴巴的言論並宣稱：

> 本書的這些作品，以不和諧、不安、無法利用（因此無法被本質化）為基礎，以知

識的「起初表現」為中心。這種知識，是在新／後／殖民抵抗的去中心場域中所誕生的，「這當中永遠不會允許國族的（實際唸成：殖民／西方）歷史，以自戀的眼光來看待自己。」[40]

以上內容，代表著這本書的作者並沒有義務要把事情說清楚，不用提出理性的論證，不必避免邏輯矛盾，或者需要為他們的主張提供任何證據。在追求研究正義時，過往「學術研究」的正常期望在此並不適用。這些東西是非常令人震驚的，並且在「理論」上又都是合理的。用紐西蘭懷卡托大學原住民教育教授琳達・杜喜娃・史密斯（Linda Tuhiwai Smith）的話來說就是：

從殖民者的角度來看，我書寫，並選擇一個能享有特權的立場。所以「研究」一詞，其實與歐洲帝國主義和殖民主義密不可分。「研究」這個用詞本身，甚至或許是土著世界的詞彙中最汙穢的詞語之一。[41]

目前我們尚不清楚這種態度，是怎樣真的能幫助到「土著世界」中的人們？除非時間也要被去殖民化，而且世界剛好也已經進入了二十一世紀。

最終而言，「研究正義」等於並不需要根據學術作品的嚴謹性或質量，而是根據這個作品的作者，其身分隸屬於哪個群體，是不是那些被後殖民理論理解為被邊緣化的人群，還有這些作者所倡導的知識生產方法和結論，是不是合乎後殖民理論，他們將以這些標準來判斷學術作品。對於後現代主義者而言，這是一個可以被理解的舉動，他們否認嚴格或質量的任何客觀標準，只剩下被特權壓迫和被邊緣化的標準。但在科學（包括社會科學）上，其實是需要有一個客觀的品質和標準，也就是和現實之間的對應，所以某些科學理論會因此而有效，而其他則會被判為無效。如非如此，其實我們很難看出這些和現實不符，甚至在實際上根本行不通的科學理論，將如何有可能使邊緣人群得到好處，或者使任何人能夠因此受益。

倒退、延續了問題

以嚴謹、實證為基礎的研究，和合乎理性、不矛盾的論點，這些都是屬於「西方的」，而那些經驗的、非理性的、矛盾的「知識」，則是屬於被殖民者的，或者那些流離失所、離散的原住民的態度。上述這些想法，當然也並沒有真的被那些被殖民者和原住民學者所普遍接受。他們當中的許多人，繼續在各種環境中對經濟、政治和法律問題，進行著實證和唯物主義分析。這些學者批判後現代主義對後殖民主義的態度，這當中最傑出的批評家，也許就是印度後殖民學者米拉·南達（Meera Nanda）。她認為，將科學和理性劃歸給西方，將傳統的、精神的、經驗性的信念劃歸於印度，如此一來，後現代學者反而是在延續「東方主義」，使得許多本來可藉由科學和理性最好地解決的實際問題都變得非常困難。她觀察到，在這些批評家看來，「現代科學是西方的地方傳統，正如非西方底層的本土知識是其文化的地方知識一樣。」[42]因此，正如南達所說，從後殖民理論看來，用科學批評傳統知識會被理解為：

> 這就是一種「東方主義」啟蒙運動的東西，也是一種殖民現代性，這讓西方取得霸權的理性和現代性概念，壓迫著非西方的認知和存在方式。我們這些後殖民混血兒，應該早早看穿科學的「普遍性」和「進步」的主張（這些嚇人的引號是必須的）。我們不再相信科學和非科學之間的「二元論」，或者真理和風俗、信仰之間的「二元論」，而是將它們視為各自的一部分。因此，這種永久混合的存在不會對解決任何矛盾造成壓力……就讓千萬種矛盾百花齊放吧！[43]

南達意識到，後殖民主義的「理論」方法，藉由嘗試建立相同的分類並簡化地顛倒權力結構，反而延續了原本東方主義的問題（史碧瓦克有意運用的那種和德希達一樣的策略）。殖民主義將東方建構為西方的陪襯，後殖民「理論」則刻意將東方建構為與西方對立的高貴壓迫對象（自由主義則認為，人就是人，不論他們原居何處）。對南達而言，這種聚焦於非階級身分的後現代方法，阻礙了原本會有利於印度貧困人口的技術和社會進步，因此反而更呼應了保守的態度，而非進步的態度。[44] 此外，南達堅持認為，這根本就是在貶低印度人民，把非理性和迷信的知識歸咎於印度人，並且認為科學是屬於西方的傳統而不是一種人類獨有的進步，雖然科學難以實現，但對於所有社會而言都極為有益。[45]

的確如此。說西方社會是由科學和理性論述所主導的後現代立場，並沒有得到什麼證據支持，也就是說我們大多數人仍然重視我們的群體敘事、文化和信念，卻對科學知之甚少。這種由宗教右派和後現代左派對科學的攻擊，對社會已經帶來強烈的影響，使我們必須要與之爭持。

一種危險的、自以為是的理論

作為一種應用的後現代「理論」，後殖民「理論」具有相當大的現實世界關懷，並且對社會構成了原始後現代主義所沒有的一種威脅。帶著把一切事物去殖民化的驅動力，從頭髮[46]到英國文學課程[47]，拆除繪畫、粉碎雕像，在開啟修正主義討論的同時直接抹去歷史，這些去殖民化的驅動力尤其使人震驚。當邱吉爾、康拉德和吉卜林（Rudyard Kipling, 1865-1936）成為種族主義和帝國主義的象徵之際，他們的成就和著作都被玷汙並開始變得無法為人所知時，我們不僅失去了對歷史和進步進行細緻探索的能力，所有這些人曾做過的積極貢獻也都同時被抹殺了。

更令人震驚的是，後殖民理論將科學和理性貶低為一種西方在地性的認知方法，這不僅威脅到當代進步社會的基礎，也阻礙了發展中社會進步的可能。許多發展中國家本來只要好好受惠於科技基礎建設，就可改善如瘧疾、水源短缺、偏遠農村地區衛生惡劣等會為人民帶來重大苦難的困境。因此後殖民的那些說法，不僅在事實上是錯誤的，在道德上是空洞和自以為是的，更是疏忽和危險的。

後殖民主義的文化相對主義也實際上造成了巨大傷害，這在其學術和社會行動主義上都有體現。他們認為，西方已經踐踏了其他文化，並在他們身上強加了他者的道德框架，現在我們必須停止這些並且去批判它，或在某些情況下更直接地在各個面向上去幫助這些文化。這導致人權的社會行動主義在道德上存在不一致的問題，並在現實世界造成嚴重後果。舉例來說，當沙烏地阿拉伯的女性主義者、巴基斯坦的世俗自由主義者，以及烏干達的LGBT權利運動者，彼此嘗試藉由在社交媒體上使用英語標記來喚起英語世界的支持，以引起大眾對侵犯人權行為的關注之際，他們反而很少得到應用後現代學者和運動者的回應，而這些人本來可能會被假設是站在他們的一方。這可能看似令人費解或者很虛偽，但其實在一個不根據普遍人權原則運作，卻只相信二元權力體系的理論框架內，這些事情都是合理和可能的，因為二元權力體系只允許西方的壓迫者和東方（或全球南方）的被壓迫者。

這就帶來了兩種常見的說法：首先，後殖民理論堅持認為，如果要讓非西方文化接受當地發生侵犯人權的行為，就需要使用到西方的人權觀念，這就形成了一種對這些非西方文化的殖民，而這應是禁止的，因這將強化後殖民理論中原本想要瓦解的權力動態。

其次，後殖民理論經常宣稱，在以前的殖民國家發生的任何侵犯人權行為，都是殖民主義的遺留，其分析也僅止於此。這樣很明顯會讓這一類的侵犯行為，難以在他們自己的脈絡下和本身所陳述的動機中被解決，而這些問題的動機，通常都與非西方的宗教和文化信仰有關。舉例來說，在嚴格的伊斯蘭文化中，普遍存在對婦女、世俗主義者和LGBT的權利侵犯行為，但卻不被詮釋為伊斯蘭的專制獨裁特徵，正如伊斯蘭教徒自己所聲稱的，這種行為被詮釋為西方殖民主義和帝國主義的結果，因為伊斯蘭文化被扭曲了才會導致其侵犯行為。這直接妨礙了原本有可能改革這些問題的那些世俗主義的行動。

這是因為首先預設了產生這些現象的原因，然後再尋找這些原因的證據。然後又由於他們只會從殖民主義的角度來看待壓迫，殖民主義是所有這些學者和運動者都有的標準配備。這帶來的結果就是，不但會限縮了他們對問題的理解，因而無法改善原本想要解決的問題，還可能使問題變得更糟。這常容易使婦女、性少數族群和宗教少數群體的權利被輕忽，除非這些群體是受到了西方白人的威脅。這完全和實現社會正義的理想背道而馳，但卻在被稱為「社會正義」的意識形態中，成了不可或缺的部分。

這是因為他們將知識和倫理，當成是語言中的文化建構，所以要和後殖民理論家在討論上提出異議是非常困難的。證據和理性的論點，在「理論」上都被理解為西方的建構，因此被認為是無效的，甚至是帶有壓迫性的。那些不同意後殖民理論的人，反被視為是在印證這些「理論」的論點，並被認為是為了自身利益而維護種族主義、殖民主義或帝國主義的態度，並因此排斥他者的觀點。

此外，這項學術研究的前提預設是，語言和互動之中根本就存在權力的不平等關係，有待發現與被解構，因此當然就會「發現」愈來愈多的「他者」、「東方主義」和「挪用」的例子，而且方式愈來愈有傾向性。

這不只是一個誤區，而是一種特徵。這就是「理論」中「批判性方法」所代表的內在含意。總是有更多的詮釋和解構，而且，只要有足夠的動力和創造力，任何事情都可以變成「問題」。對語言的強烈敏感性，以及將權力不平等問題，延伸至解讀所有事物的各個層面，應用到所有具有邊緣身分的個人和白人、西方人的互動之中，這些都是所有形式的應用後現代社會正義研究中所司空見慣的。

這些問題所帶來的影響不應被低估。我們只能藉由嚴謹地研究殖民主義及其帶來後果的現實，才能從中學習。那些否認客觀現實的可能性，並且嘗試按照「理論」路線去修正歷史的後殖民學者和運動者，卻反而沒有真正去了解狀況。那些拒絕邏輯推理、實證研究、科學和醫學的人，還有那些認為空間和時間本身就是西方建構的人，那些寫出難以理解、含糊不清的文章，並且否認語言可以有其意義的人，也都沒有認真去思考過、理解過，他們這樣做將會帶來什麼樣的後果。

這些學者的影響力遠遠超過他們的人數，他們通常接受西方菁英學術的養成或在當中工作，並根據源於法國，後來在美國和英國激增的密集理論架構來運作。他們的工作，其實對於那些生活在曾被殖民國家的人們，幾乎沒什麼實際的相關性，這些人還在努力處理政治和經濟面向所遺留下來的問題。幾乎沒有任何理由相信，這些東西對於以前曾被殖民的人們，真的會帶來什麼用處。也就是說，這群後殖民理論思想家或者去殖民主義者，[48]根本認為數學是西方帝國主義的工具，還將字母、識字當成一種殖民技術和後殖民挪用，[49]又將研究視為殖民知識總體化的一元文本製造，[50]或只懂得對法國和美國對黑色大屁股的理解提出質疑。[51]

第四章 酷兒理論——從正常中被解放

酷兒理論，是有關如何從「正常」中被解放出來，特別與性別和性行為的規範相關。這是因為酷兒理論認為，性、性別和性取向的分類本身，就是帶有壓迫性的。由於酷兒理論直接源自後現代主義，因此對於這些分類，是否真的基於任何生物現實基礎抱持根本性的懷疑態度。反之，它非常人為地看待它們，判定這所有一切只是我們如何談論這些議題的產物。因此，酷兒理論幾乎完全輕視生物學（或將其置於社會化的下游位置），並將這些內容作為語言中被延續的一種社會結構而格外予以關注。這使得大多數人因將其視作瘋狂而只能敬而遠之。

酷兒理論預設壓迫正是來自於分類，每當語言藉由製造和延續性（男性和女性）、性別（男性和女性）和性取向的嚴格分類來建構出「正常」的感覺時，就會出現各種另類的分類如異性戀、男同性戀、女同性戀、雙性戀等，並將人們「腳本化」地編入其中。這些看似簡單的概念就算不是暴力，也還是被視為具有壓迫性的，因此酷兒理論的主要目標，就是檢視、質疑和顛覆它們，以便將它們解構。

這所有的一切都是以明確的後現代知識原則的方法來完成的——拒絕能獲得客觀真實的可能；還有後現代政治原則——理解社會是在不正義的權力體系中被建構的，這些權力體系會強化並且延續自身。酷兒理論利用這些來實現「理論」的最終目的，也就是要識別並且揭露這些分類在語言上的存在是如何造成壓迫，並使其瓦解。在此過程中，它近乎完全沒有修改地呈現了後現代主題中語言的力量——語言創造了分類、類別、範疇，並且將人們強制性地寫入其中；還有邊界的模糊化：所謂的界線是任意的、帶有壓迫性的，可以藉由將這些界線模糊化，指出當中明顯的荒謬性並予以消除。再加上它的目標是要能支持「酷兒」，也就是要顛覆或拒絕任何被認為是正常與天生的那些東西，這使得酷兒理論令人沮喪地難以理解，因為酷兒理論重視不一致、不合邏輯與缺乏可理解性。反過來，這也使得酷兒理論在設計上會變得晦澀難懂，並且在很大程度上會讓酷兒理論除自身之外的一切都變得不重要。儘管如此，它對後現代理論能發展到晚近的應用形式，卻產生了深遠的影響，特別是在性別研究、跨性別社會行動主義、身心障礙研究和肥胖研究等領域。

酷兒理論簡史

酷兒理論和後殖民理論一樣，是因應特定的歷史脈絡而被發展起來。它來自於一九六〇年代以來，持續在變異的女性主義、同性戀研究，以及和社會行動主義相關的各種激進團體。民權運動也激發了人們對同性戀研究產生新的興趣，這也和歷史上到現在，人們對同性戀進行分類與種種汙名化行為有關。酷兒理論也深受一九八〇年代愛滋病危機的影響，這使同性戀權利問題成為迫切的社會和政治議題。

酷兒理論和後殖民理論一樣，也有一個堅實的基點。目前已經非常深刻地「改變」了我們看待性的方式。縱觀基督教歷史，男同性戀曾被認為是令人髮指的罪惡，與古希臘文化形成鮮明對比。古希臘人對於男性在婚前和青春期男孩發生性關係是可以接受的，因他們預期婚後就自然會轉為與女性發生性關係了。然而，以上兩種情況，同性戀都是「某種人們會做的事情」，而無關「他們原來就是誰」。一個人可能一開始「就是」（is）同性戀的想法，在十九世紀才開始得到認可，首先出現在醫學文本和同性戀相關的次文化中。當時的醫學文本將同性戀描述成一種變態的情況。由於十九世紀末「性學」的興起，公眾對同性戀的看法逐漸開始轉變。至二十世紀中葉，同性戀不再被視為需要被處罰的腐敗墮落之人，但更多地被視為需要被心理治療的可恥失常個體。

到二十世紀下半葉，這種態度又再次轉變，直到以同性戀為中心的自由主義論述成為主流（至今仍占據了道德制高點）被發展出來。這種態度可以被概括為「有些人本來就是同性戀，想開一點喔」。然而，由於酷兒理論是一種應用後現代主義理論，以上這種普遍的自由主義思想所強調的，我們擁有共同的人性而不是特定的身分，都被認為是有問題的。它被「理論化」為一個問題，因為它將ＬＧＢＴ（女同性戀、男同性戀、雙性戀和跨性別）身分呈現為恆定的分類，也因為沒有將ＬＧＢＴ的身分視為社會建構，是為了統治和壓迫的權力服務而被建立的。

雖然在過去的一個半世紀裡，我們對同性戀的看法發生了巨大變化，但我們對性和性別的理解其實變化不大。我們總是將人類理解為絕大多數是由兩種性別組成，而性別主要是和生理性別直接相關。然而，性別的角色卻發生了很大變化。在基督教歷史的大部分時間裡，男性一直與公共領域和思想（sapientia）連結，而女性則與私人領域和身體（scientia）連結，這導致了「男人之於女人，就像文化之於自然」一樣的類比。[1]因此，女性被認為適合服從、家庭和養育的角色，而男性則適合領導、公眾參與和有信心的管理者角色。這些被稱為生物本質主義（biological essentialism）的態度，在很大程度上代表了一種文化需求，並一直主導社會直到大約十九世紀末，女性主義思想和社會行動主義開始削弱這種思想方式。

隨著生物本質主義的動搖，需要更明確地去區分性和性別的需求也應運而生。儘管「性別」這個詞直到二十世紀才被使用在描述人類，在某一些語言當中仍然沒有可以用來相對應的詞，但是性別的「概念」似乎就這樣一直伴隨著我們。性對於性別而言，就像是男人對於男性化，或者女人對於女性化一樣。因此，性別似乎一直被理解為和性相關，但又不完全相同的內容。如果「她是一個非常Man的女人」這句話對你是有意義的，那麼你已經將性別從一個生物學的分類與性別的行為和通常被歸類在性別特徵中的表現，區分開來了。歷史上充斥著人們提到「男人氣概」和「女人味」的內容，或男性和女性諸多提及特徵和行為的例子，並以讚揚和貶低的方式將這些形容詞應用於男性和女性身上。

然而，二十世紀下半葉西方第二波女性主義浪潮帶來了深刻的變化，女性獲得了生育的主導權，以及從事所有工作並和男性同工同酬的權利。現在，在所有的職業中都可找到女性的角色擔當，並且在整個西方，女性現在已很少會遇到法律或文化上的性別障礙，儘管她們仍然沒有在數量上做出和男性同樣的選擇。同性戀權利，以及最終驕傲慶典的跨性別權利運動也產生了類似的變化。這些運動都成功地消除了LGBT人群所曾經面對的許多法律和文化障礙。儘管身處這些變化中的大多數人，是以廣義上的自由主義和個人主義立場態度去認識性、性別和性取向的生物學根源。如果有人說：「她是一個跨性別的人；OK啊，很好啊。」這些內容會被酷兒「理論」家，特別是那些具有女性主義觀點的，視為性別和性的社會建構的證據。也就是說，性和性別之間的差異已被視為性別（甚至是性）也都是社會建構的證據。[2]

由於酷兒理論家認為，性、性別和性取向都是被社會所建構出來的，主要仰賴於主流文化，他們不太關心物質進步，更關心主流論述是如何建立和強制實施「男」、「女」和「同性戀」等的分類。平心而論，如果這些分類，被直接認為在自然上是真實的、有意義的和帶有規範性的內容時，這些學者和運動者所關注的文化權力的動態就是正確的。

正是在這種背景下，酷兒理論應運而生。[3]他們的創始人，包括蓋爾．魯賓（Gayle Rubin）、巴特勒和伊芙．塞奇威克（Eve Kosofsky Sedgwick），都在很大程度上引用了傅柯的著作和傅柯的生物權力（biopower）概念：科學（生物性）的權力論述。不幸的是，他們卻似乎忽略了一點，從生物學上使性、性別和性取向的地位取得正當性、合法化，往往會讓人們更能接受這些說法，而不是更不接受，[4]並且會讓這些話語不再隨意被濫用於排斥和壓迫。自由主義帶來了後現代理論期待、聲稱的那種進步，但是，卻壓根沒有使用到後現代理論。

酷兒化，V；酷兒之人，N

酷兒理論被論述的問題化（事物如何被談論），對分類的解構，以及對科學的深刻懷疑等議題所主導。遵循傅柯，它經常檢視歷史，並點出在當時被認為明顯合理或真實的分類範疇和論述，現在卻已不被接受。這是用來論證那些對我們而言，如男人／女人、男性／女性、異性戀／同性戀這些看似如此明確的分類，都是由社會的主流論述所建構出來的理論。對於酷兒理論家來說，這意味著我們會有理由相信，在不久的將來我們不但能以不同的方式來思考、談論，分類性、性別和性取向，而且我們也可以思考，這些分類在很大程度上將是任意的，甚至幾乎是無限可塑的。

上述這些問題，就是「酷兒」（queer）這個詞的由來。「酷兒」一詞，指的就是任何不屬於二元對立的事物（如男人／女人、男性／女性和異性戀／同性戀），以及一種挑戰性、性別、性取向之間彼此連結的方式。舉例來說，它質疑女人為何該被女性化且會對男性產生性吸引力的那種期望；它還質疑，一個人為何必須被歸屬於男人或女人、男性或女性、或任何特定的性取向分類；或者，這些分類中的任何一種，是否需要被視為一種穩定的存在。

酷兒允許某人同時是男性、女性，或者兩者都不是，呈現出男性、女性、中性，或是三者的任何模式混合，並且也接受任何的性取向，也隨時會改變這些身分中的任何一個，或者會先否認它們代表著任何意義。這不僅是個人表達的一種手段，更是有關社會建構出來的性、性別和性取向的「現實」的一份政治聲明。

酷兒「理論」和其他後現代「理論」一樣，也是一個政治議程。「理論」的目的，是要打破人們對性或性別的二元立場的任何期待，並且破壞任何有關性或性別，或者和性取向相關的支配性預設，並且要去忽略、無視原本簡單的分類。因此，總而言之，酷兒理論的政治議程，是要去挑戰所謂的「規範性內容」（normativity）；也就是說，有些事情對人類的生存而言，是更普遍或更規律的內容，因此從社會（道德）角度來看比其他事情更該是一種規範。酷兒理論家的主要產物，是故意將「規範性」的兩種含意混為一談，故意從道德理解上策略性地使用這個詞彙，而在敘述意義上去發現問題。規範會被酷兒理論家常在那些規範內容的字首加上一個前綴，藉此來表達貶意，像是*hetero-*（異性戀，順性別）、*cis-*（性和性別匹配）或*thin-*（不是胖的）。因此，藉由挑戰所有表現形式的規範性，酷兒理論嘗試把不符合規範分類的所有少數群體團結在一個單一的旗幟下：「酷兒」。這個議程被認為是要去解放那些不完全屬於性、性別和性取向分類的人，以及那些如果沒有被社會化，並且並未受到社會法律強制性影響的人。它在不穩定傾向的開頭縮寫詞「LGBTQ」的名義之下，凝聚出一個實際上是性別和性少數群體的聯盟。[5]

以上這些內容，就是酷兒運動者的政治議程，使得我們在近年來時常會聽到「酷兒」被用作動詞。「酷兒化」（To queer）某件事，就是對某件事情的穩定性直接提出質疑，破壞看似固定的分類，並且將其中的任何「二元性」給問題化。當學者們提到說，我們要對某事進行「酷兒化」（queering）時，他們的意思是說，他們打算將這些內容，從我們當前理解的分類中給刪除掉，並且將以新的、違反直覺的方式去看待它。酷兒，就是為了將人們從規範所承載的期望中給解放出來。

根據酷兒「理論」，這些原本的期待無論是明確或是暗含，都會產生出某種文化權力和政治權力（不管是「個人的還是政治的」），這些東西就被稱為規範性，它會限制和壓迫那些並不認同它的人。這種現象可能和性別或性取向無關，甚至已經擴展、延伸到包括時、空[6]和酷兒理論本身。[7]因此，酷兒理論在本質上是這樣一種信念，也就是要對那些想在性別和性取向（或其他任何事物上）進行分類，想要將某種論述，特別是將規範性話語正當化為知識，並且應用那些內容來限制個人行為的東西，酷兒會以後現代的方法解決掉這些問題，特別是會引用傅柯和德希達的理論。

這些皆使得酷兒理論成為出了名的難以定義，這當中的部分原因有可能是因為，可理解性本身和酷兒理論對語言的徹底不信任本來就是會有矛盾，而且這也會違背「理論」要避開掉所有分類（包括對「理論」自身的分類）的宏大企圖。儘管如此，大衛・哈爾珀林（David Halperin）在他一九九七年的著作《聖傅柯：同性戀聖徒傳記》（*Saint Foucault: Towards a Gay Hagiography*）一書中，還是嘗試去定義「酷兒」：在這當中他認為，傅柯有關性是論述製造出來的觀點，已經徹底改變了同性戀政治社會行動主義。他將「酷兒」描述為「任何和正常人、合法伴侶、權力支配者不相合的事物。沒有什麼特定是這當中必然要指稱的內容（There is nothing in particular to which it necessarily refers）。這，就是一個沒有本質的身分。」[8]

因為酷兒理論的核心特徵，就是要抵制分類，而且也不信任語言，所以通常很難好好地去運用。酷兒理論不僅抵制一般意義上的定義，而且還抵制以理論為基礎所做出的功能性定義。使用酷兒理論的論文，通常會從檢視某個想法開始，然後以酷兒（或「酷兒化queering」或「去他的性別genderfucking」）[9]的方法，對那些內容進行質疑，並最終得出的結論會認為，不可能會有任何結論。正如《酷兒理論：導論》（*Queer Theory: An Introduction*）的作者安妮瑪麗・雅戈斯（Annemarie Jagose）所言：「不僅是酷兒還沒有固定化的結構，或者不會呈現出很一致的形象，更重要的是，它定義的不確定性和彈性才構成了理論的特徵。」[10]酷兒理論的不連貫、不一致性，是一種有意為之的特徵，並不是一種失誤。

性史的酷兒遺產

儘管故意標新立異，是雅戈斯條列出來的，作為酷兒理論中的一個重要「魅力」所在。不過，酷兒理論在自身的社會建構主義觀點中，雖然「大部分內容」是有問題的，但卻也「並非全部」都是不合理的。

正如大多數人現在所承認的那般，我們有關性、性別和性取向的許多想法，特別是有關它們相關角色的想法，確實是具有一定可塑性的社會結構，因為文化會隨著時間而變化。現在已經很少有人會是嚴格的生物學本質主義者了。而且，那些人的思想，後來也都被科學家證明是錯誤的。[11]幾乎每個人都承認，人類在生物學上和文化上，帶有某種兩者的結合，這兩者連結在一起才創造出了性、性別和性取向的表達。正如進化生物學家威爾遜（E. O. Wilson, 1929-2021）所言：「沒有任何嚴謹的學者會認為，人類的行為，會像動物那樣只是受到本能的控制而沒有任何文化的介入。」[12]

然而，這些說法卻並非酷兒理論家的主流觀點。因為酷兒理論是徹底激進的後現代主義，它從根本上就是社會建構主義的。對於任何可被解釋為推動生物本質主義或使其正當化的論述，即使是科學事實，這當中的任何相關內容都絕不能被保留下來。因此，當生物學在酷兒理論研究中出現的時候，通常有兩個目的：把生物學內容給問題化為僅是一種認識方法，是一種沙文主義，已把強大主流群體的偏見寫入其中，像是認定男人為直男；或只是想把生物學用來證明本來就沒人會否認的東西：跨性別人群的存在。「理論」之所以想指出跨性別人群的存在，其實只是為了把以下的事實弄得更加混淆：雖然明明事實上，絕大多數的智人（Homo sapiens）是男性或女性，而且人類的性別表達在本質上絕大多數是二元的，並且與性息息相關。這些不可否認的事實卻都被酷兒理論壓制，並且被概括地質疑為是在擁護規範的內容。

這種全面忽視生物學的態度，不僅限制了酷兒理論的可能，而且限制了「所有相關主題的學術研究」，包括原本可以嚴謹探究性別表現和期望的社會化面向的可能。同時使得酷兒理論思想中原本很多值得開發潛在價值的部分，都變得和那些認真研究相關問題的人幾乎斷絕關係，如生物學家和心理學家，從生物學和心理學上所推動研究的性別平均差異（或者沒有差異）的相關知識，像是性行為是如何發生作用的，以及為什麼有些人是男同性戀、女同性戀、雙性戀或變性人等內容，這些工作在酷兒理論中，反而都是不受到歡迎的。反之，這類知識通常會被認為是極其可疑的，因為它們在本質上都是危險的，使用那些甚至會被說成是「暴力」的方式，對那些不完全符合以下兩類的人，像是什麼「男性會被女性吸引」和「女性被男性吸引」[13]進行著分類和限制。

這種對科學功能的壓迫性理解，在很大程度上可以追溯到傅柯。傅柯研究「權力—知識」的製造，知識是如何藉由話語在社會上被建構出來，並且會為權力服務。傅柯特別關注「生物權力」問題，也就是生命科學是如何被權力者用來維持自己權力知識的合法性和支配地位。在他四卷本的《性史》（*The History of Sexuality*）[14]研究中，傅柯認為，自十七世紀晚期以來，有關性的言論不但無法壓制，正如新馬克思主義思想家馬庫色（Herbert Marcuse, 1898-1979）等人所主張的那般，有關性的討論還呈現了爆炸性的成長，不論是從行為層面和生物學概念上而言，都是如此。傅柯聲稱，當科學家們開始研究和分類性取向時，他們同時就建構了它，並且創造了伴隨這些建構而來的性身分和分類：

十九世紀出現的社會：資產階級、資本主義或工業社會，反正隨便你怎麼叫它都可，並沒有從根本上採用以拒絕承認的方式來對抗性。反之，它啟動了一個完整的機器性的系統，來製造和性別相關真相的話語。[15]

傅柯的觀點是，這種「機器」所製造的話語，取得了作為「真理」的社會正當性，進而滲透到社會的各個層面。這是一個權力過程，但並非馬克思主義哲學家所說的那種，是由宗教或世俗當局，故意將意識形態強加於普通民眾的過程。在馬克思主義思想中，權力就像沉重的負擔，壓在無產階級人們的身上。但對於傅柯而言，權力更像是一個網絡，貫穿著社會的各個層面，從而決定了人們認為什麼是真實的，並且左右了他們如何談論它。因此從傅柯理論的觀點看來，權力是一個我們會被社會化的系統，一個藉由我們如何談論事物以及願意認為哪些思想是合法而不斷參與其中的系統。在傅柯看來，使知識被正當化，從而使權力合法化的罪魁禍首，根本就是科學，科學在社會上被高度重視的這段期間，正是為了使權力得到正當性的目的。

這就是傅柯所說的「生物權力」，號稱科學話語、科學論述，「在衛生的必要性方面，將自己設定為最高權威」，並且「以生物學和歷史性的急迫之名，為國家的種族主義帶來正當性」，因為「它自身被建立在真理之上」。[16] 傅柯認為，權力滲入了整個社會體系，藉由強有力的話語使自身永存，這就是他稱之為「權力的無所不在」。

「權力無處不在，」傅柯寫道，「不是因為它包容一切，而是因為它來自於任何地方。」[17] 對傅柯而言，權力存在於社會的各個層面，這是因為某些知識已被合法化，並且被接受為真理。這會使人們需要懂得在這些論述中講話，由此又進一步地更強化和鞏固了它們。對傅柯而言，權力是這樣運作的，「不是因為它有特權，然後將一切都鞏固在不可戰勝的統一之下，而是因為它是從一個時刻，到另一個時刻都存在，它出在每一點，或者更確切地說，是在從一個點到另一個點的每一種關係當中被製造出來的。」[18] 這種觀點，已經成為當今應用後現代主義和「社會正義運動」的核心信念之一：不正義的權力是無處不在的，而且是永遠存在的，它的表現就是偏見，這些偏見在很大程度上是不可見的，因為它們已被內化為「正常」。[19] 因此，由於我們先預設種族主義、性別歧視、同性戀恐懼症、跨性別恐懼症，或其他各種潛在的偏見，一定會存在於這些話語當中，並且也會為社會所特有的這些偏見，繼續製造話語。在上述的前提下，我們需要對這些言論進行仔細審查，以便能夠發現這些權力話語正在延續了哪些權力話語（這根本就是循環論證）。這些「問題」需要被識別和揭露，無論它們是體現在總統的演講中，還是在一個無名小卒十年前的一篇青少年歷史推文中。一個很流行的用語：「覺醒」（woke），就是在描述我們已經意識到了，並更能看到問題所在。

從一九七〇年代那些最早呈現出來的基本前提出發，傅柯為一九九〇年代的酷兒理論提供了哲學基礎，這當中其實包括對科學，作為一種壓迫性的權力行使而並非知識生產者的一種深層懷疑。也對所有描述性別和性的分類，帶有一種社會建構主義的肯認；以及強烈關注語言作為權力，卻偽裝成知識，進而滲透到社會各個層面，然後被接受、確立為正常事物的這些方法。

酷兒理論的神仙教母

酷兒理論源於對性、性別和性取向的後現代主義思考。它的三位創始人物是魯賓、巴特勒和塞奇威克，她們都在很大程度上引用了傅柯。每個人都在酷兒理論主要關注的三個關鍵領域上，強烈地抵制規範性內容。這三位理論家奠定了一九八〇年代中期出現的酷兒理論核心項目的基石。

魯賓在一九八四年〈性的思考〉（Thinking Sex）一文中認為，「好的性關係」和「壞的性關係」（在道德上而言，在好的品質確認之外的東西）都是由各種群體及其相關的性的話語，在社會上被建構的。[20]她引用傅柯所言，那些有關性的概念，是從十九世紀的社會開始被建構的內容，她對任何有關性和性別的生物學研究都深表懷疑。她的文章拒絕了她所認為的「性本質主義」（sexual essentialism）的說法，因此認為「性，是一種存在於社會生活和形塑制度的自然力量的觀點，從而對酷兒理論做出了根本性的貢獻。」[21]

對魯賓而言：

> 只要將種族或者性別政治視為生物實體，而不是社會建構，就不可能對種族或者性別政治進行任何清晰的檢視。同樣地，只要性取向被視為一種生物學現象，或者個體心理的某個觀點，它就無法被政治分析。[22]

這是一個高度務實，甚至是能帶起政治議程的論點。魯賓論斷，我們應該相信性、性別和性取向都是被社會建構出來的，這不是因為它必然正確，而是因為這樣會比原本的生物建構，更容易將之予以政治化並要求改變。人們至少可以把傅柯對性史的偏激詮釋，視為一種對過去和現在的描述，而魯賓的解讀，則更明顯地是要接受一種「應然」，並且將這個「應然」、「應該是什麼」強加在實際之前。這是應用後現代主義的一個特點，它在某種程度上和之前的後現代主義有所不同，而且會帶來更明確的後果。它破壞了公眾對學術的信任。原本學術界被認為是在守望真相、真理「是什麼」，應用後現代卻使學術更像是一個宗教團體，有人正在傳教給你，教導「應該」想什麼和「應該」相信什麼。

這種帶有政治目的導向的觀點，是酷兒理論的核心，既違背科學探究的嚴謹性，也違背了性別平等和LGBT平等的普世自由激進主義的倫理：自由主義並不要求人們相信性別和性取向是社會建構的，只是要論證我們沒有理由去歧視任何人。魯賓在〈性的思考〉一文中，呈現了她對此問題的立場：

> 性壓迫的概念，已經寫入在偏向生物學面向的性理解之中。回到過去所說的存在有某種自然性向，卻受到不人道壓制的概念，常常是比在以建構主義框架內表述性的不正義的概念更容易。但是，我們還是有必要這樣做下去。[23]

魯賓堅持認為，拒絕生物學，並且完全接受性和性取向是在不正義的等級制度中被社會建構的想法，是最為關鍵的。[24] 儘管她承認，接受更可能是真實的事情明明就比較容易，也就是不同性別是自然存在的，而當中有些人受到了不公平的歧視。

魯賓的〈性的思考〉既提供了交織性即將要發展起來的初期跡象，也拒絕了激進女性主義的當代形式。魯賓在描述性的等級制度時指出：「這種性道德和種族主義意識形態之間的共同點，比真正的道德還要多。它賦予主流群體美德，將惡習貶低給弱勢群體。」[25]她還認識到「性是壓迫的載體……能夠超越社會上其他的不平等模式，直接根據內化於自身的力量，去對個人和群體進行分類。」[26]因此，魯賓對準了當時占有主流地位的（激進）女性主義，認為她們對性和性取向的問題太消極了，並且只會聚焦在性別對象的物質性傷害，因此將她們的方法類比為某種保守社會的右派觀點（這並不算是全錯）。

對魯賓而言，激進的建構主義和對性相關話語的關注，對於解放那些性取向或性別認同不是典型「順性別」、一般性別和異性戀的人而言，是不可或缺的。我們在性或性別認同方面，需要丟棄生物學和任何性別差異的解釋，才能提供一種政治必要性，並且藉由和性相關的深層道德相對主義（包括為戀童癖辯護）來取得正當性。

因此，我們在酷兒理論中看到了，如果科學帶出了那種偏離「理論」的結果時就要拒絕科學。如果自由主義將普遍人性放在首位時，或者女性主義將女性視為被另一階級人民：男人壓迫的一類人的時候，我們就不要去管它。反正一切都是「酷兒」優先就對了！

對這個酷兒問題進行理論化，這當中最有影響力的酷兒理論家是巴特勒，她的作品最成功地打破了酷兒理論的界線，並且對多種形式的學術，還有對學術界和較之更廣大的社會都產生了影響。巴特勒是一位美國哲學家，受法國女性主義思想的影響，她大量引用後現代主義，特別是傅柯和德希達的著作。巴特勒對酷兒理論的主要貢獻，是質疑和性有關的生物性連結，男性和女性的生物學分類：性別，通常是和一種或另一種性別相關的行為和特徵而被連結在一起，以及性：也就是和本質性的性欲有關的。

在一九九〇年代，巴特勒對任何帶有生物本質主義意味的內容都感到恐懼。巴特勒在廣義上認為，性和性別是不同的，兩者之間並沒有必然的相關性。對巴特勒而言，性別完全是社會建構的，這是一個如此荒謬的主張，以至於她需要大量的理論來證明它是可信的。巴特勒主要藉由使用她最著名的概念來實現此一目標：「性別展演」（gender performativity）。這是一個非常複雜的思想，她在一九九三年的著作《身體的重要：論「性」話語的界限》（*Bodies That Matter: On the Discursive Limits of "Sex"*）中，對此定義為「話語的重複力量，藉以製造、調整和限制的現象」[27]，也就是說，某些東西如何被創造出來，並被放入有意義的分類中，也藉由寫入語言中的行為和期望使之變得「真實」。而在其他特徵中，人們會立即發現，這就是來自傅柯的後現代政治原則以及語言力量的相關主題。

儘管這個用語帶來了舞台展演的概念，但性別展演的概念，卻是來自語言學的一個分支，並非真的指涉表演。舉例來說，男性演員可以扮演女性舞台角色，同時卻仍然保持作為男人的信念。但這種東西卻不是巴特勒將性別描述為「展演性」時的意思，而是需要把那些「預設屬性、身分的存在行為進行重新評估」，她堅持認為，和性別有關的這些身分根本壓根兒就不存在。[28]

反之，她在一九九〇年的開創性著作《性／別惑亂：女性主義與身分顛覆》（*Gender Trouble: Feminism and the Subversion of Identity*，中文版由時報出版）一書中，巴特勒聲稱，性別角色是藉由社會化來被教導和被學習的，而且常是在不知不覺中作為一系列行動、行為、舉止和期待，人們會相應地去扮演這些角色。對巴特勒而言，性別是一個人「要做」的一系列事物，和他們本身究竟「是誰」並沒有什麼關係。社會會強制我們去執行這些行為，並且將它們與「男人」和「男子氣概」等語言發展給連結在一起，因此這些角色會藉由性別展演而變得「真實」。在巴特勒看來，由於巨大的社會化壓力和性別角色的規範性，人們無法有能力去學習「正確地」表現自己的性別，反而好像是在演出一個已經排練過的劇本，從而最終延續了被稱為「性別」的社會現實。

巴特勒的觀點是，人們並非與生俱來就知道自己是男性、女性、異性戀或者是同性戀，因此不會按照任何這些所謂與生俱來的設定行事。反之，他們從出生以來，就會被這些幾乎無處不在，以及隨之而來的社會期望和規範性引導，因而被社會塑造成這些角色。就某人本身而言，異性戀或同性戀等並不代表穩定或固定的類別，而僅是人們在做的事情。對巴特勒而言，只有藉由扮演這些角色，並根據這些帶有表演性質的社會期望去「表演」它們，人們才會產生那種帶有壓迫性的錯覺，也就會以為這些角色本身就是真實的、穩定的，並使之具有內在、內化的意義。話語建構的概念：社會特定談論事物的方式，會使這些內容取得正當性，使它們看起來是那樣的不證自明，這就是理解酷兒「理論」的關鍵，因為正是藉由話語建構，這些角色期望就會被不斷製造和延續下去。

巴特勒這種具有諷刺意味的超然性別觀點，可以說是緊隨著傅柯的思想，並且描述了一個巨大的社會陰謀，這個陰謀有意無意地在展演著一切，這是應用後現代理論的一個共同主題。她將「真正的性別認同」描述為一種需要透過「揭露」的「監控性的虛構」。[29]在巴特勒看來，性、性別和性取向的「監控性的虛構」，是藉由無處不在的性別展演來維繫的，這當中包含「暗含了性別的展演特徵的策略」。[30]對巴特勒而言，酷兒理論和社會行動主義的使命，是要解放「在父權統治和強制性異性戀的限制框架之外，擴張性別展演立場的可能性。」[31]

也就是說，如果我們承認性別是帶有展演、表演性質的，我們自然也可觀察到它也可藉由以下方法進行新的展演：拒絕男性特權和異性戀霸權。

巴特勒藉由使用德希達式（Derridean）的「陽具中心主義」（phallogocentrism），即社會現實是由賦予男性特權的語言所建構起來的觀念，來論證這一點。巴特勒同時擴展了亞卓安．芮曲（Adrienne Rich）的「強制性異性戀」（compulsory heterosexuality）概念，[32]乃指異性戀被視為一種自然的存在狀態，而同性戀則被描述為一種變態，以便能強制使人遵守「正常的異性戀」（doing straightness）。然而，巴特勒對於我們能夠去破壞這些所謂的霸權話語（一種幾乎無法被挑戰的，我們談論事物的方法，這是將馬克思主義哲學家葛蘭西的觀點應用為理論的概念）的可能性又不真的那麼樂觀。反之，巴特勒認為，我們不可能跳出話語製造出來的社會結構：我們只能擾亂和破壞它們，藉此為那些不適應的人們找到位置。

巴特勒針對這個棘手的問題所提出的解決方案，對追隨她的運動者們產生了深遠的影響：她倡議「模仿政治」（the politics of parody），也就是「重新擺放具有顛覆性和模仿的權力位置」。[33] 這種方法嘗試顛覆原本的「性別表現」，特別是那些陽具中心主義和強制性的異性戀一直在「嘗試藉由不斷重複他們的邏輯、他們的形而上學和他們的自然本體論來強化、鞏固自身」[34] 的東西，要使它們變得荒謬。為了實現此一目的，巴特勒提倡故意「把性的重複給顛覆掉」，「要去質疑身分本身的監控實踐」。[35] 這通常是藉由「去你的性別！」（genderfucking）來實現的，「維基詞典」將這些內容定義為「有意識地藉由使用變裝或者『酷兒團體』美學，致力於顛覆傳統的性別認同觀念和顛覆性別角色。」

巴特勒這種模仿的目的是要讓人們質疑展演的基礎預設，從而能將其視為一種社會建構出來的幻象，歸根究柢，在當前形式下這種幻象既是任意的又是帶有壓迫性的。這樣做的目的，是要讓人從這些分類和隨之而來的期望中解放出來。巴特勒主張由此走向不連貫、不一致之中。如果運動者可以使性、性別和性取向的僵化分類的不連貫性變得如此顯而易見，甚至是荒謬的話，那麼這些分類與其所造成的壓迫就不再有意義了。巴特勒如此堅持地論斷這一點，她甚至質疑生物性的生理性別，是否還夠格被當成文化結構以外的其他。在《性／別惑亂》一書中，她寫道：

如果我們對性的不變性提出質疑，那麼這種被稱為「性」的結構就可能會和性別一樣，都是在文化上被建構出來的；事實上，也許它總是、已是性別了，結果是性和性別之間的區別，就是根本沒有區別。[36]

巴特勒直接挑戰了女性主義的盛行形式，她相當難以理解地問說：「將女性這種分類，建構為一個連貫而穩定的主體，是否是對性別關係的無知適應和物化？」[37]也就是說，我們認為「女人」作為一個真實的生物學分類會帶來意想不到的後果，也就是製造一個「連貫而穩定」的女人，這樣會是什麼樣的概念？

因此，對巴特勒而言，像「女人」這樣一種連貫而穩定的分類存在，會導致極權和壓迫的論述。儘管大多數人會覺得，巴特勒這樣的結論是非常荒謬的，但她的酷兒「理論」，就是建立在抵制和顛覆這些分類之上。為了強調她的嚴謹性，她形容這是一種分類暴力，例如性別，將人們編入一個無法充分或正確描述的類別。對巴特勒而言，社會行動主義和學術界必須破壞這些論述，以儘量減少這種明確的「暴力」危害。

塞奇威克則聚焦於使之變得明顯不連貫來解構整個分類，她的工作也是酷兒「理論」

的基礎。她對「理論」的貢獻，最終是有關抵制解決矛盾的誘惑，並且在多元性中尋找價值，同時接受許多觀點，即使這些觀點是相互矛盾並且不連貫的，而不是嘗試對任何事物做出理性的解釋。這和應用後現代主義的「應該偏激」的特色心態是一致的，塞奇威克認為，這些價值觀對社會行動主義都是有用的。她寫道：

> 與我對雙重和衝突定義的展演關係的強調相一致，這些解讀中所隱含的實踐政治的理論處方，是一種多管齊下的運動，像是理想主義和唯物主義的衝動，兩者的少數模式和普遍主義模式戰略，以及就此而言兩者的性別分離主義和性別整合分析，將同樣並行，卻不必重視它們之間的意識形態的合理化。[38]

塞奇威克在這裡說，一場富有成效的運動可以融合ＬＧＢＴ學術和社會行動主義的所有觀點，甚至是相互矛盾的方法，而不需要解決當中意識形態的差異。她認為，這些矛盾本身在政治上是有價值的，特別是因為它們會使社會行動主義背後的思想變得非常難以理解，並且也因此難以被批評。這當然，就是非常「酷兒」的觀點。

這些觀點在塞奇威克一九九〇年的著作《闇櫃知識論》（*The Epistemology of the Closet*，中文版由書林出版）中最為突出。這部著作發展了傅柯的觀點，也就是性是一種由科學話語產生的社會結構，特別是那些被醫學權威正當化的科學話語，他們將同性戀歸類為精神病學。然而，她和傅柯之間也有相當激進地背道而馳的一面，因此她轉而支持德希達。塞奇威克推翻了傅柯認為主流論述創造了同性戀和異性戀的觀點。反而認為是同性戀和異性戀的二元性才給了我們二元思維，人們要麼是同性戀，要麼是異性戀，男性或女性，男性化的或女性化的。對於塞奇威克而言，性的二元就是所有社會事物二元的基礎。《闇櫃知識論》從一開始就說明了這一部分：

> 本書將論證，對現代西方文化任何方面的理解幾乎都是不完整的，而且在其核心內容上已經受到損害，這導致在這當中都沒有納入對現代同性戀／異性戀定義的批判性分析。[39]

因此，對於塞奇威克而言，對性的二元理解構成了所有二元思維的基礎。此外，所有的這些想法其實都是錯誤的。因此，理解性的流動性、複雜性，是消除社會中許多形式帶有黑白思維的關鍵。因此，塞奇威克在建立酷兒理論的走向方面發揮了重要作用，以「檢查」和抵制任何類型的二元性為中心，以免它們成為壓迫的場域。

塞奇威克特別將衣櫥的象徵意義建構在這種虛構二元性的想法之上。一個人永遠不會完全進出衣櫥。有些人會知道自己的性取向，有些人則不會。有些話會說，有些話不會，從已經說出的和沒有說出口的內容當中，我們才獲得了知識。因此，對塞奇威克而言，衣櫥象徵著同時占據、矛盾的現實。接受這一點，並且使這當中的內容被看見，就是她的酷兒理論方法的核心。在這一點上，我們看到了酷兒擴展到性以外的事物的開端，以及它作為動詞的一種使用。

因為她採取了後現代主義的方法，塞奇威克將語言，特別是「言語行為被確定為建構和維護這些不正義的二元論和衣櫥的方式」，她在其中看到了她的理論方法具有潛在的啟示性和自由性。她說：

> 這本書的一個預設是衣櫥的關係，是已知和未知之間的關係，圍繞同性戀／異性戀定義的，一種明確和不明確的關係，有可能因此特別揭露出實際上更普遍的言語行為。[40]

繼德希達之後，塞奇威克認為這些關係都需要被解構。舉例來說，她強調分析承認同性戀被認為不如異性戀。但是如果同性戀不是差異的分類類別，「異性戀」一詞就根本不會存在。這一個觀察意在解構二元中的權力關係，強調因為異性戀的概念取決於同性戀的存在和從屬地位，而不能說它具有更優越的地位。這樣，她嘗試解構異性戀，也就是說異性戀只是一種對所謂的正常和被默認的普遍期待。

塞奇威克發現，將這種適用於性取向的二元論的理解，推廣到社會中的其他二元當中也是很有用的，可以作為一種破壞優劣等級的方法。在這一點上她完全是德希達式的。這使她脫穎而出，像其他德希達思想家一樣，她利用了被認為同時持有兩種看似矛盾的觀點所帶來的張力。在性方面，對塞奇威克而言，這些觀點是「把觀點少數化」和「把觀點普遍化」。在少數人的觀點中，同性戀被視為少數人的東西，而大多數人是異性戀者。同時，在普遍化的觀點中，性會被認為是每個人都有一席之地的光譜。也就是說，每個人都有一點（或者很多）同性戀。這兩個想法看似是矛盾的，但塞奇威克相信，矛盾本身就是有成效的。正如她書中所言：

> 這本書不會建議（我也不相信目前存在）任何思想立場，這些對性定義的少數化和普遍化的理解的對立主張，可以決定性地仲裁它們的「真相」。反之，由它們重疊產生的自相矛盾的話語立場的展演效果，才是我的主題。[41]

對塞奇威克而言，藉由強迫維持一個明確的矛盾，可以實現富有成效的政治工作，因為這樣做會破壞相關概念所帶來的穩定意義的感覺。同時支持兩種相互矛盾的性模式的不連貫性，可以幫助我們接受其複雜性和可變性。因此，我們在這裡再次看到，拒絕客觀真理和具體分類類別的思想，以及不連貫和流動性，是在解放和政治上所必要的想法。酷兒理論家可以將這種思維擴展到幾乎所有事物，他們認為，這就是「酷兒」這個主題本身。

舉例來說，「理論家」對於時間和歷史[42]，以及生和死的種種分類，也都分別提出了奇怪的看法。[43]

酷兒理論中的後現代原則和主題

酷兒理論是當今身分研究中，最明確具有後現代「理論」的形式之一，它的大部分基本概念都歸功於傅柯，也就是所謂的論述是如何對性的相關問題帶來各樣的社會建構。這當中包括了後現代知識原則認為，客觀現實是被否認的，或者被簡單地忽略掉了的；還有後現代政治原則堅持，社會是由權力和特權系統所建構出來的，由此決定了什麼會被理解為知識。上述這些都是酷兒「理論」的前沿和中心。它們在「理論」基本概念中被最為明顯呈現出來的也就是，科學是一種帶有壓迫性的學科，藉由建立分類並嘗試以嚴格的權威和社會合法性，來論斷相關的真相，以便能強制性別的一致性和異性戀的地位。

在四個主要的後現代主題中，界線的模糊和對語言（話語）的強烈關注，絕對是酷兒「理論」的核心。這是對我們可以直接討論的穩定現實概念，最有敵對意義的兩個主題，因此這兩者的內容也是最具自我毀滅性的。然而，酷兒理論避免了原始後現代主義的自我毀滅，將界線的模糊，化為政治社會行動主義的首選形式，並將「理論」稱為「酷兒」。也就是說，它的破壞性，有時是自我導向的，是帶有政治目的的。這種活動的大部分內容，都被應用到了話語中，帶來了一種對性、性別和性取向的談論方式近乎病態的痴迷，也帶來了各種界定性別認同和性取向的細膩差異，這類術語的激增，讓我們同時處在一個流動的、多變的空間當中，並且也讓我們對語言的要求，變得極其敏感。

四個後現代主題中的另外兩個，也出現在酷兒「理論」中，但是不那麼明顯。文化相對主義的主題，隱含在酷兒理論對性別和性取向的理解，總是屬於一種文化建構中的預設。這是酷兒理論和後殖民理論共同持有的特徵，因此酷兒理論家會經常使用後殖民理論，反之亦然。儘管這兩個群體及其目標存在著顯著差異，但這兩種「理論」卻時常相互借鑑，因為它們的方法論都是完全可以兼容的，彼此雙方都深受傅柯和德希達的影響。

同時，個人和普遍性失落也隱含在這當中。因為個人的性別和性自我，被認為是由於他們不得不學習，並只能以另外的方法去顛覆的那些權力話語所建構出來的，因此，普遍性是不可能的，因為這需要有一個共同的人性，那個被酷兒理論完全拒斥的概念。

酷兒理論醉心於解構技術，並且將知識概念視為權力的建構，可以說是應用後現代主義的一種最純粹的形式。它是許多跨性別激進社會行動主義的基礎，並出現在多種形式的「社會正義研究」中。交織性的概念框架構成了酷兒理論基礎文本的一部分，儘管「交織性」這個名稱，其實和種族批判理論家金柏莉·坎秀才更有關係，和巴特勒處在同時代的她似乎又是彼此獨立的。對她而言，「性別與種族、階級、族裔、性和區域性的話語，構成了身分交織性模式。」[44] 因此，巴特勒的酷兒理論很容易被整合為交織性思想的一個關鍵面向。因此，交織性女性主義者很能夠將酷兒理論納入他們的工作當中。

也許最重要的是，酷兒理論和之前的自由女性主義和LGBT激進主義，有著根本性的差異。聲稱酷兒理論是解放非異性戀者或性別不符性別規範的人的唯一途徑，這種說法被在此之前和之後，普遍的自由主義方法的成功所掩蓋了。前理論的激進自由主義活動和那些聚焦於藉由訴諸許多共同點和共同的人性，以及普遍的自由主義原則，已經改變了我們對特定性、性別或性取向的人的偏見態度。這可能是跨性別激進主義可以關注的議題，如果酷兒理論沒有積極試圖顛覆任何普遍性或具規範性的事物，因為以跨性別問題為中心的科學正在發展。

反之，酷兒理論的目的，是非常無益地去修改或者解除對性、性別和性取向的概念本身，因此往往會使自己變得莫名其妙和毫無意義，甚至與它想要改變的社會中的大多數人格格不入。依賴酷兒理論的酷兒運動者，往往以令人驚訝的權勢和侵略性來行動，以及讓大多數人都覺得反感的態度，特別是她們藉由嘲笑性取向和性別的相關規範，並且將承認這些規範的人描述為落後和粗野。事實上人們不喜歡被告知他們的性、性別和性取向是不真實的，甚至錯誤或不好的，酷兒理論家卻被人們認為可能比任何人都更喜歡這種說法。

此外，說異性戀是一種社會建構的想法，完全忽視了人類是有性繁殖物種的現實。說同性戀是一種社會建構的想法，也忽略了它也是一種生物現實的大量證據。儘管這些說法可能會實現某種帶有任意性質的「解放」，但卻也可能威脅而抵銷掉同性戀運動者，在反對人們認為他們的愛情和性吸引力只是一種「生活方式」的選擇這種信念方面，所取得的重大成果；雖然同性戀是一種完全可以接受的生活方式選擇，但所有證據以及同性戀者壓倒性的證詞都表明，它遠不止於此。[45]

酷兒理論並不會使社會行動主義發揮作用，反而變得輕蔑、諷刺、反科學，並且在很大程度上在設計上讓人難以理解。它也無助於那些希望自己的性、性別或性取向被接受的人，因為酷兒理論認為把事情視為正常是有問題的，從而不斷地要從任何的正常觀念中被解放出來。因此，雖然酷兒理論聲稱，要為女同性戀、男同性戀、雙性戀和跨性別者發聲，但大多數LGBT人士一方面既不熟悉它，另一方面實際上也並不支持。由於酷兒理論繼續宣稱，自己是研究或討論性、性別和性取向主題的唯一合法方式，因此，也繼續對它最感興趣和最支持的事業帶來了傷害。

第五章

種族批判理論與交織性
——藉由揭露其無所不在來終結種族主義

從根本上說，種族批判理論是一種特別屬於美國的現象。儘管它的思想在美國以外也已被使用了一段時間，但實際的情況完全就是這麼一回事。這當中的內容往往和美國過去種族歷史，有著高度相關性。種族批判理論認為，種族是一種社會建構，意圖在維護白人特權和白人至上主義。這個想法早在後現代主義之前的W．E．B．杜波依斯（W. E. B. Du Bois, 1868-1963）的思想中就已經出現了，他認為種族的概念是被用來對社會和文化差異進行一種生物學上的解釋，以便能對少數族裔，特別是針對非洲裔美國人的不正義待遇被永久化的情況。

我們有充分的理由去接受這種說法。儘管人類群體的一些平均年齡差異，舉例來說，像是膚色、頭髮質地、眼睛形狀和對某些疾病的相對敏感性，是可以被觀察到的，並且可以透過DNA測試，發現一個人身上的某些地緣遺產的存在，但是我們目前尚不清楚，為什麼這些內容過去曾經會被認為是如此的重要，以至於我們將人們彼此劃分稱為「種族」的群體。而且從某方面而言，生物學家卻並不會這麼認為。

當生物學家談到種族群體時，他們也可以藉由遺傳，標記出某些些微不同的進化遺產，但如果要將這當中的內容，簡化為我們一般所說的「種族」時，則通常都會是錯誤的內容，以至於「種族」這種東西，在生物學的實踐上幾乎是沒有意義、沒有作用的。舉例來說，在醫學中「種族」一詞並不是很有意義，因為社會建構的種族分類，並不能可靠地、有意義地反映在任何帶有生物學相關性的遺傳譜系上。另一方面，當代的「種族」概念在歷史上看來，也並不見得站得住腳。有令人信服的理由讓我們相信，種族的問題在早期歷史上並不被認為是重要的。舉例來說，兩千年前在地中海周邊被寫下的聖經，當時那裡有黑人、棕色人種和白人，也有充滿了道德主義的部落，但是，在聖經的幾乎所有內容中卻完全沒有提到膚色。在中世紀晚期的英格蘭，當人們提到「黑人」時，通常也只是簡單地描述了現在被視為「白人」的歐洲人的頭髮顏色。

雖然其他因素可能也有所影響，但我們今天所理解的種族和種族主義確實可能是作為一種社會建構而出現的，這是歐洲人在道德上，為了歐洲殖民主義和大西洋奴隸貿易問題所做出的正當化行動。歐洲歷史學家追溯了前近代（大約從一五〇〇年到一八〇〇年）以膚色為中心的偏見的發生，並且由此認為，基於宗教差異的偏見在那時已經讓位給了種族主義，使得當時的人們相信某些種族比其他種族更為優越。這些內容跨越了十七世紀的發展，[1]為了合理化殖民主義和綁架、剝削和虐待奴隸的行為，造成了特定的一群人成為了受害者，導致了特定的人們不得不被視為是一種低於白人，或者次等於白人的種族（即使他們已經歸信了基督教也一樣）。但是，這也引起了一個共同的混亂，因為不可否認的是，其他民族在其他時空下，也曾經實行過奴隸制度、殖民主義，甚至種族滅絕的帝國主義，他們對這些暴行也都曾提供過類似的理由，如把正在奴役或已經征服的人描述為低人一等，在那種狀況下，這些統治者也經常會使用皮膚、頭髮和眼睛顏色等特徵，當作把暴行正當化的理由。我們今天可能也會認為，這些特徵是和種族有關的。這種歧視，甚至非人性化的行為，其實早就普遍地出現在不同的歷史上。但在歐洲及其殖民地，卻似乎有著某些關鍵的差異，帶來了一種對這段歷史的獨特分析。

首先，直到十六世紀，歐洲人才開始把種族概念和遺傳能力連結在一起。在此之前，人們普遍認為像膚色這樣的特徵主要是由環境決定的，而不是由基因決定的，儘管古希臘語（genos）和拉丁語（genus）中的相關概念，以及來自中國和中國史料，以及其他地方的紀錄表明，血統問題並沒有完全被忽視過。[2]

其次，建構出來的種族觀念，好像是被專門用來替歐洲殖民主義和大西洋奴隸貿易的暴行取得正當性。第三，也許就是最重要的，這些問題，都是由新興的學者群體所完成的。那些學科我們現在稱之為社會科學和自然科學。儘管在當時，它們都還沒有明確地劃分出我們現在稱之為「人類學」、「社會學」和「生物學」的學科，也沒有形成我們現在所認為的那種嚴謹的方法。

這些內容其實是很重要的，因為自然主義和科學正在迅速成為一種知識製造的工具，從而使某種想法被正當化（idea-legitimizing），科學的方法論也是世界上從未有過的。最終，後現代主義最強烈反對的，就是這種屬於科學的合法化權威。科學的興起，以及接受科學為合法的知識和政治文化，以及殖民主義和大西洋奴隸貿易的恐怖行動，都帶來了新的種族社會結構。我們今天從「理論家」那裡聽到的說法，就是認為這些東西是種族主義的「科學起源」（scientific origin），這可以被看作是那些誤用了科學初步結果的論述，帶來了第一批社會建構主義的種族主義者（socially constructivist racists）的出現。換句話說，隨著這種過於簡化、過度擴張和自私自利的科學分類，就出現了分辨率極低的分類，及其相關的社會建構：黑人（黑皮膚）和白人（白皮膚）。緊接而來的，就是這當中的價值判斷。於是，就帶來了我們今天所理解的種族主義。

挑戰種族主義預設的最早貢獻者，是曾為美國奴隸，生活在十九世紀的索傑納・特魯思（Sojourner Truth, 1797-1883）[3]和弗雷德里克・道格拉斯（Frederick Douglass, 1818-1895）[4]。後來，到了二十世紀，有影響力的種族評論家，如杜波依斯[5]和溫斯羅普・喬丹（Winthrop Jordan, 1931-2007）[6]闡述了美國以膚色為中心的種族主義歷史。這些學者和改革者的工作，應該足以揭露種族主義的醜陋和那當中毫無根據的意識形態。但是，白人種族至上的信念卻仍然存在。這在美國南部特別是更為極端且長期存在，在一八六三年林肯（Abraham Lincoln, 1809-1865）總統解放奴隸之前，奴隸制度也一直是經濟發展的重要組成部分。

白人中心主義的問題，其實一直維持到一九六〇年代中期。這當中的某些問題甚至持續了更久。即便在馬丁．路德．金恩博士領導下的民權運動取得勝利之後，以種族為中心的歧視已經是非法的了，並且我們對種族的態度，也已經在歷史上發生了驚人的變化，然而，那些長期存在的種族主義敘述卻並沒有完全消失。因此種族批判理論，就是意圖在挑選、突出這些問題，並且嘗試去解決這些問題。

採取批判性方法

種族批判理論於一九七〇年代正式出現，開始對有關種族問題的法律進行批判性研究。這裡的批判一詞，表示「理論」的意圖和方法，是專門用於識別和揭露問題，以便能促進革命性的政治變革。這一點特別重要，因為儘管為了防止種族歧視，我們的社會已經進行過一系列深刻，雖然還不夠完善的法律改革。但許多運動者仍然認為，即便這些情況已經不太明顯，但革命仍尚未成功，同志們有必要繼續努力，解決當前仍然存在的種族主義問題。為了做到這一點，他們轉向了當時盛行的文化批判工具。這就是表示，他們要開始採用批判性方法，於是最終就採用了「理論」。

結果，種族批判方法，就像其他文化批判方法一樣，總是在某種程度上分為至少兩個部分：一個是「唯物主義」，另一個是「後現代」。這兩者都刻意使自己和自由主義方法不同。正如他們的名稱所暗示的那般，唯物主義種族批判者，對於物質系統：像是經濟、法律、政治是如何影響著少數族裔，進行了理論分析。相比之下，後現代理論家則更關心語言和社會系統，因此目標是在解構話語，發現隱含的偏見，並且反對根本上的那些種族預設和態度。由於在聚焦上的這些根本差異，一些唯物主義者會批評，後現代主義者在進行無形的、很主觀的話語分析，這些分析常常只發生在富裕和學術的環境中，而忽略了突出的、普遍的物質問題，特別是貧困。後現代主義者則反駁說，雖然物質現實具有實際重要性，但當論述還是繼續優先思考白人時，就無法得到有意義的改進。

無論是唯物主義式的，還是後現代式的種族批判理論都會反對自由主義，並且強調一種社會行動主義形式。正如種族批判理論家理查德・德爾加多（Richard Delgado）和珍・史蒂芬奇（Jean Stefancic）所言：

> 種族批判理論，與強調漸進主義和比較遵守秩序的傳統民權話語不同，理論就是要去質疑自由秩序的基礎，包括平等理論、法律推理、啟蒙理性主義和憲法的中立原則。[7]

他兩人進一步指出：

> 種族批判學者對於人們將自由主義作為解決美國種族問題的框架，是感到很不滿的。因為許多自由主義者帶有「色盲」（color-blind，無視膚色問題），相信憲法的中立原則，他們也相信平等，特別是對所有人的平等待遇，無論他們過去有著不同的歷史或現狀如何。[8]

這是真的，種族批判理論最強烈和最持久的批評之一，就是「理論」當中那種反對自由主義的本質。

已故的德瑞克·貝爾（Derrick Bell, 1930-2011），是哈佛法學院第一位終身非裔美國教授，他通常被認為是我們一般所謂的種族批判理論的鼻祖，他藉由將種族納入他的專業領域：批判法律理論領域而得名。貝爾是一位唯物主義者，他最出名的，也許就是他提出以批判性的方法來理解公民權利和以相關內容為中心的論述。貝爾是歷史修正主義的公開倡導者，最出名的是他的「利益趨同」（interest convergence）論文。在他一九七〇年的著作《種族、種族主義和美國法律》（*Race, Racism, and American Law*）一書中，對這些內容有所描述。[9]那篇文章認為，黑人只有在白人有利可圖的情況下，才被允許擁有他們的權利，這種悲觀的觀點，等於否定了自吉姆・克勞法（Jim Crow Laws，譯注：一八七六年至一九六五年間美國南部以及邊境各州對有色人種，主要針對非洲裔美國人，但同時也包含其他族群所實行的種族隔離制度）的時代以來，歷史上已經取得了很多在道德上進步的可能。我在此並沒有想誇大他的意圖。貝爾在他一九八七年的著作《我們尚未被拯救：對種族正義的模糊追求》（*And We Are Not Saved: The Elusive Quest for Racial Justice*）[10]一書中，更明確地再指出了這一點：「美國種族關係的進步，在很大程度上是一個海市蜃樓，這當中掩蓋了白人有意或無意地在迴護、維繫他們的權力，藉以確保他們的統治和維持他們的控制。」[11]

犬儒、憤世嫉俗的悲觀情緒，充滿在貝爾的分析中。舉例來說，貝爾還認為，白人之所以會帶動廢除種族隔離，並不是為了解決黑人的問題，而是為了促進自身利益，因此同時又在冷戰期間（以及其他時期）壓制著黑人社會行動主義。[12]貝爾堅信，美國社會普遍存在著一種無法彌補的白人統治體系。[13]他認為，這種變化會導致一系列全新的問題，而白人的優越感還是會不斷地大於黑人的利益。舉例來說，白人們會做出報復行動和集體群飛（White flight，譯注：白人群體從有色人種占優勢的地區完全遷移）。[14]這是當時典型的關鍵種族情緒。貝爾的同時代人艾倫・弗里曼（Alan Freeman）同樣憤世嫉俗和悲觀，並且撰寫了許多法律文件，認為反種族主義的相關立法，根本實際上是在支持種族主義。[15]

當然，簡單的種族之間在法律上的平等，並不足以解決所有的社會不平等。在解決政治、法律和經濟領域上可衡量的不平等方面，我們已經做了很多有價值的工作，例如比較白人和黑人占多數地區的學校經費，黑人和白人罪犯在判刑上的差異，黑人和白人社區在住房和貸款方面的差異，黑人和白人在高薪工作上的差異等，以便了解這些差異出現的原因。然而，除了他們的悲觀主義之外，還有許多唯物主義種族批判理論家，對普遍性和自由主義提出了批評。唯物主義種族批判理論家，經常提倡黑人民族主義和種族隔離，[16]而不是普世意義的人權和種族合作。此外，他們所謂的對物質現實的實證分析，通常會讓人發現，種族主義和歧視似乎根本沒有減少，看起來很像是故意挑選最壞的例子，然後就概括而論。

儘管唯物主義者的悲觀主義依然存在，但他們在方法上卻不是悲觀的。從一九七〇年代到八〇年代，是唯物主義者在主導種族批判運動；但是，從一九九〇年代開始，後現代主義日益興起。隨著時間的推移，後現代主義者開始關注微型攻擊、仇恨言論、安全空間、文化挪用、內在偏見審查、媒體表述、「白人的東西」，以及當前種族話語中我們所有熟悉的那些陷阱。[17]會有這種變化，很大程度上，歸功於一些女性批判理論家的影響，包括奧黛麗・洛德（Audre Lorde, 1934-1992）和派翠卡・希爾・柯林斯（Patricia Hill Collins）等在一九八〇年代後期和一九九〇年代所帶起的風潮，推動了激進的黑人女性主義思想。

這些學者樂於模糊學術、學科的界線，同時以特定的性別方法論，將法律和社會學、文學和人物生平結合，充滿熱情地去爭論父權制和白人至上主義的相關問題。值得注意的是，她們還長篇大論地去抱怨女性主義也被「白人化」（whiteness）了。由此出發，她們為另一波有影響力的理論家也奠定了基礎：她們分別是派翠西亞・威廉斯（Patricia J. Williams）、安吉拉・哈里斯（Angela Harris）等學者，還有幫助貝爾創造了「種族批判理論」一詞的學生：坎秀。這些學者們借鑑了種族批判理論，這當中包括階級分析、女性主義，還有關於性別和性的觀念。這產生了對身分和經驗的高度分層、「複雜」（sophisticated）的分析，種族批判理論中還納入了社會、法律和經濟因素。藉由檢視權力和特權的多重系統，並且將經驗作為這當中的知識資源，她們由此從唯物主義分析轉向了後現代。

這種變化代表著一種新的承諾。過去那種系統性和結構性地理解種族主義，特別是和貧困相關的物質現實的聚焦，已經一去不復返了。這些內容都被論述和權力的分析所取代。與此同時，種族批判理論在身分政治，及其所謂的知識的正當性、立場理論方面，投入了大量資源。粗略地說，那就是一種個人的身分和社會地位會影響個人如何獲得知識的思想。這些發展，連同界線的模糊，個人的解構，更重視群體認同等等，呈現了一九九〇年代初期，後現代思想在種族批判理論中所占有的主導地位。

這種轉變，在當時的所有著作中都是十分明顯的。舉例來說，商事法教授威廉斯在一九九一年，以其長篇自傳式散文《種族與權利的鍊金術》（*The Alchemy of Race and Rights*）而一舉成名。[18] 這部著作的出版哈佛大學出版社，將這本書描述為「在種族、性別和階級的交織下，帶起了後現代方法中常見的界線模糊」，內容中也說到：「威廉斯將法律視為神話文本，這當中包括了商業和憲法，財富和貧困，理智和精神錯亂的權力，她跨越了複雜和重疊的論述界線，並且向這些東西宣戰。在故意超越這些界線的過程中，她追求了一條通向種族正義，而且最終應該會是革命性的道路。」[19]

在風起雲湧的這些種族批判理論當中，我們還看到了對語言和話語的關注，以及判定人們必須要去破壞它們的必要性。當然，應用後現代主義的論點還是有一定程度的道理的。也就是說，如果不首先解決帶有偏見的態度和預設，我們想要糾正社會的失衡會比原來想的困難許多。這些理論家正確地觀察到，這些偏見和預設通常表現為我們談論事物的方式：論述。這種認識的最佳實際用途，是對以種族為中心的社會態度進行嚴謹的（而不是純粹的理論和詮釋性的）學術研究。然而，對於應用後現代主義者而言，對話語的關注卻主要是有關人們的主體位置立場的問題，也就是一個人在社會中的位置，是被整個群體身分所決定的，這就已經左右了一個人會如何理解世界，還有這個人在社會中會如何被理解。上述想法就是種族批判理論的核心，從《種族與權利的鍊金術》的首段文字，我們就可以看到這些內容：「在我對法律的分析中，主體位置的立場，就是所有的一切」，威廉斯如此寫道。然後，她藉由模糊定義、法律和其他方面的界線，呈現出語言和話語的重要性，以及我們應該要破壞這些東西的必要性：

我對於法律語言如何扁平化，以及法律對於任何既定問題帶有的複雜性意義所給予的絕對限制很感興趣。我嘗試挑戰日常商業論述的限制，藉由使用刻意的雙聲話語（double-voiced）和關係性內容，取代傳統合於法律的黑體字（legal black-letter）。[20]

後現代中的自我「位置」概念，是一種社會建構的身分，在特權／壓迫場域中會很明顯地占有某個特定的位置。法律學者哈里斯藉由倡議一種多重意識（立場）理論，進一步發展了此一觀點：也就是「自我」有時是矛盾的，甚至是對立的。[21] 這種植根於身分和地位的多重意識觀念，在後現代學者的研究中會一再地反覆出現，藉此探討了邊緣化身分在不同層次中的結合，並且帶來了如何在女性主義學術和種族批判理論中能夠研究和理解知識的可能。

儘管必須不斷考慮個人的社會地位對作為言說之人和要理解的聽眾所帶來的影響，並且將這個身分地位和周圍之人的社會地位也連結起來，這些東西看似是很複雜的。但是，種族批判理論卻常能夠在自身的呈現中顯得是那麼樣的異常清晰。事實上，後殖民主義和酷兒理論的那種令人沮喪的和模棱兩可的後現代語言，在種族批判理論中很明顯是看不到的，這可能是因為種族批判理論起源於法律研究。種族批判理論，堅持對於話語在建構社會現實中的作用的肯定，嘗試解決看似無限複雜的問題。而且它通常對於藉由清晰的語言，以便能傳達意義的內容是抱持著正面的態度的。它具有政治目的，不僅限於解構或者只是要去破壞宏大敘事。因此，我們更容易能看出，到底什麼東西才是種族批判理論的原則，特別是因為這些學者根本就會幫你把它們都條列出來。

舉例來說，極具影響力的德爾加多和史蒂芬奇所著的《種族批判理論》（*Critical Race Theory*）就這樣呈現出了其核心原則：

> 「種族主義其實是常見的，並不是特殊狀況。」也就是說，這是美國有色人種的日常經驗。
>
> 「一個由白人占有主導地位的系統，會為了占有主導地位的群體提供重要的精神和物質目的。」也就是說，白人至上是系統性的，有利於白人的。因此，一種「色盲」（color-blind，無視膚色問題）的政策，最多只能解決某些最惡劣的和某些最明顯的歧視形式而已。
>
> 一個「社會建構」論點會認為，種族和族群是社會思想和關係的產物。為了解決這個問題，需要交織性和反本質主義（antiessentialism），因為它們反對種族差異是

與生俱來的觀點。

一種「獨特膚色的聲音」和「少數民族地位」的存在……它帶來了我們可以談論種族和種族主義的預設可能性。這不該被理解為一種本質主義，而是被理解為普遍的壓迫經驗的產物。換言之，這就是立場理論。[22]

這些核心原則，明確地論斷了種族批判理論正在進行的事情，種族主義也是無處不在，而且會始終存在，並且會持續地去反對有色人種，他們警覺到了這一部分。並且，為了白人的特權，種族主義者的他們，往往並不會想去改變現狀。[23]其他的理論家和教育家的思想，還包括了從根本上對自由主義的一種不信任，對菁英治理的拒斥，[24]以及致力於實現社會正義的承諾。[25]

種族批判理論的傳播

種族批判理論已經從法律研究，擴展到許多和「社會正義」有關的學科。教育學相關理論就受到了種族批判理論特別強烈的影響。正如德爾加多和史蒂芬奇所觀察到的：

儘管「種族批判理論」（CRT）最初是一項法律運動，但它已迅速擴散到法律學科以外的領域。時至今日，教育領域的許多學者，已經認為自己是種族批判的理論家，他們使用CRT的思想，來理解校園紀律、等級制度體系、課程分軌（Tracking）、平權行動、高利害關係測驗（high-stakes test）、課程和歷史爭議、雙語和多元文化教育，以及替代教育、特許學校等問題。[26]

他們列出了種族批判理論中最強大的立足點，表明它何以能夠如此有效地被納入在其他領域的學科之中：

政治學家，會思考種族批判理論家所研究後的投票策略；而女性研究學者則會教授交織性：有色女性和其他處於兩個或多個類別交互點的那些女性們的困境；民族研究課程，通常會納入一個有關種族批判理論的單元；美國研究部門的學者，則會用由CRT學者開發出來的白人批判研究資料。社會學家、神學家和醫療保健專家，也都會使用批判理論及其思想。哲學家在分析觀點歧視，以及西方哲學在其取向、價值觀和理性方法上是否帶有白人中心傾向的問題，也會加入種族批判觀念進去。[27]

沒錯，的確正如我們將在本書第八章中所討論的那般，種族批判和女性主義理論的方法，認為理性是一種西方哲學傳統，理性會不公平地使婦女和少數族裔處於一種不利的地位。因此，種族批判理論對此採取了一種毫無保留的社會行動主義立場：

> 種族批判理論和一些其他學術學科不同，納入了社會行動主義的面向。它不僅要能了解我們的社會狀況，而且還嘗試要去改變它，不僅要確定社會如何按照種族界線和等級制度組織自己，而且還要使它變得更好。[28]

結果就是，我們會從各行各業的運動者那裡，聽到種族批判理論的語言。如果種族批判理論不認為原諒這一件事情也是一種種族主義的話，我們可以很容易地原諒他們認為，種族批判理論聽起來，就好像是種族主義會將自己在道德和性格上的深刻失敗，都歸咎於白人（作為在白人占有主導地位的社會中，必然受到白人影響的後果）。我們被告知，種族主義在我們的文化中已經根深柢固因此無法擺脫。我們會聽說，白人天生就是種族主義者。我們被告知，種族主義是一種「偏見加上權力」，因此，只有白人才有可能成為種族主義者。我們被告知，只有有色人種才有資格去談論種族主義，白人只能乖乖在那邊聽，而且白人還沒有「種族韌性」（racial stamina）。我們聽說，不按種族（色盲）看待人們，就會在現實上成了一個種族主義者，而且是嘗試去輕忽那些主導社會和延續白人特權的普遍性的種族主義。我們可以在生活的許多領域，聽到這些像是宗教箴言、信仰咒語一般的內容，尤其它們在大學校園中是特別普及的。德爾加多和史蒂芬奇認為這是很積極正面的事情：

在這本書付印出版時，幾十個校園的學生也正在示威，他們要求要有「安全空間」（safe spaces）和保護大家能免於種族敵對氣氛的影響，因為每天都存在著侮辱、輕視、誹謗和「南方邦聯」（Confederate，譯者注：美國南北戰爭的南方）的符號和旗幟。這些「校園氣氛」的議題，促使大學的行政人員重新認真考慮，這都有充分理由的論述。隨著平權行動受到猛烈攻擊，大學需要確保至少在校園內這些是會被歡迎的。與此同時，新的千禧世代也似乎重新展現出他們對抗非法權威的動力。[29]

種族批判理論已成為許多大學校園文化的重要組成部分，有趣的是，越是在菁英的機構中越是明顯。交織性是這種文化的核心，並且在此之外也擁有了它自己的生命。

作為應用後現代主義的種族批判理論

儘管後現代主義愈來愈關注話語、態度和偏見，但某些學者也懷疑，種族批判理論的這一個分支，是否真的可以被算為後現代主義的一部分？一個常見的反對意見是說，後現代主義通常拒絕共享意義和穩定的身分（或者主體身分），因此，從正統的後現代觀點來看，身分政治應該是沒有什麼意義的。

提出這一論點的批評者是有其道理的，他們有權堅持只承認首批後現代主義者，才可以被算是「正牌的」後現代主義者。但在一九八〇年代末和一九九〇年代初，種族批判理論家確實占有了某些核心，這些核心又是來自於第一階段的後現代思想的那些激進、解構的態度，並且將這些內容改編為一種新的、刻意適用於政治目的的內容。新的種族批判理論家會明確地拒斥原始後現代主義那種漫無目的、無休止的解構，經常也會將這些思想內容視為是傅柯和德希達等這些白人男哲學家，在擁有自然特權地位下所帶來的產物，因為他們根本無法解釋，自己也同樣作為白人男性的特權地位。舉例來說，黑人女性主義學者和運動者胡克斯，在一九八〇年代就寫道，說出想要擺脫主體性和連貫一致的聲音（最初的後現代主義者）的人都是些富有的白人男性，他們的聲音很容易就會被聽見，並且他們的身分在社會中是占有主導地位的。[30] 在哈里斯一九九〇年極具影響力的〈女性主義法律理論中的種族和本質主義〉（Race and Essentialism in Feminist Legal Theory）一文中，她同樣認為，由於女性主義將黑人女性的經驗當成了白人女性經驗的一種變異，才會使她們的工作失敗。這些想法都發展成為種族批判理論的核心路線，也帶來了「交織性」思想的發展。

交織性

在學者的作品中最明確地引用後現代主義，並且最明確地主張要讓理論變得更政治化和擁有可操作性，以便能使用它的批判種族學者，正是種族批判理論的創始人和交織性概念的發明者：坎秀。起初，交織性，是一種探索問題的方法，一種讓人們能夠自己去發現某些東西的工具。但長期以來的發展，已經使「交織性」被視為是一種「理論」，之後還被坎秀描述為是一種「實踐」。坎秀在一九八九年的一篇極具爭議的法律論文中，首次引入了交織性的概念，在這篇名為〈邊緣化種族和性別的交互點：黑人女性主義對反歧視教條、女性主義理論和反種族政治的批判〉（Demarginalizing the Intersection of Race and Sex: A Black Feminist Critique of Antidiscrimination Doctrine, Feminist Theory and Antiracist Politics）[31]的論文中，她研究了三個法律上的歧視案例，並且使用道路交叉口的隱喻來研究不同形式的偏見，是如何能「打擊」到具有兩個或者多個邊緣化身分的個人。她認為，就像站在兩條街道交叉口的某人一樣，她可能會被來自任何方向，甚至不止一輛的汽車給同時撞到，這些被邊緣化的人，可能根本無法分辨，到底他們是因為哪個身分而受到歧視，因而具能力在任何既定的情況下做出抗議。坎秀強而有力地爭辯說，那些以種族或者性別歧視為基礎的立法都還不足以解決這些問題，或者我們該說，黑人婦女可能會遭受到某些白人婦女和黑人男性都不會面對的一些獨特形式的歧視。

這個尖銳的、看似相對沒有爭議的想法，將會改變世界。兩年後的一九九一年，在坎秀另一篇極具影響力的文章〈描繪邊緣：交織性、身分政治和針對有色女性的暴力〉（Mapping the Margins: Intersectionality, Identity Politics, and Violence against Women of Color）的內容中，這個觀點又得到了更充分的呈現，她將交織性定義為一種能「將當代政治和後現代理論連結在一起的暫時概念」。[32]

對於坎秀而言，後現代的交織性方法，能夠將種族批判理論和女性主義納入政治社會行動主義之中，同時保留他們對種族和性別作為文化結構的理解。此外這種理論方法，允許把更多屬於分類上的邊緣身分納入交織性的分析當中，讓這些概念以及運用這個概念的學術和社會行動主義增添上一層又一層的，那種十分明確的精密性與複雜性。這種理論的複雜性，柯林斯在她一九九〇年的著作《黑人女性主義思想》（*Black Feminist Thought*）[33]一書中，對此稱之為「宰制之模」（matrix of domination），也激發了學者和運動者們近二十年的新運動。〈描繪邊緣〉一文為此提供了手段：我們要公開倡議身分政治，而不是只會高喊普世性的自由主義，因為普世性的自由主義嘗試消除身分分類的社會意義，以為可以不分身分地、平等地對待人們。身分政治則要能恢復身分分類的社會意義，才能將這種分類作為賦權和社群生存的資源。坎秀寫道：

> 我們都可以認識到「我是黑人」的主張和「我剛好是一個黑人」這兩者之間的區

別。「我是黑人」將社會強加的身分，作為賦予主體性的支點。「我是黑人」，不僅是一種抗議的聲明，而且是一種自我認同的積極性話語、論述，這和黑人民族主義者所說的「黑色是美麗的」這樣的慶祝聲明，可以說是息息相關的。不同於另一種說法，也就是那些說「我剛好是一個黑人」的人，他們藉由努力實現某種普遍性（我實際上首先是一個人），同時丟棄了強加的分類（「黑色」），還將這些東西視為一種偶然的、間接的，而不是一種決定性的問題。[34]

在回歸種族和性別的社會意義，以及賦予黑人和女性身分政治的權力的過程中，〈描繪邊緣〉可以被視為是當今社會正義的實踐和研究的核心與基礎。它還重振了那些原本經過數十年間自由主義的努力下，已經被削弱過的，那些社會建構主義中種族主義曾經占有主導地位的條件，社會建構的種族分類在此又被具體化了。

因此，它為「種族主義策略」奠定了基礎，這類的種族主義，已經成為近年來學術研究中有關社會正義的種族面向的特徵。這些問題我們將在本書的第八章中進一步討論。由於交織性已成為社會正義研究和最近明確拒絕自由普世主義，以便能擁護以身分為中心的政治的一個重要框架，因此值得我們更深入地檢視其基本原則。藉由引用後現代文化建構主義，並且改由客觀真實的面向思考壓迫，還有倡議可操作的政治目標的同時，它還提供了應用後現代主義的出現、命令、方法和精神的可能。這當中最明顯的例子，是一九八〇年代後期和一九九〇年代初，應用後現代轉向的典範。

交織性和應用後現代轉向

在〈描繪邊緣〉一文中，坎秀批評了過去我們理解社會的兩種方法：自由主義（普遍性）和後現代主義（帶有高度解構性）。坎秀認為，那些批評歧視的主流言論，是以自由主義為中心，根本就不足以去真正理解權力結構，是如何使得歧視發生在那些具有不止一種邊緣身分的人的身上，而且還能夠繼續長期存在。因為自由主義，是嘗試想從身分分類中把社會期望給消除掉，他們想像的是，人們原本期望黑人從事比較低下的工作，期望女性優先考慮家庭和育兒的身分角色等，然後希望改為替所有人提供平等的權利、自由和機會，不管原來的身分為何。所以自由主義是強烈關注個人和普遍性，要取消任何身分分類上的優越性。這些對於坎秀而言卻是不能被接受的。她寫道：

> 那些針對非裔美國人、其他有色人種、男女同性戀者等的……以身分為中心的政治，一直都是權力、社群和智識發展的資源。然而，擁護認同政治和社會正義的主流觀念彼此之間是有緊張關係的。種族、性別和其他身分分類，在主流自由主義話語中最常被視為偏見，或者過去統治的遺留，也就是說，明明本質上社會權力在這當中就

作為負面框架，會排除或邊緣化那些不同的人。根據這種理解，我們的解放目標就應該是，要能清除掉具有任何這類社會意義的分類。但是，在特定女性主義和種族解放運動中，卻隱含著這樣一種觀點，也就是說，描繪差異的社會權力，不一定只有統治力量；反之，它也可以成為為社會賦權和重建的資源。[35]

坎秀在這裡發起了一項重大變革，帶來一種建設性階段的高峰。在坎秀看來，後現代主義能夠分析權力結構，並且是有用的，可以將種族和性別理解為一種社會結構。然而，由於理論那種激進的懷疑態度，會不承認那些社會結構和分類所擁有的真實性，可是如果一個人希望解決這些理由帶來的歧視，就必須承認這些社會結構和分類範疇的現實性。因此，她批評了徹底解構的後現代主義的這種激進面向，同時堅持認為，後現代政治原則在其他面向上依然還是很有說服力的：

雖然，後現代主義質疑社會建構方法的描述性內容，通常是有意義且合理的。但這種批評，有時會誤讀了社會建構的意義，並且扭曲這當中的政治相關性……但是，當我們說，種族或性別等分類只是一種社會建構出來的東西，並不是要說這些分類在我們的世界中是沒有意義的。反之，事實上後現代理論帶來了一個針對被壓迫者的大型且持續的議程，這當中非常有幫助的內容之一，正好就是在思考權力是如何集中在某些分類，並且會去針對其他分類行使權力的方法。[36]

因此，在一九九〇年代初期，坎秀提出一種帶有全新思維的倡議方法，也就是，我們應該要承認那些複雜的歧視階層是客觀存在的，以及人的分類和權力關係體系就是如此真實的存在，即使它們也是被社會建構的。這就是交織性。它明確地擁護後現代政治原則，並且接受後現代知識原則的變異版本，將不同的知識視為是有相對位置關係的。

坎秀的交織性，明確的拒絕了普遍性，也支持群體認同。至少從那時開始在政治立場上，交織性女性主義者和種族批判理論家在很大程度上就依照類似這樣的路線繼續發展下去。[37]在這個框架內，性別和種族遠遠不只是像自由主義者說的，在社會上沒那麼重要，反而是成為新的政治活動場域，身分政治也因此應運而生。交織性是應用後現代轉向能夠轉動起來的軸心，也是二十年後讓「社會正義研究」能發芽的種子。因此，重要的是我們要了解交織性，以及這些「理論」是如何保留了後現代原則和主題的方法，同時對它們又進行了可操作的運用。

既是複雜的，又是非常簡單的

自從它的概念形成後，交織性的意義和目的已經被大大擴展延伸。對於交織性社會學家柯林斯和西爾瑪・比爾蓋（Sirma Bilge）而言：

交織性，是一種理解和分析世界、人類和人類經驗的複雜性的方法。社會和政治生活以及自我的事件和條件，其實很少被理解為只是由單一個別因素所形塑出來的。它們通常由多種因素，以不同且相互影響的方式形成。當我們談到社會不平等時，人們的生活和特定社會中的權力組織，應該要被更好地理解為這些都並不是由單一的社會區分軸線（無論是種族、性別或階級）所形塑的，而是由許多共同作用和影響的軸線，彼此互動而形塑出來的。交織性作為一種分析工具，讓人們能夠更好地了解世界和他們自己的複雜性。[38]

交織性下的社會區分軸線的數量，幾乎可以說是無限多的，但就是不能變小到是一個「個人、個體」。人們常開玩笑說，個人是將人們分成愈來愈小的群體的交織方法的邏輯終點，因為這就會誤解了「群體認同」（*group identity*）的基礎。即使一個人是邊緣身分的獨特組合，但交織性作為一個獨特的個體，仍然會藉由每一個個體和所有整體加總後的這種群體身分而被理解，並且由「理論」來填入相關的詳細訊息，所以它還是不能被理解為個人。

因此，交織性關注的分類很多。除了種族、性別、階級、性取向、性別認同、宗教、移民身分、身體能力、心理健康和體型之外，還有一些次類別。舉例來說，正確的膚色、體型和深奧的性別認同和性取向等數百個。這些都必須相互理解，以便它們的每個交織點帶來的立場、位置可以被識別和參與。此外，這不僅使交織性光是在其內部就變得異常複雜也很混亂，因為它具有如此高度的詮釋可能，並且同時作用於如此多的身分元素，每個元素都有不同的相對邊緣程度的主張，而且並非所有這些元素都適合被直接比較。

然而，交織性的總體概念或它所建立的「理論」，其實又並不真的那麼複雜，沒有什麼比這更簡單了。它一遍又一遍地做同樣的事情：尋找它認為一定會存在的那些權力不平等、偏執和偏見，並且把它們挑出來。它將一切都簡化為一個變量，一個單一的談話主題，一個單一的焦點和解釋：偏見、歧視，正如「理論」所主張的權力動態所理解的那般。因此，舉例來說，不同事物的結果只會有一個答案，而且只能有一個解釋，這就是一種偏見的偏執。問題只是我們要能夠去確定這些偏見在既定情況下的表現方式。因此，它總是假設，在每種情況下都存在某種形式的一個「理論」偏見，我們必須找到一種方法來證明它。從這個意義上說，它是一種工具，一種「實踐」，目標就是在消除所有複雜性和細微差異，以便根據其願景來推進身分政治。

社會正義的種姓制度

由於交織性內部的複雜性和這當中對於壓迫性問題全方面、全心的關注，交織性充滿了分歧和次分類類別，它們之間也存在著競爭，甚至彼此間也存在有某些頑固的矛盾。因此，美國某部分的人們會認為，常被評估為邊緣群體的同性戀白人[39]和非黑人的有色人種，應該還是需要被判定為特權和他們也帶有反黑人的問題。[40]

這可能甚至會帶來一種看法，認為淺膚色黑人也要承認他們對深膚色黑人的特權。[41]異性戀黑人也會被說成是一種「黑人中的白人」。[42]跨性別男性，雖然仍然受到那些針對這個群體跨性別身分的壓迫態度，但是我們也需要認識到，他們也被提升到擁有男性特權，作為能夠發聲的一個群體。[43]上述的這類論點也並不罕見。被視為有雙重壓迫的跨性別女性，既是跨性別女性又是女性。男同性戀者和女同性戀者，很可能會發現自己根本不被其他人認為是受到壓迫的群體，特別是如果他們不分別被跨性別男人，或者被跨性別女人所吸引，這會被認為是跨性別恐懼症和性別歧視的另一種形式。[44]亞洲人和猶太人可能會發現，自己被剝奪了他們原本也是身為邊緣群體的地位，這是因為他們的人口結構和他們對「白人」的參與，或者其他某因素為他們帶來了相對的經濟成功。[45]酷兒也需要被「去殖民化」，代表著種族問題也在這當中被更加多樣化。比方說，如果這當中的某些概念起源於巴特勒這樣的白人人物，那些東西就需要重新被檢視。[46]

在現實世界中，嘗試同時「尊重」所有被邊緣化的身分，並將他們作為和他們的文化群體固有、不容置疑的智慧的獨特聲音有關的人，其實也可能會產生衝突和矛盾。畢生致力於人權運動的彼得．塔切爾（Peter Tatchell），曾經批評黑人說唱音樂家在唱著謀殺同性戀者的曲調，從這當中我們就看到了這樣的例子。[47] 它也再次出現在少數民族美容師所遇到的狀況中，以及在這案例中我們到底該支持誰的困惑和矛盾之中。因為這位人士，拒絕為一位自稱跨性別女性在睪丸周圍刺青，理由是他們的宗教和習俗禁止她們和男性生殖器接觸，而這些東西在本質上都是一種性別錯誤。[48]

所有的這些「複雜性」使交織主義者格外忙碌，內部爭論和分裂，但是這一切都是為了將各種理論上受到壓迫的群體，聯合成一個單一的宏大敘事群體。目標就是把「受壓迫」或者是「他者」，在社會正義的總體宏大敘事之中，在理論化後的壓迫狀態下，建立起一個交織性種姓制度。因此，當代的「社會正義」在意義上和那些以民權運動為特色的普遍人權的社會運動，有著明顯、根本的差異。[49] 這些自由主義、平等主義的方法，都是藉由將歧視定為違法來尋求機會均等化，補救被剝奪的權利，並且以讓社會不接受那些偏見為基礎，藉此來戰勝偏見。

因此，自由主義為了心懷善意的自由派立場的個人，提供了一個可實現的目標：總是平等對待他人，無論他或她的身分為何。「社會正義」的方法則認為，這種想法，充其量是對一個明明帶有嚴重偏見的社會現實帶有的一種天真和幼稚，甚至這當中最壞的情況就是，那些人士故意拒絕承認我們其實就是生活在那種社會當中。因此，在「社會正義」之下，成為一個有道德的人的唯一方法，是預設這些權力不平等和偏見真的是無處不在，只是這些東西被自由主義的平等預設等那些虛假承諾所掩蓋。並且我們還要孜孜不倦地去尋找這些偏見，然後使用正確的理論來展開分析。對於柯林斯和比爾蓋而言：

「社會正義」可能是交織性問題中，最具爭議的核心理念，但是它擴大了交織性的範圍，將使用交織性作為實踐「社會正義」的分析工具的對象全部納入在內。主動為社會正義服務，並不是交織性的要求。然而，將交織性作為分析工具的人和將社會正義視為生活的重心，而不是無關緊要的人，往往就是同一群人。這些人通常對現狀抱持批判態度，而不是只能乖乖接受現狀。[50]

麗貝卡．林德（Rebecca Lind）對此表示贊同，她將交織性定義為「一種多方面的視角，承認多重社會建構身分的豐富性，這些身分結合起來，將我們每個個人都形塑成一個獨特的個體。」[51] 然而，藉由這種方法，「獨特的個體」根本沒有真正被理解為一個個人。如前所述，交織性下的社會區分軸的數量，幾乎可以是無限的，但是一樣的，它們並不被允許可以縮小到個人。「理論」認為，只有了解各種群體，以及以這些群體為中心的社會結構，才能真正了解社會，以及這當中的人們及其經驗。這種概念轉變帶來了群體認同，從而促進了身分政治，而這當中的他們往往都是屬於激進路線的。

由於交織性除了作為一種純粹工具之外還帶有多重功能，它吸引了許多不同形式參與的人，從法律社會行動主義和學術分析，到平權行動和教育理論。[52] 主流社會行動主義也十分歡迎交織性，特別是這當中的「特權」概念，這是一個被大力堅持的想法，甚至往往到了像是霸凌和恐嚇的地步。

社會正義的迷因

交織性影響的範圍愈來愈被擴大延伸，也許是不可避免的。安格─瑪莉・漢考克（Ange-Marie Hancock）在她有關交織性知識史的著作中，評論了交織性在知識和學術領域的日益普及，以及這如何作為一種迷因。並且漢考克指出，在這個網絡上，也有許多不同的交織性定義和概念。[53] 漢考克寫道：「作為分析框架的交織性，正在學術界、非營利組織（包括全球慈善事業）和政治界發揮著最大的影響力。」[54] 漢考克指出，在流行文化中交織性最常能喚起人們要去「取消、制止」（cancel）某些人、事、物。像是前任美國第一夫人蜜雪兒・歐巴馬（Michelle Obama）和女性主義團體粉紅方程式（Code Pink）等，不同的公眾人物都被批評為沒能夠「從一個深層認識權力的多種分類動態的地方，好好去理解和採取行動。」[55] 在應用種族理論上，漢考克則認為，交織性愈來愈成為主流文化，這本身就是有問題的，因為這會使交織性變「白」並且變得「迷因化」（memeifies）。對於漢考克而言，交織性「變白」且從黑人女性的經驗中被帶離的危險[56]正發生在各個層面。無論是藉由將這整個概念追溯到也曾經身為白人男性的傅柯，還是將交織性擴展為納入了無數形式，並且被簡化後的文化批判都是一樣的。她輕視這些內容，是一種把交織性「迷因化」（memeifying）的表現。[57]

正如漢考克所指出的那般，交織性已經像病毒一樣傳播開來，並且迅速呈現出新的和意想不到的應用，特別是在社會行動主義方面，這當中許多內容，也被相關領域的學術文獻證成了交織性的合理意義。二〇一七年坎秀本人也觀察到，交織性的應用已經超出了她原本的預期範圍，成為了一種談論邊緣身分的複雜交叉點的方式，實際上卻不是真的在做能降低、減輕壓迫的事情。[58]因此，這些「理論」方法，不但存在著高度解釋性的問題，加上「理論」建立在我們前面整理的這些後現代原則和主題之上，使得這些種族批判理論和交織性，都具有很多特別分歧、悲觀和激進憤世的問題。

因此「理論」認為，所謂降低種族主義的偏見，在很大程度上根本是海市蜃樓，並且白人只會允許有色人種，在符合白人利益的情況下擁有權利和機會，這種信念會帶來深刻的偏執和敵意，特別是在大學校園的社會行動主義人士當中，以及在競爭激烈的工作環境裡面。這些情緒偶爾會爆發，從內部破壞制度，特別是當善意的人也不想不斷地為自己辯解，為了希望免於受到種族主義和白人至上的指責，這些人大概就會選擇屈服、退出，或者只能儘量避開遇到這些情況。[59]

種族批判理論的標誌性偏執心態，就是預設種族主義根本就無處不在，總是等待被我們發現，對那些接受它的人而言，事情根本就不可能會有改變，或者是會有健康的發展。「理論」會始終相信，一個人將受到，或者正在受到歧視，並且嘗試要去找出這當中的原因，不相信有可能已經存在改善情況的結果。就算有，那些內容也可能只是自欺欺人的。在《為什麼我們製造出玻璃心世代？本世紀最大規模的心理危機，看美國高等教育的「安全文化」如何讓下一代變得脆弱、反智、反民主》（*The Codling of the American Mind*，中文版由麥田出版）的內容中，律師葛瑞格．路加諾夫（Greg Lukianoff）和社會心理學家強納森．海德特（Jonathan Haidt），將這過程描述為一種反向認知行為療法（cognitive behavioral therapy，簡稱CBT），它使得參與者的心理和情緒健康不如從前。[60] CBT的主要目的是訓練自己不要因為創傷化，變得以最消極的眼光來解釋每一種情況，目標是培養一種更積極、更有彈性的對待世界的態度，以便盡可能充分地參與在當中。如果我們訓練年輕人將侮辱、敵意和偏見，寫入每一次的互動中，他們可能會愈來愈多地認為，這個世界對他們懷有敵意，並且無法在這當中好好茁壯成長。

高尚的目的、可怕的手段

種族批判理論和交織性，集中聚焦在希望能夠終結種族主義，藉由不太容易的高難度方法，讓每個人在任何時間和地點，都可以更了解種族問題。他們持續預設，種族主義是日常的和持久的，主要問題就是人們，特別是白人們，都沒有看到、承認和解決它。正如社會行動主義學者希瑟・布魯斯（Heather Bruce）、迪安吉洛、吉達・斯瓦尼（Gyda Swaney, Salish）和艾咪・瑟伯（Amie Thurber）在二〇一五年於普吉特海灣大學舉行，那個很具影響力的全國種族和教育學會議上所說的那般：[61]

「問題不就是因為種族主義發生了嗎？」因為這是預設的，所以重點是：「種族主義是在哪種情況下，被如何呈現出來的？」也就是說，我們要預設種族主義總是在發生，所以我們的工作是要去檢視情況，並且尋找證據。源於這樣的信念，也就是說，「所有的社會成員，都已經被社會化，以便參與在種族主義的系統之中，不論是在相同、不同的社會位置上都是一樣的」，以及「所有白人都從種族主義中受益，無論其動機為何。」[62]這些典型的種族批判主張，帶來了我們熟悉的某些理論要求：「必須要不斷地去識別、分析和挑戰種族主義。之前大家都不曾這麼做過」，和「種族現狀對大多數白人而言，是很舒服的、很享受的。因此，保持白色舒適度的任何東西，都是值得我們要去懷疑的」。此外，「抗議、反動，是對反種族主義教育的一種可預測的反應，必須明確和有策略地，去解決掉這些反動。」[63]

種族批判理論的核心問題是它的傾向，乃是屬於一種純理論內容，它將社會建構的意義，重新納入了種族分類，並且使用後現代知識和政治原則，煽動種族主義，也帶有強烈的侵略性。種族批判理論會以「社會正義」，來論斷這當中的社會各個面向，而且特別是來自於種族主義的相關內容，這些內容既是日常的、又是持久性的。種族批判理論會帶著種族主義會無處不在，而且持久存在的這種預設。因此，具有主流種族身分的人和那些具有邊緣身分的人，彼此之間的每一次互動，都必然會以權力不平等（後現代政治原則）為這互動過程中的特徵。理論家或運動者的工作，是要能引起人們對這種不平等的關注，通常這些東西會被描述為種族主義，或者白人至上主義，以便開始去消除它。「理論」還會認為，種族主義是無所不在和永恆的，這賦予了種族主義一種神話般的地位，就像是宗教上說的那種人類的罪惡，或者是墮落的神話一般。[64] 根據「理論」，據說被邊緣化的種族群體的成員，擁有獨特的聲音和相反的敘事，這些相關知識的內容，都必須被視為是「真實的」，這是由於這些內容在「理論」上（根據後現代知識原則）都是具有權威性的，因此沒有其他真正的方法有資格去質疑對這些情況的解讀。因此，所有一切，只要被邊緣化的個人解釋為種族主義，那就是會被全部默認，等同是在鼓勵你確認偏見，也為了那些心懷不軌的人大開了方便之門。在學術上則帶來了一種只認「理論」（和「理論」的基礎之上開展）的內容，卻不能有真正其他的方法來檢視或證偽它們。與此同時，這些理論的追隨者們則積極地尋找被隱藏的或者公開的種族罪行，直到找到它們為止，他們不允許任何人有任何替代性，或者刻意降低罪責的其他解釋。

種族主義不僅無處不在，而且潛伏在整個社會系統之中；而且種族主義本身也是完全不可被原諒的。這些內容，可能會帶來某些暴民的憤怒和公開的羞辱，而且它往往會將我們所有的注意力，都帶向種族政治上，而且種族問題相關的政治，也會不可避免地會變得愈來愈敏感和令人擔憂。

此外，將一切都解釋為種族主義，並且要幾乎不斷地將相關內容揭露、言說出來，實際上卻不太可能真的在白人（或少數族裔）身上帶來原本預期的結果。它甚至可能會因為如此，引發出懷疑和憤慨，反而破壞到反種族主義的社會運動，從而也破壞了和一些有合作價值的倡議共同去超克種族主義的可能。一些研究已經表明，在多元化的課程中，占有主導地位的群體成員，會被告知種族主義無處不在，並且他們自己也使種族主義變得更加頑固，這反而可能導致他們對這些邊緣群體的敵意增加。[65]「理論」會告訴你，那些不照著「理論」相信自己是種族主義者的人帶有不好的心理，甚至即便這些人已經很積極地去鄙視種族主義，但是，他們還是無法阻止自己成為種族主義者。「理論」會告訴他們，即使是他們自己帶有善意，其實也沒有什麼幫助，也依然證明了他們潛在的種族主義。最糟糕的是，某種雙重約束被設定在當中。舉例來說，「理論」告訴他們，如果他們注意到種族，那是因為他們是種族主義者。但是，如果他們沒有注意到種族問題，那則是因為他們的特權，讓他們享受到了一種不需要去在意種族問題的特權，這些，也還是種族主義的結果。最後，藉由如此專注於種族，並且反對「色盲」的忽視種族問題，像是那些拒絕將種族賦予社會建構意義的人，也就是那群反對藉由種族來對別人做出評價的人，種族批判理論才有可能消除這些社會禁忌。因為「理論」認為，在很大程度上現狀是一個有利於白人，並且會維持這種有利狀態，使之繼續下去的神話。因此，我們要對種族保持高度聚焦，再對自由普世主義和個體主義提出批判。但是，上述這些內容，不太可能真的帶來好的結局，因為無論是對少數群體，還是從更廣大要凝聚社會而言都是一樣的。這種態度，只會撕裂了將當代社會連結在一起的可能。

第六章

女性主義和性別研究——以簡化作為複雜化

為了改善地球半數以上人口的生活，女性主義在過去一個多世紀以來，一直是人類歷史上最重要的社會運動之一。女性主義一直是有爭議的，並且在許多人之中非常不受到歡迎，也許這當中的原因，不僅僅是因為女性主義的成功。然而，在世紀之交，女性主義卻發生了一些變異。這些變異，重新定位了大部分的女性主義學術和社會行動主義，因為數量驚人的運動者們，採用了一種新的、「愈來愈複雜」的方法，稱為「交織性」，讓女性主義結合了多種形式的身分理論。在上個世紀的大部分時間裡，作為原本女性主義特徵的自由主義、唯物主義和激進主義方法，幾乎完全被新的交織性方法所取代。在早期女性主義者的觀察下，邊緣身分的多重軸線已經被理論化為實際的存在，也開始藉由放大潛在壓迫、偏執、不正義和不滿的透鏡視野，來閱讀、看待這所有的一切，包括了一個個人和權力和特權制度之間的共犯狀態。這種變異是如此迅速和徹底，以至到了二〇〇〇年代的世紀初，出現了大量學術論文，以一種近乎學術已死式的叫囂，堅持強調唯物主義和激進的女性主義理論方法仍然是被需要的。[1]不久之後，這些讓位過的論文，又發生了詮釋上的戲劇性轉變。是什麼讓這些內容得以代表學院女權主義思想高尚文化的正確方向？

從外在的視野來看，交織性的方法，似乎令人討厭、難以理解。它似乎像一個循環劊子手一樣在運作，不斷地因為微小的分歧和不滿而去削弱自身。它藉由呼籲各個受壓迫群體要相互支持，分別高舉「盟友」的旗號和以「團結」之名，把兩者都理論化「集中」，聚焦在更多特權者會擴大自身對日益特殊的少數群體的壓迫的問題。它就是很難擺脫這樣的印象，因為這些說法都很準確。特權者絕對不可能會去做任何的好事，好像這一切都已經被設計好，就是會這樣發展。

女性主義，過去和現在

平心而論，女性主義從未出現過真正的統一戰線。這可能是因為「女性主義」在自身最基本的定義中，強調了「對性別平等的信念」。並且相信這些話語的人士，占女性主義中的大多數。[2]然而，女性主義學術和社會行動主義，卻一直都在變得更加意識形態化、更加激進。隨著時間的推移，占有主流地位的意識形態和理論都發生了巨大的變異，隨之而來的是許多派系之間的內訌、矛盾。因此，在政治和哲學意義上的女性主義，已經納入了一系列令人眼花繚亂的不同陣營人士：激進的文化女性主義者、激進的女同性戀女性主義者、激進的自由主義女性主義者、分離主義者、法國精神分析女性主義者、女性主義者、自由女性主義者、新自由主義女性主義者、馬克思主義女性主義者、社會主義／唯物主義女性主義者、伊斯蘭女性主義者、基督教女性主義者、猶太女性主義者、選擇女性主義者、平等女性主義者、後女性主義者和交織性女性主義者。[3] 所有的這些群體，都對女性在社會中的權利、角色和經驗感興趣，但彼此之間究竟是如何去理解這些問題的，卻有著非常大的差異。

女性主義很明顯已經擁有著太多分支了，無法單獨進行深入研究，因此我們在此，會先刻意地把研究範圍限制在四種經過高度簡化的女性主義思想：自由女性主義、激進女性主義、唯物女性主義和交織性女性主義。

自由女性主義，是一九六〇年代後期至一九八〇年代中期「第二波」思想發展期間，擁有最廣大基礎的社會行動主義形式。激進和唯物主義的女性主義彼此之間有些重疊，也有些相互競爭，在學術上是女性主義的不同分支，兩個思想在同一時期開始，都占有著主流地位。交織性女性主義則是新的變體，從一九九〇年代中期開始，它在學術和社會行動主義領域取代了其他的變體。在我們所在的二十一世紀中，交織性女性主義的方法占有著決定性的主流地位，而這當中的交織性觀點，就是上述深層變化的根源。

從一九六〇年代第二波女性主義運動開始，女性主義的三個主要分支，是自由主義、唯物主義和社會行動主義。自由女性主義，是逐步將自由社會的所有權利和自由，都擴展、延伸到所有女性身上。自由女性主義的「現實性和接地氣」（on the ground）的特質，使自由女性主義在自由社會中被廣為接受，並且成功重塑了我們的社會格局，特別是在職場環境中。另外兩種女性主義也出現在社會運動中，並且在女性主義學術中都分別占有主導地位。唯物女性主義者關注的是父權制度和資本主義，這兩者是如何一起共謀而限制了女性，特別是在工作職場和家庭等環境當中。因此，這兩者的理論在不同程度上，都廣泛地引用了馬克思主義和社會主義。激進女性主義者則主張，我們的社會中存在著根深柢固的父權制度，並且將女性和男性視為受壓迫者和壓迫者的兩種階級。這些激進女性主義者是革命者，目標是要能重塑社會，廢除性別（但不是性）的概念，並且推翻父權制度和資本主義。這三個主要分支（當然這幾個當中，還是有其他各種更小的分支，在這裡無法詳述）在不同的地方，各自有著不同的發展。在此我們最需要知道的是，自由主義女性主義的方法，才真的得到了社會上的最大支持。但是激進和唯物主義（實際上是社會主義）的女性主義卻在學術界占有主流地位，特別是從一九七〇年代開始。

這種情況在一九八〇年代後期和一九九〇年代，開始發生了變化，當時一批新的「理論家」，成功地為新一代運動者包裝了一種更看似「複雜」的方法：後現代「理論」。這種方法應用了後現代主義，它接受身分的壓迫是「真實的」設定，從而使後現代主義和女性主義社會運動兩者之間變得息息相關。「理論」藉由交織性的概念，將酷兒理論、後殖民理論，特別是種族批判理論的各個面向都整合了起來。

這些新的發展，可以說是從根本上改變了女性主義在大眾意識和學術界的特徵。由此產生的女性主義的「第三波」方法，會傾向於忽視階級問題，而更加聚焦於種族、性別和性取向這些身分認同。[4] 原本我們會以女性為中心，彼此共享這個身分，由此把人們團結起來組成像是「姐妹會」（sisterhood）一樣的團體。但是現在，交織性和酷兒女性主義則否認女性擁有共同的經驗，並且使得女性在意義上變得更為複雜。雖然自由主義女性主義者，想要自由地拒絕性別角色，並且獲得與男性同等的機會；激進女性主義者，則是想要完全消除性別，以免這個性別會繼續作為一種帶有壓迫性的社會結構；交織性女性主義者則認為，性別既是文化建構的，也是人們可以真實經驗到的東西，並且被期望這個結構要被這樣認識、揭露。

一種「愈來愈複雜」的理論

到二〇〇〇年代初，女性主義的交織性轉向已經是不可否認的事實。以前的女性主義學術和社會行動主義，將女性視為一個階級，並且嘗試為這個階級創造出積極的變革。然而，隨著應用後現代主義的影響，逐漸滲透到女性主義中，她們的焦點從法律、經濟和政治等社會結構中的物質劣勢問題，愈來愈轉向於論述帶有的壓迫性。二〇〇六年，社會學和性別研究教授（現在已經是退休的名譽教授）洛柏（Judith Lorber），總結了這些「典範轉移」的四種主要走向：

1. 改以社會性別，而不是以生理性別為中心；
2. 將性別和性，都視為一種社會建構；
3. 將權力產生的作用，放到傅柯意義式（Foucauldian）的滲透網絡結構中去解讀；
4. 聚焦在個人的「立場」（standpoint），也就是某人的身分。[5]

用洛柏的話來說，這些變異，被稱為女性主義思想「愈來愈複雜」的模型。事實上，它們正是應用後現代「理論」影響下帶來的直接結果。

這四種轉向中的各個特徵，都體現了後現代知識原則和後現代政治原則。它們藉由酷兒理論（關注性別及其作為社會建構的位置）、種族批判理論（交織性）和後殖民理論（延伸出後殖民主題的交織性）來展現。在這種新的女性主義典範中，知識都是「被定位好的」（situated），這代表著它來自一個人在社會中的「立場」（standpoint），也代表著一個人，在交織性身分群體中的成員位置。然後，這些東西反過來，又使得客觀真理變得無法獲得，也將知識和權力之間又連結在一起，並且將知識和權力，與那些被認為在社會中建構、維持和正當化統治與壓迫的論述，都整合了起來。

這些應用「理論」帶有許多使理論本身有可能被採用的特徵。這當中最重要的是，交織性為運動者提供了一種新的使命感，為那些需要審查的新問題和需要提出的新指控，特別是我們針對彼此之間需要去做出的指控。舉例來說，為了這一種轉變提供了一種新的資訊，讓許多黑人女性主義思想和種族批判理論，可以開始去指責過去的女性主義是屬於「白人的」，並且由於白人特權的腐敗影響了她們去忽視和種族相關的問題。與此同時，酷兒女性主義思想則可以用來指責原本的女性主義居然先排斥了女同性戀。然後先是「LGB」，再來是「LGBT」，然後是後來的「LGBTQ」問題，這都是因為各種的預設和相關特權所導致的。這使得以這些思想關懷為目標的學者愈來愈「覺醒」，不僅意識到其他人受到壓迫的方式，而且也意識到女性主義自身也可以被理論化成問題，成為一同壓迫他人的參與者，或者產生了和壓迫者是共犯、同謀的一種內疚。以上是一種很好的誘導方法。最終這些問題都被納入了性別研究。這些內容都引用並激發了女性主義思想，但是在技巧上跟過往比較則又大不相同。

這些發展，必須從性別研究的角度來理解，它有自己的故事。性別的學術研究，興起於一九五〇年代和一九六〇年代，主要來自於文學理論。起初，它被簡單地稱為「女性研究」（women's studies），因為它關注女性問題，倡議要賦予女性政治權。主要文本包括一九四九年西蒙・波娃（Simone de Beauvoir, 1908-1986）的《第二性》（*The Second Sex*），[6]這是一本開創性的著作，書中認為，女性是由對她們不如男性的這種文化理解中被建構出來的。另外還有一九六三年，貝蒂・傅瑞丹（Betty Friedan, 1921-2006）的《女性的奧祕》（*The Feminine Mystique*）。[7]

這部著作，批評了讓女性只要有家庭生活和母性就得以被滿足的那類思想。一九七〇年凱特・米列（Kate Millet, 1934-2017）的《性政治學》（*Sexual Politics*）[8]，則仔細地檢視了男性文學文本中，對女性的那些負面描述。同一年，吉曼・基爾（Germaine Greer）的《女太監》（*The Female Eunuch*）[9]則認為，女性受到性壓抑，並且讓自己的身體被異化，而且也沒有意識到自己是多麼地被男性厭惡。這些文本都屬於激進女性主義，認為女性的概念是男性在文化上建構出來的，並且強加於女性之上（在自上而下的權力動態中），還主張要用革命來推翻父權制度。

在一九七〇年代和一九八〇年代的大部分時間裡，女性主義學者仔細研究了女性在家庭和勞動力中的角色，以及社會對女性的期望。也就是說，女性是女性化的、順從的、美麗的，不然就是性感和色情的。馬克思主義認為，女性是支持男性（一個會轉過頭來支持資本主義的人）的從屬階級，這樣類似的觀點可以說比比皆是。女性主義者在「意識提升」（consciousness-raising）的論壇上相遇。在那裡，他們嘗試按照馬克思主義的「虛假意識」概念來充分理解自身所受到的壓迫，以及這些意識所帶有一種文化建構的本質，這代表著某些人想要去阻止某些人，不讓這些人有能力確定自己處境的現實的一種思維方式。這類似一種「被內化的厭女症」（internalized misogyny），它描述了一種接受社會強迫製造下，帶有自卑的女性反而會覺得這些都是正常和自然的，理所當然的。然而，在一九八〇年代末和一九九〇年代初，隨著酷兒理論、後殖民理論和應用後現代交織性的影響開始顯現，情況就開始發生變化。

洛柏二〇〇六年的〈典範轉移和分類範疇挑戰〉（Shifting Paradigms and Challenging Categories）一文中，描述了馬克思主義女性主義，將女性視為一個階級的方法。[10] 她認為，在一九七〇年代和一九八〇年代初期解決了工作職場上的不平等問題後，「馬克思主義女性主義者擴展、延伸了她們的分析，以呈現出社會對家庭主婦的剝削，因為這也是資本主義經濟中不可分割的一部分。」[11] 這種唯物主義女性主義觀點，以簡單的受壓迫男性／受壓迫女性的二元論為基礎，提出了有關男性、女性和社會之間關係的宏大敘事。這樣的二元設定，對後現代「理論」家來說是不可被接受的。理論家會藉由德希達的視角來解讀它，預設在任何這樣的「語言遊戲」中都存在類似的支配和從屬狀態。在一九八〇年代後期，對女性主義思想產生了很大影響的新「理論」家們，為了回應上述問題，把酷兒引入「理論」之中，去挑戰「女人」和「男人」這種分類的語言基礎。

這種概念上的變化，在珍・皮爾徹（Jane Pilcher）和伊美黛・惠爾漢（Imelda Whelehan）對性別研究發展的總結中，可以看到相關的描述。[12] 她們指出，這些變異很重要，因為在後現代觀點中，「被稱為『女性』的人，以及被稱為『男性』的人，是由我們整理集合在一起的，這些人的個人地位和立場，被認為都是隨著時間、空間和文化的變遷而改變，而且是真的會發生巨大改變，以至於我們根本沒有理由再繼續使用這些集合名詞。」[13]到了二〇〇〇年代初，女性主義內部的主流觀點是，因為在不同的時間和地點，占有主流地位的話語各自以不同的方法建構了性別，以此來談論何謂「女人」和「男人」。然而，這當中的發展，根本就是不連貫、不一致的。她們爭辯說，根據「理論」，「『女人』和『男人』都被視為是一種藉由話語論述、展演、重複誦讀而實現的建構和表徵，而不真的是『現實』的實體。」[14]這種新的觀點，以性為一種內在而不穩定的狀態為基礎來進行研究，而且認為，過去還可能會忽略在不同文化框架內行動的人們的經驗。以至於上述種種問題，都需要我們從「女性主義」轉向，對性別和性別認同進行更廣泛和更打破界線的研究。在「理論」指導之下，嘗試研究「女人」或「男人」其實是劃錯了重點。對於應用後現代主義者而言，她們更感興趣的話題是「性別」，性別的定義，就是人們認為男人和女人被教導後應該要展現出來的行為和期望，儘管它們不能被完全消除掉。但是，這些相關的一切都有可能被打破、模糊掉和複雜化。

「理論」不僅戲劇性地改變了女性主義，也將性別屬於社會建構的理解，從簡單的壓迫二元論，轉變為具有解放潛力的流動和不穩定的現象；它還使女性主義開始關注交織性方法。[15]皮爾徹和惠爾漢告訴我們，這代表著當中發生了從女性主義發展到性別研究的概念轉向：「隨著對性別的理解，這些思想已經發展成為一個複雜、多面和多學科的領域。當我們進入研究不同性別之間的關係時，『性別研究』已經成為一個愈來愈流行的術語，儘管這當中並非沒有爭議。」[16]換言之，在整個應用後現代主義階段，將各種少數族裔群體整合在一個單一的被壓迫者的旗幟下，開始被視為一種，我們在進行女性主義研究時唯一「正確」的方法。與此同時，在酷兒理論的影響下，女性主義讓位於性別研究，並且採用交織性作為社會權力和社會不正義研究的大統一理論。

洛柏描述了這種新的多元性和不確定性，由此強調說，過去關注女性作為一個階級而如何受到作為另一個階級的男性壓迫的說法，是站不住腳的：

> 女性主義研究現在關注許多不同社會群體的男性和女性，而不僅僅是白人女性。它對多元文化的觀點很敏感，並且儘量不在數據分析中強加上和西方之間的比較。它正在探索性別、性和性取向之間錯綜複雜的相互作用。藉由認識到性別、性和性取向的多樣性，女性主義研究就能夠超越傳統的二元論。她們開始要解決的問題，是那些分類到底是如何被製造和如何被使用來比較的，並且批判性地要去解構它們。[17]

與此同時，性別研究也在做著後現代的工作。它開始將知識視為一種文化建構（後現代知識原則），在權力和特權的許多載體（後現代政治原則）中運作。並且性別研究，也正努力地去解構這些分類，模糊界線，聚焦於話語，實踐文化相對主義，並且尊重群體身分的智慧（這些都是前述的四種後現代的主題）。

洛柏將這些變異，分為四個面向。首先，性別作為整個社會的總體組織原則，開始具有了中心的地位：

女性主義社會科學的典範轉移，始於將性別概念，視為現代社會和所有社會機構之中（包括經濟、政治、宗教、軍事、教育和醫學，而不僅僅是家庭），所具有的一種整體社會秩序的組織原則。在這些概念化的過程中，性別不僅是人格結構和身分的一部分，而且擁有一種正式的官方地位，也擁有了在多重的分層系統、政治經濟和權力等級中的位置。[18]

當洛柏在二〇〇六年記下這種變異之際，女性主義已經圍繞著這樣一種信念而被組織起來。也就是說，性別是權力和特權體系的核心。此外，它採用了後現代的世界觀，以「理論」為中心進行了自我重組。女性主義思想不再將「父權制」，理解為字面意義上的「父親（和丈夫）的統治」，而是用傅柯的用語來說話，也就是一種滲透在每篇論述中，那種由男性主導的模糊概念。這種新的典範，將權力和特權視為「組織原則」，對這些內容授予了「多重分層系統中的地位」。也就是說，人們被按照等級分類後，就決定了他們如何思考，和他們會如何說話的方式。洛柏繼續說：

這種典範轉移的第二個面向，就是性別和性取向，乃是由社會所建構的。這個原則將性別內容，作為組織過程、面對面互動的框架，也為個人身分的行為面向，提供了資源。[19]

性別，在新的、應用的後現代主義概念中，變成了人們要去做的事情和對人們正在進行的事物，也是我們在對彼此所做的事情。就像「酷兒化」（to queer）在酷兒理論中作為動詞來出現一般，因為「言語行為」，也就是以一個人的言語去創造現實的重要性已經被我們感知、察覺到了，於是「性別化」（to gender）也變成了動詞。這當中結果就是，理論家將注意力轉向了社會結構如何被「性別化」的方法。舉例來說，在以前，一則展示女性使用洗碗精的廣告，可能被視為是在加強、鞏固父權期望，並在物質意義上去剝削女性的內容。但在應用後現代轉向之後，它將被視為一種「性別化」家務的方法，也就是說，我們正在使用論述來讓洗碗成為女人的一部分的想法，使這種想法被正當化。當廣告將這種想法，作為一組被社會正當化的話語、論述而在電視上被呈現出來時，就會發生這種「性別化」過程，這些話語會去定義了女性在社會化後該有的女性性別角色。所以說，上述這些觀點，都更強調了社會建構主義。

洛柏解釋了權力在製造和維持這些社會結構中的功用：

> 第三個重點是，分析在性別和性的社會建構中所帶有的權力和社會控制，揭露了占

有主流地位的男性，他們的男子氣概和異性戀的霸權。[20]

因此，即便在一九八〇年代和一九九〇年代，發生了後現代主義的轉向。但是，我們仍然會發現，過往西蒙・波娃判定女性是從屬於次等地位的思想所遺留下的相關影響。許多激進女性主義思想也是如此，特別是有關女性角色從屬於男性角色的方法。然而，這中間還是發生了從法律、政治和經濟的唯物主義關注，改為後現代的那種關注話語分析的轉向（儘管人們仍然理解，性別的建構，使男性成為默認性別，異性戀成為默認性取向，而女性和同性戀則會被建構成，處於和這些主流不同的對立、不利的位置）。這些早期的女性主義思想，雖然還是都被保留下來，但是我們對它們的關注和理解則發生了變化。以前被視為法律規範的角色和限制，以及由男性強加的，對遵守性別角色的公開性別歧視的期望，在應用後現代轉變之後，被劃歸在更微妙、互動、學習、展演和內化的期望之中，並且這些內容會被每個人延續下去。這和傅柯倡導的後現代權力觀點，完全是一致的。

洛柏在經歷上述的典範轉移後，開始以立場主張和交織性來處理知識究竟是如何被我們的社會所建構（這當中的意思是說，知識和你屬於哪個群體，以及這個群體擁有的相對權力的社會地位，彼此是息息相關的）：

第四，女性主義的社會科學研究，找到了研究設計和方法，使全世界受壓迫和被壓迫的婦女的立場，被提到了最優先順位，並且由此反映出我們對於階級、種族、宗教和性取向愈來愈複雜的交織性分析。[21]

洛柏認為，立場理論和交織性已經是性別研究中知識如何被製造出來的核心。到了二〇〇六年，激進的或者唯物主義的「女性研究」，那類原本只聚焦在生物、生理性別分類和為資本主義服務的，那種性別關係的建構，相對於非常簡單的立場理論形式，已經被轉變成為具有很強後現代性的「性別研究」，並且使用了洛柏所說的那種「愈來愈複雜的」交織性模型。

這種所謂的複雜性的增加，很可能是交織性思想及其以後現代理論為基礎的內容能如此迅速、廣泛和果斷地流行起來的原因。[22] 過去的（主要是自由女性主義者）運動者，致力於兩性在法律、職業和社會上的平等。但是，在她們得到了成功的果實之後，她們也有點已經使自己變得多餘，因為現在幾乎已經沒剩什麼事情還可繼續推動下去了。激進和唯物主義女性主義者，特別是那些學者們原本所提倡的自上而下的父權資本主義模式，也開始顯得不那麼站得住腳了。但是這時候，交織性思想在「女性主義自身內部」（feminism itself）和在社會層面上都引入了全新的工作路線。學者和運動者們推動了交織性轉向，她們使用酷兒理論、後殖民理論，特別是種族批判理論的元素來「使女性主義和女性主義者能提出問題」（problematize feminism and feminists）。此外，還得以重新評估了她們所描繪出來的，那個棘手的、既複雜又帶有壓迫性的社會。交織性理論提供了一種全新的、「愈來愈複雜的」方法，來理解社會中的權力動態，使得她們能夠將失敗的理論模型重新應用於更分散、更不易證偽的東西。[23]

當人們在個人和意識形態上，強烈致力於一種看似已經失敗的理論方法時，這時候我們經常可以觀察到會出現往更「複雜」和更模糊模式的一種轉向。這種現象，首先是由利昂．費斯汀格（Leon Festinger, 1919-1989）在針對「ＵＦＯ」膜拜團體的研究中所提出的，也由此帶來了認知失調概念相關研究的發展。[24]費斯汀格觀察到，當不明飛行物幽浮並未真的出現，膜拜團體的預言根本未能實現時，高度忠誠的信徒卻並沒有因此放棄他們的信仰。反之，這些信徒，藉由聲稱這個事件已經發生，只是用某種不可證偽的方法做到，就解決了這種原本無法否認的矛盾。（簡單來說就是，他們聲稱，因為信徒們的信仰都很好，所以上帝就決定拯救地球，所以沒有原本說的世界末日了！）

在後現代轉向之前，馬克思主義、社會主義和其他激進的女性主義理論，將權力視為父權制和資本主義社會中有權有勢的人，伴隨一種有意識的、自上而下的行動策略。但是「第二波」發展後的女性主義，使得這些概念好像變得有些多餘。

儘管帶有父權預設的陽剛男性還是繼續存在，但是，將西方社會視為真正的父權制度，或者將大多數男性視為會積極地串連並且去攻擊女性所擁有的成功觀點，也變得愈來愈站不住腳。此時，後現代理論則提供了一個機會，讓人們還可以繼續保留相同的信念和預測，也就是男性統治的存在會以犧牲女性為代價，使女性為自己服務。「理論」同時重新去定義它們的用語：社會結構、話語、論述和社會化，並且認真地去擴散這些思想，擴散到足以成為一個信仰問題。於是，我們對此根本不需要拿出證據。傅柯那種有關權力動態的分散網絡的想法，也就是權力藉由每個人對語言的不知情使用，正不斷地在每個人中運作著，所有這些內容都完美地符合和「理論」相應的要求。[25]

進行性別研究

那麼，藉由「理論」而日益複雜的各種模式，如種族、階級、性別和性取向的性別研究，到底都在研究著什麼？答案是，所有的一切。性別研究是如此跨學科，性別研究的學者們認為，研究人類日常從事的一切都是有道理的。當中的共同點是，將以一種特定的方法來研究這所有一切，包括運用性別分析的視角、視野，利用交織性、酷兒理論和後殖民理論，進而利用知識、權力和話語的後現代概念來進行各種研究。

性別研究者會將「性別化」的概念視為一種壓迫行為。但這並非一般有權有勢的人會故意去做的，反之，這是由各層面的社會互動所創造出來的，隨著更多層次的身分被增加到各種分析組合中，讓互動變得愈來愈複雜。一九八七年，一篇極具影響力的論文〈性別行動〉（Doing Gender）[26]發表了，這是性別研究中被引用最多的作品，自首次發表以來，已為超過一萬三千篇其他學術論文、文章和書籍帶來了貢獻。作者坎達絲・韋斯特（Candace West）和唐・齊默爾曼（Don H. Zimmerman）的寫作目標，在於「促進對性別的新理解，並將性別作為日常互動中的一項日常成果」。

> 我們認為，性別的「行為」，是由作為社會成員的能力、作為人質的女性和男性所承擔的一種製造。性別行動，會牽扯到一系列社會引導的感性、互動和微觀政治活動，這些活動將特定的追求視為男性和女性的一種「本性」的表達。[27]

韋斯特和齊默爾曼同樣明確地拒絕以生物學作為男性和女性行為、偏好或特質差異的來源，這與從「性」往「性別」的轉移一致，使得性別、性都被理解為一種社會建構，他們同時指出：

> 性別行動，代表著在女孩和男孩、女人和男人之間製造差異，這些差異不是自然的、本質的或是生物性的。一旦建構了這當中的差異，它們就會被用來強化性別的「本質」。[28]

兩人認為，這個性別行動、性別化的過程是藉由社會化來實現的，並在人們五歲時就已開始進行：

成為「女孩」或者「男孩」，不僅是要比原來身為「嬰兒」變得更有能力，而且還要變成有競爭力的女性或男性。也就是說，人們其實是藉由行為展演學會了一個人的女性或者男性身分的「本性」。[29]

巴特勒的標誌性作品《性／別惑亂》與〈性別行動〉這篇論文大約是同時出現的，雙方都強烈引用了傅柯有關性建構的觀點，性別藉由學習和複製而變得真實，就像語言一樣。韋斯特和齊默爾曼對性別的理解也和上述其他人大致相同。[30]

一九九五年，韋斯特和莎拉．芬斯特梅克（Sarah Fenstermaker）對作為「完成」事物的性別概念，給予更帶有交織性的走向。在一篇名為〈差異行動〉（Doing Difference）的〈性別行動〉（Doing Gender）的後續文章中，韋斯特和芬斯特梅克，分別探討了性別與種族和階級的交織性。這是洛柏十年後所指出的，那種愈來愈複雜化觀點的一部分。從那以後，性別研究嘗試考慮愈來愈多的不同身分，在這個過程中也變得愈來愈複雜，特別是跨性別研究相關的內容也在不斷地增加當中。

二〇一〇年，凱瑟琳．康奈爾（Catherine Connell）擴展並將此一分析路線更問題化，以便能納入「性別再行動」的概念，她認為〈性別行動〉中的觀點並沒有充分解決此一概念問題，儘管她保留了「日常互動」的觀點，也就是人與人之間是監管性別展演的核心。[31] 很明顯的是，性別研究不再是有關由生殖功能所決定的女性的性別期望，而是一個牽涉更複雜和不被規範的身分集合的龐大研究領域。所有這些基本都以同樣的方法，就是藉由尋找「問題」來進行抱怨。

自由女性主義之死

激進和唯物主義的女性主義者，不僅已在很大程度上被交織性研究的後現代主義者所取代，在日常活動中也總是被在學術上更具突出成果的自由女性主義者，以及後現代女性主義者給壓倒了。因為自由女性主義的工作，合乎現代主義的世俗、自由民主、普遍人權框架，也合於個人、機構以及啟蒙運動對理性和科學的關注，所以它一直是後現代主義者明確的中心目標。皮爾徹和惠爾漢在二〇〇四年，在針對新興的性別研究領域的說明中，對此問題做出了解釋：

> 自由女性主義借鑑了啟蒙運動以來，在西方社會中占有主流地位的自由主義思想的多樣性，肯定了女性處於從屬社會地位的問題，是可以藉由民主制度下，現有的政治進步來得到解決。對自由主義者而言，關鍵的戰鬥是要讓女性能獲得教育。繼瑪麗．

沃斯通克拉夫特（Mary Wollstonecraft）之後，有人會說，只要男性和女性都能接受平等的教育，那麼她們將獲得平等的社會機會。自由女性主義者不願使用激進分子和社會主義者所喜歡的「革命」或「解放」語言，因為她們相信，民主本就自然適用於男女平等。這種自由主義立場，被廣泛認為占有主流地位，是有關女性主義的「常識」立場，適用於大多數被認定為「女性主義者」的女性，這些內容在一般流行話語中亦依然可見。[32]

自由女性主義者普遍認為，社會已為女性提供了在生活中取得成功所需的幾乎所有機會和可能。她們只是希望能和男性一樣獲得這些機會，並提出倡議允許和保護這些機會：像是保障教育機會、負擔得起的托兒服務、彈性的工作時間等。然而，自由女性主義並不會去自動預設結果上的差異就是代表歧視，因此它避開了交織性女性主義那種以「社會正義」為基礎的方法。自由主義關注消除身分分類的社會意義，也就是要遵守性別、階級或種族所期望的法律和社會要求，尋求改進啟蒙運動和民權運動的遺產而不是將之推翻，以便達成社會主義或後現代的理想目標。因此，許多自由女性主義者認為，一旦女性在法律上與男性取得平等的地位，並能掌控生育選擇權利，當社會對女性的期望大為轉變，在所有工作領域都不會對女性的出現感到驚訝時，她們的工作在很大程度上就算是完成了。

這種自由主義立場的女性主義方法，遭到應用後現代主義者的憤怒駁斥和質疑，她們迫切地希望將社會意義重新劃歸到某些身分類別，以便他們可以應用身分政治為（特別是種族）少數群體提供建構意義的可能。因此，坎秀強調，應說「我是黑人」而不是「我剛好是個黑人」[33]，以及讓LGBTQ身分更加明顯的酷兒理論議程的重要性。在應用後現代理論的每一個分支中，反對自由主義都是各自的中心原則。舉例來說，回顧種族批判理論聲稱，自由主義主要有利於那些占主導地位的支配者；後殖民理論則認為，自由主義是帝國主義普遍化的一種形式。酷兒理論則反對自由主義（和啟蒙主義）科學試圖理解不同領域的性和性別特徵的差異，而非將其譴責為罪惡或犯罪。受啟蒙運動啟發的自由主義者對科學和理性所確定的客觀真理的存在充滿信心，但對後現代主義者而言，這主要是一種嘗試使每個人都符合白人、西方、男性、異性戀知識論述的方法。

「理論」觀點認為，自由女性主義者尋求平等的機會，在原則上卻從來都不是平等的，透過自由主義所承諾的平等，是強權用來掩蓋制度中原本就固有的那些不可彌補的不正義之外的又一個謊言。「理論」認為，某些（白人、順性別者、異性戀等）女性其實比其他女性更容易獲得機會，而這些女性和「理論」所批評的不正義制度，根本就是共犯、同謀者。

因此，激進女性主義者，嘗試推翻那些她們認為是壓迫婦女的資本主義和父權制度；而後現代女性主義者，則嘗試將現有結構給問題化，並且分析和解構那些支撐它們的分類。自由女性主義者（以及一般的自由主義者）則想要保留世俗、自由民主的結構和制度，只是希望能再次加以完善。

皮爾徹和惠爾漢區分了女性主義的三個不同目標：平等、差異和多樣性（或者是正義）。自由主義女性主義者（在一定程度上，也受到激進女性主義者的影響）青睞他們的平等方法。這種方法的目標，在於「先確定有哪些不平等待遇的領域，然後嘗試經由司法改革來消除它們，再將和男性同等的權利和特權都擴展延伸到女性身上。」[34]交織性女性主義者經常批評這種方法，因為他們認為，邊緣群體都會被迫要遵守白人、父權主義的知識論和存在於這個世界的方法。

多樣性理論家的考驗和挑戰

多樣性理論家：交織性理論者，則會倡議使用完全不同的方法。他們希望轉向「相互尊重」和「確認差異」，也就是要注重邊緣群體之間的團結和結盟關係。[35]但請注意，這邊講的是對社會和文化群體之間差異的尊重，而不是對有不同觀點文化背景的「個人」的尊重。他們並不捍衛表達不同思想的權利，而是肯定那些被標籤為屬於某些群體的思想的價值。這需要文化相對主義和立場理論，一種屬於邊緣群體的觀點，提供了通往真理的特殊途徑，藉由女性與性別研究，允許當中成員同時覺察支配者和他們自身所受到的壓迫。

因此，多樣性理論家通常不允許任何以個人主義，或以女性個人選擇為中心的女性主義方法（「女性抉擇主義」choice feminism），一些理論家甚至稱其為一種背叛形式。[36]因此，交織性方法本身是矛盾的，甚至是混亂的。它被用來為某些群體配置特定的價值觀和信仰，將它們標記為權威，或者是有問題的，並且刻意忽略群體內的意識形態和知識上的多樣性。它利用這種「理論」建構，嘗試實現的並不是平等，而是所謂的社會正義，重新調整社會和經濟分配，從而使公民或公民群體「被平等」（made equal）。

這些對於不同群體擁有不同經驗、信仰和價值觀的理解，在很大程度上受到了部分黑人女性主義者的影響，她們批評第二波女性主義並未能認識到黑人女性將面對那些和白人女性不同的偏見和刻板印象。胡克斯在其一九八二年的著作《我就不算是女人嗎？》（*Ain't I a Woman?*），這本書的標題使她與特魯思（Sojourner Truth）的思想模式接近，在這本具影響力的著作中爭論說：

> 當婦女運動在六〇年代後期興起時，有證據表明，主導這場運動的白人婦女認為這是「她們的」運動，這是白人婦女向社會表達不滿的媒介。白人女性不僅表現得好像女性主義意識形態的存在，完全是為了她們自己的利益，只是因為她們有資格能夠引起公眾對女性主義的關注。但她們卻不願意承認，非白人女性明明也是美國社會女性群體的一部分。[37]

同樣地，在柯林斯一九九〇年出版的著作《黑人女性主義思想》（*Black Feminist Thought*）[38]中，也描述了特別只會出現在非裔美國女性身上的一些刻板印象。她追溯了幾種她認為不會出現在白人女性主義者身上的刻板印象，像是「黑阿嬤」（The Mammy），即指一個很奴性的，又好像沒有性別的形象；「女酋長」（The Matriarch），一個驕傲的（因此不女性化的）家族統治者；「領救濟的媽」（The Welfare Mother），像是一個被動的嬰兒生產機器；「婊子耶洗別」（The Jezebel），一個很性感的，好像隨時可以被性侵的黑人女性。這些對黑人女性的刻板印象，使得美國社會好像把奴隸制度又給正當化了一般。

然而，即便（白人）女性主義者嘗試將這些帶有種族意識的性別歧視比喻也寫入研究當中，柯林斯也不會因此買帳。她在一九九三年的一篇文章中寫道：

> 藉由填入有色人種女性的經驗，希望藉此做到把女性主義理論「上色」的努力，最多不過就是降低一點女性研究上的偏見罷了。但在某些最壞的情況下，「上色」還包含了竊取和學術殖民主義的元素。[39]

這些新的「理論」看似「愈來愈複雜」，實際上反而也是另一種的簡化，因為是以身分為中心的權力動態解釋，所以看起來一切都有著某種問題。這些新的「理論」在功能上其實也是不可行的，這種特性會被誤解為極其複雜。柯林斯希望（白人）女性主義者穿的針能納入（但不挪用）有色人種女性的經驗，為她們提供傾聽的空間，放大她們的聲音而不是剝削她們，或者成為偷窺她們的收割者，甚至進而繼續壓迫。這些不可能的、矛盾的、雙重約束的要求，是應用後現代理論的一個持久特徵，並且繼續困擾著性別研究還有其他形式的「社會正義研究」。這還只是在種族問題上而已。其實酷兒理論的應用，也出現了類似的狀況。因此，嘗試在性別研究中，納入更多的女同性戀、男同性戀、雙性戀和跨性別者的聲音，也經常會遇到挫折。

沒有階級的理論

這種「愈來愈複雜」的交織模型的主要聚焦，是話語、論述的力量。但是，這當中帶來的一個犧牲品，就是會忽略了女性（以及許多種族和性少數群體）所面臨的許多問題中，最重要的變量之一：經濟上的階級。這種明顯的省略，一直是左傾自由女性主義者、社會主義女性主義者，還有更廣泛的社會主義者所嚴肅關注的問題。[40]

滿諷刺的是，在社會理論中取代階級問題的軸心，居然是所謂的「特權」問題。正如我們所指出的，特權是一個和理論家珮姬・麥金塔（Peggy McIntosh）最息息相關的概念，而她自己也是一位富裕的白人女性。

她是一九八九年一篇名為〈白人特權：打開那無形背包〉（White Privilege: Unpacking the Invisible Knapsack）一文的作者。[41]受到種族批判理論的影響，麥金塔開始關注白人的特權。但她所關注的，是那種和所處的經濟階級完全無關的社會特權概念，很快又擴展、延伸到其他的身分類別：像是男性、異性戀、順性別、瘦弱、肢體健全與否等，藉由和各種邊緣身分類別所經驗過的歧視或被剝奪權利相比較，這些群體在統計上相對沒有受到這些對待。從那以後，特權意識就幾乎完全取代了階級意識，成為學術、社會行動主義和政治左翼人士的主要關注點，並且使用了應用後現代理論的交織性去評估一個人的特權地位。這種試圖翻轉劇本，藉由策略性地將原本已經不存在的歧視和權利剝奪感，重新定義為不公義和刻意把一切問題化的嘗試，可以說是整個發達國家政治的一場左傾災難。

這種從階級轉向性別認同、種族和性取向的轉變，困擾著傳統經濟上的左派，他們會擔心左派正在被工人階級拋棄，並且也被學院內的資產階級挾制。更令人擔憂的是，它可能會將工人階級的選民推向右翼民粹主義的懷抱。[42]如果傳統上的支持團體：工人階級，覺得政治左派已經拋棄他們，那麼左派可能會失去許多讓他們有機會執政的選民的支持。隨著這些議題也脫離了普世主義的立場，這種怨恨可能會迅速增長。紐約大學歷史學家琳達·戈登（Linda Gordon）總結了工人階級對交織性問題的不滿：

也許某些批評是很不智的，但是，至少還是可以稍微理解的。然而，當一個貧窮的白人因為交織性問題而被告知，他也和白人特權連結在一起，他會這樣回嗆：「某個女性主義者告訴我說，我擁有『白人特權』時，我會告訴她說，林北的白皮膚沒有做過任何壞事啦！」他還解釋說：「你有沒有在沒有暖氣和自來水的情況下，度過伊利諾州北部那種寒冷的冬天呢？林北有啦！你在十二歲的時候有試過從公共浴室偷水，然後再用咖啡機煮泡麵嗎？林北就是這樣生活的啦！」[43]

隨著交織性的發展，並且在主流政治行動主義和學術研究中愈來愈占有主導地位，這種所謂「異性戀、白人、順性別男人」就是問題所在的說法，也變得愈來愈普及。舉例來說，著名的女性主義期刊《印記：女性文化與社會雜誌》（*Signs: Journal of Women in Culture and Society*）的主編蘇珊娜·達努塔·沃爾特斯（Suzanna Danuta Walters）為《華盛頓郵報》撰寫二〇一八年的專欄，就以驚人的直白發出以下提問：「為什麼我們不能厭惡男人呢？」[44] 這種東西就不太可能讓交織主義者有機會受到異性戀白人男性的青睞，特別是當這些白人男性都經歷過貧困、無家可歸，或其他重大困難的情況下。

男性與男子氣概

在性別研究中，發展出（批判性的）所謂「男性和男子氣概」的「研究」，似乎也不會對這種情況有任何緩解。儘管男性和男性氣質研究的學者，大多真的都是男性，但他們卻是在女性主義框架內來研究男子氣概。《男性與男子氣概》（*Men and Masculinities*）期刊的創辦人，邁克爾．金梅爾（Michael Kimmel），同時也是《男性的政治：女性主義男性對男性運動神話的回應》（*The Politics of Manhood: Profeminist Men Respond to the Mythopoetic Men's Movement*）一書的作者，就是一個很好的證據。[45] 在性別研究中，你根本找不到任何「不使用」女性主義視角來研究男子氣概的狀況。這並不特別令人驚訝，因為它要和「理論」完全一致。男人想為自己講點話，就會變成是從權力角度講出權力話語、論述；女人為男人說話，也是在權力論述中去言說，而以上這兩種方式都是不被允許的。

男性與男子氣概的研究，通常深刻奠基在「男子氣概霸權」的概念裡，這種概念是由澳大利亞性別研究理論家拉文．康奈爾（Raewyn Connell，這位也常以「羅伯特」Robert，或「鮑勃」Bob之名出書）所提出的。[46] 男子氣概霸權是指男子氣概的一種主要形式，它們被理解為要維持男性對女性的優越性，並且延續男性的侵略和競爭表現，這些在社會上會以霸權形式呈現：主宰和強大，另外以「真正的男人」的話語為中心，代表著一種要強而有力地行動的話語。男子氣概霸權和「有毒的男子氣概」有關，這個概念是由特里．庫珀斯（Terry Kupers）在他對監獄中所出現的那些有關男子氣概的話語研究中所提出來的，這些內容被他定義為「社會倒退的男性特徵群，助長統治、貶低女性、同性戀恐懼和恣意囂張的暴力。」[47]

這麼一個有爭議的概念，已被「理論」拿來應用於回答一個急迫的問題，就是為什麼美國社會願意選出看似粗野的川普，[48] 以及為什麼美國心理學會在二〇一八年出版的〈男性和男孩心理實踐指南〉（Guide lines for Psychological Practice with Men and Boys）中，居然把「傳統男子氣概」當成一種心理疾病。[49] 有人懷疑說，搞不好傅柯會因為這種發展氣得從墳墓裡跳出來。

某些學者，舉例來說，像是二〇一〇年出版的《男人的問題：男性的從屬和特權》（*The Man Question: Male Subordination and Privilege*）[50] 一書的作者南希．杜德（Nancy Dowd），就曾嘗試將這種男性氣概與厭女症、統治和暴力連結在一起，使之變得更加複雜化。交織主義則通常只有在男性也處於某種形式的邊緣狀態時，才能對他們有所救贖。舉例來說，埃里克．安德森（Eric Anderson）在二〇〇〇年代中期發展出一種「包容性的男子氣概」（inclusive masculinity）。他也因為對同性戀和女性主義的關注而廣受讚譽（直到他們發現，安德森並不同意「理論」方法，並且傾向於更嚴謹的實證方法，[51] 而且點出這當中其實是存在不少問題的），因此，除了「理論」所認可的女性主義、種族或者性的問題之外，很少有人研究男性所面對的那些困境，你問這當中有什麼原因嗎？沒有為什麼，就因為他們是男的。

總結上述轉變

在性別研究中，女性主義的主要形式是交織性女性主義，它借鑑了種族批判理論、酷兒理論和後殖民理論。隨著「理論」的發展以及應用後現代轉向，性別研究迅速跳脫它原本的起源：女性研究和唯物主義分析的源頭。隨著這一轉向，到了二〇〇六年，性別研究中的女性主義，開始以四個主要的原則為標準：

一、性別對於社會權力如何被建構而言，是非常重要的；
二、性別是被社會所建構的；
三、性別權力的結構，會賦予男性特權；
四、性別和其他形式的身分是會互相結合的，這些身分都會被人了解，並且這些相關知識，也都和身分有關，並且會依附在身分之上。

到了二〇〇〇年初，女性主義幾乎完全被性別研究所籠罩，性別研究既採用了後現代知識原則，也就是說我們無法獲得客觀知識；也採用了後現代政治原則：使得社會被建構為權力和特權體系。此外，它在很大程度上放棄了原本的激進和唯物主義的學術源頭，以及自由行動主義。取而代之的是，後現代的分類模糊和文化相對主義，以及對交織性性別研究的深度依賴，還有酷兒理論所帶來的影響。由於性別研究中的大部分分析，都是話語、論述分析，因此也非常關注語言。現在，藉由建構社會正義思想的支柱：群體認同，以及針對交織性立場理論的關注，可以說是完全不給普遍性和個性的概念留下任何空間。「沒有女人的普遍性」（there is no universal woman）這句話，可能就可以作為性別研究的座右銘。[52]

這個分析框架有一些好處。它使被簡化的激進和唯物主義的女性主義宏大敘事變得複雜化，原本在那當中，女性是被壓迫的階級，男性是他們的壓迫者。然而，因為「理論」認識到，權力不會以如此簡單和刻意的二元方法來發揮作用。這就為更細膩入微的分析打開了大門。這些內容對於非裔美國女性主義者特別有價值，她們由此就能夠證明，自己面臨了和美國白人女性主義者截然不同的刻板印象和障礙，並且將女性主義學術範圍擴大延伸，以便能把她們身為黑人的經驗都加入進去。「理論」還鼓勵我們，要去探索性別，因為它比起過去說的，只是父權制強加給男性和女性的角色，實際上更為複雜，應該要將跨性別男性和女性所面對的偏見和歧視也都納入在評估之中。

然而，自從交織性轉向發生以來，在性別研究中，就一直存在著某些嚴重的問題。「理論」的預設是，渴望持續占有主導地位的性別，還有屬於從屬地位的邊緣性別，彼此之間所有互動基礎都是性別不平等的，並且這些不平等總是會有利於男性。上述這種預設，會嚴重限制了我們對性和性別進行嚴謹研究的可能。當前的分析框架，不允許出現一種性別權力不平等「不存在」的情況，或者，這些所有的預設，都是對男人不友善的。

雖然經常有人認為，「父權體系也會傷害男性」，但我們卻根本不被允許說，男性主導地位並非某些既有差異帶來的。也不能說，男性作為一種性別，也有可能系統性地處於一個不利的地位，除非他們自己的支配地位發生了意外。舉例來說，交織性女性主義的框架中，根本就不會出現一個會被好評的活動是要來幫助、解決男人的問題的。

預設所有的性別差異都可以用社會建構主義來解釋，這個假設本身也有很深的問題。藉由聚焦激進女性主義和酷兒理論中，有關性別的社會建構主義思想，被納入交織性女性主義的分析之後，我們就無法從生物學上解釋，為什麼平均來說，男性和女性會做出不同的生活選擇，表現出不同程度的心理特徵，擁有不同的興趣或表現出不同的性取向等，可是實際上有大量證據表明上述這些差異都是存在的。[53] 特別是現在，當女性可以自由地做出自己選擇的時代，這種差異實際上就會增加。[54] 如果我們是唯一沒有這種差異的靈長類動物，那就太了不起了。這也限制了在性別研究中進行嚴謹且有價值的學術研究的可能，同時破壞了這個領域中已進行的任何嚴謹和具價值的學術研究的可信度。

最後，嘗試對所有的交織性別分析，無情地專注於簡化的社會特權概念，這些以身分（而不是經濟學）為中心，並結合種族批判理論和酷兒理論的元素，結果是造成一個高度混亂、理論性和抽象的分析，只能過於簡化地認為異性戀白人一定享有不公平的特權，需要悔改並解放其他人的綑綁之外，根本很難甚至不可能讓我們得出任何結論。由於過於著重個人立場與個人獲取知識的相關性，導致學者們連進行性別研究都受到嚴重限制，除非他們就是有色人種的跨性別女性，然而很少有學者是這樣的人。這導致大量生產出來的學術論文當中，都是學者們致力於展演性地承認自身的立場，並刻意將自己的工作問題化，而不是做一些真正有意義的事情。性別研究自身的理論框架，目前就正在阻礙其自身生產出對「社會正義」真正有價值的學術研究。這就是它為「愈來愈複雜」所付出的代價。

第七章 身心障礙和肥胖研究——支援團體的身分認同理論

隨著「理論」的進一步發展，它愈來愈痴迷於群體的認同和立場問題。後現代知識原則堅持，客觀的知識是不可能的，因此更偏愛那種從具有特定身分的個人生活經驗中所產生出來的特殊「知識」。後現代政治原則，在本質上是一種對身分政治的呼喚，它要求將身分認同劃分到某個邊緣群體的一部分，或者，是被分配到另一個相對享有特權的群體之中。這些內容得到了後現代主題的擁護，也就是裂解普遍性，並且以群體認同取代個人。我們在後殖民理論中都看到了這種趨勢，在這當中，「他者」需要被從西方的方法中給解放出來。我們在酷兒理論中看到了這一點，在「酷兒」之中，性、性別和其他身分都擁有一種特殊的魅力，而所謂的「正常」身分，則因「正常」中帶有的含意反而會受到質疑。我們在種族批判理論中也看到了這一點，這個「理論」主張認同由社會所建構出來的種族地位，並且要接受、促進和保護某些特定的文化。我們在交織性女性主義中也看到了這一點，它會不斷檢查各種身分是如何發生交織，以便能製造出更多有特權的身分地位。

我們也在身心障礙和肥胖的研究中看到後現代「理論」。它對社會結構的關注到了一個極大的程度，以至於把人的身心障礙和體重超重的客觀現實幾乎也都以「理論化」來進行審查了。這就像是某種歌舞伎展演一般（kabuki，譯注：歌舞伎是日本一傳統劇種，僅使用男性演員），「理論」被轉而用來使特定團體的倡議，進入學術和資訊封閉的社會運動之中。

與性別研究一樣，身分研究也被當成身心障礙和肥胖的核心方法。始於一九八〇年代末和一九九〇年代初的應用後現代轉向，帶來了兩個有關的後現代身分研究領域：身心障礙研究和肥胖研究。和性別研究一樣，這些方法在很大程度上取代了其他學術和行動主義方法，原本這些方法往往更重視實用，不太容易相信每件事都只能被當成一種純粹的社會建構，只對身分政治提出高度情感訴求而參與在當中。儘管身心障礙研究和肥胖研究在許多面向上是相似的，但也由於這兩個領域有著不同的歷史，因此在這裡，我們先將它們分開思考。

身心障礙研究

始於一九六〇年代的身心障礙社會行動主義，與民權運動、第二波女性主義和同志驕傲遊行，大致是同時出現，並且都具有相似的目標。最初是想要讓社會更懂得包容和接納身心障礙者，從而提高他們的生活品質。這當中大部分的訴求，是要增加身心障礙者獲得與非身障者同樣的機會來實現其目標。這個運動在這個面向上可說是取得了極大的成功。總的而言，這些成果當然是一個很好的進展。

這個本來完全合理的目標，在一九八〇年代卻開始發生變化。在應用後現代主義轉向和交織性女性主義、酷兒理論和種族批判理論，與之產生結合之後，身心障礙研究，開始將健全的身心能力也視為一種社會建構，並且從那時候開始變得愈來愈激進，也開始否認客觀現實。各種形式的身心障礙，都開始被認為是一種文化結構：所以身體健全（沒有身心障礙）的狀態也一樣是被建構出來的。身心障礙（包括某些可治療的精神疾病），開始被當成一組彼此相關的邊緣身分群體，這些群體與「正常」健全的身分，彼此形成了參照和對比。

因此，身心障礙研究開始愈來愈多地使用交織性和酷兒理論方法，這使得它愈來愈模糊、抽象，不適合在實際上去真正改善身障者的生存機會和生活品質。

一九八〇年代「有障礙／有能」（dis/abled）[1] 的學術和社會行動主義的變化，最適合被理解為，從身心障礙原本是真實存在於個人身上的東西，轉變成把身心障礙視為是這些人無法適應的社會，所強加給個人的一種其實他們並不需要的東西。在這種轉向之前，身障者被認為是某種形式的障礙狀態。後來身心障礙則被視為一個相對不歡迎和對他們不感興趣的社會所強加於他們的一種身分。舉例來說，聾人以前被認為是聽不見的人，因為聽力受損在某種程度上導致她成為了一個聽障。發生轉向後，她之所以被視為聾啞人士，不是因為她是一個聽不見的人，是因為社會已經「障礙化」她了，因為社會並未能像對待有聽力的人一樣去包容她（也就是要默認）。換句話說，一個人之所以成為身心「障礙的」（*disabled*）人，只是因為社會期望人們通常是身體健全（able-bodied），並從中獲利。這是強加給有缺陷的人的一種身分地位。

這種對身心障礙的社會建構主義觀點的轉向，似乎分成兩個階段出現。首先，一般所說的「身心障礙社會模式」（social model of disability）取代了「身心障礙醫學模式」（medical model of disability），有時我們也會稱後者為「個體模式」（individual model）。這種狀況，發生在一九八〇年代，會有這種發展，大部分被歸功於英國社會工作學者和社會學家：麥可・奧立佛（Michael Oliver）。在醫療或個人模型中（有些人將這些混為一談，也有人將之區分），身心障礙是一種會影響個人的東西，解決方案是要去修復身心障礙的狀況，或者減輕他們的障礙，這樣一來，他們就可以如健康、健全人士般好好和這個世界交流、溝通，也可以方便地行動。[2] 但在身心障礙的社會模式中，社會卻有著一種責任，必須包容那些有缺陷的個人。奧立佛寫道：

> 身心障礙的社會模式，承認損害是限制個人的一種原因，但是所謂的身心障礙，則

是在此之上又被強加的。或許可以這樣概括而論：身心障礙是社會的一種政治、經濟和文化規範所帶來的不利，或者對活動的一種限制，那個社會很少或者根本不考慮，其實本來就存在著有缺陷的人，因此會去從主流活動當中排斥這群人（因此身心障礙，就像種族主義或性別歧視一樣，是一種歧視和社會壓迫）……與所有的研究典範一樣，這種身心障礙社會模式，將從根本上影響社會的世界觀，並且在這當中影響著人們看待特定問題的方式。[3]

奧立佛的目標在於實現概念上的轉換：從對身障者與健全人的二元理解，轉變為對一系列「健全、能力」有關的概念，因為這當中的含意，在不同的時代和不同的文化中，根本就是以不同的角度來理解的。一九八〇年代存在的那種對身心障礙的理解，特別是在英國已經轉變為：將責任方改為是社會強加給人的，或者社會使這群人被「障礙化」了。這種概念的轉變，要求社會必須懂得適應個人，而不是個人必須要去適應社會。

沒有跡象表明，奧立佛特別採用了後現代主義的方法。在最初，他將身心障礙視為一種社會建構的觀點，其實也並不激進。但是從那之後，情況發生了變化。他的著作《身障者社會工作》（*Social Work with Disabled People*）在一九八三年首次出版，目前已經出到第四版，書中的內容包括之後大量參考身分研究所做的工作。舉例來說，在最近比較新的版本中，這本書的語言，很明顯已經受到了交織性思想的影響：

經驗無疑都是帶有文化立場的，並且會反映階級、種族、性別等差異，因此論述很可能會帶有文化偏見。當我們使用社會模型來理解時，就是要認識到歷史上的身心障礙經驗，是來自於文化上的不同立場定位，對於損傷有著各自不同的反應。社會模型可以被用在帶有不同倫理的不同文化研究之上。可以使用酷兒或性別研究，來呈現不同立場處境下的身心障礙問題。同樣地，這些學科也都需要思考在不同社群中的身心障礙論述。[4]

目前的身心障礙研究，強烈依賴於兩條後現代原則：知識是一種社會建構，社會是由權力和特權體系所組成。這種身心障礙研究的定位，經常借鑑種族批判理論。身心障礙研究開始重新作為一個整體，很大程度上借鑑了傅柯和巴特勒，因此其最常見的後現代主題也是邊界的模糊和話語的重要性，並且同樣伴隨著那種對科學的徹底不信任。

個人的概念在身心障礙研究中也經常受到貶斥。因為相信個人主義，會使得「新自由主義的期望」被應用在個人的身心障礙之上，好使「個人」重新成為資本主義社會的好的生產成員。

健全主義

在身心障礙研究中，「健全主義」（ableism）在很大程度上從「理論」看來接受了一個很有問題的預設，也就是身體健全通常是比身心障礙更好的，身體健全才是「正常的」。另一方面，「身心障礙」也代表了對身障者所帶有的偏見，包括認為這些人身心障礙狀態的存在，是一種有別於「正常」的一般理解之外的想法。這也代表了我們認為，身體健全的人比身障者更優越的信念。上述這些都是壓迫，也是一系列不同形式的偏見所組成。正如自稱自閉症、身心障礙、無性和性別酷兒運動者莉迪亞・布朗（Lydia X. Y. Brown）所定義的那般：

> 「健全主義」（ableism）敘述了以健全能力為中心的規範性價值體系，它賦予了所謂在神經系統上的典型之人和健全者一種特權，而「身心障礙主義」則可能描述了針對那些身心狀態被認為是異常的，並且因而被判斷為身心障礙的人所承受到的暴力壓迫。換句話說，健全主義對比的就是異性戀，就像身心障礙主義用來對比酷兒抗議一般。[5]

由此看來，以解構「正常」為重點的酷兒理論，在這裡就被拿來證成身心障礙研究，也與之特別能遙相呼應。正如酷兒理論家巴特勒在身心障礙研究中，就引用亞卓安・芮曲（Adrienne Rich）的「強制性異性戀」（compulsory heterosexuality）概念來類比：也就是將異性戀作為正常、默認的性取向，那種社會的強制執行一般，羅伯特・麥克魯爾（Robert Mcruer）的障礙研究也是如此。在他二〇〇六年出版的著作《跛腳理論：酷兒和身心障礙的文化標誌》（*Crip Theory: Cultural Signs of Queerness and Disability*）[6]一書中，就探討了酷兒理論和身心障礙研究，比較兩者之間是如何相互影響的：

> 就像帶有強制性的異性戀一樣，強勢的健全身體功能之人，藉由看似能自由選擇之名，隱藏掩蓋一個實際上沒有選擇的系統……正如異性戀／同性戀身分的起源，現在對大多數人而言還是模糊的。這也導致強制性異性戀，作為一種看似無處不在的學科形式，得以繼續發揮作用。健全／身障者的起源也是如此……這些都集中在一個同樣來自世界各地和無處不在的強制健全的體系當中。[7]

傅柯的影響在此表露無遺。這段話呼應了傅柯有關權力在各個層面上運作的概念，藉以控制和限制人們，以便能符合系統、體系的期望。[8]解決問題的方案是，模糊掉那些分類的界線，直至完全抹除它們為止。傅柯和那些引用他的酷兒理論家都認為，性和瘋狂、瘋癲都只是一種醫學論述的建構，它們不正義地嘗試將人歸類為「正常」和「異常」，並將「異常」排除在主流社會論述之外。「理論」家應用了酷兒理論以後，也是將健全狀態視為被不正義地建構為「正常」（健全）以用作對比「異常」（身心障礙）。上述的觀點也開始主導了身心障礙研究，並且為身心障礙研究帶來混亂。

這種新的、後現代主義的方法非常適用於身心障礙的社會模式，並形成了這當中通往應用後現代主義轉向的第二階段的基礎。這些東西，就是丹・古德利（Dan Goodley）在二〇一四年的著作《身心障礙研究：理論化身障主義和健全主義》（*Disability Studies: Theorising Disablism and Ableism*）一書中的核心內容。古德利直接引用了傅柯的著作，寫道：「身心障礙是透過醫療化的聚焦而得到規範化的理解：在這個過程中，生命透過醫學論述的還原使用而被處理。」[9] 古德利應用了傅柯的「生物權力」概念。在「理論」的分析中，科學話語具有特別高的聲望，被人們接受為真理，因此在社會中延續著權力宰制。在科學當中，人們製造了他們所描述的分類。[10] 古德利採用後現代知識和政治原則，他認為科學論述理解為帶有壓迫性的，並不比其他方法更嚴謹，當他也把科學比作一種殖民主義時，就很清楚了：

> 就像我們所知道的，殖民知識被建構為中立和普世，藉由運作相關的論述，像是什麼人道主義、慈善和扶貧措施。這麼一來，我們還要問：那麼和健全有關的這些知識，又是如何被自然化、中立化和普遍化的呢？[11]

令人震驚的是，古德利看待診斷、治療和治癒身心障礙，也是一種犬儒的行為，太過依賴那種腐敗、墮落的健全人的預設，並且受到「新自由主義系統」所支配。在這種制度之下，人們會被迫成為完全自主、高功能的個體，以便為資本主義市場貢獻勞力。更令人擔憂的是，古德利聲稱：「自主、獨立和理性是新自由主義的健全能力主義所期望的一種美德。」[12]

將世界視為權力系統的建構這種後現代政治原則，貫穿在古德利的著作之中。他用交織性用語將社會描述為「合併、交織的特權論述」，並寫道：

> 我認為，健全的文化再生產模式，以及「障礙化」他者的物質條件，將永遠無法和異性／性別歧視、種族主義、恐同症、殖民主義、帝國主義、父權制和資本主義之間斷開連結。[13]

對古德利而言，奧立佛的交織模式還不夠交織。他爭論說，奧立佛並未把種族和性別的分析納入研究中，而且也沒有用酷兒理論的用語，將身心障礙視為「一種可能因破壞規範和顛覆社會價值觀，而應該受到讚譽的身分。」[14]身障者有責任去利用他們的身心障礙來顛覆社會規範，甚至可以拒絕任何治療或復原的嘗試，以便能服務於後現代對分類的破壞，上述這種觀點是身心障礙研究中另一個令人擔憂的特徵，而且這些內容還並不是古德利所特有的。同樣的內容，也出現在費歐娜・坎貝爾（Fiona Campbell）那部，被大量引用的著作《健全主義的輪廓：製造障礙和無能》（*Contours of Ableism: The Production of Disability and Abledness*）。[15] 和古德利一樣，坎貝爾也同樣強調，把身心障礙視為需要治癒的問題這本身就是有問題的：

> 健全主義者觀點的主要特徵是，認為損傷或身心障礙（無論其「類型」如何）本質上都是消極、負面的，應該要有機會得到改善、被治療或確實地被消除掉。[16]

在學術和社會行動主義之中，預防或治療身心障礙的明確願望，經常令人震驚地會被重新定義為：希望身障者（而不是身心障礙）不要存在，這是一種濫用文字遊戲的激進犬儒策略。坎貝爾則走得更遠，在引用了巴特勒的酷兒理論後，她將健全和身心障礙這兩者，描述為人們從社會學習而來的表現。它們是在一個必須被推翻的二元論中被「共同建構而成」：

> 無論是「生物上的典型身體」（科學上）、「守法的公民」（政治理論上）、「理性之人」（法律上），所有的這些都指向了一種伸向靈魂深處的虛偽建構。這些東西

進入了我們的生活，作為政治當局的介入手段和工具。這種本體論分離的非對稱制度的製造，看似和權力無關……卻每天都在重複、強制地執行著「障礙者」和「健全者」的身分區分。[17]

上述內容不僅是瘋狂的，也不只是一種對失敗者的崇拜。它，就是應用後現代主義。這段帶有強烈傾向的文字，清楚地呈現了德希達和巴特勒的影響。德希達的觀點認為，我們對身心障礙和健全的理解，是藉由一種帶有等級的二元區分體系所相互製造出來的。也就是說，我們只是將每個概念理解為另一個概念的相反狀態，但是這兩個概念卻沒有被平等地看待。這也是藉由巴特勒的「展演」概念發展出來的詮釋，她將德希達和傅柯，應用於她對約翰·奧斯汀（John Austin, 1790-1859）語言哲學中的同名概念的解釋裡。

坎貝爾還呼籲我們要使用種族批判理論，特別是其目標：指出種族主義在西方生活中被如此正常化、一般化和自然化了，以致沒有被看出來或被質疑。[18] 她將這個觀點也應用在身心障礙研究上，認為健全主義也是一種被一般化的偏見形式，使我們不懂得去質疑，為什麼我們會認為身體健全就是比有缺陷更好、更優越。

她甚至批評身障者們自身也都帶有「被內化的健全主義」（internalized ableism），這是一種會讓他們接受健全主義思想的錯誤意識，導致他們會想要表達一點也不希望自己是身心障礙者的心聲。她寫道：「藉由在不知不覺中執行身心障礙的概念區分，身障者成為他們自己死亡的同謀、共犯，將身心障礙強化、鞏固為一種不被接受的狀態。」[19]

這些想法在身心障礙研究中是相當典型的。舉例來說，布朗也將身心障礙描述為一種展演，另外將身心障礙描述為一種值得慶祝的身分。這在她和一位歸信穆斯林的朋友的討論中十分明顯。她解釋了為什麼她要戴頭巾，儘管她根本不相信戴頭巾背後應該要代表的那種謙卑的概念：

> 戴頭巾是穆斯林的外在標誌。她正在展演「成為穆斯林」並希望和穆斯林連結在一起，所以選擇了戴頭巾。這樣才方便讓其他人，無論他們是否穆斯林都能認出她來。這就像我一樣，我既然作為一個自閉症患者，可能會本能地揮動我的手或手臂，但這其實是我自發性的激動：我故意並且經常選擇揮動，特別是在公共場合，以便能引起大家對我的注意，以便讓其他人，無論他們是否患有自閉症，都有機會藉此認出我是個自閉症。我將這種動作作為我的外在標誌（就像一些穆斯林婦女，即使在沒有關於頭巾的宗教信念的情況下，也可能選擇戴頭巾一樣）。[20]

這種公開行動以便尋求關注的展演，不太可能普遍地被自閉症患者欣賞（或身為穆斯林刻意進行的穆斯林式展演）。儘管如此，一些運動者堅持認為，他們的身心障礙，包括可治療的精神疾病，如抑鬱、焦慮，甚至有自殺傾向，[21]這些都是正向積極的存在，並想將這些東西比作身分的其他種面向，也認為這些內容都是可用於增強身分政治的形式。

我們應該要把這種很政治化的方法和我們一般接受一個人的缺陷，並且在心理上以積極的方式接受他們的現實，這兩者之間好好地區別開來。這些思想和種族批判理論家所提出的身分優先：「我是黑人」／「我剛好是一個黑人」的區別，其實是很相似的（見本書第五章）。舉例來說，在約瑟夫・夏皮羅（Joseph Shapiro）的著作《不需要憐憫：身障者們打造新的人權運動》（*No Pity: People with Disabilities Forming a New Civil Rights Movement*）一書中，他反對這樣一種觀點，就是當一個身體健全的人不認為身障者是身障者時，這根本不是一種恭維。他寫道：

> 這就好像有人嘗試稱讚一個黑人說：「你是我見過的最不像黑人的黑人了」，或者像對猶太人說：「我從不覺得你是個猶太人耶」一樣虛假，也像嘗試奉承一個女人說：「你不像是女人耶」一樣笨拙。[22]

夏皮羅將身為身障者的驕傲，類比於身為同志的驕傲。他認為，有身心障礙是應該、且值得被稱讚的：

> 就像一九七〇年代初的同性戀者一樣，許多身障者正在拒絕「羞恥感」，也就是覺

得他們的狀況有些悲傷或可恥。他們應為自己作為身障者的身分感到自豪，甚至要炫耀，而不是將這個身分給隱藏起來。[23]

雖然不應該讓任何人，為了自己的性取向、種族、宗教、性別或者身心的能力狀況而感到羞恥，但是許多身障者可能不會同意有需要去慶祝擁有身心障礙身分的這種觀點，這不太可能幫助他們找到有效的治療或補救的相關措施，但明明那些可能才真正是他們想要的。然而，身心障礙研究就是這麼宣告的，可是這些才是他們真正想要的東西，應該不需要因為想要就感到羞恥。

當運動者希望將身心障礙作為一種身分來慶祝，或賦予政治權力時，就會出現另一個問題：不希望醫生給身心障礙者貼上標籤。這通常是源於後現代知識原則，因為這個原則拒絕接受醫生比其他人更有資格診斷身心障礙的觀點。這就等同在鼓勵人們進行自我診斷，其目的是為了要加入一個身分群體。布朗和珍妮佛・斯庫羅（Jennifer Scuro）之間的對話紀錄，就提供了一個示範（兩方分別為LB和JS）：

LB：確實有人對我說：「我認為我是自閉症患者，但是，我真的不想這麼說自己，因為我從未被診斷過」，也就是說，有人在他們的名字之後，加診斷的字句。我的回答是：「好吧，我不能告訴你應該如何，或不應該去被識別」，但我並不相信醫療工業綜合體有什麼權力，以及這個綜合體為何能夠定義和壟斷，能有權去確定誰是和誰不算是自閉症……

JS：是的，一旦我開始涉足診斷領域，我就要開始處理診斷思維的問題，目前，這個診斷權就是只會被劃分給訓練有素的診斷人員，這就使我要去挑戰我們所有人，怎麼會接受這種診斷思維。[24]

這種交流，似乎提倡人們只要是為了獲得群體認同（後現代主題），就該參與對醫學科學知識生產能力的後現代破壞（後現代知識原則），或者作為身障者就乾脆自我認定為身障者。出於政治動機（後現代政治原則）藉此破除判定身心障礙應該不用治療或者該去被治療的那些主流信念。目前為止，我們實在完全看不出來，這樣搞下去到底對身障者會有什麼幫助。

有用的倡議脫離軌道了

身心障礙研究和社會行動主義以及社會模式的身心障礙研究的展開，其實都還算有成果。儘管出現了一些令人擔憂的概念轉向，但其最初的目標確實是要減輕身障者適應社會的負擔，而更多地讓社會來承擔及適應他們。這個重點的改變已被寫入各種法律中，可能會增加身障者的就業和社會平等的機會，而這些機會原本在過去都是不存在的。這與第二波女性主義、民權運動和同志驕傲運動的目標相似，我們一般也都認為，學術界應該繼續這項工作，藉由研究社會對身心障礙的態度，以期改善這些狀況。

不幸的是，將應用後現代理論置入身心障礙研究的學術，似乎已經脫離軌道了。這種痴迷於身分的方法迫使身障者要認同、慶祝和政治化自身的障礙，這對身障者帶來了限制。由於過度否定醫學標籤，對醫學本身的深刻懷疑，根本不太可能使身障者或其他任何人得到好處。交織性很可能會混淆和複雜化對身障者的偏見問題，其實這本來是完全不必要的，只是讓這一切都陷於「交織性的特權論述」之下。這些人使用種族批判理論，堅持身心障礙最終只是一種社會建構的模型，這種說法尤其沒有幫助，因為身心障礙和種族的社會分類是不同性質的，身體和精神障礙是客觀真實的，通常沒有人會喜歡和想擁有，因為這會實質影響到他們的生活（而不是因為他們被社會化後，才被教導不要喜歡自己這種狀態）。

在後現代政治原則的應用中，要求身障者將他們的障礙作為一種身分，並加以慶祝，以破壞健全者相關的文化規範，這尤其不道德。雖然某些身障者可能會在身分優先的政治活動中，找到部分安慰和賦權，但是更多的其他人，反而是得不到好處的。許多的身障者都還是希望他們自身沒有身心障礙，這才是完全合理的。身心障礙者也想要尋求為自己和他人改善或減輕身心狀況的方法，這才真正是他們的權利！「理論」針對他們那所謂「被內化的健全主義」所提出的指責，無疑是輕率的，而且還帶有侮辱性。身障者可能不希望只透過他們的障礙來進行識別，而是以他們認為更具代表的其他面向來更好地看見他們。有價值的身障社會行動主義會支持這一點，而不是把一切都給「問題化」。

將身體、精神與心理障礙作為一種身分存在，這當中的一個問題是，這限制了任何降低、減輕身心障礙的積極可能。舉例來說，這可能會導致人們質疑或拒絕那些可以幫助聾啞人士重建或改善聽力的技術，因為他們使用後就無法再被識別為聾啞人士了。雖然每個個人應該可以按照自己的意願行事，但是上述的那種表達會讓人嚴重混淆了做事情的優先順序。大多數的聽力障礙者其實都是可以透過使用助聽儀器來輔助的，他們[25]根本不會考慮拒絕這類醫療介入方式，如果因此就把他們說成是身分叛徒，這根本不是對他們的幫助。因此，身心障礙研究和社會行動主義未能為他們聲稱要代表的人們發聲，也妨礙了身障者獲得他們想要的診斷和治療。此外，專注於個人的身障者身分，可能會貶低個人其他方面的價值，而這本可帶給障礙者更多幫助和提升其生活品質的機會。

鑑於當前受害者文化興起，人們談論著要賦予邊緣化身分更優越的地位，[26]結果反而可能會增加更多的身心障礙者而非減輕，並過度專注於自己的障礙。如果可以在沒有專業診斷或醫療照護的情況下就可以隨便自我識別為身障者，這特別令人不安。在這方面，身心障礙研究成了一種立意良善的失敗。

肥胖研究

身心障礙研究中所發生的問題，也反映在被稱之為「肥胖研究」的相關領域當中。與身心障礙研究一樣，肥胖研究始於一九六〇年代的美國，是先以肥胖社會行動主義的樣貌出現，此後還以多種不同的形式出現。但也同樣是直到最近，肥胖研究才被確立為一種身分研究，成為這當中的一個獨特分支。肥胖研究還強烈借鑑了酷兒理論和女性主義，特別是在英國發展起來的思想內容，並也帶有強烈的交織性聚焦。肥胖研究嘗試將我們對肥胖的負面看法，描述為一種類似於種族主義、性別歧視和同性戀恐懼症的東西，並且也明確地拒斥科學。在後現代的時尚中，肥胖研究聚焦於肥胖也是一種社會建構，並且力求要幫助肥胖者懂得拒絕醫療建議，接受支持性的社群「知識」，對肥胖抱持正面看法。肥胖研究強烈依賴後現代知識原則，將知識視為權力的建構，並在論述中延續，這當中的論述奠基於人們對肥胖者的「憎恨」，如厭肥症、肥胖恐懼症（fatphobia）等，並連結至厭女和種族主義。因此，「肥胖研究」傾向於以高度複雜的方式理論化壓迫框架，抱持對科學的激進懷疑態度，並倡導以「其他認知方法」來取代科學，包括個人經驗、理論、女性主義，甚至詩歌。

雖然肥胖研究在英國最受到歡迎，但是肥胖社會行動主義原本可能始於美國，像是一九六九年「全國推動接受肥胖協會」（National Association to Advance Fat Acceptance,

NAAFA）[27]的成立，和一九七〇年代「肥胖地下」（Fat Underground）組織活動[28]的發展。肥胖社會行動主義，則直接起源於一九七〇年代左右，納入了文化和身分研究，以及後現代主義的一系列社會、文化和政治變革。然而，對於其他依賴應用後現代理論的身分研究類型而言，肥胖的社會行動主義似乎是最近才開始具有後現代特徵的。

這可能是因為肥胖研究直到最近才成為一個獨立的學術領域，儘管女性主義學者也是長期以來，一直把女性得要保持苗條的壓力給「問題化」。肥胖研究堅持認為，普遍存在和社會接受的「肥胖恐懼症」，阻止了大家認真對待這個問題，並且將任何有關肥胖的內容（通常）都當成一種危險狀態和需要被治療的疾病。

從歷史上來看，後來成為肥胖研究的學術和社會行動主義，被稱為肥胖女性主義。這和激進女性主義和激進女同性戀的分支可說是息息相關，而且她們的追隨者也很有限。這種情況直到一九九〇年代才出現很大的變化，當時社會上的自由主義風潮中出現了專注於接受和慶祝「肥胖身體」的身體積極運動。自一九六〇年代以來，相關的各種體型的健康運動（Health at Every Size movement）開始以各種形式存在，二〇〇三年，「體型多樣性與健康協會」（Association for Size Diversity and Health）將這個詞彙註冊為商標，使之更為凸顯。[29]二〇一〇年，生理學和心理治療學者琳達・培根（Linda Bacon）寫了一本名為《各種體型都健康：關於你體重的驚人真相》（*Health at Every Size: The Surprising Truth About Your Weight*）的暢銷書[30]，書中認為所有體型的身體都可以是健康的，[31]雖然其實醫學上的共識是反對這個觀點的。[32]

肥胖研究迅速發展，開始採用應用後現代方法，並且很快也變得全面帶有交織性，提出了不合邏輯的主張。舉例來說：「如果不解決所有交織性的壓迫，我們就無法消除體重／體型的壓迫。」[33]二〇一二年《肥胖研究》（*Fat Studies*）期刊創立後，肥胖研究的主張和肥胖研究作為一個獨立學科的地位得到了強化和鞏固。該期刊明確地將人們對肥胖的負面看法，包括對超重或肥胖可能影響健康的擔憂，比作為對人們不可改變的特徵而產生的偏見，並聲稱「肥胖研究類似於關注種族、民族、性別或年齡的學術領域。」[34]

夏洛特・庫珀（Charlotte Cooper）對肥胖研究的發展進行了全面而詳盡的介紹，她可以說是一位引領風潮的肥胖研究學者，也是出版於二〇一六年《肥胖社會行動主義：激進的社會運動》（*Fat Activism: A Radical Social Movement*）一書的作者。庫珀是英國人，她注意到激進女性主義實際上曾經一度放棄了肥胖社會行動主義，然而後現代女性主義則又重新將之復興：

> 肥胖女性主義的起源，被攻擊為一種有問題的女性主義是被誹謗的、過時的、模糊的，那當中有激進女同性戀女性主義，有時還包含了女同性戀分離主義。對這種女性主義的批評，主要出現在酷兒、第三波和後現代女性主義當中，因為她們攻擊這些思想中都帶有本質主義和基要主義等內容。[35]

在肥胖研究中，人們通常會把對肥胖的負面態度與種族主義、性別歧視、同性戀恐懼、跨性別恐懼、身心障礙主義和帝國主義等一併討論，儘管有強力證據表明，肥胖其實只是持續攝入超過身體所需的卡路里的結果，並具有重大健康風險。肥胖社會行動主義和肥胖研究，現在則主要是交織性和女性主義的結合，並且也大量運用酷兒理論，還有巴特勒式的展演模仿政治。[36] 庫珀在書中描述了一場肥胖社會行動主義活動，二〇一二年的倫敦奧運被視為帶有極端肥胖恐懼，為對此做出回應，特意舉辦了一場稱為「胖林匹克運動會」（Fattylympics）的行動，在倫敦公園故意進行誇張搞笑的體育賽事，作為策略性抵制和抗議的行為。

酷兒理論和巴特勒對肥胖研究的發展特別有影響。舉例來說，庫珀的書一開始就宣稱這本書是「公開的酷兒」（openly queer），並「鼓勵肥胖的社會行動者要盡可能抵制接觸與同化的鬆動，並且考慮採用酷兒策略來重振運動。」[37] 同樣地，傅柯的「生物權力」概念，像是科學論述被認為具有作為知識生產者的不當權力，然後藉由論述在社會各個層面延續下去，上述這些內容也都被用於這個相當偏執的時尚之中。正如庫珀所言：

> 在《性史》和其他任何地方，權力並沒有被當成一種權威，然後由上而下施行至最底層的主體，而是一種每個人都參與其中的權力動態領域。[38]

她還聲稱：

> 傅柯有關統治、宰制的作品，常被用在和權力身體有關的理論上。並且也被那些對胖子如何受到社會控制、分層、監視、管制、巡邏和自我宰制感興趣的人，給同樣使用。[39]

這不僅是庫珀的一種特殊怪癖。瑪麗蒙特曼哈頓學院學術事務高級副院長凱瑟琳．勒貝斯科（Kathleen LeBesco）在《肥胖研究閱讀者》（*The Fat Studies Reader*）一書中，也採取了類似的立場。[40]這種肥胖社會行動主義文本，重視話語中暗含的信念，也就是話語會傳達權力和維護紀律，並且貫穿事物的各個層面，這些內容呼喚的不僅是傅柯，還有巴特勒。[41]對於庫珀而言，「肥胖論述是極權的，我的意思是，它把自己呈現為有關肥胖問題的唯一權威，好像其他東西都不重要一樣。」[42]對於肥胖學者瑪琳．溫（Marilyn Wann）而言：

> 每個生活在厭惡肥胖文化中的人，都不可避免地會吸收反對肥胖的信念、預設和刻板印象，也都不可避免地在以體重為基礎的權力安排中，同時占有一席之地的存在

著。我們誰也別想要完全擺脫這種養成，或者完全脫離這種權力網絡。[43]

讓我們從更廣泛的角度檢視，以便使這個無形的權力網絡能夠現形。這些就是構成後現代主義世界觀的人類社會概念。這種觀點預設說，我們是誕生和被定位在我們的身分之中，因此擁有不同等級秩序的權力可能，特權就像是被置入在網絡之中一樣，我們學習展演自己的立場身分，然後經由我們自身「行使」（conduct）權力以作為系統的一部分。但是，我們時常並不知道，權力網絡就在那裡。這種學習主要是藉由社會化的方式來實現的，「權力宰制」下的身分角色，主要是由社會建構的，很少是按照人原本的心意。藉由展演我們的角色身分，我們守護著權力既定和權力所否定的社會和文化預設。此外，特權會自動產生腐化的影響，引導我們去扮演自己的角色，從而使自己和他人社會化，接受這個制度、體系的不平等現象，正當化我們的權力，並使排斥他人的行動也都被合理化。這所有一切的社會觀念都是藉由論述，我們談論事物的方式來完成的，包括我們如何在非語言媒介中去表述它們。這種社會觀念源自於早期後現代主義者的那些晦澀複雜的語言，隨著不斷發展、強化、鞏固為一個信仰體系。因此我們經常看到理論家以客觀信念的自信來陳述這些解釋，這對於第一代的後現代主義者來說，根本是不可能發生的事情。

理論：一個偏執的幻想

為了駕馭這個充滿權力的複雜話語網絡，我們必須先接受訓練，以便能使用「理論」去檢視它。這就是「批判理論」被發明出來的目的。因此，經由一個循環的、自我辯護的論證中，「理論」堅持我們需要理論，並且告訴我們，我們人人都需要「理論」。對於部分肥胖研究學者而言，性別、交織性女性主義和酷兒理論都是至關重要的：

> 性別歧視已經成為一套深度編碼的行為，如果你不知道如何看待它們，就很難將之解開。要揭露性別歧視行為，可能須藉由特殊的教育和語言。通常這種批判性的語言會被認為可疑的，過於理智，或甚至是一種偏執幻想的產物。[44]

對於其他人而言，儘管以交織性和酷兒的方法去進行評估和破壞，同時都是有效又適用的，但這一切問題最終還是會回到資本主義。舉例來說，庫珀提出了和古德利在身心障礙研究中非常相似的論點。對於庫珀而言，「新自由主義」（大約也是資本主義社會）的力量，迫使人們要努力使自己能適應社會，而不是要求社會來適應他們。因此，庫珀對於身體積極行動提出了深刻的批判，她認為這是一種「仕紳化」（gentrification）的形式，因為這種行動「強調個人主義，而不是集體主義。」[45]她的問題是，身體積極性會將愛惜身體的責任放在個人身上，並且還樂在其中，而不是讓社會終止針對肥胖問題的負面評價，所以這是一種有問題的方法，有時被稱為讓人「被負責」（responsibilizing）了。庫珀稱她也是「肥胖社群」「利茲」（Liz）的成員，「肥胖社會行動主義」（Fat Activism）專訪了她，她爭論說：「資本主義助長了人們對肥胖的仇恨，因為這些公司生產的產品都是為了讓胖子能變瘦」[46]，還有，「行動主義呈現出資本主義如何作為一切的基礎，說明了在肥胖社會行動主義的仕紳化過程中，主要動機是獲得機會而非真正的社會變革。」[47]

這聽起來很像是一個偏執的幻想，因為它就是，沒錯。圍繞著肥胖社會行動主義的交織性權力網絡的想法，其實是不必要的混亂。生物學和營養學被誤解為傅柯式的「生物權力」形式，是要約束和限制人們。以肥胖問題為中心的醫學科學，被誤解為將壓迫性的、紀律性的敘述強加給人們。瑪琳．溫在《肥胖研究閱讀者》的前言中告訴我們，「稱胖子為肥胖，是把人類的多樣性[48]給醫學化了」和「將多樣性醫學化會引發為自然產生的差異尋找『治療方法』的錯誤訊息」，[49]她是在呼應傅柯的說法。凱瑟琳．勒貝斯科將肥胖比作同性戀，這當中的理由是，正如同性戀現在已被認為是一種不需要治癒的自然現象，肥胖也必須得到同樣的認定。儘管有充分的證據表明，肥胖會增加患者得到嚴重疾病的機率和過早死亡的風險，而同性戀本身卻不會。而且勒貝斯科還推測，認為自己的體重是個問題的肥胖者，是因為已習慣接受自己的壓迫：

胖子和酷兒們會衷心接受科學和醫學，以解決那些被社會建構出來的問題是一種斯德哥爾摩綜合症的跡象。畢竟，科學和醫學長期以來都是壓迫胖子和酷兒的工具，提供一個又一個的論證，將同性戀給病態化，或者把個人給「肥胖化」（無論是思想還是身體）。[50]

對以上問題的答案是要去擁抱甚至增加個人的肥胖程度。肥胖研究學者艾莉森．米切爾（Allyson Mitchell）寫道：「形塑肥胖的身體，需要時間；形塑一個政治化的肥胖身體，需要更多的時間。」[51] 勒貝斯科走得更遠，認為「所謂的科學知識，並不能呈現所有的知識。」[52] 也暗示了對肥胖的恐懼是來自優生學的驅動，並提倡使用社會和政治工具來處理對肥胖的仇恨。相比之下，強調健康的價值則被視為一種有問題的意識形態，是「健康主義」（healthism）影響下的社會建構。

健康主義得到營養主義（nutritionism）的支持，據稱這是過度關注食物的營養價值和營養學、飲食學（飲食及其對健康的影響）的研究，強調營養和健康兩者之間的相關性。飲食學和營養學研究有平行的「批判」領域，試圖使這些批判領域和「社會正義」相連結，而非與飲食和營養。舉例來說，露西．阿弗拉莫爾（Lucy Aphramor）和賈姬．吉格拉斯（Jacqui Gingras）對飲食和營養研究通常以科學的方法為中心去進行深表遺憾：

> 營養學所認可的知識，是可以被以嚴格、可量化的科學方法為中心所發展的主流科學文獻所支持的。這種理性的認知對營養學的教學和實踐方式有著深刻的影響。[53]

然而他們認為：

> 但是這種為了維護科學慣例的嚴謹性，卻限制了對意義建構的參與：語言不是一種中立的工具，而是一種充滿權力的政治載體。我們在這裡使用的詞語都會影響我們產生可能性的能力。[54]

比起使用科學來了解飲食和營養及其對健康的影響，這些具批判性的營養師們反而是「選擇以詩歌作為方法，打造一種以實踐為導向（praxis-oriented）的文化，並要擾亂現狀的一種方法。」[55]他們呼籲說：「我們要重新思考飲食學家對肥胖和性別的態度，如何使科學被正當化和在建構的過程中發揮了重要的作用。」[56]這些內容除了讓我們覺得很怪以外，似乎對於任何相關領域的研究都不能帶來什麼進步，也沒法幫助任何人。

針對大學生所寫下的《批判營養學和批判營養研究》（*Critical Dietetics and Critical Nutrition Studies*）一書，其實非常令人不安。雖然《各種體型都健康：關於你體重的驚人真相》一書在方法上並沒有直接否認醫學科學，但卻對醫學研究提出了質疑的解釋，藉此來聲稱任何體重都可以保持健康。《批判營養學》一書，居然將科學描述為對於理解食物、營養、飲食和肥胖的一種無效話語：

> 儘管我們並不完全拒絕將科學方法作為製造世界知識的一種手段，但批判性取向拒絕這樣的觀念，也就是說，可以產生客觀、價值中立，而且不受人類偏見影響的知識。批判性取向同樣拒絕任何一種創造世界知識的方法，有優越於另一種或是會出現足夠完整的方法……因此，批判飲食學借鑑了後結構主義和女性主義科學（另外兩個路徑），認為任何單一事物都不可能產生一個真理，多元真理才是可能的，這取決於是誰在問和是為了什麼目的，並且即使知識被認為是實證主義的（即價值中立或無偏見），它也不是非政治性的。[57]

這些內容，都是盡可能地、明確地去拒絕客觀現實。「後結構主義和女性主義科學」（Post-structuralism and feminist science）被用來駁斥那些已被大量實驗證據表明過的科學成果，像是營養在健康上所發揮的重要作用，肥胖會增加罹患心臟病、多種癌症和糖尿病的風險，更別提多囊性卵巢綜合症、關節問題、行動不便，還有呼吸問題，並與早逝密切相關。這種以「肥胖恐懼症」為基礎的健康否定主義（health denialism）也是庫珀採取的方法。她提倡「研究正義」，有關肥胖症的實證研究可以隨意替換為「體現社群知識」[58]，以「解鎖肥胖者已經產生的知識」。[59]

以支援團體為中心的學術

肥胖研究和肥胖社會行動主義似乎已在不同時間、不同地點興起，並且還擁有許多分支。除了原本激進女同性戀女性主義的起源之外，肥胖社會行動主義還包括一種身體積極性慶祝運動，一種可疑但十分流行的「各種體型都健康」的模式，以及（最近）一個交織性酷兒女性主義分支及其相關學術，也就是所謂的「理論」。這些方法的激增強烈表明了肥胖人群需要某種形式的倡議和社群。如果肥胖社會行動主義能夠對抗那些過去針對肥胖人群的歧視和偏見，並提供支援網絡，而不陷入激進的社會建構主義、偏執主義和科學否定主義的境地，那麼肥胖社會行動主義就可以在社會中發揮重要的作用。

可悲的是，肥胖研究目前卻是身分研究中最具有非理性和意識形態化的學術活動之一。作為這個黨派群體的追隨者，它不得不整合許多現有形式的身分驅動理論，卻沒有自身內部一致的框架，因此變得非常雜和混亂。一下子從種族批判轉向女性主義，再轉到酷兒理論，同時夾雜著來自身心障礙研究的反資本主義言論和思想。肥胖研究花費了大量時間嘗試將自己與社會運動和學術形式連結起來，其目標在於解決以種族、性別和性取向等不可改變的特徵為基礎的那些偏見，儘管有證據表明肥胖常常就只是暴飲暴食的結果，但通常無法令人信服。不過，另一種很有效的社會行動主義形式就再一次出現，進而反對暴飲暴食只是缺乏自律或貪婪的觀點，並著眼研究使人難以克服這一切的心理和生理問題，但這其實也不是肥胖研究真正採用的研究方法。反之，它採用了後現代知識和政治原則，應用了四個後現代主題，並將這些主題整合到一個方法當中，這在其他方面非常類似於一個聲稱自己是嚴謹的支援團體的方法。

這也使肥胖社會行動主義容易受到批評，認為它藉由試圖聲稱和其他形式的社會行動主義有過密的血緣關係，因而削弱了其他形式的行動主義。舉例來說，肥胖就像同性戀一樣的想法，可能會威脅到最近來之不易的共識，也就是同性戀是與生俱來的、沒有價值判斷的、完全健康的。萬一肥胖者自己對超重不滿意，你就去指責他們患上了斯德哥爾摩綜合症或內化恐懼症，這些東西很明顯也是不道德的。消除個體，支持群體身分，並專注於語言的力量，這些都成了肥胖研究的主要關注點。肥胖研究會認為，上述這些策略都是必要的、且是有益的。

最重要的是，這種形式的肥胖社會行動主義具有潛在的危險性。那些發現很難控制體重並因而自尊心低落的人，也許可能還會因此被刺激，變得敢去拒絕醫學共識，也就是肥胖會變成一個嚴重的大眾健康問題。

如果肥胖社會行動主義成功獲得目前賦予女性主義和反種族主義社會行動主義的地

位，醫生、科學家和研究人員，可能變得害怕、畏懼而不敢向肥胖者提供真實資訊，這將限制肥胖者對自己健康擁有知情選擇的可能。

總而言之，肥胖研究幾乎算不上是一種研究事物的嚴謹方法，它卻已經在統稱為「社會正義研究」的各個領域中找到了歸宿。這些不同的領域，彼此差異都很大。但它們也有足夠的共同點使我們很容易識別：它們通常會根據後現代知識和政治原則，被稱為「ＸＸ批判」或「ＸＸ研究」，這當中「ＸＸ」就是他們想要抱怨、破壞和想要修改的某種東西。這些研究內容的範圍之廣，幾乎涵蓋了所有人類想努力去影響的一籮筐問題。但是，它們都有一個共同的元素：「理論」。「理論」以一種潛在的後現代預設，把這些思想視為客觀真實的形式來加以應用。我們現在必須把注意力轉向這些「理論」之上。

第八章 社會正義研究及其思想——從社會正義而來的真理

「實體化」（Reified）的意思是「使之變成真實的東西」，讓它所指的抽象概念被視為真實的。從二〇一〇年左右開始，我們稱之為「社會正義研究」的這條船，在「社會正義」的大旗下開展的學術研究，可以說在後現代議程中的一個新的第三階段中形成了，之後也繼續穩定成長發展。在這個階段，學者和運動者已經理所當然地認為，曾經抽象和自我懷疑的後現代知識原則和後現代政治原則要被具體化，使得這一切內容都成為理所當然的事情。

正如我們在第一章所討論的，原本的後現代原則認為，獲得客觀知識是不可能的，知識是權力所建構出來的，社會是由那些需要被解構的權力和特權體系所組成的。也正如我們在第二章到第七章中所討論的，這個觀點在一九八〇年代和一九九〇年代的應用後現代階段，開始變得帶有行動的可能，從後現代主義中分裂出了後殖民理論、酷兒理論、種族批判理論、交織性女性主義、身心障礙研究和肥胖研究。

之後，特別是自二〇一〇年以來，這些後現代思想已經在交織性、「社會正義研究」和社會行動主義中被充分具體化，並且開始在公眾意識中扎根，據說，這些思想是一種對知識、權力和人類社會關係運作的真實描述。

後現代知識原則和後現代政治原則，在第一階段（大約一九六五年至一九九〇年）主要被用於解構的目的，並在第二階段以應用後現代主義的形式（大約一九九〇至二〇一〇年），在經過調整後被應用於重新建構。但是那時，這些內容主要還限縮在特定的學術領域和相關運動者的同溫層內。在後現代主義的第三階段，這些原則卻在這兩個圈子的之內、之外，都已被視為是基本的真相、真理了。經過了數十年，這些內容在學術界和社會行動主義領域內，已經被視為大家都知道的事物；理論的原則、主題和主張，也成為大家都知道的事情，人們都認為這些思想是理所當然的，是有關世界的真實陳述。人們甚至「只知道」這些真實。這帶來的結果是，社會正義學者和運動者認為在很大程度上，社會是由特定的某些不可見的，以身分為基礎的權力和特權體系所構成的。這些系統藉由論述的方式去建構我們的知識。上述這些信念，現在被社會正義學者和運動者認為是一種客觀真實的陳述，描述了社會的組織原則。但難道這些內容聽起來不覺得很像是宏大敘事嗎？它就是啊！「社會正義研究」及其教育者和運動者，將這些原則和結論都視為一種以社會正義為基礎的「真理、真相」，他們彷彿認為，自己就像是發現了和疾病相關的細菌原理一般，這些細菌就是偏執和壓迫。

當這兩個後現代原則經過了具體化，就代表著最初的後現代激進懷疑論，也就是任何知識都不可以信賴的想法，已經逐漸轉變為一種完整的信念。這當中的內容就是說，知識是為權力服務而被社會所建構出來的，這些知識會以身分為基礎，也和權力有關。而且這些內容可以藉由仔細閱讀我們到底是如何使用這些語言而被揭露、發現出來。因此，在社會正義研究當中，我們會不斷地讀到父權制、白人至上主義、帝國主義、順從主義、異性戀、健全主義和肥胖恐懼症，這些東西實際上一直在建構著這個社會，並且感染著一切事物。它們以一種內化的狀態存在，甚至可以說根本就是無處不在，藏在那光鮮亮麗的外表底下，卻又是一種無法完全隱藏的東西。這些，就是後現代知識原則的具體化。這些「現實、真實」，都被認為是嚴重的問題，因此需要不斷地被識別出來、譴責和解構、拆除，以便我們能去進行糾正。

這樣帶來的結果是，現有的這些社會正義文本就成了一種「社會正義」的福音書，如聖經一般的存在，這些內容會絕對肯定地表示：所有的白人，都是種族主義者；所有的男人，都是性別歧視者；種族主義和性別歧視，都是系統性的存在，就算你只是一個單身狗，種族主義、性別歧視的意圖或信念，都會同樣存在，缺席者也同樣會進行壓迫。性不是生物性的，而是存在於一個社會建構的範圍之內；語言可以是一種字面暴力，否認性別認同，就等同在殺人；希望補救身心障礙、肥胖是可恨的，這所有一切的一切，都需要被去殖民化。這就是後現代政治原則的實體化。

這種方法，不信任社會上的分類和界線，並嘗試將之模糊，並強烈關注語言是如何作為製造和延續權力不平等的一種手段。這些方法，也表現出深層的文化相對主義。理論會聚焦關注邊緣群體，但卻很少願意花時間去關注普遍原則或個人知識的多元性。這些內容都是後現代主義的四個主題，仍然是「社會正義研究」的手段、方法和其倫理的核心，只是這些內容的語調和語氣，已經發生了變化。在新的「社會正義研究」當中，「理論」的原則和主題變得更簡單、更直接地去表達，因為這些「理論」家對他們的基本原則，已經變得比原來更有信心。社會正義研究代表了後現代主義邁向第三階段的演變：這些「理論」作為實體化的後現代主義已經到達了頂點和高峰。一個了解「社會正義」真理的、有道德的人，必須很積極地主張世界到底如何運作，以及世界「應該」要如何運作的「理論」觀點，來服務於「理論」的宏大敘事。

從應用後現代主義開始把最初的基本原則具體化，使得社會正義研究能不只單一地適用於任何一類理論。它已經變得如此交織，以至可根據實際需要呼籲所有人不斷地質疑社會，甚至質疑自身的各個面向，但要謹記遵守一條黃金法則：「理論」本身是永遠不可否認的；「理論」就是真實的。社會正義研究已經成為一種全方位的萬能理論，一系列帶著大寫「T」的那些不容置疑的真理。這思想當中的核心原則，仍然來自於最初的後現代主義者，並且在這些衍生而出的「理論」中被強化和鞏固。

後現代主義的變異

如果我們將一九六〇年代後期的第一批後現代主義者，視為激進懷疑和絕望的表現；而將一九八〇年代後期的第二波，視為從絕望中復興，並且推動後現代的核心思想在政治上變得可行；那麼第三波，這批在二〇〇〇年代末和二〇一〇年代初之間變得突出的理論家們，則已經完全恢復了對「理論」的確定性和推進社會行動的熱情。最早的後現代主義者，主要是在回應馬克思主義的失敗，馬克思的思想本來是學術上的左派們長期使用的分析框架，結果卻遭受了嚴重的幻滅。由於他們原本選擇的理論框架正在瓦解，於是他們採取了激進的憤世嫉俗態度，因為當時已經沒有什麼可以讓他們再去迷戀依賴了。因此，他們懷疑著所有的宏大敘事，包括基督教、科學和進步的概念等等。他們只尋求以一種無趣的玩世不恭來諷刺地拆除、解構和破壞現有的框架。以上這些，就是一九七〇年代的文化思想狀態。

二十年後，當第一波絕望的懷疑主義，後現代主義的「高度解構性階段」（high deconstructive phase）逐漸消退時，學術左派在某種程度上恢復了希望，同時在尋找更積極和帶有適用性的理論形式。於是，這些人採用了後現代主義的兩個關鍵原則和四個主題，並嘗試對這些「理論」有所作為。因此，後現代理論發展為複數的「應用後現代理論」。在後殖民理論中，有人嘗試重建東方對自身的各種感知，儘管霍米．巴巴和史碧瓦克對此仍然高度悲觀，而且如果可能的話，「理論」要從西方來拯救、解放「他者」，這當中主要使用的方法就是要去摧毀西方。酷兒理論則帶有一種信念，所有的分類都是社會的建構和展演，由此產生了一種社會行動主義。藉由繼續解構分類類別、模糊界線，將這所有的一切都視為流動的和多變的。酷兒理論嘗試將那些不符合性、性別和性取向分類的人，從「應該要」的應然期望中「解放」出來。種族批判理論更由於其淵源於法律領域，因此會顯得更加具體化和帶有適用性，因而吸引了黑人女性主義學者，形塑出最終主導女性主義的交織性方法論。

最重要的是，交織性女性主義藉由身分政治和集體行動尋求賦權，這在很大程度上定義了當前的文化情緒氛圍。身心障礙研究和新興的肥胖研究，產生了一些嚴重依賴酷兒理論的密集理論工作，但其實這些內容的方法和前提，都非常簡單，就是將醫學也視為一種社會建構，並且以帶有侵略性的思想，呼籲人們對作為身心障礙或肥胖者的身分應感到自豪。因此，到了一九九〇年代，應用後現代轉向已經成形，使得後現代理論變得是可行的，並且聚焦在身分和身分政治之上。

隨著這些理論在一九九〇年代後期到二〇〇〇年，於各種形式的身分研究（舉例來說像性別研究、性取向研究和種族研究）中發展，愈來愈多地整合彼此的目標，也逐漸變得更加帶有交織性。到了二〇〇〇年代中期，如果研究了這當中的某個關鍵主題：性別、性別認同、種族、性取向、移民身分、土著（原住民）、殖民地位、身心障礙、宗教和體重，就應該同時考慮到其他的所有主題。雖然學者們可以，而且仍然可以保有特定的關注點，但是也會帶有多樣的混合和融入，這就帶來了一種普遍的學術形式，著眼於「邊緣群體」與多種權力和特權體系的研究習慣。

在這份交織性的身分列表中，卻有一個令人吃驚的遺漏，那就是對於和經濟階層相關的身分，或者與之相關的任何有意義的提醒。雖然「理論」有時會對此提出問題，但是卻幾乎從不實質性地在意這些內容。傳統的馬克思主義者可能反而會受到理論的批評，因為他們一心一意地將經濟上的階級視為社會的關鍵因素，以至於他們有時會忽視或者低估了其他壓迫的軸線，特別是那些針對婦女和性少數群體的壓迫軸線。一九七〇年代初開始的女權運動，以及此後不久興起的同性戀權利運動，為這種只在乎關注經濟階級的狀況提供了有用的糾正。然而，時至今日，經濟階級問題又變得幾乎完全沒有人會提到，除非「交織性」地和某種其他形式的邊緣身分兩相結合。因此，許多工人階級和窮人們就常會感受到他們和今天的左派已經是漸行漸遠。兩者之間最後會有這種形同陌路的結果，從前述的分析來看其實根本也就不足為奇了。馬克思主義者會認為，這些理論根本就採用了非常資產階級的關懷，極具諷刺意味的是，一場聲稱要將所有的特權來源給「問題化」的運動，是經由那群受過高等教育的中上階層學者和運動者所領導的，他們是如此地忽視自己明明就擁有身為社會特權成員的地位。

由於如此多的這些邊緣群體聯合起來，還加上各種思想流派融合在一起，形塑出一大堆類似的、甚至會相互競爭的問題，這也使得社會正義學者和運動者對他們的基本預設變得更有信心。隨著二〇一〇年代的來到，在此之前作為後現代主義特徵的那種模稜兩可、模糊不清和懷疑論的問題，就是索卡爾和布里克蒙，在一九九〇年代中期稱之為「時尚胡說」的一種綿密、晦澀的語言，[1]幾乎已經完全消失了。到了二〇一〇年代，語言雖然仍然是帶有技術性的，但確實已經比過往的那些明確多了，這些內容都變成了更強烈的話語，更堅定的用字遣詞。

這種確定性源於之前的應用後現代階段。在這個階段，學術運動者遠離了激進的懷疑主義，並且論斷說，我們必須接受系統性的壓迫作為一個客觀真實，才能與之抗爭。舉例來說，在坎秀一九九一年的文章〈描繪邊緣〉中，這本交織性方法的開山文本，非常聚焦在區分「我是黑人」和「我剛好是個黑人」的重要性。其他種族批判理論的學者，像是胡克斯也呼應了這種觀點。酷兒理論家對同性戀、女同性戀、雙性戀、跨性別、異常規範性別和酷兒身分，都做出了相關類似的陳述，以民族血統和歷史的身分為基礎的思想，藉由後殖民理論也迅速獲得重視。肥胖者和身心障礙者的身分，包括以抑鬱和焦慮等精神疾病為基礎的身分，也由於肥胖和身心障礙研究的影響力而變得十分常見。到了二〇一〇年代，這些方法以及用於和這些「現實」互動的後現代原則和主題都已經成為信條，運動者和理論家也變得更大膽而無畏地去論斷這些相關內容。

「社會正義研究」現今大量聚焦在身分認同，以及和身分認同相關的政治。他們會以身分認同作為一個濾鏡，藉由這個放大鏡的視野來確定什麼是真實；他們會以身分認同政治來採取行動，並且由此出發來改變這個世界。因此，自二〇一〇年以來的大部分學術研究都被貼上了「女性主義」、「酷兒」等「知識論」或「教育學」的標籤。即使它不使用「知識論」或「教育學」這些用詞，但幾乎上述這些類型的所有和社會正義研究相關的東西，都會聚焦在什麼是被說出的，什麼是我們相信的，什麼是我們預設的，什麼內容是被教授的，什麼是我們所傳播的，以及什麼樣的偏見會經由教學、話語、論述和刻板印象而被我們植入了。所有的這些研究，都開始以這樣一個理論為前提而出發，也就是我們的社會是由這些權力及特權階級，藉由語言、論述去延續、維護其運作，而這些由特權階級立場所建構出來的語言和知識，會否認邊緣人群的經驗。

因此，社會正義研究的目標，就是針對科學[2]和任何其他的分析方法所提出的主張和預設，另外提出反制。這樣帶來的結果是，「社會正義研究」對任何以理性和證據，作為了解真相的事物都感到不滿，並要求以「知識正義」（epistemic justice）和「研究正義」（research justice）作為取而代之的方法。這代表著我們應把少數族群的生活經驗、情感和文化傳統納入其中，將之視為「知識」，並將這些新的知識放置於原本不正義地占有主導地位的理性和以實證為基礎的知識之上；所以所謂的研究正義，通常要故意避免引用白人、男性和西方學者的內容，應改為偏向那些處於交織邊緣地位的學者，甚至也可能要去刻意掩蓋特權身分群體曾有的貢獻。然而，這種做法也會使得我們在思想淵源上難以追本溯源，因為後現代主義的那些開山祖師們都帶著身為白人男性的身分。在一個相當令人震驚卻又很典型的例子中，黑人女性主義哲學家克里斯蒂．多森（Kristie Dotson），大量引用了史碧瓦克有關「認知暴力」的問題，但她卻完全避免提及其實史碧瓦克的思想都是建構於傅柯的研究成果之上的。[3] 這不太可能是學術怠惰或不小心疏忽的狀況，多森可以說是做得非常絕，因為史碧瓦克在〈從屬者有資格說話嗎？〉（*Can the Subaltern Speak?*）一文中，幾乎每一頁都有提到傅柯的概念，更有可能是因為她根據「研究正義」而對早期後現代主義者的一種刻意掩蓋。正如她在類似案例所指出的那樣：

我對這篇論文的友好批評之一，是當中的交織性理論，特別是使用了傅柯的權力概念，卻沒有提到柯林斯在《黑人女性主義思想》的闡述。我想提出兩個主張：如果作者打算以交織性的方法，有意義地參與多樣性和女性主義思想之間問題的討論，那麼使用一位具有代表性的黑人女性主義理論家對交織性權力所做的表述，才是更有意義的。其次，考慮到這當中的區別，我不清楚我們到現在居然還在依賴傅柯？這樣對推進交織性學術還會做出有意義的貢獻嗎？[4]

上述的內容，換句話來說就是，無論這些概念起源於何處，一種負責任的交織性研究方法，就是只能引用一位黑人女性主義理論家的著作。

新用語的野生動物園

當一種意識形態，也就是某種哲學，還加上一種道德要求，以及這些思想的核心原則都被具體化之際，其追隨者往往會對知識及這些思想製造出來的產物抱持濃厚的關注，這是因為意識形態常需證明自己的預設是以現實為中心的。然而這通常主要是在哲學上所進行的努力：像神學家、形而上學家和理論家所該去做的工作；修補知識的概念以確保道德信仰能符合這些相應的要求（這就是為什麼柏拉圖會將知識描述為一種「有正當性的真實信念」）。因此「社會正義研究」對身分和知識之間的關係也感興趣和非常關注，這也代表著我們要去識別、呈現、揭露廣義上的科學相關知識內容，以及要嘗試去破壞這當中的知識系統和知識生產中那些所謂不正義的特徵，還有藉由教育所傳遞的方式。

這裡我們先來談一些過去理論家的老舊陋習。在後現代主義的影響之前，身分研究就一直關注個人的身分和能夠知道什麼，這兩者之間的關係。舉例來說，女性主義哲學在一九八〇年代，設計了各種知識論，都是有關如何製造和理解知識的理論。這三種主要的方法，被用來證明女性主義思想的合理性：像是女性主義經驗主義、立場理論和後現代激進懷疑主義。女性主義經驗主義論斷說，科學作為一個過程通常是正確的，只是在女性主義之前受到以男性為中心的偏見困擾，使其無法成為真正的客觀。這種方法在一九九〇年代，在應用後現代轉向期間過去之後，已經成為了那個時代「科學戰爭」（science wars）[5]下的犧牲品。第二種和第三種方法，則會對「社會正義研究」帶有相當大的興趣，因為符合知識來自身分的後現代知識原則；它們現在構成了交織知識論方法的根基。最重要的是，他們主要聚焦在如何將知識和知識生產與理論所衍生出的正義和非正義概念彼此連結起來。自二〇一〇年以降至今，它們也已經成為整個社會的主流思想。

由此出發，米蘭達・弗里克（Miranda Fricker）在二〇〇七年的著作《知識的不正義：知識的權力和倫理》（*Epistemic Injustice: Power and the Ethics of Knowing*）中，創造了「知識論上的不正義」（epistemic injustice）一詞。[6]弗里克將知識不正義，描述為當某人身為了解者的身分，卻受到某種壓迫之際所發生的狀況。根據弗里克的說法，這可能以多種方式發生：當某人不被認為是「有能力」（can）知道某事時，當其知識不被承認有效時，當無法知道某事或當其知識不被理解時。弗里克將認知上的不正義，劃分為證言上的不正義（testimonial injustice），即某一群人因身分而被認為不可信時；以及詮釋上的不正義（hermeneutical injustice），即某一群人的知識根本無法被理解的情況。

弗里克的分析等於是預設某些群體因自身的身分，而會在本質上處不利地位，這種說法並非完全沒有價值。比起某些他者，人們通常確實會傾向於更信任某些個人，或某些群體的知識，這有時確實可能是由於社會偏見（像是種族主義之類的），而不是那些人的相關專業知識的實際程度。此外，邊緣群體的成員，有時也會面對追求知識的障礙：舉例來說，生活在小規模社群當中的人們，如果以前從未聽說過某些特定議題，男、女同性戀者可能會難以理解自己的性傾向；無神論者也可能會難以理解自己為什麼會是缺乏信仰的。

然而，弗里克將這些問題視為「個人」所製造出來和個人所要面對的，而不是「群體的屬性」。因此她主張每個人都要培養一定的「美德」，這樣才不會犯下知識上的不正義錯誤。她的個人主義方法在社會正義後現代主義者的眼中是不會受到歡迎的，因為他們認為知識在本質上是和身分相關的，也會批評她過於簡化，忽視了廣大結構變革的重要性。[7]弗里克的工作主要是針對個人，而不是要解決「整個社會」的正義問題。此後，學者們利用、擴展和重新定位了她的工作，將「不正義」描述為屬於社會群體的遺留，也就是這種不正義是由社會權力動態運作所製造、建構而成。自二〇〇七年以來，社會正義哲學特別是在教育和法律方面，主要關注的重點就是在於知識上如何被不正義的對待。據說，這當中一直導致不正義的最根本的原因，就是因為身分。[8]

這裡面製造出來大量的專業詞彙。二〇一四年，多森擴展並且重新理解了弗里克的知識不正義的概念，她認為在這個表面之下，還有一個更大、更難處理，以身分群體為基礎的問題面向，她稱之為「認知壓迫」（epistemic oppression）。[9]這種形式的壓迫，據說就發生在邊緣群體使用和製造知識的方法當中，像是民間智慧和巫術，都不會被納入在一般對知識的普遍理解當中。受到後現代知識和政治原則的影響，社會正義學者將不同的知識方法歸類為「被邊緣化的」vs「主流的」，當然他們會更喜歡前者；但他們對了解這些不同方法彼此之間的相互競爭，如何使各自的思想、信念更接近現實的意義上是否有效，並沒有太大興趣。因為對他們來說，這些充其量只是個次要問題。另一方面，由於批判性社會正義研究預設知識依賴於權力動態，因此「理論」對於個人的身分是否影響知識，以及身分如何影響知識被理解和傾聽的方式，才真正深感興趣。由此出發，理論還創造了許多用語來描述這些相關的內容。多森有關認知壓迫的工作，是她早先在二〇一一年有關認知暴力（epistemic violence）的工作的一種延續。某人的文化知識之所以被主流文化壓制，對多森而言，這是拒絕接受的聽眾所帶來的一種「無知的傷害」（pernicious ignorance）的結果。[10] 這些用語在二〇一〇年代初和二〇一〇年代中期，可說是快速激增。舉例來說，諾拉・貝倫斯坦（Nora Berenstain）在二〇一六年創造了「認知剝削」（Epistemic exploitation）的概念，用以描述某些被邊緣化的人，被期望要分享他們的知識時所面對的不正義狀況。[11] 因此只要你是一個不努力理解邊緣群體的人，這本身就是一種壓迫行為。以她的用語，這是一種剝削、壓迫行為，因為人們要求一個被邊緣化的知識者要以壓迫者的用語去解釋其知識。

二〇一三年，理論家何塞・梅迪納（José Medina）創造了戲劇性的用語「詮釋之死」（hermeneutical death），描述一種無法被深刻理解的失落而摧毀了人的自我意識。

與之相反的另一端，是「詮釋的隱私」（Hermeneutic Privacy）概念，描述完全不被理解的權利。[12] 因此被邊緣化的人，可能會因為不被理解而被壓迫到精神死亡的地步。我們應該尊重他們也有被完全理解的權利。於是，在這種雷區想要去進行溝通，對於一個決心不壓迫人且帶有善意的人而言，可以說，是非常困難的。

弗里克的證詞不正義，也引發了愈來愈多的相關想法，像是證詞背叛（testimonial betrayal）、[13] 認知自由（epistemic freedom）[14] 和認知責任（epistemic responsibility）[15] 等。雖然可以繼續說下去，一個個列出來，到底還有哪些有的沒的這類專有名詞，但是我們認為你看到這裡，應該已經懂了。呈現出「知識」和要求尊重這些「知識」，是整個「社會正義研究」的關注焦點。

你是誰，是因為你所知的內容

這種對知識和認知之人的痴迷，究竟背後有什麼樣的原因和目的呢？他們刻意規避更嚴謹的方法，特別是嚴謹的方法和他們的意識形態目標（理論或實踐）之間所呈現出來的落差狀態。社會正義學者，正嘗試以一種將科學和理性視為不正義的特權的態度，在各種各樣的以身分為基礎的「認知方法」中來證明這一點，無論他們是否有能力準確地描述現實，並且對其做出預測。對他們而言，問題在於科學的知識生產形式的目標，是在於找到客觀和普遍性，並且（至少在大多數人看來）經常在這一目標上取得成功。科學對影響身分群體的一些社會問題，都是以實證、證據為中心而提出解釋，所以科學經常會發現自己直接違反了後現代原則，特別是因為，後現代相信一切重要的事物都是社會建構的。此外，許多哲學家、科學家和其他學者，也都提出了合理的論點，指出了「理論」和「社會正義研究」在預設、方法和結論上的缺陷。這種類型的批評，往往不適用於作為「社會正義研究」和社會行動主義核心的後現代主義，因此以社會正義為中心的思想，通常就會針對科學和理性發起公開和直接的攻擊。這不僅是因為科學和理性，會有暴露理論方法缺陷的，那種令人不爽的習慣；也是因為，科學是有普遍性意義的，因此違反了後現代知識原則和以群體身分為中心的後現代主題。社會正義研究，則是要以群體身分這一主題為中心來組織。

　　這種對科學的反動是藉由後現代政治原則來處理的。因為科學作為可靠的知識生產者，一直以來享有著很大程度的信譽和聲望。這使得從李歐塔到傅柯的後現代主義者，在過去五十年裡，一直將這些科學內容，貶低為一種權力話語，這也導致一般而言，社會正義學者和運動者都對科學深表懷疑。

　　而且通常，懷疑科學的合理性，是藉由指出人們在某些時候是如何利用科學和理性去支持不正義的事情。特別是，你要盡可能故意、偏激地，去閱讀過去的某些歷史。[16] 這樣的主張，通常指的是比較早的科學時期，像是如果你引用了十九世紀支持殖民主義的論點，現在會被視為偽科學而被反駁。在其他時間點的懷疑，則是因為，科學發現了不符合社會建構主義思想的事物，像是說科學發現了男女之間真的有性別差異的存在。有時，這些反對意見，是因為有所謂的歧視：「某些官方的和非官方的，針對女性和少數族裔參與科學、企業的阻礙，已經帶來了不成比例地，那種有利於白人男性能在科學領域發揮影響力的結果。」[17] 然而，這些抱怨往往含糊不清，都先有了文化建構主義的預設。也就是說，所有的不平等，通常伴隨著一種態度，就是所有一切問題都必須是壓迫弱者的結果，而不是男性和女性在平均上真的存在有不同的差異。另外，還有這幾十年來，社會正義研究根本沒辦法提出太多證據的問題。

「社會正義研究」倡導「他者的認知方式」而不是科學。它源於對深刻感受生活經驗的一種理論解釋。它認為，理性和以證據為基礎的知識，讓傳統、民間傳說、解釋和情感受到不正義的對待，這是因為有著彼此之間的權力不對等，是因為我們一點也沒有意識到隱藏下的種族主義和性別歧視。因此，「理論」將證據、實證和理性視為西方白人男性的文化資產。

這方面的例子很常見。多森在二〇一二年將理性和科學的主導地位稱為「被正當性的文化」（culture of justification），並且主張建立一種「實踐的文化」（culture of praxis），這種文化將結合多種認識方法，以便將更多不同的人群納入哲學之中。[18] 其他學者則認為，理性和科學的方法限制了英美知識論者能去接受更廣泛和多樣的認識方法的可能。[19] 還有一些學者建議，將感性作為一種曾經被不正義地、被忽視的一種獲得可靠知識的手段。艾莉森．沃爾夫（Allison Wolf）對此稱為「理性／感性劃分」，並且將這當中的內容判定為一種西方哲學傳統的建構，因此她主張將感性也作為一種了解事物的方法。[20]

這種方法是非常令人震驚和傲慢的，而且還具有潛在的危險。當然，經驗知識的基本概念，絕非是完全沒有價值的。很多時候，了解事物的經驗，比了解事物的事實，其實是更為重要的。舉例來說，如果某個朋友的父親死於心臟病，我們通常想知道她的感受如何，以及如何幫助她度過悲傷。在那個時候，有關心肌梗塞的事實資訊，確實可能是不太需要的東西。然而，某些跟心臟病發作的有關的事實，還是需要被知道的，而且重要的是，這些相關的事實資訊，才是真正準確的。然而，這些知識不可能僅僅藉由心臟病發作的感受經驗，或者從因為心臟病發作而失去親人的人的感受經驗裡去收集、去找到的。有些時候，我們確實需要同情因心臟病發作而失去親人的人；但是，更多的時候，我們需要諮詢心臟病相關的專家。

儘管後現代主義者認為，自己的理論是新穎而深刻的。但是，事實和經驗之間的這種劃分，對於後現代主義之外的哲學家而言並不是特別神祕：也就是「知道那個（that）和知道如何（how）的區別。「知道」（knowing that）是命題知識，而「知道如何」（knowing how）是經驗知識。問題並不在於是否存在這種劃分，也不在於兩方都是具有價值的訊息、資訊，而是當我們未能認識到，知識經過詮釋後會受到影響，而使得經驗知識變成偏見和扭曲，這種情況有時候甚至是非常嚴重的，這會讓我們在理解相關現象時，得到完全不可靠的指引，那就會出現問題。

然而，這種混淆建構出另一位以「社會正義」為導向的理論家：亞歷克西斯・肖特韋爾（Alexis Shotwell）論點的基礎。她認為，「把注意力集中在命題知識上，好像它是唯一值得考慮的知識形式，這本身就是一種知識上的不正義。這種關注會忽略幫助被壓迫者創造更正義的認知資源可能性。」[21]在這裡，我們看到了這樣一種預設，也就是被壓迫者的經驗知識，對於處理相關的現實世界的現象其實也是至關重要的。由於後現代政治原則，它甚至還具有最重要的價值，因為它提供了「幫助受壓迫人民，創造更正義的世界資源」。還有一種預設是，「受壓迫的人」都有相同的經驗知識，大約都是由他們的身分所定義的。這些相關內容都可看為是肖特韋爾對後現代原則的承諾，她寫道：「對世界知識形式更豐富的描述和對生活經驗更豐富的關注，有助識別、分析和糾正那些知識上的不正義。」[22]這不僅僅是對「不平等、不正義的認知領域」的關注，[23]而是這擺明了就是一種立場論觀點（standpoint theory）。

另一種色盲

立場論根據兩個預設來運作，一是處於相同社會地位的人，也就是身分、種族、性別、性取向、能力地位等等，這群人會擁有相同的支配和壓迫的經驗，並且會在正確地了解他們經驗的前提下，以相同的方式解釋它們。這樣的假設，也就是指這些經驗將為他們提供更權威和更全面的圖像。另一個預設是，某人在社會權力動態中的相對位置，決定了一個人可以知道什麼和不知道什麼：因此特權者會被他們的特權給蒙蔽了雙眼，而被壓迫者卻可以擁有一種雙重視野，因為他們既了解領導階層，也了解被領導階層壓迫的經驗。正如女性主義知識論者南希．多納（Nancy Tuana）所言：

> 立場理論被設計成一種方法，可以使價值和利益被透明化，像是男性中心主義、異性戀和歐洲中心主義，這些是科學和認識論中所謂的中立方法的基礎，我們要能釐清這當中它們帶來的影響；這種對知識主題的關注呈現出壓迫性做法，可能帶來了或者強化了知識上的不平等、排斥和邊緣化他者的各種方法。藉由這種方法出發，女性主義和其他解放知識論者的目標，是在於改變知識主題，也就是關注被主流利益和價值觀所遮蓋的知識，從而識別和提供工具來破壞和壓迫有關的知識及其實踐。[24]

粗略地說，這個觀念是統治群體的成員，經驗一個由統治群體所組織並且為統治群體而組織的世界；這當中被壓迫群體的成員，則在一個由統治集團所組織，並且要你為之服務的世界中活著。

因此，被壓迫群體的成員能夠理解主導者的視角和被壓迫者的視角，統治群體的成員卻只能理解主導視角。立場理論可以類比理解為一種「色盲」，一個人越有特權，他能看到的顏色就會越少。因此，一個具有三重優勢的異性戀白人男性，可能就只能看得到灰階的顏色，而一個黑人就能夠看到紅色；一個女人將能夠看到綠色；一個LGBT人士則可以看到藍色；一個黑人女同性戀，除了每個人都有的灰階視覺之外，還可以看到所有其他三種顏色。梅迪納將此稱為「萬花筒般的意識」和「廣角的清晰」（meta-lucidity）。[25]因此，擁有受壓迫的身分，反而可以帶來額外的視覺維度，這讓被壓迫者對現實有了更豐富、更準確的看法，[26]因此我們更應該傾聽並相信他們對現實的描述。

立場理論經常發現，自己因為帶有本質主義傾向而受到批評，常會認為好像「所有的黑人，都是這麼認為的」。[27]這種說法並沒有完全錯誤，因為它在某種程度上依賴於我們以前提到過的一個概念：策略性本質主義，這當中被壓迫群體的成員可以將自己的經驗（或者說，在這當中他們和權力相關的生活經驗的真實性）作為實現群體政治行動的一種手段。然而，它的擁護者並沒有為它辯護。他們通常藉由爭辯說，這個理論沒有真的預設同一群體的所有成員「都具有相同本質」，而是預設他們在不正義的社會中「都會遭遇到相同的問題」，來逃脫這一指責，儘管他們是選擇性地期待為某些論述做出貢獻。萬一這些團體的成員並不同意立場理論，甚至否認他們受到壓迫，那麼這種狀況會被解釋為，這些人已經內化了他們的壓迫（就是帶有一種虛假意識），或是為了想從主導系統中獲得青睞或獎勵而刻意迎合（像是「湯姆叔叔」和一個「土著的線民」），藉此放大「理論」中的那些主導話語。

立場理論是身分政治的源頭，也是從根本上與自由民權運動之間最大區別的主要元素。對於有影響力的黑人女性主義者柯林斯而言，立場理論和身分政治之間的關係是非常明確的，並且也代表了這當中發展的一個關鍵因素。[28]

同樣但也許更為深刻的是，號稱最有影響力的黑人女性主義知識理論家多森認為，占有主流地位的社會群體，幾乎不可能看到他們自己知識體系之外的東西，而主流社會卻簡化地將之視為知識「本身」。在多森二〇一四年的著作《認知壓迫的軌跡》（*Tracking Epistemic Oppression*）中，她列出了壓迫問題的清單。前兩個項目是弗里克的兩種知識不正義的形式，第三個也是這當中最深層的秩序，則是「不可被化約的」。她的意思是，這是一種知識上的不正義，不能簡單地歸因於社會系統的不正義，而是存在於知識系統本身之中。因此，想要從這個知識系統的內部全面性地改變它，幾乎是不可能的事情。[29]對於多森而言，知識系統的「關係結構圖」（schemata）就是專門為統治群體所建立的，而且是帶有排他性質的。但因為它們為統治群體工作團隊如此順利，他們甚至沒有意識到有些事情他們是不知道的。甚至某些事情只有透過那些遭受過壓迫的人才能被知道的。[30]

多森最終論斷說，除非把少數群體的經驗知識納入，否則這些知識就是不全面的。由於群體之間的權力動態，這種知識會被預設為不同於主流群體的知識。此外，主流群體所產生的知識，包括了科學和理性也僅是這個主流群體的文化傳統中的產物，並不應該優越於其他文化傳統所產生的知識。多森明確地從兩個後現代原則出發，她的論點就是立場理論的核心，她否認科學和理性對所有人而言都是有普遍性和恆常性的。實際上，那些就像是西方白人男性的印記一樣。多森則比這些更進一步，她提出的三階段的壓迫的邏輯含意是，如果某個來自主流群體的人不同意她的知識生產系統受到限制，無法把外部的經驗知識納入系統，那是因為她無法走出自己的文化。換句話說，不同意限制存在本身就沒有合法性，並不該是一種選擇。

梅迪納在她二〇一三年的著作《反抗的知識論》（*The Epistemology of Resistance*）一書中，以一種易於理解且看似嚴謹的方法也呈現了此一觀點。梅迪納將特權群體的成員描述為「在知識上被慣壞了」，並且認為他們「很難了解自己的錯誤、偏見，以及他們在社會上所擁有的特權地位，還有他們觀點的限制和預設。」[31]

社會正義研究中，對知識的研究帶有這樣一個前提，也就是特權會破壞人們的認知，並且使他們無法欣賞其他知識方法。梅迪納認為這種被寵壞的狀態會產生「知識傲慢」（epistemic arrogance）、「知識懶惰」（epistemic laziness）和「主動的無知」（active ignorance）等「知識上的惡習」（epistemic vices）。對梅迪納而言，受壓迫反而帶來了「知識謙遜」（epistemic humility）、「知識上的好奇心／勤奮」（epistemic curiosity/diligence）和「知識開放」（epistemic openness）等相反的「知識上的美德」（epistemic virtues）。[32]這些與相對特權和壓迫相關的惡習和美德，在種族批判理論和後殖民理論中占有著非常突出的地位。當中受壓迫的立場，反而得以讓人擁有雙重或多重意識，這是因為受壓迫的人會同時在不同的系統中運作。

這種對被壓迫者給予雙重視野，而不是對壓迫者給予雙重視角的思路，通常被歸因於馬克思主義，但更準確的說法是，後現代主義和馬克思主義都有著共同的哲學祖先，那就是黑格爾，[33]儘管馬克思可能是後現代主義者傳遞這些思想的重要管道，但就像是一般日常所呈現的樣子，後現代主義和馬克思主義彼此呈現出顯著和刻意的差異。這當中的關鍵差異在於，被壓迫者是否像馬克思主義者所認為的，由於那種隱藏又強加其上的權力而遭受虛假意識的折磨，或是「壓迫者」之所以遭受虛假意識的折磨，是因為社會化而進入了一個有利於他們的知識體系，這是後現代主義者所愈來愈認為的。理論家查爾斯·米爾斯（Charles Mills）陳述了這和馬克思主義思想的差異：

> 種族上處於從屬地位的人，最終是種族滅絕、使役和被奴役的受害者！他們通常能夠很好地認知到他們的處境。並非（或並非總是）被監禁者影響，而導致他們缺乏理

解自己處境的概念和解釋資源，反而是那些特權者會缺乏概念，並且發現到他者們是那樣的令人難以置信，甚至無法理解，他們和白人至上主義的意識形態，為什麼會那麼不同呢？即使他們想「聽到」黑人在說什麼，他們仍然會因為黑人的預設和他們自己的主導優勢框架在概念上的不連貫而無法「聽到」他們。白人被囚禁俘虜（一個顛倒的比喻）在一種認知狀態中，這種狀態既保護他們免於處理社會壓迫的現實，當然也使他們在認知上失能。[34]

這代表著社會正義研究，已經將後現代知識原則具體化，使這些內容變得「真實」，並將這些內容和後現代政治原則相結合，這是一種改變底層權力系統的動力，這些預設都回歸到了每個社會互動之中。它藉由過去前所未有的一種確信，並利用四個後現代主題來實現這些目標。

不准你不同意「理論」

也許「社會正義研究」最令人擔憂的地方在於，除了在這當中沒有彈性的那些用語之外，我們若想以任何方式談論和社會正義相關的問題，或者關於社會正義研究本身的難度都變得愈來愈大。這代表著我們只能使用已經被允許的用語，並且接受立場理論和身分政治的有效性。因為既然後現代主義的預設都已經被具體化，就更不可能容忍分歧了。這可從以下事實中看出：不同意的，通常被認為大概是未能正確參與社會正義研究，好像在說如果要參與就必須接受這些東西。更慘的情況是，這樣還代表著你有嚴重的道德瑕疵。這種說法更像是一種宗教意識形態，如果不相信就是沒有正確地好好閱讀聖經，或因為你就是想要犯罪，而不是要使社會正義研究更適用於所謂嚴謹的學術研究。上述內容或多或少根本就是實體化後現代主義的直接後果。

許多人（特別是學者）仍然沒有意識到這個部分帶來的深層問題，這些內容表現為意識形態上的封閉，不願意接受任何分歧，還帶有某種威權意志，會把社會正義概念和道德要求強加他人之上。[35] 關懷社會正義並不是問題，事實上這正是一個健全社會所必要的。但如果這些不好的思想也進入這個領域當中，並且變得愈來愈普及，也並非原本該有的狀況。這就是發展知識的進步方法，能在我們的學習中心給各種想法提供空間，讓它們可以被檢視、查驗和批判（某些當今被認為很完美的思想，像是宇宙學的「大爆炸」（Big Bang）理論，也曾經一度被認為是瘋狂且不道德的）。然而，當任何思想流派拒絕對其思想進行嚴格審查，從原則上直接拒斥接受某種檢驗，並且還聲稱任何嘗試讓其接受深思熟慮的批判與證偽其觀點，都是不道德、不真誠的，那麼問題就出現了。為了讓大家了解這些問題的嚴重性，讓我們看一下二〇一〇年代的三個案例。

範例1：

《做個白人，當個好人：白人共犯、白人道德責任和社會正義教育學》（*Being White, Being Good: White Complicity, White Moral Responsibility, and Social Justice Pedagogy*）芭芭拉・阿普爾鮑姆（Barbara Applebaum）

在這本二〇一〇年的著作中，社會正義教育家阿普爾鮑姆使用後現代知識和政治原則來論證所有白人都是種族主義的同謀共犯，因為他們自動參與了種族批判理論所描述的權力和特權體系。儘管這本著作還沒有那麼普及到社會大眾當中，但是它確實是一部白人批判，也是一部教育批判理論界當中里程碑式的大作，因為書中的內容呈現出所有白人都享有特權的觀念（這個概念可以追溯到一九八九年，和應用後現代轉向），這種思想堅持認為，所有白人都積極地參與在種族主義之中。她寫道：

> 白人學生通常認為，對特權的認識就是責任的開始和結束。然而，實際上的情況是，藉由認識或承認特權，白人學生就能免於接受自己在系統性種族主義中的同謀、共犯身分。[36]

這部分明確表明了，承認白人有特權還遠遠不夠。白人學生還必須接受他們在延續系統性種族主義面向上的持續同謀，原因僅就因為他們是白人。這裡預設了，他們一定已經學會、內化，並一直在延續、迴護種族主義，即便是他們根本沒有對此感知和察覺。如果這讓你想起了傅柯有關權力的論述是如何在社會每個人身上發揮作用的概念，那麼，你想對了！阿普爾鮑姆告訴我們：「為了要能理解話語、論述是如何運作的，傅柯的權力概念是絕對不可少的」[37]，她告訴我們：「話語、論述不僅是賦予現實意義的棱鏡」，「而且權力也藉由論述發揮作用，建構主體。」[38]

我們再次得到這個形象，權力就像一個網絡，一直在運作著，被放置於這個權力網絡上的每個人，都會按照它的指令表演和說話，更像是（書呆子！）一個博格蜂巢（Borg hive，譯注：科幻電視劇《星際爭霸戰》〔*Star Trek*〕中虛構的外星種族「博格人」本身無法繁殖，他們存續種族唯一的方式，是「同化」其他種族的生物達到一致而「完美」）。

阿普爾鮑姆要求人們相信這種典範，儘管她很快就指出她在技術上並沒有禁止意見分歧。她寫道：

> 人們可以暫時不同意，並且先繼續深入學習這些材料。舉例來說，藉由提問和尋求澄清理解。然而，想要直接否認，卻只是一種讓自己遠離資料，並在不參與的情況下就先跳出的一種方法。[39]

所以，人們可以就阿普爾鮑姆的論文提出問題並嘗試對之同理，但是如想否認「真相、真理」（我們通常認為的分歧），卻只代表對這些材料的投入不夠，或者沒有使用正確的方法。換句話說，阿普爾鮑姆根本就已經預設，她的論點就是正確的。她確信自己掌握了真相、真理（根據「社會正義」），並且指責那些不同意她的人說：「這群人之所以敢質疑系統性壓迫的存在這個事實，是因為他們擁有一種能選擇忽視的特權，能選擇到底要不要忽略對系統性壓迫的討論。」[40] 所以大家可能會覺得，阿普爾鮑姆根本沒有給人不同意她的機會。她的學生肯定是這麼想的：

在課程中被明確定為系統性不正義的學生們，常在教師評鑑中抱怨，他們不允許在課程中提出不同意見的觀點。學生經常堅持認為，這類課程灌輸了他們不願意接受的某些有關種族主義的特定觀點。[41]

阿普爾鮑姆主張讓這種學生分歧直接閉嘴。她舉了一個男學生的例子，因為這個人質疑性別工資差距：

允許他表達他的不同意見，並且花時間嘗試去挑戰他的信念，往往會讓那些被邊緣化的學生們付出代價，他們的經驗（即使是間接地）會被這些人的主張所駁回。[42]

教育批判理論認為，讓學生表達這種不同意見是很危險的。因為這些「理論」是以後現代知識原則為中心，也就是社會現實和那些被接受為真實的東西都是由語言所建構的。提出分歧的意見將允許原本占主流地位的那套論述，被重新申明、表達和聽見，而理論認為，這是非常令人不安的。正如阿普爾鮑姆所解釋的那樣，「語言藉由提供賦予意義的概念框架來建構出我們的現實。」[43] 她補充說：「即使一個人退回到只為自己說話的位置，他說出的話語仍然不是中立的，依然會加強了霸權的延續。」[44] 鑑於對語言的力量（一個後現代主題）以及這當中的內容會對社會正義所造成的影響（以後現代政治原則為中心），我們因而有必要去控制，什麼是可以說的，什麼是不可以說的。這種必要性已經滲透到社會正義研究當中。

阿普爾鮑姆已經將「分歧」的唯一合法形式定義為，應要更加努力地去理解（閱讀那些材料，就等於同意其內容）並將實際上的分歧視為拒絕接觸真相，阿普爾鮑姆繼續說：

我們不允許抗議的言論，去破壞課堂上的討論！當然，那些拒絕參與的人，可能會錯誤地認為這是他們不被允許去表達不同意見的宣告，但事實上，這是因為他們拒絕參與。[45]

果然，提出抗議真的是徒勞無功的。

範例2：〈在女性主義和種族批判哲學課程中追溯保障特權的認知推論〉（Tracking Privilege-Preserving Epistemic Push back in Feminist and Critical Race Philosophy Classes），艾莉森・貝利（Alison Bailey）

在二〇一七年的這篇文章中，貝利認為任何不同意社會正義研究的人都是虛偽的，只是想嘗試繼續迴護不正義的權力結構，那是一個賦予異性戀白人特權，並且阻礙社會正義的一個運作中的知識生產系統。她如此定義它：「保留特權的認知而去提出種種反駁是一種刻意無知，是主流群體嘗試使社會不正義重新出現在常見對話中所部署的。」[46]她預設了對社會正義研究的批評，只是嘗試故意去忽略以社會正義理論為基礎的真相、真理。此外，對社會正義工作的批評，也是不道德的，而且是會帶來傷害的，貝利告訴我們她是這樣定義的：

> 我之所以聚焦這些出發點的反駁，是因為它們普遍而頑強並且和批判性思維實踐非常相似。而且我相信，因為它們那種不間斷的循環發言，會對邊緣群體的成員造成心理上和認知上的傷害。[47]

由於像貝利這類的社會正義學者假設，對他們的工作所提出的分歧一定是在知識上和道德上帶有缺陷的結果，所以這種分歧是不能被容忍的：

> 如果我們將保留特權的認知反駁，視為一種批判性參與形式，以為這樣可以驗證它，並且允許它被更自由地傳播著；正如我接下來所將論證的那般，這會對被壓迫群體造成認知暴力。[48]

因此特權認知系統應該被完全關閉，並且以社會正義研究將其取而代之。事實上對貝利而言，批判性思維本身就是一個問題：它需要用「批判性教學法」（critical pedagogy，其中「批判性」一詞跟平常意義大不相同）取而代之，她解釋說：

> 批判性思維傳統，主要聚焦在認知的充分完整。批判是在識別論點錯誤、論斷缺乏證據、真理主張是否訴諸不可靠的來源，或者概念草率地被訂定，和應用理論時要表現出良好的判斷力等等……批判教育學則認為，學生對社會正義問題的回應，不是作為對真實價值進行評估的命題，而是作為重新寫入和再次延續社會不平等的一種權力表達。它的使命是，教導學生識別和描繪究竟權力是如何塑造我們對世界的理解方法。這是抵制和翻轉社會不正義的第一步。[49]

這是一個明確的宣告，貝利的目的並不是尋求真理，而是為了要達成社會行動主義的目的，教導一種對社會正義的特定理解。雖然這篇文章影響力不大，但是非常值得一看，因為它是一個非常明確的案例，說明了這些哲學課堂是如何被利用於指導學生了解「社會正義的真相」。這篇論文發表在非常重要的《希帕提亞：女性主義哲學期刊》（*Hypatia: A Journal of Feminist Philosophy*）上，使我們十分震撼，文章呈現了在社會正義研究領域中，什麼樣的內容被認為是可以接受的，社會正義會如何影響教育，以及目前如何將後現代主義立場實體化，讓我們看到他們帶有多麼自信和明確的態度。[50]

貝利將與社會正義方法的分歧，稱為「陰影文本」（shadow texts），暗指人們對社會正義的書面批評，既不真誠也沒有任何幫助，不應被視為真正的學術。她告訴我們，陰影文本的形象來自一個調查人員故意把自己的標記遮起來的想法：「『影子』這個詞讓人聯想到一物緊貼著一物，卻沒有實際接觸它的形象。」[51]在她給出的陰影文本中有這兩個例子，一名男學生指出男性也可能成為家庭暴力的受害者，以及一名女學生認為可以「提及」種族歧視的髒話以進行討論，而不是將其「判定」為髒話。貝利則如此回應：

> 我們正在討論制度性種族主義。主修哲學的白人學生詹妮弗分享了一個關於使用「n」字的種族歧視塗鴉的故事。她在說這個詞時用兩指做出著重引號的手勢，以表明她正在提及它。我請她思考一下這個詞的歷史，以及它從白人口中被說出來可能

代表著的不同涵義，我叫她不要使用這個詞。她給全班同學做了一個有關「使用與提及」之間區別的短講，提醒我「這只是分析哲學的基礎概念」，並且「在哲學討論中提及但不使用這個詞就好了」。[52] 如果詹妮弗繼續將哲學概念強推向更廣義地拒絕理解「n」字的非人性化歷史，那麼，所謂提到但不使用「n」這個詞，就是一種「陰影文本」。[53]

貝利並沒有考慮這些論點的有效性，也沒有讓學生有機會對之討論，而是先預設這些學生之所以提出不同意見，只是嘗試去維護男性和白人的特權。因此，她將這些學生當成未能真正參與的對象而教訓他們。她如此寫道：「學習識別陰影文本可能會產生認知摩擦。但就是要這樣，讓這些內容有助於全班關注陰影文本所產生的作用，而不僅是他們所說的那種程度的問題而已。」[54] 也就是說，貝利正在指導她的哲學課學生們不要去參與爭論，而是要認識到他們可能被寫入了哪種權力話語之中。這完全符合後現代的兩個原則。

貝利哲學課堂上的學生被教導為要能立即將反駁社會正義研究的觀點，識別為對社會正義真理的反動抵制以及一種「無知」。她認為人們不同意時是因為某些事情「引發了阻力」。[55] 她寫道：

> 我要求我們班的同學，要懂得思考識別陰影文本，是如何有助於追溯無知的產

> 生……他們必須明白追溯無知，會要求我們的注意力不要集中在那些少數有問題的人身上，而是要學會識別這種障礙模式，並將產生無知的習慣和策略性拒絕理解，把兩者之間連結起來。[56]

在這裡很難忽略這種好戰的社會行動主義。和阿普爾鮑姆一樣，貝利對自己論點的正確有著牧師般的確信，同時也需要對任何不同意的人進行再教育，或者直接請他閉嘴。這代表著他們這批人，與最早的後現代主義者的激進懷疑主義兩者相比較之下，已經發生了重大的變化。但這些內容和後現代原則及其應用，在過去半個世紀中的變異方式，卻始終保持一致。

範例3：《白色的嬌慣脆弱：為什麼和白人談論種族如此困難？》（*White Fragility: Why It's so Hard for White People to Talk about Racism*），羅賓・迪安吉洛（Robin DiAngelo）

在二〇一八年的這本著作中，「白人研究」講師迪安吉洛提出了「白色的嬌慣脆弱」（white fragility）的概念，她在二〇一一年[57]一篇被引用度很高的同名論文中，首次提出此一概念。她以一個強有力的客觀真相聲明作為論述的起點：

> 北美的白人生活在一個保護和使之隔離免於遭受種族壓力的社會環境當中。這種隔離的種族保護環境建立了白人對種族舒適的期望，同時降低了容忍種族壓力的能力，

這就帶來了我所謂的「白色的嬌慣脆弱」。[58]

這些內容本身可能是有用的見解，引導白人更深入地反思可能無意識中就已經帶有的偏見。但迪安吉洛卻繼續堅持認為，社會被白人至上主義所滲透，任何和她分歧的想法，都是因為白人的特權已被社會化為一種嬌慣脆弱的結果：

「白色嬌慣脆弱」是一種狀態，讓人即使接觸到最少量跟種族相關的壓力，也會變得無法忍受，從而引發一系列防禦性動作，包括憤怒、恐懼和內疚等情緒的外在表現，以及爭論、沉默和憤而離去等，這些因壓力而引起的情境行為。[59]

任何對種族歧視和種族主義社會回應的負面情緒，都被視為是這種「嬌慣」的印記，並被視為參與（如果還不算勾結、共謀）種族主義的證據。白人是種族主義和白人至上主義的共同受益者這個觀點，就是社會正義的真理，我們不允許社會上有半點不同意的意見。迪安吉洛對此問題的態度可說非常明確。如果不同意、保持沉默和離開現場，這種種的一切都是白色嬌慣脆弱的證據，即便你僅僅是帶有「防禦性的舉措」也是一樣。這麼一來，一個人想要避免這種「嬌慣脆弱」的唯一方法，就是待在原地，乖乖保持原狀動也不動，不可以表現出任何負面情緒，而且最好還要認同那些「真相、真理」。然後，當然，也要積極地去參與發現真相，也就是說，你也要學習如何解構白人和白人特權，這些都被稱為是推動「反種族主義」的必要工作。

這是相當驚人的。身為白人女性的迪安吉洛認為，所有的白人都是種族主義者，而且不可能不是！因為我們一生下來，就面對著強大的種族主義話語體系。[60]她堅持認為，如果我們默認我們就是同謀，那麼我們就有責任要來解決這些系統問題。和阿普爾鮑姆一樣，迪安吉洛認為即便有某個白人個體是鄙視種族主義的，並且他是一個不懂任何種族主義偏見的好人，這也完全不重要：

> 你個人的好和壞，根本無關緊要。種族主義已經寫入我們文化的多層體系當中。我們所有人都已融入在這個種族主義體系裡面。所以種族主義是無法避免的。白人對種族主義有盲點，我對種族主義也有盲點。種族主義很複雜，我不必了解所有回應中每個細微差別來驗證每個個別的結果，但白人們就是會／或無意識地沉浸在種族主義之中。偏見是隱藏的，也是無意識的。[61]

這種個人的「白色嬌慣脆弱」已經變得無所不在，還有她們那種重視集體主義和拒絕個性的觀點也是一樣的。迪安吉洛以白人的身分為其他所有白人代言，並堅持「我們」白人應該以她的方式看待世界：

這部著作就是無怨無悔地以身分政治為寫作基礎。我是一個白人，正在解決一個白人當中很常見的狀況。我主要是寫給我們白人讀者看的，當我使用我們的（us）和我們（we）這兩個詞時，我指的都是我們白人集體。[62]

對於迪安吉洛這樣的理論家而言，白人是一個集體，因為他們在社會權力網絡中的地位使得他們不能不從種族主義中受益，因此我們必須格外努力才有可能去超克這些問題。此外根據迪安吉洛的說法，白人在「社會化之際，就已經帶來了一種深層的、內化的優越感，我們要麼是尚未知道、察覺，要麼就是永遠無法懺悔，原來自己真的帶有這種思想。」[63]白人所能做的就是更加意識到自己和權力的關係，有意識地去意識到此一點，並且一遍又一遍地去解決這種思想。這些東西都是後現代政治原則在起作用。

迪安吉洛還拒絕個人主義和「色盲」的自由主義原則，像是馬丁・路德・金恩所言，一個人的種族身分和其價值無關。根據社會正義的真相，自由主義的價值觀也是帶有種族主義的，因為這些內容，使白人能夠躲避種族主義和白人至上主義的「現實」。迪安吉洛總結道：

為了挑戰像是個人主義和色盲之類的種族主義意識形態，我們作為白人必須暫停我們對自己作為獨特和／或外來種族的看法。探索我們的集體種族身分才足以打斷一項重要的支配特權，也就是那種將自己視為個人的可能性。[64]

迪安吉洛的思想可能是後現代主義社會觀念的一種最純粹的體現。和她同時代人一樣，她對後現代的原則和主題都表現出堅定不移的信念。這代表說，這些思想內容都已被具體化為「社會正義」宏大敘事的基礎。[65]令人擔憂的是，她的思想比其他任何思想都已更成功地打破了學術的界線，進入了主流社會。《白色的嬌慣脆弱》一書還成為了《紐約時報》蟬聯六個月的暢銷書：迪安吉洛得以在廣大的世界巡演中對世界宣傳這些內容。迪安吉洛所著的另一本有關對抗種族主義的書，正如她所預見的，也已經在出版中了。

總結：使後現代原則和主題成為現實

「社會正義研究」不僅以兩個後現代原則和四個後現代主題為基礎，還把後現代原則和後現代主題的基本預設，視為道德上正義的、一種大家都該知道的知識。這些內容也都被當成是社會正義的真理。因此它構成了後現代主義的第三個不同階段，我們稱之為「實體化的後現代主義」（reified postmodernism），因為這些「理論」將後現代主義抽象的核心視為有關社會的現實真理。

要了解後現代主義的第三個階段到底是如何發展的，我們可以先想像出一棵根植於激進左翼社會理論的大樹。[66]

第一階段，或我們稱之為「高度解構階段」（high deconstructive phase），從一九六〇到一九八〇年代（通常簡稱為「後現代主義」）給了我們樹幹：「理論」。第二階段，從一九八〇年代到二〇〇〇年代中期，我們稱之為應用後現代主義，給了我們這棵樹的樹枝、枝頭：像是更適用的理論和研究，包括後殖民理論、酷兒理論、種族批判理論、性別研究、肥胖研究、身心障礙研究，以及各種其他重要的研究。在當前的第三階段，從二〇〇〇年代中期開始，「理論」已經從一個預設變成了實際上的真理，一個被大家認為是理所當然的真理。這些內容給了我們「社會正義研究」這棵大樹的葉子，這些「理論」根據需要結合了以前的方法。在這三個階段中，維持一致性而不變的是「理論」，體現在兩個後現代原則和四個後現代主題之上。

社會正義研究不僅提出了後現代知識原則：客觀真理不存在，知識乃是社會所建構出來的，是文化的產物；還有後現代政治原則：社會是藉由語言和話語的知識所建構的，目標是要繼續實行對被壓迫者的統治。這些被視為真理，不容任何異議，並希望每個人都要同意或者被「閉嘴」。我們在對於誰有資格製造知識，以及如何製造知識的高度關注中，還有運用社會正義方法盡可能更多的「傳染」其他學科的明確願望中，都看到了這些內容。[67] 這些內容也反映在實現「知識正義」和「研究正義」這兩個明確的期待之上，「理論」論斷嚴謹的知識製造，只是白人、男性和西方文化的產物，因此不比從「理論」詮釋出來的那些邊緣群體成員的生活經驗更優越，這些生活經驗才必須不斷被提出和凸顯。

這四個後現代主題通常不會被批判性社會正義學者視為一種對後現代主義的具體化，而認為是來自社會正義真理的各個面向。應用後現代主義理論典型的界線模糊和文化相對主義都得到了進一步的發展，藉此嘗試消除經過嚴謹方法生產的知識和生活經驗（被壓迫的）這兩者彼此之間的界線。群體身分，被視為社會運作中不可或缺的一部分，以至於那些投身於社會正義的人，已經將這種帶有分裂性力量的群體身分政治，提高到了一種近乎狂熱的程度。她們相信語言具有壓倒性的力量，必須被仔細審查和淨化。上述這些內容已被認為是理所當然的真理一樣。這樣下去，當然也會帶來許多後果。

學者和運動者們都投入了大量的精力，去尋找和放大那些最小的冒犯、侵害，這就是他們「關鍵」的方法。他們嚴格地審查人們當前和過去的言論，特別是在社交媒體上的言論，並且懲罰這些「仇恨」言論的散播者。如果相關人員被認為是有影響力的人物，這些暴民甚至可能會去終結其職業生涯。迪安吉洛將乖乖認同理論以外的任何事物，統稱為「白人嬌慣脆弱」；貝利則將這些分歧都描述為「刻意的無知」，都是一種維護個人特權的權力遊戲；多森扮演的角色則是將異議視為「有傷害的」；阿普爾鮑姆將任何對社會正義理論方法的批評都痛斥為「有色談話」（color-talk）和「白色無知」（white ignorance）。

社會正義研究，代表了後現代主義發展的第三階段。在這個新的發展中，後現代主義不再以激進的懷疑主義、認知上的絕望、虛無主義為特徵，也不再以一種玩世不恭、諷刺但悲觀的傾向來拆毀和解構我們認為我們知道的一切。它現在嘗試將解構方法和後現代主義原則，應用於創造社會變革的使命，並將這些思想推向這世上的所有一切。在高舉「社會正義研究」的大旗下，後現代主義已經成為對社會的宏大、全面的解釋：它自己本身成為了一種宏大敘事。

因此讓我們回到實體化後現代主義的核心矛盾：一個知識分子，如何能同時表達激進的懷疑主義和激進的相對主義：後現代知識原則，同時卻又能絕對肯定地論斷這些來自社會正義（理論）的真理？

目前她們的答案看起來是，後現代知識原則的懷疑主義和相對主義，現在被以更嚴格的方式詮釋：人類無法藉由使用證據和推理來獲得可靠的知識，但是有人卻可聲稱，可靠的知識可以藉由傾聽邊緣群體的「生活經驗」，或者我們應該更準確地說，是那些被邊緣化的人對他們自己的生活經驗的理解、解釋，再被理論適當地上色之後，就能夠獲得。

然而這種社會正義「認識方法」的困難和所有依靠感覺、直覺和主觀經驗的某種「諾斯底式的知識論」（gnostic epistemologies）其實很類似：也就是說，當人們不同的主觀體驗彼此發生衝突時，我們又該怎麼做呢？

原本最能超克衝突的整體自由主義原則：會提出自己的最佳論點，以便解決問題，也會盡可能地去遵照最好又行得通的證據。但是這些自由主義原則卻會被上述這種方法給完全抹除了。事實上這些自由主義思想還會被宣傳作是用來壓制邊緣群體的陰謀。但如果同一個邊緣群體的不同成員，或者不同邊緣群體的成員，他們對於各自的「生活經驗」都給出了不相容又彼此衝突的詮釋，我們又該如何調和這當中的矛盾呢？常識性的回答會說，不同的人會有不同的經驗和不同的解釋，這當中不存在邏輯矛盾的內容，才可作為答案。但這些想法在社會正義這裡是不夠用的，因為後現代主義實體化下的社會正義知識論會聲稱這些「活生生的經驗」才真正呈現了社會的客觀真相，而不只是某些對自己經驗的信念而已。

激進的相對主義有時會嘗試這麼回答，即便是兩個或更多相互矛盾的陳述，依然可以同時為真。但這種東西畢竟沒有多大意義。反之，社會正義學者在實踐中似乎要做的是，選擇某些對被邊緣化的人的經驗（和理論一致的）有利的解釋，並且將這當中的內容化妝成「真實的」內容；所有帶有其他不同見解的人則都會被解釋為對主流意識形態，或者激進態度描述下的那種追求自利的態度的一種不幸內化。這麼一來，激進相對主義和絕對教條主義之間的邏輯矛盾就可以被化解。但是這當中付出的代價就是，社會正義理論變得完全不可證偽，也不能被推倒：不論是有關現實（物理、生物和社會），或者哲學論證的任何證據，就算有可能被指出來，那些「理論」總是可以，而且總是能夠把它給解釋、化解掉。事實上，從這個意義上來說，這些「理論」和那些預言世界末日在某一天會來到的膜拜團體，其實都是差不多的。當那日來到卻平安無事地過去時，他們反而會更加熱情地重申他們的信仰（因為本來要來毀滅地球的飛船確實來了，但是那些外星人因為看到宗教成員都很虔誠，就想想說還是算了，走吧）。

因此可以毫不誇張地說，「社會正義」理論家製造了一種新的宗教，一種積極反對推理、證偽、否定和任何形式分歧的信仰傳統。事實上，現在回想起來，整個後現代主義的進程，似乎就像是在無意中嘗試解構舊的宏大敘事。

後現代主義想把整個西方思想都解構掉：不論是科學和理性，原本的基督宗教和資本主義經濟體系。然後為一種全新的宗教奪得新的空間，這是一種以上帝之死為基礎的後現代信仰，它在權力和特權體系中找到了神祕的世俗力量，使得受害者被神聖化，於是成為了一種以世俗左派為名的：原教旨主義宗教。[68]

「理論」並不會被大學、學院給限縮住。首先是會去應用，然後又被具體化。這些以「社會正義」的形式來出現的後現代主義思想，早就已經跨出了大學，並藉由畢業的校友以及社交媒體和激進新聞，帶著福音派傳教一般的熱情，在各地各處被不同的人們所傳播、散布著。它已經成為一種重要的文化力量，對政治產生了深遠的，卻通常是負面的各種影響。它可能看起來像是一種晦澀而奇特的學術理論，但它卻不該被輕忽。這是什麼意思呢？傳播這些思想，接下來會帶來什麼後果呢？我們又該要做些什麼呢？本書的最後兩章將解決這些問題。

第九章

實踐中的社會正義——紙上談理論總是好棒棒

「理論」已經打破了學術界的界線，對我們的文化產生了深遠的影響。看起來這好像令人難以置信。有關於知識、權力和語言的深奧理論，是如何在象牙塔的稀有環境之外，還能得以繼續生存？甚至還有能力去影響我們的日常生活？某個超市助理真的會在午休時，利用得空的時間去讀一下史碧瓦克的東西嗎？你的醫生會在火車上研究酷兒理論嗎？你的電腦工程師在業餘時間抽空閱讀一下女性主義知識論的可能性又有多大呢？或者你最喜歡的體育評論員，會有精通種族批判理論的可能嗎？

並不會好嗎！但這些並不是我們要爭論的。理論是晦澀難懂的，大多數人從來不會想要直接接近它。然而，在我們當中的許多人卻又都真實地受到了這些「理論」的影響，沒有人能完全免於面對這些「理論」的濫用。最近在英國，一位名叫布萊恩．利奇（Brian Leach）的身障阿公，他是位包裝工人，居然被連鎖超市阿斯達（Asda）給突然解僱了，原因是這位大哥在臉書上，分享了比利．康諾利（Billy Connolly）的喜劇短劇，他的其中一個同事卻認為那個短劇帶有伊斯蘭恐懼症（Islamophobic）[1]的內容。這個被解僱事件就是一種對後殖民理論的應用。在美國，程式工程師詹姆斯・達莫爾（James Damore）被谷歌解僱，原因是他在公司內部寫了一份有關男、女員工的文字，區分了男、女在心理平均上的差異，以尋找科技人才中男女比例是四比一的原因所在。[2]

這就是一種對酷兒理論和交織性女性主義的預設應用。英國足球評論員和喜劇演員丹尼・貝克（Danny Baker）失去了在英國廣播公司的工作，因為他沒有意識到自己在推特上發布的一張穿著漂亮外套和圓頂禮帽的黑猩猩照片，可能會讓自己被詮釋為種族主義者。[3]這是以種族批判理論的方法所描述的世界。與此同時，好萊塢每一次重大活動，一定都會特別注意身分和代表性問題。西方國家醫生所面臨的挑戰是，既要向肥胖患者提供健康建議卻又不能讓他們感到被羞辱。[4]

像這樣令人不安的例子一直不斷出現，但我們當中很多人卻不知道這有什麼值得擔心，他們會說利奇先生後來已恢復職務，他們也認為達莫爾先生的觀點確實可能會助長成見，也建議貝克先生應該意識到猿猴形象的意涵，並且同意好萊塢也存在著代表性問題，同時指出，身為醫生真的要更敏感一點。是的，大家也會承認說，我們聽到了校園抗議的故事，但不管世界變得怎樣，學生們本來就是一直在抗議啊。他們畢竟年輕而且太理想主義，所以才會想去搞東搞西，實際上這些不過就像是某種成年禮一樣的活動。此外，學生那些不寬容的說法，也應該是被過度炒作了。那些不過是菁英大學中的少數激進分子，[5]

要求觸發警告、安全空間，以及會對所有反對他們的人進行平台驅逐、全網封殺的行動罷了。[6]大多數學生應該還是會繼續支持言論自由的啦！只是在大多數情況下他們都低頭專注於自己的工作，特別是在社區型大學和其他工人階級組織當中都是如此。我們又何必太擔心那群最菁英的大學當中少數會這麼搞的學生的行動呢？對許多人而言，耶魯大學也只不過像是「納尼亞傳奇」一般的存在罷了。

從這個角度來看，這些問題對現實世界的影響似乎確實不足以成為我們的優先事項。特別當我們看到，現在右派煽動民粹主義、民族主義和反知識分子的行動也都同時在各地興起，這群人目前在美國和英國都擁有政治影響力。還有，我們也看到了歐洲及其他地區那些極右翼運動的發展。如此看來，我們真的還有必要去擔心，這幾個過分狂熱地支持平權的少數人行動嗎？也許現在是有些叫囂的聲音、可能會亂丟東西，打破人家的窗戶。但是，極右翼恐怖主義也同時在上升，[7]極右翼的線上社群：「alt-right」[8]和「incels」[9]都在支持、刺激和煽動更多嚴重的暴力行為。自由左派不是更應該去關心那些問題，而不必來擔心前面說的某些瘋狂的學術論文和這一群只是在裝模作樣的學生吧？

為了解決這個並非完全不合理的反對意見，我們轉向流行的資源求助。我們將努力讓你相信，大學裡發生的事情也真的是一個嚴重的問題，這些想法正在影響著我們所處的現實世界。我們去解決大學裡的問題，並不是想要去分散和民粹主義、反智思想鬥爭的精力，而是因為，這也是相關問題的一個重要組成部分。[10]

大學到底怎麼了？這很重要嗎？

上述這些問題是從我們的大學開始興起的，總結來說，問題就是「社會正義」。這當中問題的最直接面向，就是「社會正義研究」已經被教導給我們的學生了！然後他們又走向世界。這種來自於社會正義領域的影響是最為強烈的。它教會學生對科學、理性和證據都抱持懷疑態度；將知識和身分連結在一起；將壓迫性的權力動態，應用在解讀社會上每一次的互動之中；將生活的各方面都給政治化；並且根據身分不平等的預設去使用道德原則判斷。社會正義也被體現為一種盛行的校園文化而廣被接受，變成了眾所周知的內容。現在美國的大多數大學都有所謂針對「多樣性」的要求：這些想法作為通識課程的一部分，已經被教授給每個校園裡的人。然而，大家常會低估這些問題的嚴重性。因為，我們經常會遇到這樣的預設，以為學生畢業後自然就必須學會適應市場需要的技能，前述的這些問題自然就會得到解決，因為只要這些孩子進入「現實世界」之中，他們就不得不丟掉原來那套東西才會找到好工作。但如果他們把自己所學到的帶入職場，甚至重新打造出一個能合乎那套東西的世界，到時候又該怎麼辦呢？

不幸的是，這就是正在發生的事情。我們生活的現實世界也正在起變化，以便能消化這些學生的技能，一個價值數十億美元的社會正義產業鏈正在形成。所有的這些都在致力培訓我們的公司和機構組織，以社會正義制定法則，並以相關的真理內容去監督我們的社會。這是一個以「平等、多元、寬容」為面貌的新職業（當然也還有其他樣貌），各種裁判委員亦由此而生。

這個職業的目標就在於改變組織文化，以合乎社會正義的意識形態。這些委員將是軟革命的締造者和執行者，他們也是調查人員，專門尋找偏見和不平等的事件，但是這些都不是真正能幫助所謂社會邊緣群體的工作喔！不出所料，他們特別集中在高等教育領域。根據美國的一些報告，多元委員的人數正在迅速增加，他們的收入居然還是普通美國人的三倍，甚至超過學校裡的學術教師（也就是教授）。[11] 而且這些多元、平等、寬容的委員們，並不只是在學院裡面出現，還會出現在行政和人力資源部門，包括市政府和公家部門。根據英國一個主要求職網站來看，平等和多元委員的工作會出現在平等和人權委員會、專業協會、法律協會、學校和大學、警察、大型私營公司、地方法律、工會和公務員制度等眾多機構之中。[12] 對於許多具有足夠規模的機構和公司已成常態，完全不是例外了，因此這些委員現在擁有重要的制度、社會和文化權力。

在大學內部，這些問題也不只會出現在特定的系所和班級。「歧視應對委員會」現在已經存在於兩百多所美國大學當中，正如他們的名字所暗示的那般，他們會對以身分為中心的偏見所提出的觀察報告做回應，以此來為整個校園服務。[13] 儘管有些人很快指出，他們根本無權直接對任何言論強加任何形式的懲罰或控制，最多只能提供「教育和說服」。[14] 但是，就算目前的狀況還沒到歐威爾式（Orwellian，譯注：《動物農莊》一書的作者，這裡暗指後現代意識形態所形成的高度監控）的程度，也已足以令人震驚，這取決於何謂偏見，以及委員會將提供什麼樣的教育和訓練來矯正這些偏見。特別因為他們可以藉由向部門負責人、院長和大學校長等管理人員提交偏見報告並提出相關行動建議，會間接造成對某人制裁或甚至解僱。但在這些情況當中，到底是什麼東西真正構成了所謂「偏見」？小至學生所抱怨的輕視，包括對川普總統的支持，「雪中陽物」（phallic snow objects）以及像「我看不見顏色」（I don't see color）之類的反種族主義表達可能都算是了，特別「偏見」一詞被操作後會被定義為一種「心態」，所以檢測器的敏感度有可能被設定的相當高。[15] 雖然被舉報的學生得以提出報告，保留自己受教育的權利，但更有可能的是許多人不想冒著隨之而來可能被批鬥、羞辱的風險，而變得更懂得自我審查任何可能有問題的想法。

這完全不利於大學的知識生產原本所需的健康辯論和保留觀點的多元性。所有的這些，對校園的社群和畢業生將適應的職場造成分裂，更造成了功能上的失調。

他們還有更公開的嘗試來壓制校園裡的某些觀點。針對特定法律或政治團體和某些公眾人物的平台驅逐、全網封殺政策等，已變得相當普遍，[16] 儘管它們經常被忽視。某些由專業人士分享的特定學術觀點會被認為太危險，甚至是「暴力的」，因而變得沒有資格被請上台。和去平台驅逐、全網封殺不同的是，在這種動力驅動下，受邀發言的人會因此被取消邀請，然而這種禁止某些觀點的政策卻很少引起關注。在英國，超過一半以上的大學會限制言論，特別是針對宗教和跨性別身分相關的某些觀點。[17]

這個問題牽連很廣。其中一個後果是，社會正義研究和倫理學一旦被接受，就會完全取代可靠和嚴謹的學術研究，譴責所有其他方法為系統性偏見的共犯，因此是荒誕不經的，實際上不可發表與應受罰。麗貝卡．圖維爾（Rebecca Tuvel）和布魯斯．吉利（Bruce Gilley）這兩位學者的案例立刻浮現在我們腦海中。圖維爾為女性主義哲學重要期刊《希帕提亞》寫了一篇論文，探討跨種族和跨性別身分之間的相似之處，並且倡議跨種族身分地位。然而，對於「理論」而言，種族和性別兩者之間是完全不同的。對於酷兒理論而言，宣告跨性別身分，是為了打破性和性別的分類類別，這些分類類別被理論化，被指出都是用來限制人們。但宣告跨種族身分的可能，正如我們從種族批判理論中所知的那樣，這種說法將會忽略種族在社會建構上的意義，這對於種族受壓迫的經驗而言是一種非法的宣告，會被視為在討論和抹殺有色人種。圖維爾這位未獲得終身職位的助理教授，真的為了此一失誤而付出慘痛的代價。不但她的論文被撤回，[18]《希帕提亞》期刊也因為刊登了這篇文章而遭受到毀滅性的痛苦，[19]而且她還遭受了一場惡毒的政治迫害。[20]她的同事也只好公開批鬥她的麻木不仁，儘管有些人私下承認曾偷偷認同過她的意見。[21]

吉利的情況或許更為極端。經過多年對後殖民社會進行研究，當中主要借鑑真正後殖民脈絡下的學者，他撰寫了〈殖民主義案例〉（The Case for Colonialism）：對後殖民理論的中心論點，即殖民主義總是且只會對被殖民者帶來不利的結果，他對這些內容進行了細膩的平衡研究。他的論文在學術期刊《第三世界季刊》（*Third World Quarterly*）期刊上審查透過並且接受刊登，居然帶來了爆炸性的結果。立刻，他工作的波特蘭州立大學就對吉利提出指控，並要求他不可發表那篇論文，否則就讓他失業，甚至要撤銷他的博士學位。[22] 這個期刊的主編，也因為刊登了這篇論文同樣遭受嘲笑，甚至包括有死亡威脅在內的抗議活動發生，導致那篇論文最終還是被撤稿了。[23] 這兩個案例以及少數其他案例都呈現出，社會正義研究會去審查各種反對它的學術思想。

雖然有些關於性別、種族和性取向的學術研究仍是實證和嚴謹的，而且有助於糾正社會上種種不平等現象，但卻常被那些不嚴謹的學術研究牽連破壞。這帶來了和當前政治時刻相關的一些最重要的議題和信任危機。一些學者錯誤地將劣質和不道德學術的批評，刻意描述成對少數群體或女性的仇恨，這是非常令人震撼的，試想像其他領域也遇到類似情況。如果說判定那些反對醫學上未經證實和不道德學術的人只是討厭病人、不關心他們的痛苦，這樣的說法是合理的嗎？人們是否會說：「雖然有些糟糕的論文混入醫學知識體系中，但還是有很多好的論文！」這樣就好了而不去嘗試剔除不良論文，以免人們接受危險或無效的治療？不會的！因為我們知道，安全有效的藥物對人類繁榮生存是至關重要的。社會（正義）議題的嚴謹學術當然也是如此。這個領域的學者應該比任何人都清楚這一點。在任何一門嚴肅的學科中，我們都不會如此明顯地看到類似這種追求道德正確（或正義）卻不在意事實與理論正確的動力。這種動力也許是社會正義學術最明顯的特徵。

這些問題也影響了身分研究以外的學科，特別是人文和藝術學科。文學、哲學和歷史早已完全接受了這些內容，有時甚至直接要求在他們的課程中要學習這些理論。

後殖民理論和女性主義分析，無論是唯物主義還是後現代主義都被特別普及。其他形式的分析大多是不被允許的，而且在最壞的情況下，甚至會被視為不可容忍的偏見、冒犯或暴力。甚至科學、技術、工程和數學（STEM）學科也都受到了影響。自二〇一〇年以來，工程學內部提出的提案數量愈來愈多，他們都主張，一定也要在這些專業中應用社會正義概念。二〇一五年的一篇論文提到說，工程師應該「在提供社會技術服務方面，也表現出一種能力，要能對人們和文化群體之間的差異、權力和特權，有著動態的敏感。」[24] 在普度大學出版的《工程學和社會正義》（*Engineering and Social Justice*）一書中，我們閱讀了許多有關同一主題的變異和一個非常令人擔憂的建議：「懂得超越、克服客觀和絕對真理的觀點，是我們在工程教育中所需要帶來的最根本的改變。」[25] 同時有人提出說，數學在本質上也帶有性別歧視和種族主義，因為它過度專注於客觀性和證據，並且跨種族群體的數學教育結果會是滿不同的。二〇一八年的一篇論文論斷：

> 我們可以借鑑所謂在地的（Indigenous）世界觀，來重新建構數學的概念。重新理解數學到底是什麼？以及數學是如何實踐運作的？我的主張是要反對那種以對象、真理和世界的存有知識，那種以第一原則為導向：以數學（mathematx）為中心的方

法。這種從將數學視為名詞，到將其視為動詞的轉變，有可能更尊重我們作為人類和非人類的相互連結，解決平衡的問題，帶來幸福，並且於在地和全球之間保持批判性的雙重焦點模式。[26]

目前尚不清楚這些東西會如何改造數學，但是這當中所帶有的政治性其實是很明顯的，而且是令人擔憂的。西雅圖地區各級公立學校，正在認真考慮實施類似的課程。[27]

理論會如何影響更廣大的世界

和拉斯維加斯不同，大學裡發生的事情不會只停留在大學裡。大學是文化中心、研究機構和教育殿堂，大學文化幾乎滲透到更廣泛的文化當中。許多人被大學的活動、設計和外展活動所吸引，並因此受到大學文化的影響。大學是最菁英匯聚的，理應是「最少」偏見，是知識生產的中心，特別與那些已經和公司合作，或帶有政治目的的智庫有關的其他研究中心相比起來，更應如此。作為一個社會，我們求助於大學以確認哪些陳述、想法和價值觀值得我們信任。然後，大學將資訊和知識文化教給學生。藉由這種方式，這些機構產生了教育和文化菁英，他們隨後將進入專業領域、領導行業、建立慈善機構、生產媒體，並且制訂公共政策。如果我們做得好，大學就是無價的。做錯了，它們就成為了一種不平等的不良文化灌輸地。

社會正義研究最明顯的表現，是社會正義行動主義。這方面最惡名昭彰的例子，是自稱為反法西斯組織安提法（Antifa）團體的行動。[28]社會正義運動還有很多形式：從和平抗議到跟蹤和騷擾[29]，從噴奶昔[30]到反對「和服試穿」（kimono tryons）作為「文化挪用」[31]，從告訴人們「檢視他們的特權」，到直接去做「反種族主義」（antiracism）的工作。社會正義行動主義對社會許多領域都帶來了重大影響，尤其是藉由社交媒體。如前所述，谷歌、英國廣播公司和阿斯達等知名公司，都依照以社會正義用語表達的投訴實際解僱了員工。這些事件經過社交媒體的散布，都引起了更廣泛的關注。儘管大多數人，包括公司所有者可能並不贊同社會正義的理念，但這些理念很明顯有它的影響力，科技、廣播和零售巨頭已準備好要安撫他們的擁護者，這就證明了這些問題、狀況都是真實存在的。

大公司也愈來愈多地被要求要為自己的產品負責。二〇一九年，梅西（Macy）百貨發現公司正身處抗議風暴的中心，這場抗議始於「推特上一個被冒犯的人」。公司因製作了一個以牛仔褲尺寸顯示份量的盤子（這被認為是「肥胖羞辱」）而不得不公開道歉，[32]同時取消這系列商品。日本麵條巨頭日清（Nissin）因描繪一位皮膚蒼白，具歐洲特徵與海地血統的日籍網球運動員的動漫，公開道歉並將其下架。[33]古馳（Gucci）道歉並下架了一件有人認為會產生「黑面孔」（blackface）效果的毛衣。[34]同樣的指控也發生在凱蒂・佩芮（Katy Perry）品牌的一些鞋子上，後來也都下架了。[35]

大公司會如此輕易地屈服於社會正義的壓力，其實也並不奇怪。畢竟他們的首要目標是賺錢，而不是要去維護自由主義價值觀。由於西方國家的大多數消費者和選民，看似都支持社會正義的一般觀念，並且由於大多數人無法理解真正的社會正義和「（大寫）社會正義」之間的區別，因此這些大公司有時會發現，讓步才是精明的公關策略，至少在對底線影響不大的小問題上，乾脆就去應付一下這些社會正義運動者的要求。

這也可能在某種程度上解釋了許多大學管理部門的偽善立場。雖然西方國家的大學，原本應該是敢於去爭論自由等價值觀的熱心捍衛者，但隨著它們也變得愈來愈官僚化，權力已經從教授手中被奪走，轉移給了行政人員，並且變得愈來愈像以營利為導向的企業一樣在運作。大學管理人員和企業的高管一樣，對公共關係敏感又重視，儘管他們所處的政治環境完全不同（特別是公立大學直接受民選政客擺布），這反而給了大學管理人員一系列複雜的壓力，在這當中，保護學術自由往往都不是最優先選項。

目前，線上平台似乎常和這些不一致、模糊不清，看似莫名其妙的行為準則相互糾纏不清。YouTube[36]、Patreon[37]、臉書[38]和推特[39]，因為禁止或取消某些在社會正義術語中被視為有問題的用字而受到批評，但也因允許傳播「假新聞」和鼓勵同溫層效應而受到指責。納入極右翼社群在內的商會形成，從而使兩極分化和極端主義變得恆常化。這是一個複雜的問題，在這裡無法完全解決，但是非常值得我們去重視。

社會正義運動者在社交媒體上非常活躍，特別是非常熱衷於懲罰在媒體和藝術界有影響力的人。他們常呼籲要去懲罰那些有發表反對社會正義思想的名人、藝術家、運動員和其他知名人士，而且這些行動還通常是不著痕跡的。這些行動常被稱為一種「取消文化」（cancel culture）。[40]這種令人不寒而慄的做法，通常會徹底摧毀對方的事業和聲譽，僅因這人在幾十年前或青少年時所說過的一句話。舉例來說，當被發現舊推文中含有同性戀誹謗字眼時，[41]黑人演員凱文·哈特（Kevin Hart）就被迫辭去奧斯卡主持人的職務，當他後來在車禍中受傷時，許多「社會正義」導向的運動者居然還大肆慶祝。女同性戀主持人艾倫·狄珍妮（Ellen DeGeneres）也因替他辯護而受到譴責。她的罪行是想要代表同性戀社群接受他的道歉，但有些人並不想接受。當狄珍妮自己在推特上發了一張看似騎在牙買加短跑運動員尤塞恩·博爾特（Usain Bolt）背上的幽默照片時，又引發了眾怒。一些活動人士認為，這張照片帶有種族主義色彩。[42]好萊塢一線明星麥特·戴蒙（Matt Damon）也在網上激起了女性主義者的憤怒，只因他說性侵事件只是各種事件中的一件，並且他認為，輕輕拍人家的屁股和真的去強姦還是有所不同的；[43]遊戲節目主持人馬里奧·洛佩茲（Mario Lopez）被迫向網民道歉，因為他認為父母不應該不加批判地接受三歲小孩自我界定的性別認同；[44]網球巨星瑪蒂娜·納芙拉蒂洛娃（Martina Navratilova）因為辯稱說，跨性別網球運動員和順性別女性競爭是不公平的而受到攻擊；[45]約翰·麥肯羅（John McEnroe）也因為說過，塞雷娜·威廉姆斯（Serena Williams）在男性選手中的排名大概是七百名而受到抨擊。雖然之後他說對這個聲明感到遺憾，但他還是認為，男女之間存在身體差異並沒什麼好令人驚訝的。[46] 這樣的例子不勝枚舉，而且可能會一直沒完沒了的發展下去。

所有這些都來自於應用理論的運動者。他們的基本預設，也就是理論的核心思想，是偏見無處不在，總是隱藏在表面之下。理論家作為行動者的工作，就是要仔細檢視文本、事件、文化、活動、地點、空間、態度、思維方式、措辭、著裝和所有其他可以想像到的文化產物，以尋找隱藏的偏見，然後將其揭露，並將其及來源從社會中清除，或至少取得文化生產的那些途徑。有時，就像狄珍妮騎在博爾特背上的照片一樣，這種偏執被視為企圖支持所謂「白人至上」文化（她被指控將黑人視為「馱獸」，beasts of burden）。在其他時候，當狄珍妮為哈特辯護被解釋為對邊緣社群說話，並透過否定其冒犯或受害者的主張來抹去其身分。在其他時候，像戴蒙、洛佩茲、納芙拉蒂洛娃和麥肯羅的問題，都只不過是提出了一種和「理論」本身相反的觀點罷了。

語言和思想的社會正義監管也會影響藝術本身。反對意見通常分為兩個有時相互矛盾的類別之一，一個是少數族群的代表性不足，另一個是挪用了少數族群文化的某些面向。社會正義行動主義預設，種族主義和白人至上態度無處不在，並會仔細觀察直到找到例子。它會檢視書籍或電影中女性、有色人種、跨性別者、男女同性戀者、身心障礙者或胖子的比例，如果有任何群體的代表性不足就會表示反對。這些群體的缺席、虛假陳述或代表性不足都會被理解為「抹殺」少數族裔，並「否認其存在意義」，同時是在維護白人至上主義、父權制、異性戀、順勢主義、健全主義或肥胖恐懼症。

另外的問題，「挪用」也經常是被投訴的重要來源。這借鑑了立場理論的思想，這當中的知識必須是以「生活經驗」為基礎，因而認為由不屬於這群體的人製造或去描繪具邊緣身分的角色是很可惡的。因此，我們看到要求演員只能扮演自己身分群體的角色，也就是說，不能允許異性戀女性在電影中扮演女同性戀者或扮演跨性別女性，身體健全的人也不能去扮演障礙者的角色。同樣，要求在幕後僱用具有特定邊緣身分的作家，不然就是在禁止某人「談論」受壓迫的經驗。這些情況成為將「社會正義」引入媒體場域而帶來很大影響的例子，因為要求扮演這些角色的運動者，正藉此建立他們的事業。

有時候，代表少數族群的顧慮和對少數文化挪用的顧慮會結合起來，像是跨性別運動者迫使史嘉蕾・喬韓森（Scarlett Johansson，譯注：扮演漫威系列中黑寡婦一角的著名女星）不得扮演跨性別男性的角色。[47] 然而，有時候這些要求又是相互矛盾的，就像J・K・羅琳因為在《哈利波特》系列小說中沒有將有色人種納入主角，[48] 也沒有明確的同性戀或跨性別角色，[49] 同時又因挪用了美國原住民的巫師傳說而受到批評和譴責。

音樂家和藝術家特別容易受到文化挪用的指控。瑪丹娜因被指控盜用印度和西班牙文化而受到批評，關・史蒂芬妮（Gwen Stefani）因盜用日本和美洲原住民美學而受到批評，[50] 甚至黑人藝術家也不能倖免：蕾哈娜（Rihanna）被指控盜用中國文化，[51] 碧昂絲（Beyoncé）被指控盜用印度寶萊塢風格。[52] 這顯然阻礙了藝術的生產。這些都是「理論」付諸實踐時的結果。

當書籍、藝術、電影或者電子遊戲也被視為「話語、論述」，並且因為「說話」的權力動態而被質疑時，媒體和藝術也會受到負面影響。當然，確實有負面刻板印象和正常該批評的例子，可以對之進行有見地的分析。然而，最近對這些「話語」的分析大多具高度詮釋性和不可證偽性。甚至連蘇斯博士（Dr. Seuss）的書（譯注：通常只是兒童繪本）也可以被認為是帶有種族主義；[53] 電影中對黑人的描繪，也可以因為所謂的刻板印象而受到批評，這當中包括將黑人女性描繪成堅強而剛硬的角色。[54] 上述這些狀況都是很難解決的問題。因為萬一你說，黑人女性是軟弱順從的一樣也不會有好結果。這種無情的方法，在性別分析中尤為常見。舉例來說，女性主義學者和運動者會去檢查某些電影中男女角色說話的次數，[55] 並且批評電影中女性的性感形象。[56]

這不僅很無聊而且是代價高昂的，包括對於他們聲稱要去幫助的那些團體成員而言也是。後現代女性主義分析假設性別論述貫穿一切，除了對更嚴謹和更小心衡量的分析產生懷疑外，也限制了女性角色的可能範圍。二十世紀福斯製作了一個廣告牌，顯示X戰警超級反派魔女被天啟扼殺後不得不道歉，因為像蘿絲・麥高文（Rose McGowan）這樣的女性主義者抱怨廣告的內容是「任意對女性使用暴力」。[57] 這樣一來，女超級英雄和反派角色要麼不能直接參加對惡人的戰鬥，要麼就是必須在不被打到的情況下直接贏得戰鬥。同樣，也有人批評《權力遊戲》中珊莎・史塔克（Sansa Stark）說過的話：經歷過強姦和侵害，讓她變得更強大。一些女性主義者認為，這在某程度上是為強姦辯護，進而助長了這種行為。[58]在這種觀點中，如果你不是長期的受害者，那就是與邪惡勢力同謀合汙。這種分析輕易地忽略了一個事實，就是男性角色席恩也遭受到性虐待，甚至陰莖被砍掉，結果也讓他變得更強大了。如果不允許女性角色克服侵害、暴力和逆境，那麼她們又怎麼能被描繪成強大而有韌性的角色呢？以上這些限制都會降低女性角色的可能性，我們已經開始看到這種影響。像是說，雖然許多人讚揚《奇異博士》系列引入了一位女性「博士」，但有些評論家卻質疑為什麼製片人要讓她成為一個比起男性奇異博士完全沒有缺點，但也因此沒那麼複雜的角色。[59]這似乎就是為了避免引起女性主義者們的憤怒而只好這樣做。

其他可能更令人擔憂的是社會正義研究對醫學的影響。社會行動主義認為，身心障礙和肥胖是社會所建構出來的，反對它們的都是因為對身心障礙者的仇恨，因為這些人覺得肥胖可能是非常危險的。在以自閉症、聾啞和精神疾病為中心的社會行動主義議題中，我們可以找到一些以身心障礙研究相關的具體案例。

舉例來說，自閉症社會行動主義的一種形式近年發展得非常快。它的基礎在於這樣一個前提，就是原本在自閉症系譜中的人不應被視為身心障礙。這個論點有很多優點，因為許多高功能的自閉症患者指出，他們是非常可貴和快樂的人，他們只是有點不夠典型的一般人。而且有很多證據表明，平均來看年齡和自閉症是有高度相關的。[60]然而，其他自閉症患者及其照顧者指出，自閉症通常會造成嚴重的障礙和痛苦，自閉症的社會行動主義會使得那些受影響嚴重的人反而更難獲得支持和幫助。[61]其他人則指出，自閉症患者通常特別難以遵守關於語言、偏見和社會互動的複雜「社會正義」規則，而且神經系統不典型的人在技術、工程和物理等職業中占較高比例，特別容易違反這些規則。[62]如前所述，自閉症谷歌技術人員達莫爾有關如何讓更多女性進入科技行業的分析卻得到解僱的回應，就是一個很好的例子。同樣令人擔憂的是，自閉症行動者傾向於以健全主義的指控來回應疫苗導致自閉症的這種反科學說法。他們指責說，為什麼要假設自閉症是件壞事？這使得本來就很危險的這灘渾水變得更加渾濁。

有關聾人這部分，正如聾人運動者指出的那樣，人工耳蝸有時效果不佳，使用起來可能會讓人迷失方向和帶來壓力，因此不應該強迫聾人為使用而忍受這些狀況。[63]然而，聾人運動者卻也令人困惑地聲稱，讓聾人兒童的那些聽力正常的父母去為孩子安裝植入性助聽器的這個選擇，其實類似對聾人的種族滅絕。有些人則提倡聾人身分政治，將那些希望恢復聽力的人視為逃兵。這些都是完全不會帶來任何幫助的做法。

心理健康社會行動主義也經常將精神疾病視為被邊緣化的身分。這種方法的一個問題是，人們傾向於維持他們的身分，這可能會阻止一些人尋求治療和恢復健康的意願。另一個問題是，患者可能會將疾病的症狀誤認為一種能賦予身分的精神疾病的心理和身體特徵，如壓力、焦慮或抑鬱。雖然運動者在解決和心理健康問題相關的不友善、無知和汙名化方面是帶來很大幫助，但將精神疾病提升為帶有受害者身分的地位是很有問題的，特別是對患者而言，因為這會誘使一些人不把他們的疾病視為可治療的，而是視為他們身分的固有特徵。

根據社會正義研究，肥胖社會行動主義也出現了類似的問題，因為肥胖也是一種被邊緣化的身分，而且可能會帶來更加危險的後果。肥胖行動主義的核心，是相信肥胖之所以被我們認為是不健康的，只是因為我們對於胖子的仇恨，以及我們對於科學論述的過度迷信。這種觀點對於許多極度肥胖的人而言是極具誘惑的，特別是當他們發現實在很難去減肥時，與其尋求醫療或心理支持，不如學會去愛自己的身體。身體積極運動會將過去被視為病態的肥胖模型推崇為一種美麗和健康的狀態，儘管有大量證據表明，肥胖和糖尿病、心臟病、多囊卵巢、關節、呼吸系統以及多種癌症直接相關。[64]某些癌症研究組織在慈善機構廣告看板上告知人們上述風險，肥胖運動人士卻對之發起反對運動，[65]其他人則去反對瘦身廣告的模特兒。[66]有數十個網站還會去告訴病態肥胖者如何找到不會說他們體重不健康的醫生。這種態度是致命的。

嬌慣和受害者文化

這些社會變異都體現了後現代原則和後現代主題的行動。雖然目前可能只有不到百分之十的人會抱持這樣的想法，[67]但是這些思想對社會如何理解自身卻帶來了相當大的影響。這告訴我們，後現代主義現在正以一種適用和實體化的形式，不僅繼續很好地存在，而且在我們的社會中迅速地愈來愈占有主導地位。有兩部在二〇一八年出版的重要著作，探討了這些社會變化的原因、表現和這當中所潛在的危險，它們分別是《為什麼我們製造出玻璃心世代？本世紀最大規模心理危機，看美國高等教育的「安全文化」如何讓下一代變得脆弱、反智、反民主》，[68]由葛瑞格．路加諾夫和強納森．海德特合著，還有布拉德利．坎貝爾（Bradley Campbell）和傑森．曼寧（Jason Manning）合著的《受害者文化的興起：微型冒犯、安全空間和新文化戰爭》（*The Rise of Victimhood Culture: Microaggressions, Safe Spaces, and the New Culture Wars*）。[69]路加諾夫和海德特專注於心理學，坎貝爾和曼寧則專注於社會學，但是他們彼此的方法是互補的。上述內容是同一個現象的不同面向。

在《為什麼我們製造出玻璃心世代？》一書中，路加諾夫和海德特描繪了年輕人的適應能力和應付困難的想法，還有面對感情創傷的能力都已急劇下降。作者並沒有看輕這些掙扎，而是強調這個情況是接受了三個「大謊言」的痛苦後果。這些謊言包括相信人是脆弱的（「任何不會殺死你的東西，都會讓你變得更弱」），相信感性的推論（「永遠相信你的感受」），以及相信我們對（vs）他們的區別（「生活是一場好人和壞人之間的鬥爭」）。他們的中心論點是，這些謊言結合起來會帶來一種面對世界的心理學方法，起了一種反向的認知行為療法的作用。這個作用使得人們能夠克服把情況想像或描述得比實際情況糟糕的習慣，並鼓勵他們把事情看得更透澈，冷靜而仁慈地思考事件，進而採取適當的行動。然而這些大謊言，卻在另一方面鼓勵了消極、偏執和自我毀滅的心態。

我們會論證以上這些，都是由「理論」所引起的一些心理問題。在「社會正義」研究和社會行動主義中，人類被說成是脆弱的，他們會因為不愉快或沮喪的經驗而被變得脆弱，這種觀念都被理論化為邊緣族群受到主流論述的傷害、抹殺、無意義或受到暴力對待。承諾永遠相信自己的感覺而不是嘗試客觀或慈善，這些都反映了「社會正義」注重經驗多於客觀知識。這所有一切，又都和身分有關。對於「理論」而言，被邊緣化的人的經驗和情緒反是具權威的（但這也是他們支持「理論」的時候才是，當他們不支持的時候在某程度上還是錯的）。那麼，如果是白人的經驗、情感和論點，除非他們願意擁護「社會正義」原則，否則只能被視為嬌慣脆弱的表現，而不是在道德和／或事實上站得住腳的立場。這一切都以這樣的信念為基礎，也就是生活是好人和壞人之間的鬥爭，由主流與邊緣化的論述所分別代表的那樣，這當中有些人會嘗試以犧牲他人為代價，來維繫壓迫性的權力系統和特權。

在《受害者文化的興起》一書中，坎貝爾和曼寧則描述了不同時代和不同文化中，分別有不同的社會衝突解決模式。人們會聚焦於人和人之間的關係，並且將這些關係給道德化，以便能確立他們在世界上的定位，並從中尋求地位和公義。他們把最近興起的受害者文化給定位，說明了這種文化是如何不同於傳統的「尊嚴文化」和「榮譽文化」。他們解釋說，在榮譽文化中，拒絕被任何人支配是很重要的。因此，人們對輕視自己的東西高度敏感，並且對任何不尊重的狀況會做出即時的回擊，甚至用暴力來回應。自給自足是這種文化的核心價值，它統治了西方世界數百年，並且在一些非西方文化和西方某些次文化中也仍然盛行至今，像是街頭幫派文化等。而上述這些文化，後來被尊嚴文化所取代。尊嚴文化也強調自給自足，但是它鼓勵一種不同於前述文化的韌性。在所謂的尊嚴文化中，鼓勵人們忽略大多數的輕視，對言語侮辱不必那麼敏感，大多數問題都在個人之間解決，並透過法律途徑來解決嚴重衝突，而不是自行解決。

坎貝爾和曼寧卻看到新興的受害者文化和古老的榮譽文化一樣，對於一點輕微事物都會非常敏感，但是卻改以示弱，而不是以力量來回應。它保持了尊嚴文化那種依賴權威來解決衝突的方法，而不是把事情掌握在自己手中。但是受害者文化也放棄了嘗試忽略輕視，或首先尋求和平解決的承諾。在受害者文化中，身分地位直接被視同就是一種受害，以此來博得同情的第三方的支持。因此，它的作用是要引起他人同情並沿著這條軸線公開求助。因此，它傾向於在許多互動中解讀權力不平等和受害的情況，甚至偶爾還會「發明」這些情況，以便能使用坎貝爾和曼寧所說的「受害者的天然道德貨幣」。[70] 這種受害者文化的興起和後現代的世界觀有很大的關係，後現代的世界觀是建構在權力與特權的體系中，而權力與特權在語言及其新的實體化表現中得以延續、迴護自身。後現代的世界觀假設壓迫是無處不在的，並試圖讓這種壓迫變得可見，並以瓦解這些壓迫作為目標。

對受害者身分的重視，以及專注於權力如何壓迫和邊緣化的理論方法，兩者是相輔相成的。受害者為這個「理論」辯護，從而在對其擁護的人群中獲得地位。道德的必要性是保護被邊緣化的人，使其免受態度和論述中所包含的非明顯傷害。為了識別這些問題，必須透過路加諾夫和海德特所提及的三大謊言來解讀社會。為了解決這些問題，必須摒棄榮譽文化對力量的推崇，以及尊嚴文化對輕視的忽略，並接受坎貝爾和曼寧所說的那種受害者文化。

這種受害和嬌慣文化在西方大部分地區出現，在許多方面都表明了社會正義行動主義（真正意義上的）已成為自身成功的犧牲品。有人指責那些關注微型攻擊和用詞失誤的人好像沒有任何「真正」的問題需要去擔心，這種說法是低估了這些議題所帶來的痛苦程度（如同坎貝爾和曼寧所指出，年輕人的自殺率有所增加，儘管背後原因可能更為複雜）。然而，一個需要隨時去擔心一些看似微不足道的社交失誤或不受歡迎的想法和態度的社會，那麼很可能這個社會的大多數人，會變得沒有能力去面對任何直接威脅生命的情況。

路加諾夫和海德特在討論偏執的養育方式和「安全主義」時，認為父母經常不去慶祝白喉和小兒麻痺症等致命疾病的根除，以及危險產品和做法的減少，明明這些才真正大幅降低了兒童死亡率。[72] 反之，父母焦慮地專注於可能會有潛在傷害的那些較小的事。此外，焦點已從身體傷害轉移到心理上的不適，從而產生對情緒安全的期望。[73] 同樣地，坎貝爾和曼寧指出，人們似乎最傾向於在最不明顯的地方尋找到種族主義和偏執的證據：

> 我們想到了十九世紀法國社會學家涂爾幹一個著名的要求，他曾要求讀者想像在「聖人社會」會發生什麼事？答案是，仍會有罪人，因為「在外行人看來微不足道的過錯」也會被當成是大錯。[74]

我們也曾提出類似的論點，也可以說在「社會正義」背景下的後現代思想發展，其對種族主義、性別歧視和恐同態度和相關言論的重視與災難化，與此同時，這些態度和言論也在減少。應用的後現代轉向始於一九八〇年代後期，這並非巧合，正如民權運動、自由女性主義和同志驕傲運動一樣。這二十年當中，我們的社會在種族、性別和LGBT平等方面都取得了顯著進展。於是，這些人就開始觀察到，在法律和政治面向上推動運動的成果已經開始遞減。隨著「吉姆・克勞法」的廢除、帝國的垮台、同性戀合法化，以及以種族和性別為中心的歧視被定罪，也就是西方社會已經意識到過去長期以來對邊緣群體進行的壓迫並因此感到恥辱，還希望繼續去糾正這些錯誤。由於已經贏得最重要的法律鬥爭，剩下的就是性別歧視、種族主義和同性戀歧視、偏見的態度和論述。

後現代主義就是專注於權力論述與社會建構的知識，非常適合用來解決上述這些問題。然而隨著種族主義、性別歧視和恐同主義的持續下降，需要對情境和文本進行更深入的解讀，以及利用愈來愈複雜的理論論證去檢視這些問題。我們發現在「社會正義」方法中，對話語的闡釋性和理論性的分析愈來愈多，這等同直接反映出實際上的社會不正義已經徹底減少了。

社會正義的制度化：一個案例研究

「社會正義」將自身的社會建構主義信仰強加於社會制度之上，其實會帶來重大的危險。常青州立學院的事件就提供了一個很好的案例研究，該學院被種族批判理論的思想所影響，特別是「理論」家和教育家迪安吉洛的思想。當生物學教授布雷特．溫斯坦反對那個要求白人離開校園一天的安排時，一群學生運動者做出了憤怒的回應。結果帶來了極大的混亂：學生運動者開始在校園內的活動中抗議和暴亂。學院的活動完全中斷，畢業典禮不得不在校外舉行。學生運動者圍攻大學校長喬治．布里奇斯（George Bridges）並一再羞辱他，堅持要他在講話時放下手並要服從學生的所有要求。[75] 問題升級到學生運動者在校園中設置障礙物阻擋警察進入，將教職員扣留為人質，並手持棒球棒截停汽車搜尋溫斯坦。與此同時，他們大聲哀嘆自己是「黑色和棕色的身體」（black and brown bodies），所以在校園中缺乏安全感，儘管校長已請求校警退下來使他們暢通無阻。

校園陷入了暴民的瘋狂狀態，到現在常青州立學院都還沒有恢復過來。最令人毛骨悚然和最能說明問題的是，抗議者既不願意傾聽，似乎也不想讓人理解他們抗議的觀點。當溫斯坦要求提供校園存在種族主義的證據時，他們只是衝著他大聲叫囂，並且告訴溫斯坦居然敢要求他們提出證據，這個行動本身就是一種種族主義。他們堅持認為如果溫斯坦能了解黑人的感受，他就會知道問題。所以他們的證據就是，他們每天都在經歷這種經驗。因此，這些學生運動者並沒有為他們的煽動性主張提出任何理由，似乎也沒有任何數據支持，只是簡單地高呼「白人的沉默就是暴力」（white silence is violence）之類的「社會正義」口號，還要求監控科學部門，當中的教職員工因為他們固有的那些「有問題」的觀點而被帶去再教育，甚至要被處罰。

對於為什麼會發生這種情況，只有一個答案：「理論」。常青州立學院所發生的事情，就是在微觀尺度上呈現了，當「理論」應用於現實環境中的自治機構時會發生什麼樣的事情。常青州立學院接受了迪安吉洛等批判性種族教育家的「反種族主義」觀點，特別是「白人嬌慣脆弱」的觀點，這讓學院自取滅亡，失去了對抗示威者的能力。事實上，當一些有色人種學生表達對溫斯坦的支持並發表和他類似的言論時，暴徒一樣還是會大喊大叫，否認那些人有資格提出自己的生活經驗，很可能因為這和「理論」所詳述的「真實」經驗不相符。因此，一旦人數夠多，似乎就是人們想怎樣就怎樣。像是發生在常青州立學院崩潰的時刻，教授媒體研究的教師奈瑪洛（Naima Lowe）就指責學院，是一個被白人至上主義所籠罩的種族主義學府，教職員工和管理人員只好別無選擇地接受來自種族批判理論的「反種族主義」概念，接受指控並開始按其要求做出改變，除此以外別無他法。

不然他們還能做什麼呢？「白人嬌慣脆弱」理論和其他理論都讓他們綁手綁腳，在這些主流理論眼中，他們的一切作為都只是在證實他們是共犯，而且是在他們本來完全有理由去否認的問題上。像溫斯坦這樣極少數敢提出反駁、表示懷疑、要求證據、堅持自己的立場、否認指控、默默投下反對票，或是敢於始終如一地，努力誠實地審查建議解決方案的人，因此就被指控參與種族主義制度，並被說是正牌的種族主義者。在接受了「問題不是『種族主義有沒有發生』，而是『種族主義在那種情況下，是怎樣被表現出來的』」這個觀點後，[76]唯一可以得到的結論卻是，他們本質上都在為種族主義的組織工作，就是這些指控。

在接受了「社會正義」理念後，唯一可能不與種族主義同謀的方法就是乖乖地接受指控，並且按照「理論」的要求進行無休止的「反種族主義」工作。因為大家對少數極端主義的教師和學生根本無能為力，特別是像新校長布里奇斯這樣的行政人員也上了這條船。在常青州立學院中，對「社會正義」的擔憂表示同情的大多數學生和教職員工，根本不可能知道這就是他們「被簽署」的目的。

一旦將「理論」引入封閉系統，這種動態是可以預測的。這些想法開始在一些民眾中流行起來，他們成為有同情心的游擊隊員，並且開始接受「理論」的世界觀。在那種狀態下，他們會「知道」系統性的偏見存在於所有機構，包括他們自己的機構。這些偏見潛伏在表面之下，需要藉由「批判」的方法對之進行揭露和問題化。最終，一個個和「理論」

相關的事件就出現了，或者像常青州立學院的情況一樣，被「製造」出來了，這個機構內的「理論家」，就可以專注於問題根源所呈現的「問題」。這些內容都將被系統地詮釋，當每一次討論和爭論變成一連串的指責，以及對任何不夠「理論」的人所說的每一句話都要仔細檢閱時，社群就會變得分裂。除了默認這一切並代表「理論」進行鬥爭之外，做任何事情都會被視為在「證明」自己與該機構核心的系統問題共謀，並且沒有任何追索權。如果在事件發生時，有足夠多的運動者已在機構中採用了足夠的「理論」，那麼最終一定會發生事情，因為即使是誤會，或者對方根本就用無禮的方法去達到目的也會構成問題，反正他們就是有這個資格。「理論」將會吞噬整個機構。如果它倒下了，那是它活該，因為它一開始就有系統性的偏執。如果它生存下來了，即使只是原本的某部分碎片，也還是會與「理論」一致，或者作為「理論」周遭的毒瘤戰場。總之千錯萬錯，這不會是「理論」的錯，而是「理論」的特徵。這就是所謂的「批判」方法的核心，這是從一開始就打算要做的事情。事實上，這種趨勢已經在常青校園之外的不同環境中都有發生，包括在針織等愛好的在線論壇、[77]二〇一〇年代初期的無神論運動，[78]甚至是保守的教堂。[79]

理論在紙上談起來總是很好

「社會正義」研究的想法，通常在紙上談兵之際看起來是不錯的。但是歷史上，其他糟糕的理論，也幾乎都是這樣。以共產主義為例，共產主義當初提出的理念是，先進的科技社會可以圍繞合作與共享資源為中心，藉此組織社會，希望能夠最大限度地減少人類彼此之間的剝削。這麼一來，資本主義中那種贏家和輸家之間的差距所帶來的一切不公義現象，就可以被消除了。只要有了足夠的資訊（我們現在知道，沒有市場是很難獲得這些資訊的），我們就能以更公正、更平等的方式重新分配商品和服務，而且這種道德情操也肯定足以激勵所有善良的人，一起參與到這樣的系統之中。我們只需要讓每個人都照著這個劇本走，也就是我們都必須彼此合作。這就是「理論」。但實際上在實踐中，共產主義卻製造了歷史上最嚴重的暴行，並且要對數百萬人的死亡負起責任。

共產主義，就是擺在眼前的真實例子，即一個看似很好的理論，如何在實踐中面對災難性的失敗。即使追隨者的動機是基於「偉大利益」的理想主義願景也是一樣。後現代主義，是起始於對共產主義，以及現代時期、啟蒙時期的所有其他宏大理論，和之前的前現代信仰的一種拒絕。現在被認為屬於最初的後現代主義者的那些憤世嫉俗的理論家們，為人類這種傲慢的新的理論方法奠定了基礎。但是，這群早期的後現代主義者的後輩們，卻並不想追隨他們的腳步，只是想拆毀一切的根基。這群後輩嘗試對世界該是什麼，以及該如何運作，也提出一個宏大、全面的詮釋和願景。他們不只是對人類進步的願景抱持懷疑態度，他們對進步的可能性徹底的懷疑。這種偏激的憤世嫉俗非常有效。在政治行動上，這種憤世嫉俗的態度特別應用於改造社會，而不僅是抱怨。由此變異成我們今天面對的這些「理論」，特別是在「社會正義」研究和社會行動主義方面。在字面看來，這些「理論」似乎都在講一些很動聽的話，讓我們可以深入了解偏見、壓迫、邊緣群體和不正義的問題，並且要醫治這個世界。只要我們每個人都多關心一點相關議題，並且以正確的方式來關心，我們就可以走向正確的道路。

我們只需要也讓每個人都照著劇本走，讓每個人都願意合作。我們只需要忽略任何問題，並且宣誓大家是團結一致的。但是，這樣事實上是行不通的。「社會正義」是一個好看的理論，但是一旦付諸實踐就會失敗，並且還可能會在這個過程中造成巨大的破壞。「社會正義」是無法成功的，因為它不符合現實，也不符合人類對公平和互惠的核心直覺，也因為它是一種理想主義的宏大敘事。然而，宏大敘事卻能在表面上看起來很能令人信服，可以爭取和獲得足夠的支持，還能夠明確地影響社會及其對知識、權力和語言的看法。這又是為什麼呢？部分原因是因為，人類並不像我們想像的那麼聰明；部分原因是，我們大多數人，至少在某種程度上都想成為理想主義者；部分原因是，當我們心裡希望某樣東西能起作用時，我們會傾向對自己說謊。但是「理論」本身，其實就是一種宏大敘事，而宏大敘事在實際上卻是不可靠的。

後現代主義者原本是對的。但是，他們犯下的災難性錯誤，就是將明明是有效和能夠適應現實的系統，錯誤地判定為一種宏大敘事。宗教和許多理論建構，確實是某種宏大敘事，但是自由主義和科學卻不是。自由主義和科學是系統，不僅是簡化過的小理論，因為它們在設計上是懂得自我懷疑，而不是自我肯定。這是一種合理但非激進的懷疑。他們把實證放在首位，而不是理論。他們是會自我糾正的。受監管的資本主義、民主共和，還有科學等自由制度，都藉由使人類經濟、社會和知識生產服從於進步過程，來解決各種衝突。隨著時間的推移，經過持續的努力，產生出可靠的社會、政府和暫時的真相，有關於世界的真實陳述。這當中的證據就是，在過去的五百年裡，幾乎所有一切事物都發生了變革、進步，特別是在西方。正如「理論」所指出的那樣，這種進步有時會出現問題，但它仍然是一種進步。對大多數人而言，現在大多數時候的情況絕對是比五百年前要好的多了，這些都是無法否認的。

第十章
社會正義意識形態的替代選項
──沒有身分政治的自由主義

後現代理論和自由主義兩者之間不僅存在張力，它們彼此幾乎是直接矛盾的。自由主義認為，知識是我們可以、至少是讓我們能夠或多或少客觀地了解現實、真實的東西。後現代理論則認為，知識完全是由人類製造的，是我們自己告訴自己的故事，主要是為了要在讓大家都在不知情的情況下，持續維護我們自身的社會地位、特權和權力。自由主義本來就有著明確的分類、清晰的理解和闡述；後現代理論則要模糊界線，並且抹去分類，同時迷戀於各種人為的分歧。自由主義重視個人和普遍的人類價值；後現代理論則更支持群體認同和身分政治。儘管左傾自由主義者會傾向於支持弱者，但是自由主義還是看重整體性的，會更全面地、想要以人的尊嚴為中心；後現代理論則聚焦於受害者。自由主義鼓勵分歧和辯論，以此為手段幫助我們更了解真相；後現代理論拒絕這些辯論，還將這些內容作為強化壓制某些觀點的主導話語的方法，並且堅持認為，我們是「無法」獲得真理的，我們只能獲得以我們的價值觀為基礎的、一種我們自己的真理。

自由主義接受真理的符應論，也就是如果陳述能準確地描述現實，那麼它就是真實的；「理論」則提倡真理只是一種「語言遊戲」，而文字本身最終只是指向其他文字，卻永遠無法具體地對應現實，除非這些文字描述的是壓迫。自由主義接受批評，甚至是對自己的批評，因此自由主義是能自我糾正的；「理論」卻是不能被批評的；自由主義相信進步，「理論」對進步的可能性完全抱持懷疑態度。自由主義在本質上是帶有建設性的，因為它產生了進步、進化的過程。「理論」本質上是破壞性的，因為它玩世不恭，並且依附於它稱之為「批判」的方法。這其實並不奇怪，因為批判方法一直是明確和有意地批評自由主義作為一種社會、政治和經濟組織的手段。

自由主義還包容了後現代理論破壞自身公共地位的特徵和缺陷。藉由包容不同意見和觀點的多樣性，自由主義准許人們不必一定要支持自由主義。因為堅持辯論的言論自由，是自由主義明確地准許的，甚至歡迎大家對於自由主義自身的原則去提出批評。藉由宣揚人類的普世價值，自由主義引起人們去關注，無論是過去或現在，西方社會都無法實踐這些宣揚的價值。藉由宣布所有公民在法律和政治上一律平等，自由主義刺激人們要懂得關注，某些公民居然得到比其他公民更大政治影響力的方式。自由社會永遠專注於進步，因此會將聚光燈照在自身的不完美之處，希望這些不完美可以得到糾正或至少得到緩解。自由主義並不完美，然而，自由主義就是「理論」的解毒劑。

一個自由的社會可能會讓人不夠滿意，因為它完全沒什麼人情味。在自由秩序之下，任何個人或團體都不應該得到什麼特殊待遇。不是每個人都喜歡這種情況。此外，因為自由主義的目標是在前端要完全不偏不倚，但也許還是會在後端存在不平等，甚至有些狀況可能是很嚴重的，還需要進行調整。舉例來說，資本主義就是一個純粹的自由經濟體系，在實施了這個制度之後，我們了解到完全不受監管的資本主義也會是一場災難，這正是馬克思所極力反對的。看似自相矛盾的是，由於壟斷的力量和不誠實行為的影響，自由市場需要監管這當中的基礎設定以防系統失控。

古希臘人也曾認識到，自由政治秩序中隱含了暴政的可能：也就是民主如果管理不當的話。特別是美國的實驗讓我們認識到一種稱為代議制民主的共和制度的調整，包括權力分立和對政府權力的種種限制等，這些都成為了民主制度中的必要組成部分，藉此來防止民主政治陷入一種暴民統治和多數暴力。這些系統完全依賴於知識生產的自由方法。後現代理論卻以犬儒的方式去看待自由秩序及其知識生產系統的失敗，將自由秩序視為強者掩蓋壓迫、限制潛力的手段，並且專注於它們的不正義程度，特別是對那些一開始就處於不利地位的人們，因為系統似乎沒有機制足以彌補他們的厄運。所以，後現代理論就打算要破壞這整個系統。

自由主義的另一個困難是，它本身是有點難以定義的，這也為「理論」的解構打開了大門。或許我們最好把自由主義理解為一種逐漸使社會更公平、更自由、更不殘酷的願景，還有一個接一個的實際目標，這是因為自由主義是一種解決衝突的系統，而非人類衝突的解決方案。作為一個藉由參與者的加入來運作的系統，它不見得有提供我們可以特別信任的人、事物，這其實違反了我們最深層的人類直覺。它不是革命的，但也不是反動的，它的動力既不是要顛覆這個社會，也不是要去阻止社會改變。相反，自由主義始終是一項正在進行的工作。這是因為它確實有效，它會帶來進步，所以，當它解決了一個問題時，就會轉向遇到新的問題，不斷發現新的衝突要解決，以及新的目標去實現。這樣，自由主義就像是一個進化的過程，這種過程根據定義總是處於進行之中，永遠不會完成。因此，在受到必要的批評和糾正之前，這些過程總會犯下錯誤，有時甚至會完全出錯。問題化就是「理論」利用這些錯誤的一種方法。如果做得好可能會帶來很大幫助，因為它可以在問題失控之前就將之凸顯，這時自由主義系統其實是很有意願接受這些批評的，實際上這也是其特點，後現代理論等批判方法卻把這個特點拿來利用，藉此破壞自由主義。當偏激、激進成為現實時，就像「理論」一樣，會破壞人們對自由主義系統的信任，也會讓人們忘了，當初就是因為有了這個系統，才使現代性得以成為可能。

自由主義也很難去做定位。如果我們要談論，自由主義到底是何時開始的？或者接下來，又是如何發展出來的？說實在也沒有太大意義，儘管我們可以說出帶來自由主義根基的幾個哲學家的名字，而當中大多數人也確實生活在西方。像是瑪麗．沃斯通克拉夫特（Mary Wollstonecraft, 1759-1797）、彌爾（John Stuart Mill, 1806-1873）、洛克（John

Locke, 1632-1704）、傑佛遜（Thomas Jefferson, 1743-1826）、培根（Francis Bacon, 1561-1626）、潘恩（Thomas Paine, 1737-1809）等，以及許多其他人。他們從其他傳統的早期思想家那裡吸收資源，一直追溯到兩千多年前的古典希臘，並且提供了至今仍在說服和激勵自由主義者的概念和論點。然而，他們並不能算是發明了自由主義，自由主義既不屬於某個歷史時期，也不屬於某個地理區域。無論何時何地，當人們想要修改現有系統以保留好的部分並消除失誤時，都可以發現自由主義的潛在動力，特別是當這些失敗，已經會限制、壓迫或者傷害到人們之時。自由主義和其他思想動力存在著緊張關係，特別是那些不相信客觀系統能解決任何問題的思想。這使得自由主義特別容易受到後現代破壞性的攻擊，因為憤世嫉俗的理論家可以利用這些失敗和傷害，作為譴責自由主義的藉口。

為什麼辯論自由如此重要

我們都習慣於將言論自由，視為民主國家憲法和《世界人權宣言》所記載的普世人權。當以這種方式看待言論自由時，我們自然傾向關注說話者，擁有說出她所相信的內容的權利而不會受到審查或懲罰。但是這種關注有時會導致我們忘記言論自由對於聽眾或潛在聽眾而言，也有另一種至高無上的重要性，特別是對於不同意演講者的聽眾（以及那些尚未決定的聽眾）來說，也同樣如此。

彌爾在一八五九年的《自由論》中強調了言論自由的重要性：

> 壓制言論自由的特殊代價是，這是剝奪人類、子孫後代及現在這一代人的權利；因為當下抱持不同意見的人，會比認同這種意見的人還多。[1]

彌爾說，言論審查制度會以兩種方式傷害反對被審查觀點的人。首先：

> 如果意見是正確的，他們就被剝奪了把錯誤改變為真理的機會。[2]

其次：

> 即使是錯誤的，他們依然失去幾乎同樣巨大的好處，就是對真理更清晰的認識和對真理更生動的印象，因為真理是在和錯誤碰撞中誕生的。[3]

彌爾提出的第一個傷害是很明確的：壓制一個真實的想法，就像天主教會在十七世紀的壓迫行動，教會壓制了地球繞太陽運行的思想，過去人類歷史上，可以說曾以無數的方式阻礙了進步。然而，即使多數人的觀點大部分是正確的，而當下被審查的觀點看起來大多是錯誤的，然而去允許雙方公開辯論，對於讓多數觀點有機會得到完善和改進而言，仍然是至關重要的。

彌爾所說的第二個傷害更為微妙，但是同樣重要，為了說明這一點，他從一個通常比政治或宗教爭議少的領域中舉了一例：科學。牛頓在一六八七年創立了近代物理，他編寫了後來被稱為牛頓力學的方程式，如今這些方程式，在每個新生的物理課程中都會被教授。在接下來的一個世紀裡，科學家們從地面和天文觀測中，積累了大量的實證，證明了牛頓物理學是正確的（甚至在一八四六年，準確地預測了迄今未知的海王星的存在，和這個星球的精確位置）。但假設在歷史中的某個時刻，政府（甚至只是大學）決定，鑑於牛頓力學的正確性已獲得壓倒性的證據，從今以後禁止對其提出任何異議。在這種情況下，彌爾觀察到，我們現在就更沒有理由相信牛頓力學的正確性了！正是因為牛頓力學在面對自由公開的辯論中屹立不倒，才使我們對這個學說有如此充分的信心：

> 如果當初牛頓哲學都不允許被質疑，人類就不會像現在這樣完全確信它的真實性。我們最有理由相信的信念，卻沒有任何直接仰賴的保證，只能邀請全世界來證明那些反對質疑是毫無根據的。如果挑戰沒有被接受，或者接受了但嘗試失敗了，那代表我們離確定性還很遙遠；但我們已經盡了人類理性現有狀態的最大努力；我們沒有忽略任何真理要傳達的事情。[4]

事實上，這個故事有一個有趣的轉折是彌爾所無法預見的，也說明了他的第一個傷害。原來，牛頓力學是不正確的！對於幾乎所有實際目的而言，這是一個非常好的近似值，但卻並不是完全正確。這是愛因斯坦在一九〇五年至一九一五年才發現的，也就是彌爾去世三十多年後。牛頓力學就被愛因斯坦的狹義和廣義相對論所取代。但如果當時禁止批評牛頓理論，那麼科學上這一重要進步可能永遠不會發生。隨之而來的是科技應用，從癌症放射治療到全球定位系統（GPS），都是以某種方法建立在愛因斯坦的相對論基礎之上。[5]

彌爾主要關注政府或教會當局的審查制度，但是那些他所支持的辯論自由的論點，也同樣適用於由公司或大學，甚至私營公民團體裡，那些自封為公民道德守門人所使用的社會排擠之上。

因此，即使「理論」百分之九十九正確，而其批評者（如我們自己）百分之九十九錯誤，辯論自由對「理論」家仍是有利的：首先，這能夠幫助他們進一步改進他們的理論；其次，由於「理論」成功地對抗了社會正義思想的另一種觀點，可使他們（及我們）對「理論」的正確性有更理性的信心。

然而，如果理論家所尋求的不是對其思想真實性的理性信心（通常不是，因為理性和客觀真理只會被理解為白人、西方、男性權力的壓迫性表現），那麼我們就只剩下主觀感受可以去肯定「理論」。那在他們看來，辯論的自由也將變得可有可無，甚至適得其反。可悲的是，這種態度充分體現在他們相當明顯地不願參與辯論，並傾向於將他人嘗試進行的討論行為視為「嬌慣脆弱」或「故意無知」，或是在維護認知特權的反擊。

「理論」不懂自由主義

自由主義有著堅定的信條：**個人自由、機會平等、自由與開放的探究、言論和辯論的自由，以及強調人文主義。雖然這些都是遠大的理想，但也是堅定不移的。**

這就是為什麼自由主義在過去五百年裡，雖然緩慢但明確贏得勝利，並且創造了有史以來最自由、平等，把人類的苦難和壓迫減到最少的社會。自由主義的成功可以歸結為幾個關鍵點。自由主義在本質上是朝向目標的、是解決問題的、是自我糾正的。並且自由主義是，儘管後現代主義者並不想去承認，一種「真正的進步」。雖然極右派的某些人可能想要阻止這些進步，甚至認為自由主義已經進步的太遠。而極左派的某些人又會認為，進步只是一種神話，並且堅持認為，自由民主國家的生活仍像以往一樣還是受到各種壓迫（這都多虧了傅柯）。自由主義則既欣賞進步，又樂觀地認為進步會延續下去。在包括政治右派和左派人士在內的自由主義範圍內，每個人都會同意，自由主義就是代表著進步，儘管這種進步的速度和方式仍有可商榷的餘地。

對於認知心理學家史蒂芬・平克（Steven Pinker）而言，如果我們希望自由主義能繼續走下去，有個很重要的部分是，我們要欣賞我們在自由民主國家所取得的進步，並且要將這種進步歸功於啟蒙人文主義：

> 自由民主是一項寶貴的成就。直到救主再來之前，地球上總會不斷地發生各種問題。但是，我們最好是去解決問題，而不是故意引發一場大火，然後還希望從灰燼和破碎中，會讓我們找到比原來更好的東西。由於沒有注意到現代性的恩賜，社會批判者可以說毒害了選民，讓他們去反對負責任的監管者和循序漸進的改革者。這些人原本能鞏固我們已經取得的巨大進步，也能為我們帶來更多進步的條件。[6]

記者埃德蒙・福塞特（Edmund Fawcett）在他二〇一五年的著作《自由主義：思想的生命》（*Liberalism: The Life of an Idea*）的平裝版序言中，批評了自由主義有點過於寬泛和定義不清，無法被好好的組織起來。對福塞特而言，「自由主義必然是寬泛的。它的顯著成就之一就是創造了一種政治，在這種政治中，深刻的倫理分歧和尖銳的物質利益衝突可能會被調解、緩和或擱置，人們不需要為了贏得徹底勝利而鬥爭。」[7] 在這本書的早期精裝版內容中，他以優美卻又暴躁的語氣繼續補充說：

薩繆爾．布里坦（Samuel Brittan）在《金融時報》上提出反對。對於在一九四五年之後，我對自由主義的條件限制除了「獨裁者和極權主義者」之外，還包括其他人。如果他在我排除的人中再加上「民粹主義者和神權主義者」，我會把他的抱怨當作讚美。自由民主，並不是當今資本主義唯一有吸引力的道路。非自由主義道路，也在召喚著大家。它們包括了威權主義、大眾民族主義和宗教極權主義。我會說，對自由主義的理解如能排除這些替代方案會是很好的界定。[8]

這是理解自由主義的好方法，作為非自由主義的對立。雖然自由主義可能難以直接定義，但在極權、階級、審查、封建、父權、殖民或神權國家裡，以及想要建立這種狀態的國家，想限制自由或為不正義辯護的那些非自由主義者，卻很容易識別出來。自由主義者對之反對並非因為想建立自己的權威政權，而是因為他們反對所有這樣的政權。因此，自由主義是寬泛的，但並非軟弱。

對福塞特而言，自由主義的四個主題是「接受衝突、抵抗權力、相信進步和尊重人性。」[9]自由主義承認，它總是與不公義和壓迫做鬥爭，並會在不同的思想之間進行調解。它反對的不是一般的保守主義，而是那種嘗試保留階級、種族或性別等級的保守主義。後現代運動也與壓迫性的權力系統做鬥爭，但卻不相信進步，也不相信可藉由堅持已經做得好的事情來改革那些做得還不夠好的部分，以便繼續取得進步。此外，自由主義既尊重個人，也尊重人類整體的成員；不重視身分群體或集體本身，而更重視個人和普遍性，人類和整體人性。

對於記者和散文家亞當・戈普尼克（Adam Gopnik）而言，自由主義和人文主義是密不可分的。他觀察到：

> 自由主義有很多種的發言，但我們這些自認為是自由人文主義者的人所想要捍衛的自由主義，是一方面要反對有時與之共事的左派，也反對有時與之有共同前提的右派。這當中有一個真正的共同點，同樣有力量，同樣平實。**自由主義是一種不斷發展的政治實踐，它證明了（不完美的）平等的社會改革的必要性和可能性，以及透過理性和（大部分）暢通無阻的對話、示威和辯論，來更寬容地（如果不是絕對）對待人類彼此之間的差異。**[10]

這就是多元主義，但卻不是相對主義；它歡迎觀點的多樣性，但原則上不承諾尊重所有觀點。戈普尼克強調對話和辯論的必要性，因為好的想法最終會勝出而使社會進步。這當然有點違背了保守立場，因其認為某些思想是神聖（字面意思或在其他面向上）而不可被挑戰的；這也和後現代的立場不同，因其認為某些觀念是危險而不可說出來的。自由主義則是樂觀的，人文主義對人類有信心。如果我們能讓不同觀念百花齊放，不刻意設置障礙，並鼓勵不同年齡的公民都能自由表達和辯論，就可以讓世界變得更美好。這並非烏托邦幻想，而是一種看似混亂、不完美和緩慢的歷史進程。過去五百年已證實這些理念是可行的。戈普尼克寫道：「自由主義到底得到了的其實就是事實。自由主義者看似一無所獲，最終卻得到了所有一切。」[11] 他告訴我們，自由主義者：

相信改革而不是革命，因為結果已經出來了：改革的效果更好。更長久且積極的社會變革，是以漸進的方式而非革命性的轉變來達成的。這原本是一種性情本能，一種以合理代價換來社會安寧的偏好，但現在已成為一種理性的偏好。十九世紀社會主義，甚至馬克思主義宣言中想要達成的目標：公共教育、免費醫療保健、政府在經濟中所扮演的角色、女性選舉，都已藉由自由主義的改革行動而得以實現，而且大多是和平且成功地實現了。在蘇聯、中國和其他地方，嘗試藉由命令和強制行動來達成這些目標，卻引發了嚴重災難，在道德倫理和社會實踐上都是，災難的規模至今仍無法完全掌握。[12]

當戈普尼克辯稱自由主義就是一種理性偏好時，我們很難不去同意他的觀點，因為有證據顯示自由主義的方法是可行的。而且儘管採用的是循序漸進的方法，但成效卻非常顯著。自由主義、理性主義和經驗主義，在「啟蒙運動」的旗幟下可說是齊頭並進，透過技術改革、具效能的基礎設施，醫學和其他科學的進步，以及維護人權，共同減少了人類的苦難，這些絕非巧合。這些觀念都是相互支持和互相強化、鞏固的。儘管後現代聲稱啟蒙思想曾過於自信地認為掌握所有答案，但事實上，啟蒙思想的真正特點是，對人類能力的懷疑和謙遜。對認知心理學家平克而言：

> 自由主義始於懷疑。人類愚蠢的歷史以及對幻想和謬誤的敏感性，都告訴我們男人和女人都是容易犯錯的。因此，我們應為相信某些事情而尋找充分的理由。信仰、啟示、傳統、教條、權威、主觀確定的狂喜光芒，所有這些都可能是錯誤的原因，應被摒棄為知識的來源。[13]

這聽起來不也很像是對宏大敘事的懷疑？沒錯，真的就是這樣！這種懷疑主義，因為在自由主義思想下被負責任地處理，所以才能幫助我們的世界進步得如此之快，以至於讓某些人可以奢侈地將生命奉獻給那些晦澀不明的反啟蒙理論，而不是在死於分娩或天花之前僅勉強餬口。後現代主義並沒有發明懷疑主義：它把懷疑主義變質為破壞性的激進犬儒主義。儘管後現代理論家經常告訴我們，自由主義者和人文主義者都是倒退的，也想讓我們的社會倒退，但正是這些後現代理論家主張回到滿足於在地敘事、啟示和那些「主觀確定的狂喜光芒」，這更非以行之有效的方式追求進步。

有些人可能會爭辯說，對啟蒙運動、科學和理性進步的欣賞，意味著支持伴隨「進步」而產生的奴隸制度、種族滅絕和殖民主義等暴行。如果不是因為奴役、侵略和殘忍的占領在世界許多地方和民族歷史中時有發生，這似乎是一個很好的論點。近代的特殊之處在於，新興的自由主義顯示過往這些歷史行為都是錯誤的。其他人可能會說，進步是個神話，因為納粹主義、大屠殺和種族滅絕的共產主義，都發生在不到一個世紀之前，而且是在啟蒙運動之後出現。如果說啟蒙運動之後的世界都是以自由主義的模式來運作的話，那麼這也許是合理的。然而事實上這些現象真正表明的是，當自由主義一旦受到極權主義支配時，世界會發生什麼。因為自由主義也並不總是勝利的，也不會永遠占上風。但如能做到這一點，生活還是會好得多，所以我們才應採取行動來對此確保。

自由主義儘管有缺點，但對人類而言仍是好的。正如平克在《再啟蒙的年代》（*Enlightenment Now*）中所言：「數據表明，平均而言，在更自由的國家，人們受教育程度更高、城市化程度更高、生育力更低、近親繁殖更少（表親之間的婚姻尤其更少）、更和平、更民主、更少腐敗，以及更低的犯罪率和更少發生政變。」[14] 令人驚訝的是，在同樣這一、二十年（一九六〇到一九八〇年）間，婦女們獲得避孕的權利，還有在職場上和男性得以同工同酬，在就業和其他領域的種族和性別歧視也都成了非法，同性戀也被除罪化。後現代主義者卻突然這時候跑出來，還自行宣布說我們是時候停止相信自由主義、科學、理性和進步的神話。唯一合理的解釋是，在他們的虛無主義和絕望（尤其是當共產主義失敗幻滅時）中，他們無法理解什麼是進步，以及進步是如何實現的。因此想讓我們也一起，不要跟隨進步的腳步。所以，我們不應停止相信自由主義、科學、理性和進步。反之，我們更該要齊心協力捍衛以實證為中心的知識、理性和一致的道德原則。喬納森・勞赫（Jonathan Rauch）以「自由科學」的名義，對如何能做到這點做了很好的描述。

自由式科學

一九九二年，記者勞赫在一本名為《仁慈的審判者：對自由思想的新攻擊》（*Kindly Inquisitors: The New Attacks on Free Thought*）的書中，慷慨激昂地為自由主義辯護。在那裡，他解釋了自由主義所依據的知識生產方法的優點，他稱之為「自由式科學」（liberal science）。這個想法被描述為「自由的知識體系」（liberal intellectual system）[15]，並且被標記為自由對「現實成果」帶來的貢獻，也就是我們要能「負責任地對外部世界，做出真實的陳述。」[16] 對勞赫而言，自由式科學是一個適用於兩個具一致性法則的系統：「懷疑法則」和「經驗（實證）法則。」[17] 他分別將這些內容總結為：「沒有人擁有最終審定權」和「沒有人擁有單獨個人的權威」[18]，並且認為「這些特殊的規則是人類進化發展出來的最成功的兩個社會慣例。」[19] 為什麼呢？因為「這兩套規則定義了一個決策系統，人們可以同意使用它來確定哪一種意見更值得我們去相信。」[20] 它之所以有效，是因為這個系統「可能無法提前或者永久性地去確定結果（也就是根本沒有最終說法的存在）」，還有「不得去排除、區分任何的參與者（也就是沒有單獨個人權威的存在）。」[21]

勞赫將「自由主義原則」和其他四項原則進行參照，以完成一個重要的認知：要尋找足夠可靠的陳述才得以被稱為知識，還要能解決當這些不同主張不可避免地出現分歧後所帶來的衝突。那四項的任何一項原則都已被證明，根本不足以承擔上述這些內容。那些原則分別是：基要主義原則（The Fundamentalist Principle）、簡化的平等主義原則（The Simple Egalitarian Principle）、激進平等主義原則（The Radical Egalitarian Principle）和人道主義原則（The Humanitarian Principle）。

> 「基要主義原則」：知道真相的人，應該決定誰是對的。[22]

基要主義原則，是神權政治和世俗極權主義政權的基礎；但是，我們也看到這種基要主義原則的思想動力，也同樣體現在社會正義研究和社會行動主義日益專制的性質之中，以及它嘗試阻止批評的過程之中。如果基要主義者能夠掌權，那麼極權主義就是這些人運用權力的方法。

> 「簡化的平等主義原則」：所有真誠的人的信仰，應該都享有平等的權利並要求受

到尊重。[23]

這代表著某些東西不需要是真實的也有資格被尊重。這是社會正義研究和行動主義的知識論基礎和道德相對主義。

「激進的平等主義原則」：就像簡化的平等主義原則一樣，歷史上受壓迫的階級或群體中的信念，應該重新得到特別的關注和思考。[24]

這是「知識不正義」學術的核心。自二〇一〇年以來，它已經成為理論的大部分特徵。它依賴於立場理論和所有的想法都應該是同樣有效的這種信念，儘管這當中有些想法明明因為是某種偏見而被人們貶低，現在則需要被重新當成是一種遠景。

「人道主義原則」：以上任何一項都是必要的，但前提是不要造成傷害。[25]

這是要去審查，某些被認為會導致心理痛苦、「認知暴力」，或者會抹殺某些人類群體想法的理由，這些論點貫穿著整個社會正義研究和社會行動主義。

> 「自由主義原則」：藉由公開批評，逐個檢視是非對錯的唯一合法方式。[26]

與其他四項不同，後現代社會正義思想卻不能接受這最後一條原則。理論堅持認為，批評某些想法是不可被接受的。它還認為，個人的是非對錯不能藉由評估想法的合理性來確定，而是取決於身分（「立場」）和這當中使用正確話語的意圖。

從理論上看來，「逐個審查」在實際上是不可能的，因為來自不同身分群體的人永遠無法完全理解彼此。這就是後現代知識原理的核心。後現代主義的核心包含了對自由主義的明確拒絕。

如果我們拒絕以自由主義的方法來生產知識，我們就只剩下非自由主義的選項，而且隨著這些內容在道德地位上的發展及其基本預設被愈來愈多地採用，它們變得愈來愈呈現出基要主義的傾向。這就是後現代政治原則的本質。勞赫呈現了自由式科學和兩個後現代原則之間的根本區別，特別是在應用和實體化的後現代主義當中。他簡潔地說：「自由式科學絕對堅持信仰和言論自由，但是絕對拒絕隨意的知識。」[27] 自由主義體系中的人們，可以自由地相信任何他們想要相信的東西，也可以自由地為任何他們想要的東西爭論，但如果你想要直接聲稱這些信仰就是知識，並要求被他人尊重，那又是另一回事了。

在社會正義研究和行動主義中，以及愈來愈多地受其影響的社會中，「知識」的自由成了這個領域的核心元素。只要這個「知識」是來自於「被壓迫的」一方，這當中的話語、論述內容又是合乎「理論」的。一切的一切都要根據「理論」來論述，否則就是參與在偏見之中，然後這結果就是不好。這當中包含了對我們生產出有關現實的可靠陳述的一種系統性的破壞，以及隨之而來，也讓自由式科學，原本能提供給我們的那個足以解決衝突的系統，也隨之失落了。這導致了社會的分化，因為人們失去了在共同條件下相互溝通妥協的可能，你有「你的真理」，我有「我的真理」，當發生分歧時沒有任何客觀的方法來解決。我們所能做的，就是轉向各自的「宗派」，也就是與我們有相同主觀經驗的人，嘗試聲稱自己是受害者，並希望擺上檯面的，並非是以「真理」搭橋或照護，也不是以暴力解決爭端。後現代知識原則和由此而來的理論化，有效地貶低了知識，進而對所有知識主張都帶來信任危機，這對任何人都沒有幫助，正如社會正義學者喜歡指出的那樣，在這種情況下最大的輸家就是那些已經被邊緣化和受到壓迫的人。說得沒錯：真理讓我們得享自由。社會正義真的做到了！

自由主義的原則和主題

自由主義其實可以做得比那些建立「真理」的教派都要好。每一個後現代主義原則和主題都有真理的核心，並且都指出了需要解決的問題。但這些被指出的問題，從來沒有被後現代主義者真正有效地解決過。自由主義者和現代性的支持者也關心社會正義問題，也有自身的在地特色。自由主義幾乎完全拒絕兩個後現代原則以及四個後現代主題而支持更古老的典範：以自由式科學知識來創造、推動的普遍自由主義。因此，我們呼籲大家要謹記理性和以實證為基礎的知識擷取方式的價值，其特點是不受預定的政治假設所影響，並具有始終如一的自由倫理。我們還必須認識到，儘管後現代主義者及其學術和社會行動主義後代所提出的內容，明明很少是具原創性的，但自由主義本身也應接受他們提出的批評，並一如既往地要懂得回應：藉由自我糾正、調適帶來進步。

後現代理論能做的，自由主義其實可以做得更好，現在是我們重拾信心來論證這一點的時候了，應用自由主義來糾正自身過往的缺點，也把自由主義帶向未來的挑戰，並繼續前進。那麼，我們又該如何簡單而自信地反對後現代的原則和主題，並向任何搖擺不定的人表明，自由主義思想絕對足以在知識市場中取得勝利？我們可以從承認「理論」正確的地方開始，從而摒棄它對所強調的問題所採用的那些迂迴路線。

後現代知識原則

後現代知識原則假定，知識是社會建構的文化產物。這在通俗而言是正確的，但在後現代主義想要的深層意義上來看卻是錯誤的。知識當然是思想現實的一部分，一個思想在某種文化中是否會被認為「真實」，當然也會同時呈現出這種文化屬性。儘管如此，獲得

（臨時）有關世界上正在發生的事情的知識，還是有更好和更壞的方法。更好的方法，像是理由和實證，當然也是某種文化的產物，但不可否認的是，它們能有效地篩選出準確描述和預測現實和社會層面情況的陳述。我們需要摒棄後現代知識原則，看清其真實本質只是一種語言遊戲，並恢復從知識面向來看待事實。雖然事實確實難求，但還是可以藉由自由科學的過程而獲得普遍性的理解。我們對科學的信心並非出於天真，我們將用證據表明科學是有效的，而且科學當然也不是種族主義的，並非帶有性別歧視，更不是專屬於帝國主義的。科學和理性不是專屬於白人的、西方的、男性化的觀念，也不該被暗示說它們帶有種族主義和性別歧視。科學和理性是屬於每個人的。事實上如果科學和理性不是具有普遍性的，也將變得毫無用處。

然而，後現代知識原則為我們提供了更大的內在價值。從傅柯抱怨瘋狂和性的科學主張被誤用，到種族批判理論家堅持認為少數群體的問題沒有得到認真對待，後現代主義充滿了那些要人們不要那麼魯莽，要去聆聽的重要呼籲。後現代知識原則告誡我們應更好地傾聽和思考，聆聽和調查。然而我們沒有義務直接「傾聽並相信」或「閉嘴來傾聽」。要求我們規避或捨棄對知識論的嚴謹追求，即使是為了最好的目的，在自由主義社會中也無法以此達到。人們對世界的洞察力通常在某些方面是準確的，但人們也傾向容易錯誤詮釋這些洞察，因為要澈底了解事情真相還是很困難的。舉例來說，法律的價值不能藉由被這條法律幫助過或傷害過的人的生活經驗來衡量。前者可能要求社會保留這條法律，而後者則可能希望社會廢除這條法律。也許雙方的觀點都是有價值的，但並不完整。自由主義的做法是聽取雙方意見，仔細考慮雙方觀點，並就哪些需要保留、哪些需要改革進行辯論。「傾聽和思考」，要求我們認真看待一些過去可能會忽略的重要資訊，然後公平與理性地重新整體性評估證據和論點；「傾聽和相信」，是鼓勵我們去確認偏見，僅憑我們在道德上想要聽誰就聽誰。如果遵循這條規則，我們會弄錯很多相應的事情，結果就是這條規則也會站不住腳，導致聆聽反比我們已做和該做的還要少。

後現代政治原則

後現代政治原則認為，知識的社會建構和權力之間是息息相關的，更強大的文化，創造了被賦予合法性的話語、論述，並維持主導方式，決定了我們認為的真理和知識。它將世界視為零和的權力遊戲，一個沒有個別同謀者的陰謀論。這是一種令人沮喪和乏味的觀點，借鑑了傅柯的說法，這種觀點源於對進步史觀、現代性和啟蒙運動最憤世嫉俗的解讀。它不能接受人類的進步總是循序漸進且充滿錯誤的事實，雖然當中一些錯誤已造成可怕的後果，但我們也已從中吸取教訓並將繼續受教。後現代會攻擊說，科學家因缺乏全知而會造成傷害（因為科學方式本身就是建基於對人類不可能永遠正確的精確認知之上）。

後現代政治原則需要退出公眾領域。是的，有害的論述可能會獲得不適當的權力，偽裝成合法的知識，從而損害社會和傷害人民，我們應對此保持清醒。後現代主義本身就是這樣一種話語。我們正在回應它，我們反對它。後現代觀點認為，人們生來就被特定的論述所影響，理解力也被這些論述所塑造，這個觀點確實值得我們深思。但是認為人們對這些論述，只會從權力架構的位置去鸚鵡學舌，卻沒有意識到它們是什麼，卻是帶有偏見且荒謬的觀點。聲稱支持社會正義主張的有色人種女性「覺醒了」，並說所有其他不接受這種主張的有色人種女性都被洗腦，以便能繼續使用壓迫她們的權力話語，這就是一種自私、傲慢和自以為是的說法，這就是將知識與身分掛鈎，並將經驗的差異理論化與詮釋為不真實或混亂的結果。

作為自由主義者，我們不必這樣做。我們支持來自每個身分群體的自由主義論點，我們可以評估這些論點是否符合證據和理性，而無需聲稱任何單一論點就是代表所有「女性」或全部「有色人種」。我們明確地知道自己所持有的觀點以及為什麼會有這些想法，我們假設社會正義運動者也會這樣做並對其表示尊重。

界線的模糊

對嚴謹的分類和界線抱持懷疑態度，確實也是明智的。應該不斷地測試、刺激、推動，並在有需要時移動它們。然而，激進的懷疑主義沒有任何辦法可以改善分類的準確性，只是直接在原則上對其不信任，這種做法對現實毫無助益，現實亦不會受其影響而改變。我們可以先運用理性得出暫時性的結論，形成假設模式並持續進行測試，以便得出有效的和無效的分類，之後再去支持或反對那些使用特定分類來標記、標籤人們的論點。科學和理性可以提供資訊，讓我們強化自由主義的論點，並揭穿社會保守主義和後現代主義論點的問題。

在酷兒理論中占主導地位又經過簡化的後現代觀點，認為分類在本質上是帶有壓迫性的，是完全不合理的。如有人想去爭論男人和女人本就無法整齊劃一地置入框架之中，因此不應受傳統性別框架中特徵、能力和角色分類的限制。那麼他應運用科學來證明這個做法的不適合，也可用自由主義的觀點來說明人們不應這樣做，並理性運用科學來為爭議尋求理據支持。如果對科學和數學稍為理解，特別是對基礎統計學，就會知道消除分類的呼籲其實是多麼錯誤。

生物現實就是這樣，在認知和心理上，男性和女性是有大量重疊的群體，但他們的平均特徵的分布確實略有不同。這個事實允許我們預測趨勢，但即便如此，對於任何特定個體的了解卻還是很少的。對那些害怕依賴生物學就會限制男人和女人扮演不同角色的酷兒理論家而言，我們會說「請看數據」，因為科學數據已經夠奇怪，夠酷兒的了。科學已經說出了人類的多樣性是存在的，且在自然界中是更為複雜的。

關注語言的力量

後現代對語言力量的關注，也有其一定的道理，因為語言首先讓人類發展了科學、理性和自由主義。語言具有說服和被說服、改變思想和改變社會的力量。這就是為什麼我們提倡以勞赫的自由主義原則為基礎的思想市集，這樣人們就可運用這種力量，將所有想法滙集並使用已知可行方式進行評估。即使是最聰明的人，在獨自一人的狀態或在意識形態相同的群體中也常難於理性判斷，因為我們主要是使用理性來證明現有的信念、欲望和潛在直覺的合理性。[28]我們在一群擁有不同直覺和判斷能力的人中，反而會處於最佳狀態，因為在這種情況下，任何人都無法逍遙事外，肆無忌憚地自作主張。在這種情況下，我們可以成就大事。

然而，若藉由限制言論，禁止某些觀念和術語，並強制執行其他觀念和術語，以更好地達至社會正義，這種做法是沒有任何歷史、理據或理性支持的。將某些思想指定為美德，因此可被言說，將其他指定為駭人聽聞因而遭到禁止，這種權力始終掌握在那些持多數意見（或擁有政治權力）的人手中。從歷史上看，審查制度對無神論者、宗教、種族或性少數群體都不太有效，而且我們也沒有理由相信「理論」中會有使審查制度不同以往的神奇成分。我們敦促社會正義倡導者要看見，他們越是達到控制論述的目標，就越能清楚看出他們的論述是一種霸權意識形態，一種為了追求權力的壓迫性主導論述，因此也需要被解構和反擊。這時候，我們很樂意提供協助。

文化相對主義

文化相對主義那帶有拯救意義的核心，是沒有人會去否認的：不同文化處事方式各有不同，在許多情況下這些差異是不要緊的，反而很值得學習和分享。然而，知識生產卻超越了特定的文化，道德知識的生產也是如此。我們都生活在同一個世界中，首先都是人類，其次才是來自特定文化的人類，因此世界大部分真實現象都和我們無關，大部分與我們有關的真實現象都是作為人類的真實現象，而非作為任何特定文化的成員。假裝我們無法對自己文化以外的其他文化實踐做出任何判斷，這其實是既危險又荒謬的。儘管不同國家和教派之間的文化差異相對較大，但我們都擁有一種基於普遍人性的人類文化。人類的變異範圍可能很大，但其實也沒那麼大（我們之間的距離，都遠遠小於我們與跟人類最接近的靈長類動物黑猩猩和倭黑猩猩之間的距離）。有利於公民繁榮、自由和安全的社會結構，幾乎百分之百還是會從普遍人性出發的，任何在此之外的想要達成理想的嘗試，都注定會失敗的。[29]

社會正義是原則，而不是一種意識形態，只有在我們擁有一致的原則時，才能得到擁護。婦女權利、LGBT、種族或種姓平等的權利，必須先是所有人都該有的權利，否則就等同不存在。聲稱只有特定文化，或者次文化中的女性、LGBT和少數群體成員，才能批評自己群體的壓迫，這是同理心和道德一致性的失敗。如果我們譴責任何指出侵犯人道主義的人是帝國主義或種族主義者，我們就會妨礙人權事業。自由主義者不這樣做，反而才是正確的。我們相信個人自由和普世人權，因此我們可以支持倡議這些事情的人，自由主義者的同仁，不論他們身在何處，也不論他們的主流文化規範為何。

我們需要毫不猶豫地支持所有女性、所有LGBT人群，以及所有種族和宗教少數群體的平等權利、機會和自由，因為這些價值觀不屬於西方，而是屬於世界各地所有自由主義者，而且它們是所有地方都該擁有的權利。

個人與普遍性的失落

個人主義和普遍主義，並不足以描述我們對於整個人類經驗的觀察，這樣的說法是有一定道理的。人們存在於社群之中，這會影響他們體驗世界的方式，以及他們可以獲得的機會。不同的人會以不同方式處理資訊，並持有不同的核心價值觀。[30]在某種程度上，理解被壓迫的經驗，可能需要被壓迫過，或需要大量的聆聽和生動的想像。只關注個人和整體人類的自由主義，可能無法看到某些身分群體是如何處於不利處境。我們確實有必要更加關注身分的這一面向，但不能因此就排除所有其他關注。

只關注群體認同，卻忽視個體性和普遍性的社會正義方法注定會失敗，原因很簡單，因為人是個體，並具有共同的人性。身分政治不是賦權的途徑。並不存在足以代表「有色人種的獨特聲音」或女性、跨性別者、同性戀者、身心障礙者或肥胖者的特殊聲音。即使是從任何這些群體中隨機抽出一個相對較小的樣本，也會發現個人觀點的千差萬別。這當然不能否定偏見仍然存在，並且經歷過的人是最有可能意識到這些偏見的。我們仍然需要「傾聽和思考」，但是我們需要傾聽和思考來自被壓迫群體成員的各種經驗和觀點，而不僅僅是被任意貼上「真實」標籤的單一觀點，因為這只是一個被理論化後的必然觀點。

社會正義研究和社會行動主義，也受到自身社會建構主義觀點的限制，通常被稱為「空白的清談主義」（blank slatism）。[31] 這導致學者和運動者否認普遍人性的可能，這種否認使群體間的共鳴變得非常困難。這種否認對少數族群而言並非好的預示。這種觀點也並沒有被馬丁・路德・金恩、一九六〇和一九七〇年代的自由女性主義者和同志驕傲運動者所認同。

他們當初發出的整體性資訊是強烈的（如果不完美的話），是自由、個人和普世的，並且呼籲大家要有同理心和公義，因此他們的活動才能取得成功。金恩說：「我有一個夢想，希望我的四個孩子有一天會生活在一個國家，那裡的人不會重視他們的膚色，而是更為重視他們的人格內涵。」[32] 這番話使美國的白人對自己的國家，作為一個機會之國和公義之國而感到自豪，並願意一起為下一代的希望而努力。[33] 他呼喚大家的同理心，強調彼此之間共同的人性。如果他像迪安吉洛一樣要求美國白人：「少一點白人氣質，也就是少一點壓迫、漠視、防備、無知和傲慢。」[34]那還會有相同效果嗎？我們認為不可能。了解人性是任何企圖改善社會的嘗試都不可缺少的部分。

人類有很強的同理心，也有可怕的冷漠和暴力。我們之所以以這種方式演變，是因為在自己群體內合作以及在他人群體中競爭，都符合我們的利益。因此，我們的同理心在很大程度上，僅限於對待同一個群體內的自己人，而我們冷酷無情的漠視和暴力，則通常針對那些被視為競爭的對手，或是視為叛徒的人。藉由尋求更廣泛地擴大我們的同溫層，自由人文主義實現了人類歷史上前所未有的平等，藉由運用人類天性中較好的部分，即以同理心和正義感來達成這個目標。[35]藉由嘗試將人類劃分為邊緣身分群體和他們的壓迫者這種對立的兩方，社會正義反有助長人類天性中最壞的傾向的危險，即部落主義和復仇心（tribalism and vengefulness），這對女性、少數群體或整個社會都沒有好處。

「理論」最令人沮喪的地方，可能是它傾向把主力關注的每一個議題都弄反了，這主要是因為它拒絕普遍人性、科學和自由主義。它為種族分類賦予了社會意義，這激化了種族主義；它試圖把性、性別和性取向的類別都說成是純粹的社會建構，這破壞了人們接受性小眾的事實，因為人們已認識到性的表達是自然演化出來的；它把東方描繪成西方的對立面，反倒延續了它本想破除的東方主義。

「理論」很可能在某個時候會有毀滅式的自燃，但在燃燒殆盡之前，它可能會先造成很多人的痛苦和各種社會傷害。它在崩潰前曾攻擊過的那些機構將因此喪失許多聲望和影響力，甚至可能無法存活。它還可能使我們任由民族主義者和右翼民粹主義者擺弄，這些人對自由主義其實構成更大的潛在威脅。

替極右派的身分政治火上澆油

左派身分認同主義者發動的身分政治的最大問題之一，是它等同驗證並鼓勵了身分認同主義中的右派身分政治。右派身分政治長期以來一直認為，白人應該掌握社會中的所有權力，西方文化應該主宰世界，男性應該在公共領域占據主導地位，女性應該在公共領域處於被動地位。家庭、異性戀都被認為是正常的，而且在道德上是好的（在某些性別框架內才是好的），同性戀是一種變態和道德上的敗壞。原本當自由左派明確地挑戰這所有的一切並主張人們不應根據種族、性別或性取向來評價時，自由左派確實比提出這些主張的右翼分子占據更令人信服的道德制高點。

以民權運動、自由女性主義和同志驕傲為首的自由主義者，在二十世紀下半葉曾以壓倒性優勢贏得這場思想爭戰，並在種族、性別和性取向的基礎上實現了法律上的平等。他們如此成功，使得到了二十一世紀的頭十年末，主流的保守派基本上也都接受了這一點。那些仍然認為女性、黑人或同性戀者應被限制在生活中的某些角色或應被剝奪平等權利的社會，或一些宗教保守分子都已被認為是帶有極端主義的「極右翼」立場，並在自由社會中，這些人在名譽上是受損的。

然而，社會對性別角色、種族關係和性自由的概念這種劇烈而迅速的變化，仍算是非常脆弱和新穎。自由女性主義者不得不繼續付出大量努力，持續說服這個社會要相信女性在智力上和男性一樣嚴謹有邏輯，在心理上也很堅強。致力於打破有關女性容易產生歇斯底里和情緒化的思維，或者說女性在公共領域過於敏感而需要被保護的想法，或很容易受到他人影響。

少數族裔也沒有真的發現在短時間內就已經被占有多數的白人社會直接承認為是一群同樣聰明和具有道德的公民。殖民主義和吉姆．克勞法的敘述就認為，非白人是不聰明的、不理性的，是情緒不穩定和不擇手段的，這些思想並沒有在一夕之間就突然憑空消失。事實上，他們花了幾十年的時間去奮鬥和爭取這一切。同樣的，女同性戀者、男同性戀者、雙性戀者和跨性別者在性生活上被合法化，在性別認同上得到法律支持或在婚姻關係上得到承認後，也並沒有因此立即就被主流社會完全接受。反之，他們面臨著一場漫長的文化鬥爭，試圖讓焦慮的社會保守派相信他們並沒有任何要去摧毀家庭、異性戀、男子氣概或女性氣質等意圖。

這些戰鬥正在逐步取得勝利。女性已能擁有事業並被認為是能夠應對公共生活嚴酷現實的能者，並已成為社會常態，甚至大家都習以為常。所以，愈來愈多的少數族裔成了教授、醫生、法官、科學家、政治家和會計師。愈來愈多的同性戀者，在社交和工作中可以談論他們的伴侶，現在他們也能在公共場合中自由地彼此調情，也不會感到不自在。也許現在要人們馬上接受跨性別者還需要長一點的時間，他們較為少數，有待解決的問題也非常複雜，這和許多人對性和性別的理解仍有著很多的矛盾。但至少直到最近為止，這些情況也都在改善。現在，批判性的社會正義有可能會重新逆轉這些情況，而且似乎真的正在以兩種方式，把原來已經享有的大部分進展給倒退回去。

首先，社會正義方法發展出來的那些理論，又重新加深了我們對婦女、種族和性少數群體的負面刻板印象。「理論」中大部分女性主義相關的內容，都重新在暗示女性脆弱、膽怯、缺乏能動性，並要求人們要為了她們而去改變大部分公共領域，從而使女性被幼體化。以傳統和宗教信仰、情感和生活經驗為基礎的「研究正義」論點，也大多在暗示科學和理性並不適用於非白人的世界，以此來定位非白人，這其實和所有歷史上與當前的證據是相悖的。身分優先的政治方法，就像我們在交織性的萬神殿中所看到的那樣，不僅目標是把社會意義重新建構在身分分類的基礎上，還甚至要使之成為中心議題，這當中的單向性質會使所有事情變得都處在理論的控制之下。

威權主義正在以社會正義的名義規定人們必須相信什麼，以及必須用什麼語言來表達這些信念，這些都正快速地使主流社會原已接受跨性別者的成果，帶來有敵意的抵制。

其次，社會正義的批判方法，藉由這當中激進的分化手段，鼓勵了部落主義和針對彼此的敵意。民權運動當初之所以能如此成功，是因為他們以每個人都應擁有平等的權利這樣的普世訴求，來召喚人們的正義和同理心。社會正義則使用了一種簡化的身分政治方法，將集體的責任歸咎於主導群體：也就是那群白人，因為他們是種族主義者；因為那群男人都是性別歧視者；因為那群異性戀者都是同性戀恐懼者。這明顯違背了既定的自由主義價值觀，一方面不應該以種族、性別或性取向來評斷他人，另一方面還要期望這樣下去不會帶來傳統右派身分政治的反動，這其實是非常幼稚的，因為歷史上曾出現過權力不平等，因此就要我們對白人、男性、異性戀或順性別者有偏見是可以接受的觀點，這其實違背了人類本能的對等原則。

如果社會可以接受貶低「白人」的言論，並要求懲罰任何可能被解讀為「反黑人」的人，那麼如果多數人都感受到那些擁有系統性權力的少數人所帶來的威脅，大家就很可能會嘗試去改變這些制度，而不會只是恐懼喪失曾一度擁有的優勢和特權。如果社會可以接受貶低「白人」並要求懲罰任何可被解讀為「反黑人」的人，那麼白人同樣會覺得不公平。如果將男子氣概病態化並開始憎恨男性，同時對任何可能被稱為「厭女」的事過敏，假設這些行為是可以被我們接受的，那麼幾乎一半的人口（以及愛他們的另一半人口）都會對此不滿。如果占人口百分之九十九點五的順性別者都被指控為有跨性別恐懼症，只因為他們不會使用正確的術語，而且居然還允許生理性別來影響他們的約會偏好，或甚至對性別帶有非酷兒理論的信念。這種狀況反而可能會帶來針對跨性別者的不正義抵制（而且跨性別者當中的大多數人也不見得相信「理論」說的那些東西）。

當前的右派勢力激增，肯定有很多原因造成了這個狀況，這當中也有和社會正義研究或社會行動主義無關的，但那些肯定不是真正的關鍵。

最重要的是，由於社會正義已經煞費苦心地在與這些議題相關的話語上建立了絕對霸權，特別是在左派和中間派之間，導致其他比較合理及溫和的聲音不可能進入與這些議題相關的對話。這原本可以是針對社會正義在這些議題上的聲明而提出的一些更合理且溫和的替代方案。這就導致未來在我們的社會上，只剩下那些最極端的聲音敢於挺身反對社會正義，並在某種程度上，可被認為是敢於說出一些其他人都不敢說的明顯事實，這反使他們獲得原本不會獲得的支持。社會正義藉由這種方式，也就是系統地完全壓制來自左派、中間偏右等合理而溫和的聲音，到最後反而會使得社會正義把自身搞得門戶洞開，我們的社會也會在最不穩定的情況下，受到極右派極權主義的強烈反動（當然，這些也會毫無疑問地被「理論」解釋為，我們的社會果然就像「理論」所一直堅信的充滿了墮落和偏見，這些都是更有利的證據，「理論」就像是一個自我實現式的預言，只要我們願意，只要你敢不尷尬的講，尷尬的就是別人）。

解決方案的簡要探求

有些人對後現代主義所帶來的問題，提出了相當激烈的解決方案。某些人，像匈牙利總理奧班（Viktor Orbán）[36]就認為應禁止性別研究和其他以後現代理論為基礎的課程，他們認為這些對社會有害，應予以禁止。我們在此也強烈反對他這種立場。因為我們不能使用反自由主義的方法來對抗反自由主義，也不能透過禁止審查者的言論來對抗針對言論自由的威脅。也就是說，我們不能成為我們自己所討厭的那種人。如果我們這麼做了，我們就不該期待得到那些同樣討厭我們所討厭的人的支持；也就是說，所有形形色色的自由主義者，對於從左派到右派到中間派，都應是一視同仁的。

部分人則認為，社會正義課程不應由公共資助。他們提出了一個不無道理的論點，就是不應期望納稅人去支付既不嚴謹也不合乎倫理的學術。我們也不能同意這一點。政府不應控制大學教什麼，這樣的舉動相當於建立了一種「真理審查部」（Ministry of Truth）。

雖然我們也希望大學能夠堅持，從而判斷出後現代主義根本就不夠格作為一種嚴謹的學術，但是如果這是由政府，而不是大學自己去做出的決定，那就會開創一個可怕的先例。舉例來說，如果一個神權政府上台，或者一個受後現代左派影響的政府上台了，它可以認定科學或任何不喜歡的學術是不好的，然後又認為這些東西對社會有害而予以禁止。

捍衛人們接觸後現代思想並有自由傳播的權利也是重要的。然而，阻止他們獲得公權力也是非常重要的，正如本書第九章所言，某些事情已經發生了。

在自由社會中，我們已經知道如何對付那些要把自身哲學體系強加於社會並使之實體化的威脅，答案就是世俗主義。世俗主義最為人所知的，就是一項法律原則：「政、教分離」。但這項原則是基於一個更深刻的哲學思想，也就是無論你多麼確定自己已經掌握了某種真理，你還是無權將你自己的信仰強加給整個社會。從廣義上而言，這代表著你可以保有任何道德信仰，並要求人們在一個自願進入的社群內（但在法律範圍內）遵守和實踐這些信仰，這當中的成員可將這些信仰視為個人的良心規範但不可將其直接強加於外部人士。你可以有信仰的自由，但是作為交換，你也必須允許他人自行決定是否願意相信。

這當中伴隨著一種不可剝奪的權利，就是人們可不被譴責地拒絕任何特定意識形態上的道德規範。舉例來說，在世俗社會中，沒有人應要在法律或道德上，因拒絕了任何特定信仰的信條而感到愧疚。這當然包括了大多數宗教的信條。一切都該取決於個人意願。沒有任何意識形態或道德團體可以有資格為某個人做出決定。沒有人該受制於任何特定道德團體的義務，無論這個團體成員的信念是多麼強烈。

後現代主義的內容，特別是在應用轉向還有在被具體化之後更是如此，這當中絕大多數思想都是帶有規範性的，而不只是描述性。後現代成了一種優先思考自身所相信事物的學術理論，把理論內容當成真理，而不只是原本描述事物的目的。也就是說，後現代將個人信仰視為一種政治義務的理論，根本已經停止尋找知識。因為它相信自己已完整地擁有了真理。後現代變成了一個信仰體系，後現代學術已成為一種神學。這就是我們在社會正義研究中看到的，「應然」的聲明已取代了對事物「是什麼」的探索。

相信知識只是一種用來強化權力的文化建構，並且還可能是以不正義的方式發生，這個觀念的真實性如何是一回事，這是可以提交給思想市場檢視的論點，但如果直接將這種觀念視為既定事實，並且論斷不同意的就是一種支配和壓迫的行為，這樣又完全成了另一回事。更糟糕的是，有人堅持認為，除了不斷地在精神上服從你的信仰體系，和持續呼籲大家一起進行清教徒式的社會革命之外，其他所有的一切在道德上都是邪惡的同謀、共犯。在其他宗教信仰中，這被稱為「墮落」，是因罪惡、腐敗、犯罪欲望所帶來的問題。世俗主義則將這些問題交由個人良知來處理，免除任何人為避免社會標籤而接受或口頭接受一些自己根本不認同的信念。

考慮到這種態度，我們提倡兩種解決後現代主義問題實體化的方法。首先，要反對其信仰體系被制度化。因為社會正義運動不是正式的宗教，並且因為真正的社會正義目標是和反歧視立法一致的，因而被允許繞過一般會有的障礙，得以將自己的信仰體系強加於人。作為自由主義者，我們必須反對這種強加，並捍衛人們也擁有不相信社會正義的權利，而不會受到任何形式的懲罰。雖然所有公共機構和組織都有權要求自己團體的學生、雇員或用戶，要懂得避免歧視並維護平等，但它們不應要求大家一定要對社會正義信條給予肯認。我們必須反對正統的社會正義有關多樣性、平等正義和包容性，或者帶有強制多樣性、平等的訓練，就像我們反對公共機構要求人們要信奉基督教或穆斯林，或要求人們一定要去教堂或清真寺一樣。

其次，我們必須和社會正義的思想進行公平的鬥爭。我們確實不相信壞的想法會因為被壓制而被打倒，特別是像現在的後現代思想那樣具有強大的社會影響力時。反之，它們需要在思想市場中參戰和被擊敗，這樣這些理論才能自然死亡，並被確認失效。在思想市場上擊敗後現代理論完全是可能的，事實上也是不可避免的，只要我們與之正面對決，並用更強而有力的推論先武裝自己。

要先揭露後現代嘗試避免公平審查的企圖，並以更高標準來檢視這些思想，以便及時改進這當中有用的東西。事實上，這些想法顯然很糟糕，在倫理上也不貫徹、不一致，無法承受嚴格的審查而在矛盾中崩潰和消失。和後現代相關的學科都需要改革，使之更加嚴謹和合符倫理。只要反對批評社會正義研究的禁忌消失，學術系統就會知道該如何處理這些事情，並也能夠有效地去處理。

結論和宣告

在「理論」面前，保持我們對自由主義的承諾和信念是可能的，對我們是有好處的。

不過無論如何，這可能也是很困難的。一方面，新的激進的答案，具有一定的吸引力，會讓人興奮，特別是當事情看起來很糟糕的時候。感覺重大而緊迫的問題，似乎會帶來革命性的新解決方案。當現在有人在受苦時，漸進式的改進總是會讓人感覺非常緩慢。然而，就像歷史的教訓告訴我們的，絕對的完美其實常常是善的敵人，這包含了那些不切實際的空想。像是有人會告訴我們一個好的系統，現在就應能馬上產生更好的結果。這些說法，就是對激進主義、威權主義、基要主義和犬儒主義的呼喚。這就是使「理論」那麼樣具有誘惑力的原因，還有那些像是民粹主義、馬克思主義，或者任何其他形式的烏托邦主義，它們當下聽起來，都會感覺很不錯，但在實踐中卻往往帶來毀滅性。這似乎是世界上無數緊急問題的必要解決方案一般。

不過，這些問題的答案並不新鮮，也許這就是為什麼它沒有立即令人滿意的原因。真正的解決方案，反而是政治上（普遍自由主義，是後現代政治原則的解毒劑）和知識生產方面（勞赫的自由科學，是後現代知識原則的解毒劑）的自由主義。你不需要去當喬納森．勞赫、彌爾或任何偉大的自由主義思想家的專家。

你也不需要精通「理論」和社會正義研究才可以有自信地反駁它。但是你確實需要有一點勇氣，來對抗這些擁有強大權力的東西。當你看到「理論」時，你需要認出它，並支持自由派對它的回應，這不會比說出一句：「不，那是你的意識形態信仰，我不必一定要去同意它」更複雜多少。

為了使這更容易，我們想以幾個例子作為結束，說明如何識別社會不正義，同時拒絕社會正義意識形態所提出的解決方案。我們希望表明，社會正義是嚴肅且重要的爭論，但解決這些問題的不自由手段不只不足，在最壞的情況下更是錯誤和危險的，並且對於人們和有價值的事業而言，都是有害的。當然，你也可以在同樣的原則上，用你自己不同的方法，去反對社會正義思想。

從原則上反對：示範1

我們申明：種族主義仍然是社會問題，需要解決。

我們否認：種族批判理論和交織性方法，提供了最有效的工具來達成這一點，因為**我們相信**：種族問題最好經過最嚴謹的分析來解決。

我們認為：種族主義應該被定義為，以種族為基礎而對個人或群體帶有偏見的態度和歧視行為，並且可以成功地被處理解決。

我們否認：種族主義是藉由話語進入社會後而變得根深柢固，種族主義是不可避免的，並存在於每一次的互動中，而且這是一個無處不在的系統性問題。

我們否認：處理種族主義的最佳方法，是把種族分類的社會意義重新高舉，並從根本上提高這當中的顯著程度。

我們認為：每個人都可選擇不持有種族主義觀點，並且應被期望這樣做；種族主義隨著時間的推移正在減少，並已愈來愈少，但是也還需要繼續努力。我們可以而且應該先將彼此視為人，然後才是身為某些種族的成員。種族相關的問題，最好藉由誠實面對種族經驗來處理，同時要為共同目標和共同願景而努力，不分種族的原則應得到普及和守護。

從原則上反對：示範2

我們申明：性別歧視仍然是社會問題，需要解決。

我們否認：針對性別議題的理論方法，包括酷兒理論和交織性女性主義；我們不認為這些對性和性別研究的「空白清談主義」理論會有助於解決這些議題。因為我們認為必須透過承認生物現實才能解決這些問題。

我們認為：性別歧視應被定義為以性別為基礎，對個人或整個性別帶有的偏見態度和歧視行為，並且是可以被成功解決。

我們否認：性別歧視和厭女症，是藉由社會化、社會期望和語言強制，在整個社會中運作的系統性力量，即使在沒有性別歧視或厭女症的人身上，或沒有帶著這種意圖的情況下也依然如此。

我們否認：男女之間平均上沒有心理或認知生物學的差異，因此性和性別僅僅只是一種社會建構。

我們認為：男性和女性是具有同等價值的人，他們同樣都有可能因性別而受到歧視，性別歧視行為是由個人進行的一種有意為之的行為，我們應該被預期不要這樣做，並且性別和性都有生物學和社會建構的兩種根源，我們都需要予以承認，以優化人類的繁榮。

從原則上反對：示範3

我們申明：對性少數群體的歧視和偏見仍然是社會問題，需要解決。

我們否認：這些問題可以藉由酷兒理論來解決，酷兒理論嘗試使所有和性、性別與性取向有關的分類，都變得毫無意義。

我們認為：同性戀恐懼症和跨性別恐懼症，應該被定義為是以性取向或性別認同為基礎，對同性戀和變性人所帶有的偏見態度和歧視行為。

我們否認：拆除性、性別或性取向的分類，或以為提出帶有壓迫性的「異性戀規範／異性戀本位」和「順性別規範／順性別本位」概念（即只承認異性戀和與生理性別一致的性別認同是正常和正確而其他都不是），就是讓社會更歡迎性少數群體的最佳方式。

我們認為：性少數群體也是「正常」的，代表了性和性別認同的自然變化，沒有什麼不能接受的，就像紅頭髮和左撇子目前被認定為是少數人類的特徵一樣，他們同樣被視為完全正常的人類個體和社會的重要成員。同性戀恐懼症和跨性別恐懼症是刻意為之的行為，不應被接受。

我們可以舉出更多目前由「理論」主導的議題的問題：像是殖民主義、身心障礙研究、肥胖研究等，但你應該已經懂了。那麼，我們再舉出最後一個更普遍的例子，是關於「理論」演進為「社會正義」學術的情況。

從原則上反對：示範4

我們確認：社會不正義仍然存在，有關社會正義問題的學術研究，是必要和重要的。

我們肯定：跨學科理論方法的價值，包括在人文學科中研究種族、性別、性、文化和身分，都是具有重要價值的。

我們確認：即使是由社會正義研究學術中被重新整合的後現代主義所產生的許多觀點，包括交織性的基本概念，指出特殊的偏見可能存在於需要特別考慮的「交織」身分中，都是很有見地的想法，值得我們認真評估、調整，進一步研究、改進和可能最終將之應用在思想市場上。

我們否認：任何觀念、意識形態或政治運動皆有資格去定義任何身分群體的權威地位，因為這些群體都是由具有不同觀念和共同人性的個體所組成。

我們否認：任何否定客觀知識的可能性或一致原則的重要性的學術價值，並認為那些是意識形態偏見，而非學術。

我們否認：任何拒絕接受批評或反駁的理論的價值，並認為那是詭辯而非學術。

我們否認：任何預設問題的存在（舉例來說，以系統的方式），然後以「批判性」的方式搜尋其證明的方法具有任何重要價值，特別是作為一種學術形式。

我們認為：如果這些方法能得到改進並變得更為嚴謹，它們將具有巨大的學術價值，並大大推進人類事業，至少是社會正義的事業。

Wolf, Allison B. " 'Tell Me How That Makes You Feel': Philosophys Reason/Emotion Divide and Epistemic Pushback in Philosophy Classrooms." *Hypatia* 32, no. 4 (2017): 893–910. doi.org/10.1111/hypa.12378

Sleeter, Christine E. "Critical Race Theory and Education." In *Encyclopedia of Diversity in Education,* edited by James A. Banks, 491–95. Thousand Oaks, CA: SAGE, 2012.

Smith, Linda Tuhiwai. *Decolonizing Methodologies: Research and Indigenous Peoples*. London: Zed Books, 1999.

Sokal, Alan, and Jean Bricmont. *Fashionable Nonsense: Postmodern Intellectuals Abuse of Science.* New York: St. Martin's Press, 1999.

Soueif, Ahdaf. "The Function of Narrative in the War on Terror." In *War on Terror*, edited by Chris Miller, 28–42. Manchester: Manchester University Press, 2009.

Spivak, Gayatri Chakravorty. "Can the Subaltern Speak?" In *Marxism and the Interpretation of Culture,* edited by Cary Nelson and Lawrence Grossberg, 271–313. Chicago: University of Illinois Press, 1988.

——. "Subaltern Studies: Deconstructing Historiography." In *Selected Subaltern Studies*, edited by Ranajit Guha and Gayatri Chakravorty Spivak, 3–32. New York: Oxford University Press, 1988.

Stern, Mark, and Khuram Hussain. "On the Charter Question: Black Marxism and Black Nationalism." *Race Ethnicity and Education* 18, no. 1 (2014): 61–88.

Toth, Lucille. "Praising Twerk: Why Aren't We All Shaking Our Butt?" *French Cultural Studies* 28, no. 3 (2017): 291–302.

Tovar, Virgie. *You Have the Right to Remain Fat*. New York: Feminist Press, 2018.

Truth, Sojourner. "The Narrative of Sojourner Truth." In *A Celebration of Women Writers*, edited by Olive Gilbert. www.digital.library.upenn.edu/women/truth/1850/1850.html.

Tuana, Nancy. "Feminist Epistemology: The Subject of Knowledge." In *The Routledge Handbook of Epistemic Injustice,* edited by Ian James Kidd, José Medina, and Gaile Pohlhaus, Jr., 125–138. London: Routledge, 2017.

Wanderer, Jeremy. "Varieties of Testimonial Injustice." In *The Routledge Handbook of Epistemic Injustice,* edited by Ian James Kidd, José Medina, and Gaile Pohlhaus, Jr., 27–40. London: Routledge, 2017.

Wann, Marilyn. "Foreword." In *The Fat Studies Reader*, edited by Esther D. Rothblum and Sondra Solovay. New York: New York University Press, 2009.

West, Candace, and Sarah Fenstermaker. "Doing Difference." *Gender and Society* 9, no. 1 (1995): 8–37.

West, Candace, and Don H. Zimmerman. "Doing Gender." *Gender and Society* 1, no. 2 (1987): 125–51.

Williams, Patricia J. *The Alchemy of Race and Rights*. Cambridge, MA: Harvard University Press, 1991.

Wilson. E. O. "From Sociobiology to Sociology." In *Evolution, Literature, and Film: A Reader*, edited by in Brian Boyd, Joseph Carroll, and Jonathan Gottschall, 135–143. New York: Columbia University Press, 2010.

Scholarship. Baltimore: Johns Hopkins University Press, 2018.
Pilcher, Jane, and Imelda Whelehan. *Key Concepts in Gender Studies*. Los Angeles: Sage, 2017.
Pinker, Steven. *The Blank Slate: The Modern Denial of Human Nature*. London. Penguin, 2002.
—— *The Better Angels of Our Nature: The Decline of Violence in History and Its Causes*. London: Allen Lane, 2011.
——. *Enlightenment Now. The Case for Reason, Science, Humanism and Progress*. Penguin Books, 2019.
Poovey, Mary. "Feminism and Deconstruction." *Feminist Studies* 14, no. 1 (1988): 51–65.
Rauch, Jonathan. *Kindly Inquisitors The New Attacks on Free Thought*. Chicago: University of Chicago Press, 2014.
Rawls, John. *A Theory of Justice*. Oxford: Oxford University Press, 1999.
Rich, Adrienne. *Compulsory Heterosexuality and Lesbian Existence*. Denver, CO: Antelope Publications, 1982.
Riley, Donna. *Engineering and Social Justice*. San Rafael, CA: Morgan & Claypool Publishers, 2008.
Roberson, Lara L., et al. "Beyond BMI: The 'Metabolically Healthy Obese' Phenotype and Its Association with Clinical/Subclinical Cardiovascular Disease and All-Cause Mortality—A Systematic Review." *BMC Public Health* 14, no. 1 (2014): Article 14.
Rorty, Richard. *Philosophy and the Mirror of Nature*. Princeton, NJ: Princeton University Press, 1979.
——. *Contingency, Irony, and Solidarity*. Cambridge: Cambridge University Press, 2009.
Rothblum, Esther D., and Sondra Solovay, eds. *The Fat Studies Reader*. New York Unviersity Press, 2009.
Rubin, Gayle. "Thinking Sex: Notes for a Radical Theory of the Politics of Sexuality." In *The Lesbian and Gay Studies Reader*, edited by Henry Abelove, Michèle Aina Barale, and David M. Halperin, 3–44. Abingdon: Taylor & Frencis, 1993.
Said, Edward. *Orientalism*. London: Penguin, 2003.
Scuro, Jennifer. *Addressing Ableism: Philosophical Questions via Disability Studies*. Lanham, MD: Lexington Books, 2019.
Seidman, Steven. *The Postmodern Turn: New Perspectives on Social Theory*. Cambridge: Cambridge University Press, 1998.
Sedgwick, Eve Kosofsky. *Epistemology of the Closet*. Berkeley, CA: University of California Press, 2008.
Shapiro, Joseph P. *No Pity: People with Disabilities Forging a New Civil Rights Movement*. New York: Times Books, 1994.
Shotwell, Alexis. "Forms of Knowing and Epistemic Resources." In *The Routledge Handbook of Epistemic Injustice,* edited by Ian James Kidd, José Medina, and Gaile Pohlhaus, Jr., 79–88. London: Routledge, 2017.

Bhambra, Dalia Gebrial, and Kerem Nişancıoğlu. 64–89. London: Pluto Press, 2018.
Manne, Kate. *Down Girl: The Logic of Misogyny*. New York: Oxford University Press, 2018.
McLeod, John, ed. *The Routledge Companion to Postcolonial Studies*. London: Routledge, 2007.
McHale, Brian. *The Cambridge Introduction to Postmodernism*. Cambridge: Cambridge University Press, 2015.
McIntosh, Peggy. *On Privilege, Fraudulence, and Teaching As Learning: Selected Essays 1981–2019*. New York: Taylor & Francis, 2019.
McRuer, Robert, and Michael Bérubé. *Crip Theory: Cultural Signs of Queerness and Disability*. New York University Press, 2006.
Medina, José. *The Epistemology of Resistance: Gender and Racial Oppression, Epistemic Injustice, and Resistant Imaginations*. New York: Oxford University Press, 2013.
——. "Varieties of Hermeneutical Injustice." In *The Routledge Handbook of Epistemic Injustice,* edited by Ian James Kidd, José Medina, and Gaile Pohlhaus, Jr., 41–52. London: Routledge, 2017.
Mill, John Stuart. *On Liberty and Other Essays*. Oxford: Oxford University Press, 1998.
Millett, Kate, Catharine A. MacKinnon, and Rebecca Mead. *Sexual Politics*. New York: Columbia University Press, 2016.
Mills, Charles. "Ideology." In *The Routledge Handbook of Epistemic Injustice,* edited by Ian James Kidd, José Medina, and Gaile Pohlhaus, Jr., 100–11. London: Routledge, 2017.
Mitchell, Allyson. "Sedentary Lifestyle: Fat Queer Craft." *Fat Studies* 7, no. 2 (2017): 147–58.
Morton, Stephen. "Poststructuralist Formulations." In *The Routledge Companion to Postcolonial Studies,* edited by John McCleod, 161–72. London: Routledge, 2007.
Mutua, Kagendo, and Beth Blue Swadener. *Decolonizing Research in Cross-cultural Contexts: Critical Personal Narratives*. Albany, NY: SUNY Press, 2011.
Nanda, Meera. "We Are All Hybrids Now: The Dangerous Epistemology of Post-colonial Populism." *Journal of Peasant Studies* 28, no. 2 (2001): 162–86.
Neill, Michael. "'Mulattos,' 'Blacks,' and 'Indian Moors': Othello and Early Modern Constructions of Human Difference." *Shakespeare Quarterly* 49, no. 4 (1998): 361–374.
Norwood, Carolette R. "Decolonizing My Hair, Unshackling My Curls: An Autoethnography on What Makes My Natural Hair Journey a Black Feminist Statement." *International Feminist Journal of Politics* 20, no. 1 (2017): 69–84.
Oliver, Michael, Bob Sapey, and Pam Thomas. *Social Work with Disabled People*. Basingstoke: Palgrave Macmillan, 2012.
Ortner, Sherry B. "Is Female to Male as Nature Is to Culture?" In *Woman, Culture, and Society,* edited by Michelle Zimbalist Rosaldo and Louise Lamphere, 67–88. Palo Alto, CA: Stanford University Press, 1974.
Perna, Laura W. *Taking It to the Streets: The Role of Scholarship in Advocacy and Advocacy in*

Kimmel, Michael S. *The Politics of Manhood: Profeminist Men Respond to the Mythopoetic Men's Movement (and the Mythopoetic Leaders Answer)*. Philadelphia: Temple University Press, 1995.

Kramer, Caroline K., Bernard Zinman, and Ravi Retnakaran. "Are Metabolically Healthy Overweight and Obesity Benign Conditions?: A Systematic Review and Meta-analysis." *Annals of Internal Medicine* 159, no. 11 (December 3, 2013). annals.org/aim/article-abstract/1784291/ metabolicallyhealthy-overweight-obesity-benign-conditions-systematic-review-meta-analysis? doi=10.7326/0003-4819-159-11-201312030-00008.

Koehler, Daniel. "Violence and Terrorism from the Far-Right: Policy Options to Counter an Elusive Threat." *Terrorism and Counter-Terrorism Studies* (February 2019). doi.org/10.19165/2019.2.02.

Kupers, Terry A. "Toxic Masculinity as a Barrier to Mental Health Treatment in Prison." *Journal of Clinical Psychology* 61, no. 6 (2005): 713–24.

Kvale, Steinar, "Themes of Postmodernity." In *The Fontana Postmodernism Reader*, edited by Walter Truett Anderson, 18–25. London: Fontana Press, 1996.

Landén, Mikael, and Sune Innala. "The Effect of a Biological Explanation on Attitudes towards Homosexual Persons. A Swedish National Sample Study." *Nordic Journal of Psychiatry* 56, no. 3 (2002): 181–86.

Langton, Rae. "Epistemic Injustice: Power and the Ethics of Knowing by Miranda Fricker." Book review. *Hypatia* 25, no. 2 (2010): 459–464.

Lauretis, Teresa De. *Queer Theory: Lesbian and Gay Sexualities*. Providence, RI: Brown University Press, 1991.

LeBesco, Kathleen. "Prescription for Harm: Diet Industry Influence, Public Health Policy, and the 'Obesity Epidemic.'" In *The Fat Studies Reader*, edited by Esther D. Rothblum and Sondra Solovay, 65–74. New York: New York University Press, 2009.

Lind, Rebecca Ann. "A Note From the Guest Editor." *Journal of Broadcasting & Electronic Media* 54 (2010): 3–5.

Lorber, Judith. "Shifting Paradigms and Challenging Categories." *Social Problems* 53, no. 4 (2006): 448–53.

Lorde, Audre. *Sister Outsider: Essays and Speeches*. Berkeley, CA: Crossing Press, 2007.

Lukianoff, Greg and Jonathan Haidt. *The Coddling of the American Mind: How Good Intentions and Bad Ideas Are Setting Up a Generation for Failure*. New York: Penguin Books, 2019.

Lyotard, Jean François. *The Postmodern Condition: A Report on Knowledge*. Manchester: Manchester UP, 1991.

Maldonado-Torres, Nelson, Rafael Vizcaíno, Jasmine Wallace, and Jeong Eun Annabel. "Decolonizing Philosophy." In *Decolonising the University*, edited by Gurminder K.

——. *Feminism and Methodology: Social Science Issues*. Bloomington, IN: Indiana University Press, 1996.
——. "Gender, Development, and Post-Enlightenment Philosophies of Science." *Hypatia* 13, no. 3 (1998): 146–67.
Harris, Angela P. "Race and Essentialism in Feminist Legal Theory." *Stanford Law Review* 42, no. 3 (1990): 581–616.
Harvey, David. *The Condition of Postmodernity*. Cambridge, MA: Blackwell, 2000.
Hawking, Stephen, and Leonard Mlodinow. *The Grand Design*. New York: Bantam Books, 2010.
Hegel, Georg W. F. *The Phenomenology of Spirit*. 1807.
Hicks, Stephen R. C. *Explaining Postmodernism: Skepticism and Socialism from Rousseau to Foucault*. Tempe, AZ: Scholargy Publishing, 2004.
Hiraldo, Payne. "The Role of Critical Race Theory in Higher Education." *Vermont Connection* 31, no. 7 (2010): Article 7. scholarworks.uvm.edu/tvc/vol31/iss1/7.
Hirschmann, Nancy J. "Choosing Betrayal." *Perspectives on Politics* 8, no. 1 (2010): 271–78.
hooks, bell. "Postmodern Blackness." In *The Fontana Postmodernism Reader*, edited by Walter Truett Anderson, 113–120. London: Fontana Press, 1996.
——. "Racism and Feminism: The Issue of Accountability." In *Making Sense of Women's Lives: An Introduction to Women's Studies*, edited by Lauri Umansky, Paul K. Longmore, and Michele Plott, 388–411. Lanham, MD: Rowman & Littlefield, 2000.
Horowitz, Mark, Anthony Haynor, and Kenneth Kickham. "Sociology's Sacred Victims and the Politics of Knowledge: Moral Foundations Theory and Disciplinary Controversies." *American Sociologist* 49, no. 4 (2018): 459–95.
Hutcheon, Linda. "'Circling the Downspout of Empire.'" In *Past the Last Post: Theorizing Post-Colonialism and Post-Modernism*, edited by Ian Adam and Helen Tiffin, 167–89. London: Harvester/Wheatsheaf, 1991.
Jackson, Stevi. "Why a Materialist Feminism Is (Still) Possible—and Necessary." *Women's Studies International Forum* 24, no. 3–4 (2001): 283–93.
Jagose, Annamarie. *Queer Theory: An Introduction*. New York University Press, 2010.
Jameson, Fredric. *Postmodernism: Or, the Cultural Logic of Late Capitalism*. New York: Verso Books, 2019.
Jolivétte, Andrew. *Research Justice: Methodologies for Social Change*. Bristol, UK: Policy Press, 2015.
Jordan, Winthrop D. *White over Black American Attitudes toward the Negro, 1550- 1812*. Chapel Hill, NC: University of North Carolina Press, 2012.
Kid, Ian James, José Medina, and Gaile Polhaus. "Introduction." In *The Routledge Handbook of Epistemic Injustice*, edited by Ian James Kid, José Medina, and Gaile Pohlhaus, Jr., 1–9. London: Routledge, 2017.

University, edited by Gurminder K. Bhambra, Dalia Gebrial, and Kerem Nişancıoğlu, 19–36. London: Pluto Press, 2018.

Gillborn, David. "Intersectionality, Critical Race Theory, and the Primacy of Racism." *Qualitative Inquiry* 21, no. 3 (2015): 277–87.

Goodley, Dan. *Dis/ability Studies: Theorising Disablism and Ableism*. New York: Routledge, 2014.

Gopnik, Adam. *A Thousand Small Sanities: the Moral Adventure of Liberalism*. London: Riverrun, 2019.

Gordon, Linda. "'Intersectionality,' Socialist Feminism and Contemporary Activism: Musings by a Second-Wave Socialist Feminist." *Gender & History* 28, no. 2 (2016): 340–57.

Gossett, Thomas F. *Race: The History of an Idea in America*. Oxford: Oxford University Press, 1997.

Gottschall, Jonathan. *Literature, Science and a New Humanities*. New York: Palgrave Macmillan, 2008.

Grasswick, Heidi. "Epistemic Injustice in Science." In *The Routledge Handbook of Epistemic Injustice*, edited by Ian James Kidd, José Medina, and Gaile Pohlhaus, Jr., 313–23. London: Routledge, 2017.

Greer, Germaine. *The Female Eunuch*. London: Fourth Estate, 2012.

Grey, Sandra J. "Activist Academics: What Future?" *Policy Futures in Education* 11, no. 6 (2013): 700–11.

Haidt, Jonathan. *The Righteous Mind: Why Good People Are Divided by Politics and Religion*. New York: Penguin Books, 2013.

Halberstam, Judith. *In a Queer Time and Place: Transgender Bodies, Subcultural Lives*. New York: New York University Press, 2005.

Halperin, David M. *One Hundred Years of Homosexuality: And Other Essays on Greek Love*. London: Routledge, 1990.

——. *Saint Foucault: Towards a Gay Hagiography*. New York: Oxford University Press, 1997.

——. "The Normalization of Queer Theory." *Journal of Homosexuality* 45, no. 2–4 (2003): 339–43.

Hancock, Ange-Marie. *Intersectionality: An Intellectual History*. New York: Oxford University Press, 2016.

Haraway, Donna, "Situated Knowledges: The Science Question in Feminism and the Privilege of Partial Perspective." *Feminist Studies* 14, no. 3 (1988): 575–99.

Harding, Sandra. "Rethinking Standpoint Epistemology: What Is 'Strong Objectivity'?" *Centennial Review* 36, no. 3 (1992): 437–70.

Harding, Sandra. *Whose Science/Whose Knowledge?* Ithica, NY: Cornell University Press, 1991.

——. *The Science Question in Feminism*. Ithaca, NY: Cornell University Press, 1993.

Economic Development and Gender Equality." *Science* 362, no. 6412 (2018): eaas9899.
Fanon, Frantz, *The Wretched of the Earth*. Translated by Constance Farrington. Harmondsworth: Penguin, 1967.
——. *A Dying Colonialism*. Translated by Haakon Chevalier. Harmondsworth,
Middlesex: Penguin Books, 1970.
——. *Black Skin, White Masks*. Translated by Richard Philcox. New York: Penguin Books, 2019.
Farrell, Amy Erdman. *Fat Shame: Stigma and the Fat Body in American Culture*. New York University Press, 2011.
Fawcett, Edmund. *Liberalism: The Life of an Idea*. Princeton, NJ: Princeton University Press, 2015.
Festinger, Leon, Henry W. Riecken, and Stanley Schachter. *When Prophecy Fails: A Social and Psychological Study of a Modern Group That Predicted the Destruction of the World*. New York: Harper Torchbooks, 1956.
Foucault, Michael. *The Archaeology of Knowledge: And the Discourse on Language*. Translated by A. M. Sheridan Smith London: Tavistock, 1972.
——. *Birth of the Clinic: An Archaeology of Medical Perception*. Translated by A. M. Sheridan Smith. London: Tavistock, 1975.
——. "On the Genealogy of Ethics: An Overview of Work in Progress." Afterword to *Michel Foucault: Beyond Structuralism and Hermeneutics*, 2nd ed., by Hubert L. Dreyfus and Paul Rabinow. Chicago: University of Chicago Press, 1983.
——. *The History of Sexuality: Volume 1, an Introduction*. Translated by Robert J. Hurley. New York: Penguin, 1990.
——. *Madness and Civilization: A History of Insanity in the Age of Reason*. Translated by Richard Howard and Jean Kafka. New York: Routledge, 2001.
——. *The Order of Things: An Archaeology of the Human Sciences*. London: Routledge, 2002.
Freeman, Alan David. "Legitimizing Racial Discrimination Through Antidiscrimination Law: A Critical Review of Supreme Court Doctrine." *Minnesota Law Review* 62, no. 1049 (1978): 1049–1119. scholarship.law.umn.edu/mlr/804.
Freeman, Elizabeth. *Time Binds: Queer Temporalities, Queer Histories*. Durham, NC: Duke University Press, 2010.
Fricker, Miranda. *Epistemic Injustice: Power and the Ethics of Knowing*. Oxford: Oxford University Press, 2007.
Friedan, Betty. *The Feminine Mystique*. New York: W. W. Norton & Company, 2013.
Gikandi, Simon "Poststructuralism and Postcolonial Discourse." In *Cambridge Companion to Postcolonial Studies*. Edited by Neil Lazarus. Cambridge: Cambridge University Press, 2004.
Gebrial, Dalia. "Rhodes Must Fall: Oxford and Movements for Change." In *Decolonising the*

——. "Demarginalizing the Intersection of Race and Sex: A Black Feminist Critique of Antidiscrimination Doctrine, Feminist Theory, and Antiracist Politics." *Feminist Legal Theory* (2018): 57–80.

Deleuze, Gilles and Felix Guattari. *Anti-Oedipus: Capitalism and Schizophrenia*. Translated by Robert J. Hurley. London: Bloomsbury Academic, 2016.

Delgado, Richard, and Jean Stefancic. *Critical Race Theory: An Introduction*. New York: New York University Press, 2017.

Derrida, Jacques. *Of Grammatology*. Translated by Gayatri Chakravorty Spivak. Baltimore: John Hopkins University Press, 1976.

——. *Speech and Phenomena: And Other Essays on Husserl's Theory of Signs*. Translated by David B. Allison. Evanston, IN: Northwestern University Press, 1984.

——. *Writing and Difference*. Translated by Alan Bass. London: Routledge, 2001.

Descartes René. *Discourse on the Method: The Original Text with English Translation*. Erebus Society, 2017.

Detmer, David. *Challenging Postmodernism: Philosophy and the Politics of Truth*. Amherst, NY: Humanity Books, 2003.

DiAngelo, Robin J. "White Fragility." *International Journal of Critical Pedagogy* 3, no. 3 (2011): 54–70.

——. *White Fragility: Why It's So Hard for White People to Talk about Racism*. London: Allen Lane, 2019.

Donaldson, Laura E. "Writing the Talking Stick: Alphabetic Literacy as Colonial Technology and Postcolonial Appropriation." *American Indian Quarterly* 22, no. 1/2 (1998): 46–62.

Dotson, Kristie. "Tracking Epistemic Violence: Tracking Practices of Silencing." *Hypatia* 26, no. 2 (2011): 236–57.

——. "How Is This Paper Philosophy?" *Comparative Philosophy: An International Journal of Constructive Engagement of Distinct Approaches toward World Philosophy* 3, no. 1 (2012): Article 5.

——. "Conceptualizing Epistemic Oppression." *Social Epistemology* 28, no. 2 (2014): 115–38.

Douglass, Frederick. *Narrative of the Life Frederick Douglass*. Lexington, KY: CreateSpace, 2013.

Dowd, Nancy E. *The Man Question: Male Subordination and Privilege*. New York University Press, 2016.

Du Bois, W. E. B. *The Souls of Black Folk: The Unabridged Classic*. New York: Clydesdale, 2019.

Fahs, Breanne, and Michael Karger. "Women's Studies as Virus: Institutional Feminism, Affect, and the Projection of Danger." *Multidisciplinary Journal of Gender Studies* 5, no. 1 (2016): 929–957.

Falk, Armin, and Johannes Hermle. "Relationship of Gender Differences in Preferences to

——. *Gender Trouble*. London: Routledge, 2006.

Campbell, Bradley, and Jason Manning. *The Rise of Victimhood Culture: Microaggressions, Safe Spaces, and the New Culture Wars*. New York: Palgrave Macmillan, 2018.

Campbell, Fiona Kumari. *Contours of Ableism: The Production of Disability and Abledness*. New York: Palgrave Macmillan, 2012.

Chantiluke, Roseanne, Brian Kwoba, and Athinangamso Nkopo, eds. *Rhodes Must Fall: The Struggle to Decolonise the Racist Heart of Empire*. London: Zed Books, 2018.

Chen, Mel Y. *Animacies: Biopolitics, Racial Mattering, and Queer Affect*. Durham, NC: Duke University Press, 2012.

Cho, Sumi, Kimberlé Williams Crenshaw, and Leslie McCall. "Toward a Field of Intersectionality Studies: Theory, Applications, and Praxis." *Signs: Journal of Women in Culture and Society* 38, no. 4 (2013): 785–810.

Christakis, Nicholas A. *Blueprint: The Evolutionary Origins of a Good Society*. New York: Little, Brown, Spark, 2019.

Code, Lorraine. "Epistemic Responsibility." In *The Routledge Handbook of Epistemic Injustice*, edited by Ian James Kidd, José Medina, and Gaile Pohlhaus, Jr., 89–99. London: Routledge, 2017.

Collins, Patricia Hill. "Toward a New Vision: Race, Class, and Gender as Categories of Analysis and Connection." *Race, Sex & Class* 1, no. 1 (1993): 25–45.

——. *Black Feminist Thought: Knowledge, Consciousness, and the Politics of Empowerment*. New York: Routledge, 2015.

——. "Intersectionality and Epistemic Injustice." In *The Routledge Handbook of Epistemic Injustice,* edited by Ian James Kidd, José Medina, and Gaile Pohlhaus, Jr., 115–24. London: Routledge, 2017.

Collins, Patricia Hill, and Sirma Bilge. *Intersectionality*. Cambridge: Polity Press, 2016.

Connell, Catherine. "Doing, Undoing, or Redoing Gender?" *Gender & Society* 24, no. 1 (2010): 31–55.

Connell, Raewyn. *Masculinities*. Vancouver: Langara College, 2018.

Conrad, Joseph. *Heart of Darkness: and Other Stories*. New York: Barnes & Noble, 2019.

Cooper, Charlotte. *Fat Activism: A Radical Social Movement*. Bristol, England: HammerOn Press, 2016.

Courville, Mathieu E. "Genealogies of Postcolonialism: A Slight Return from Said and Foucault Back to Fanon and Sartre." *Studies in Religion/Sciences Religieuses* 36, no. 2 (2007): 215–40.

Coveney, John, and Sue Booth. *Critical Dietetics and Critical Nutrition Studies*. Cham, Switzerland: Springer, 2019.

Crenshaw, Kimberlé. "Mapping the Margins: Intersectionality, Identity Politics, and Violence against Women of Color." *Stanford Law Review* 43, no. 6 (1991): 1241–1299.

Race Philosophy Classes." *Hypatia* 32, no. 4 (2017): 876–92.

Barthes, Roland. "The Death of the Author." *Aspen* no. 5 6, item 3: Three Essays. Accessed November 9, 2019. www.ubu.com/aspen/aspen5and6/threeEssays.html.

Baron-Cohen, Simon, and Michael V. Lombardo. "Autism and Talent: The Cognitive and Neural Basis of Systemizing." *Dialogues in Clinical Neuroscience* 19, no. 4 (2017): 345–353.

Baudrillard, Jean. *Symbolic Exchange and Death*. Translated by Iain Hamilton Grant. London: SAGE Publications, 2017.

——. *Simulacra and Simulation*. Translated by Sheila Faria Glaser. Ann Arbor: University of Michigan Press, 2018.

Bell, Derrick A. "Brown v. Board of Education and the Interest-Convergence Dilemma." *Harvard Law Review* 93, No. 3 (1980): 518–533.

——. *Race, Racism, and American Law*. Boston: Little, Brown, and Co., 1984.

——. "Racial Realism." *Connecticut Law Review* 24, no. 2 (1992): 363–379.

——. *And We Are Not Saved: The Elusive Quest for Racial Justice*. New York: Basic Books, 2008.

Berenstain, Nora. "Epistemic Exploitation." *Ergo, an Open Access Journal of Philosophy* 3, no. 22 (2016): 569–590.

Beauvoir, Simone de. *The Second Sex*. Translated by H. M. Parshley. New York: Vintage Books, 1974.

Bhabha, Homi K. *The Location of Culture*. London: Routledge, 1994.

Bhambra, Gurminder K., Dalia Gebrial, and Kerem Nişancıoğlu, eds. *Decolonising the University*. London: Pluto Press, 2018.

Bishop, Alan J. "Western Mathematics: The Secret Weapon of Cultural Imperialism." *Race & Class* 32, no. 2 (1990): 51–65.

Bleier, Ruth. *Science and Gender: A Critique of Biology and Its Theories on Women*. New York: Pergamon Press, 1984.

Bohman, James. "Critical Theory." In *Stanford Encyclopedia of Philosophy*, edited by Edward N. Zalta (Winter 2019 Edition). plato.stanford.edu/archives/win2019/entries/critical-theory/.

Boyd, Brian. *Evolution, Literature and Film: A Reader.* New York: Columbia University Press, 2010.

Bricmont, Jean. *La République des censeurs*. Paris, L'Herne, 2014.

Butler, Judith. *Bodies That Matter: On the Discursive Limits of "Sex."* New York: Routledge, 1993.

——. "Contingent Foundations: Feminism and the Question of 'Postmodernism.'" In *The Postmodern Turn: New Perspectives on Social Theory*, edited by Steven Seidman, 153–70. Cambridge: Cambridge University Press, 1994.

參考書目

Abelson, Miriam J. "Dangerous Privilege: Trans Men, Masculinities, and Changing Perceptions of Safety." *Sociological Forum* 29, no. 3 (2014): 549–70.

Allen, Amy. "Power/Knowledge/Resistance: Foucault and Epistemic Injustice." In *The Routledge Handbook of Epistemic Injustice,* edited by Ian James Kidd, José Medina, and Gaile Pohlhaus, Jr., 187–194. New York: Routledge, 2017.

Amoore, Louise. *The Global Resistance Reader*. London: Routledge, 2005.

Anderson, Elizabeth. "Epistemic Justice as a Virtue of Social Institutions." *Social Epistemology* 26, no. 2 (2012): 163–173.

Anderson, Eric. *Inclusive Masculinity: The Changing Nature of Masculinities*. London: Routledge, 2012.

Anderson, Walter Truett. *The Fontana Postmodernism Reader*. London: Fontana Press, 1996.

Andrews, Kehinde. "Preface." In *Rhodes Must Fall: The Struggle to Decolonise the Racist Heart of Empire,* edited by Roseanne Chantiluke, Brian Kwoba, and Athinangamso Nkopo. London: Zed Books, 2018.

Aphramor, Lucy and Jacqui Gringas. "Disappeared Feminist Discourses on Fat in Dietetic Theory and Practice." In *The Fat Studies Reader*, edited by Esther D Rothblum and Sondra Solovay, 97–105. New York: New York University Press, 2009.

Applebaum, Barbara. *Being White, Being Good: White Complicity, White Moral Responsibility, and Social Justice Pedagogy*. Lanham: Lexington Books, 2010.

Babbit, Susan E. "Epistemic and Political Freedom." In *The Routledge Handbook of Epistemic Injustice,* edited by Ian James Kidd, José Medina, and Gaile Pohlhaus, Jr., 261–269. London: Routledge, 2017.

Bacon, Linda. *Health at Every Size: The Surprising Truth about Your Weight*. Dallas, TX: BenBella Books, 2010.

Bailey, Alison. "The Unlevel Knowing Field: An Engagement with Dotson's Third-Order Epistemic Oppression." *Social Epistemology Review and Reply Collective* 3, no. 10 (2014): 62–68. ssrn.com/abstract=2798934.

Bailey, Alison. "Tracking Privilege-Preserving Epistemic Pushback in Feminist and Critical

我們很容易原諒我們的親屬和親密朋友的過失，而這些過失在其他人身上卻是不可原諒的。當我們的同理心擴大時……我們的寬恕圈隨之擴大。」（Pinker, *Better Angels*, p.541）

36. Elizabeth Redden, *Hungary Officially Ends Gender Studies Programs, Inside Higher Ed*, October 17, 2018, www.insidehighered.com/quicktakes/2018/10/17/hungary-officially-ends-gender-studies-programs.

21. 同上 p. 49.
22. 同上 p. 6.
23. 同上 p. 6.
24. 同上 p.6.
25. 同上 p. 6.
26. 同上 p. 6.
27. 同上 p. 13.
28. Jonathan Haidt, *The Righteous Mind: Why Good People Are Divided by Politics and Religion*, New York: Penguin Books, 2013.
29. 尼古拉斯·克里斯塔基斯（Nicholas Christakis）在他的著作《藍圖》（*Blueprint*）中審視了來自不同文化和時代的人類共同建構社會的方式。他提問說：「人與人之間怎麼可能既是如此的不同，甚至會彼此交戰，但一方面卻又如此相似？根本原因在於，我們每個人的內心都承載著建構美好社會的進化藍圖。基因在我們體內做了很多令人驚奇的事情，但對我來說，更令人驚奇的，是它們在身體之外所做的事情。基因不僅影響我們身體的結構和功能；不僅是我們思想的結構和功能，以及我們的行為；還有我們社會的結構和功能。當我們觀察世界各地的人們時，我們就會認識到這一點。這是我們共同人性的源泉。」（pp. xx–xxi）
克里斯塔基斯確定了人類擁有的進化社會特徵的「社會條件」（social suite），並透過觀察有意形成的不同社群，如公社，以及意外形成的不同社區，如船難，他們的成功和失敗都令人信服地證明，沒有一個成功的社會可以和這些支持結構分離。它們是（1）擁有和識別個人身分的能力、（2）對伴侶和後代的愛、（3）友誼、（4）社交網絡、（5）合作、（6）對自己的群體的偏好（即「團體中的偏見」）、（7）溫和的等級制度（即相對平等主義）、（8）社會學習和教學（p. 13）Nicholas A. Christakis, *Blueprint: The Evolutionary Origins of a Good Society*. (New York: Little, Brown, Spark, 2019).
30. Haidt, *Righteous Mind*.
31. Pinker, *The Blank Slate*.
32. Martin Luther King, Jr., *'I Have a Dream'*, address delivered at the March on Washington for Jobs and Freedom, 1963, available through the Martin Luther King, Jr., Research and Education Institute, Jkinginstitute.stanford.edu/king-papers/documents/i-have-dream-address-deliveredmarch-washington-jobs-and-freedom.
33. 值得注意的是，種族批判理論家有時會認為，這句話是金柏莉的思想中，一個特別挑選過的例子，這是白人用來控制、支持種族批判理論，或者批評「白人」的一個黑人。
34. Michael Lee, *'Whiteness Studies' Professor to White People: You're Racist If You Don't Judge by Skin Color,* Pluralist, May 29, 2019, pluralist.com/robin-diangelo-colorblindness-dangerous/.
35. 「當施暴者落入我們自然的同理心圈內時，那種想報復的欲望是最容易被調節的。

down-at-yarningham/.
78. Amanda Marcotte, *Atheism's Shocking Woman Problem: What's behind the Misogyny of Richard Dawkins and Sam Harris? Salon*, October 3, 2014, www.salon.com/2014/10/03/new_atheisms_troubling_misogyny_the_pompous_sexism_of_richard_dawkins_and_sam_harris_partner/.
79. Southern Baptist Convention, *On Critical Race Theory and Intersectionality* (resolution, Southern Baptist Convention, Birmingham, AL, 2019), www.sbc.net/resolutions/2308/resolution-9--on-critical-race-theory-andintersectionality.

第十章——社會正義意識形態的替代選項

1. John Stuart Mill, *On Liberty and Other Essays* (Oxford: Oxford University Press, 1998), 21.
2. 同上 p. 21.
3. 同上 p.21.
4. 同上 p.26.
5. The observation in this paragraph is taken from Jean Bricmont, *La République des censeurs*, Paris, L'Herne, 2014, 24n25.
6. Pinker, *Enlightenment Now*.
7. Edmund Fawcett, *Liberalism: The Life of an Idea*, Princeton, NJ: Princeton University Press, 2015, xii–xiii.
8. 同上 p. xiii.
9. 同上 p. xiii.
10. Adam Gopnik, *A Thousand Small Sanities: The Moral Adventure of Liberalism*, London: Riverrun, 2019, p.24.
11. Gopnik, *Thousand Small Sanities*, p.24
12. Gopnik, *Thousand Small Sanities*, p.42.
13. Steven Pinker, *The Better Angels of Our Nature: The Decline of Violence in History and Its Causes*. London: Allen Lane, 2011.
14. Pinker, *Enlightenment Now*, p.228.
15. Jonathan Rauch, *Kindly Inquisitors: The New Attacks on Free Thought*, Chicago: University of Chicago Press, 2014, p.4.
16. 同上 p. 38.
17. 同上 p.48-49.
18. 同上 p.48-49. 讀者會注意到，勞赫在這裡呼應了彌爾在一八五九年提出的思想自由交流的實際論點。見 Mill, *On Liberty and Other Essays*.
19. Rauch, *Kindly Inquisitors*, p.48.
20. 同上 p. 49.

58. Randall Colburn, *Jessica Chastain Blasts Game of Thrones: 'Rape Is Not a Tool to Make a Character Stronger,' AV Club*, May 7, 2019, news.avclub.com/jessica-chastain-blasts-game-of-thrones-rape-is-not-a-1834581011.
59. Katherine Cross, *Doctor Who Has Given Us a Doctor without Inner Conflict, Polygon*, January 1, 2019, www.polygon.com/2019/1/1/18152028/doctor-who-whitaker-season-review.
60. Simon Baron-Cohen and Michael V. Lombardo, "Autism and Talent: The Cognitive and Neural Basis of Systemizing," *Dialogues in Clinical Neuroscience* 19, no. 4 (2017).
61. Thomas Clements, *The Problem with the Neurodiversity Movement, Quillette*, October 20, 2017, quillette.com/2017/10/15/problem-neurodiversity-movement/.
62. Geoffrey Miller, *The Neurodiversity Case for Free Speech, Quillette*, August 23, 2018, quillette.com/2017/07/18/neurodiversity-case-free-speech/.
63. Caroline Praderio, *Why Some People Turned Down a 'Medical Miracle' and Decided to Stay Deaf, Insider*, January 3, 2017, www.insider.com/why-deaf-people-turn-down-cochlear-implants-2016-12.
64. Danielle Moores, *Obesity: Causes, Complications, and Diagnosis,* Healthline, July 16, 2018, www.healthline.com/health/obesity (accessed August 25, 2019).
65. Sarah Knapton, *Cancer Research UK Accused of 'Fat Shaming' over Obesity Smoking Campaign, Telegraph*, July 5, 2019, www.telegraph.co.uk/science/2019/07/04/cancer-research-uk-accused-fat-shamingobesity-smoking-campaign/.
66. Caroline Davies, *'Beach Body Ready' Tube Advert Protests Planned for Hyde Park, Guardian*, April 28, 2015, www.theguardian.com/media/2015/apr/27/mass-demonstration-planned-over-beach-body-readytube-advert.
67. *Hidden Tribes of America,* Hidden Tribes, hiddentribes.us/ accessed November 7, 2019.
68. Lukianoff and Haidt, *The Coddling of the American Mind.*
69. Bradley Campbell and Jason Manning, *The Rise of Victimhood Culture: Microaggressions, Safe Spaces, and the New Culture Wars,* New York: Palgrave Macmillan, 2018.
70. See the chapter *False Accusations, Moral Panics and the Manufacture of Victimhood* in Campbell and Manning, *The Rise of Victimhood Culture.*
71. Lukianoff and Haidt, *The Coddling of the American Mind*, 176.
72. 同上 24.
73. 同上 24.
74. Campbell and Manning, *The Rise of Victimhood Culture*, 2.
75. Mike Nayna, *PART TWO: Teaching to Transgress,* YouTube video, March 6, 2019, www.youtube.com/watch?v=A0W9QbkX8Cs&t=6s.
76. Bruce, DiAngelo, Swaney, and Thurber, "Between Principles and Practice."
77. Kathrine Jebsen Moore, *Knitting's Infinity War, Part III: Showdown at Yarningham, Quillette*, July 28, 2019, quillette.com/2019/07/28/knittings-infinity-war-part-iii-show-

2019, www.spiked-online.com/2019/08/01/why-is-mario-lopez-apologising-for-telling-the-truth/.

45. Frances Perraudin, *Martina Navratilova Criticised over 'Cheating' Trans Women Comments, Guardian*, February 17, 2019, www.theguardian.com/sport/2019/feb/17/martina-navratilova-criticised-over-cheating-transwomen-comments.
46. *John McEnroe Says He Regrets Comments on Serena Williams and Is 'Surprised' by Reaction, Telegraph*, June 29, 2017, www.telegraph.co.uk/tennis/2017/06/29/johnmcenroe-says-regrets-comments-serena-williams-surprised.
47. Stefania Sarrubba, *After Trans Protests, Scarlett Johansson Still Says She Should Play Everyone, Gay Star News*, July 14, 2019, www.gaystarnews.com/article/scarlett-johansson-casting-controversy/#gs.y12axx.
48. Louis Staples, *JK Rowling's Late Attempts to Make Harry Potter More Diverse Help No-One,* Metro, March 18, 2019, metro.co.uk/2019/03/18/jk-rowlings-late-attempts-make-harry-potter-diverse-nothing-lgbt-fanslike-8930864/.
49. Alison Flood, *JK Rowling under Fire for Writing about 'Native American Wizards,' Guardian*, March 9, 2016, www.theguardian.com/books/2016/mar/09/jk-rowling-under-fire-for-appropriating-navajo-tradition-historyof-magic-in-north-america-pottermore.
50. Nadra Kareem Nittle, *Cultural Appropriation in Music: From Madonna to Miley Cyrus, ThoughtCo*, February 24, 2019, www.thoughtco.com/cultural-appropriation-in-music-2834650.
51. Nittle, *Cultural Appropriation.*
52. Helena Horton, *Beyoncé Criticised for 'Cultural Appropriation' in New Music Video with Coldplay and Sonam Kapoor, Telegraph*, January 29, 2016, www.telegraph.co.uk/music/news/beyonc-criticised-for-culturalappropriation-in-new-music-video/.
53. Sam Gillette, *Dr. Seuss Books Like Horton Hears a Who! Branded Racist and Problematic in New Study, People.com*, February 28, 2019, people.com/books/dr-seuss-books-racist-problematic/.
54. *6 Racist TV Stereotypes White People Still Don't Notice,* Digital Spy, February 16, 2019, www.digitalspy.com/tv/a863844/racism-movie-tv-stereotypes/.
55. Amber Thomas, *Women Only Said 27% of the Words in 2016's Biggest Movies,* Developer News, January 10, 2017, www.freecodecamp.org/news/women-only-said-27-of-the-words-in-2016s-biggest-movies-955cb480c3c4/.
56. WatchMojo, *Top 10 Needlessly Sexualized Female Movie Characters, Viva*, October 18, 2018, viva.media/top-10-needlessly-sexualized-femalemovie-characters.
57. Chris Gardner, *Rose McGowan Calls Out 'X-Men' Billboard That Shows Mystique Being Strangled, Hollywood Reporter*, June 2, 2016, www.hollywoodreporter.com/rambling-reporter/rose-mcgowan-calls-x-men-898538.

cle/2183391/noodle-maker-nissinwithdraws-whitewashed-anime-ad-campaign.
34. Sarah Young, *Gucci Apologises for Selling Jumper That 'Resembles Blackface,' Independent*, February 13, 2019, www.independent.co.uk/lifestyle/fashion/gucci-blackface-sweater-balaclava-apology-reaction-twittercontroversy-a8767101.html.
35. Ben Beaumont-Thomas, *Katy Perry Shoes Removed from Stores over Blackface Design, Guardian*, February 12, 2019, www.theguardian.com/music/2019/feb/12/katy-perry-shoes-removed-from-stores-over-blackface-design.
36. Julia Alexander, *The Yellow $: A Comprehensive History of Demonetization and YouTube's War with Creators, Polygon*, May 10, 2018, www.polygon.com/2018/5/10/17268102/youtube-demonetization-pewdiepie-logan-paul-casey-neistat-philip-defranco.
37. Benjamin Goggin, *A Top Patreon Creator Deleted His Account, Accusing the Crowdfunding Membership Platform of 'Political Bias' after It Purged Conservative Accounts It Said Were Associated with Hate Groups, Business Insider*, December 17, 2018, www.businessinsider.com/sam-harris-deletes-patreon-account-after-platform-boots-conservatives2018-12?r=US&IR=T.
38. Kari Paul and Jim Waterson, *Facebook Bans Alex Jones, Milo Yiannopoulos and Other Far-Right Figures, Guardian*, May 2, 2019, www.theguardian.com/technology/2019/may/02/facebook-ban-alex-jones-miloyiannopoulos.
39. BBC News, *Twitter Bans Religious Insults Calling Groups Rats or Maggots, BBC News*, July 9, 2019, www.bbc.co.uk/news/technology-48922546; Julia Manchester, *Self-Described Feminist Banned from Twitter Says Platform Is Setting 'Dangerous' Precedent,* Hill, December 6, 2018, thehill.Com/hilltv/rising/420033-self-described-feminist-banned-from-twittersays-platform-is-setting-a.
40. Jose Paglieri, *Sexist Tweets Cost Business Insider Executive His Job, CNN.com*, September 10, 2013, money.cnn.com/2013/09/10/technology/business-insider-cto/index.html; Emily Alford, *Denise Is Fired, Jezebel*, April 1, 2019, jezebel.com/denise-is-fired-1833701621; Shamira Ibrahim, "In Defense of Cancel Culture," Vice, April 4, 2019, www.vice.com/en_us/article/vbw9pa/what-is-cancel-culture-twitter-extremely-online.
41. Alex Culbertson, *Oscars to Have No Host after Kevin Hart Homophobic Tweets, Sky News*, January 10, 2019, news.sky.com/story/oscars-to-haveno-host-after-kevin-hart-homophobic-tweets-11603296.
42. CNN, *Ellen's Usain Bolt Tweet Deemed Racist, CNN.com*, August 17, 2016, edition.cnn.com/2016/08/16/entertainment/ellen-degeneres-usain-bolt-tweet/index.html.
43. Hannah Jane Parkinson, *Matt Damon, Stop #Damonsplaining. You Don't Understand Sexual Harassment,* Guardian, December 19, 2017, www.theguardian.com/commentisfree/2017/dec/19/matt-damon-sexual-harassment.
44. Brendan O'Neill, *Why Is Mario Lopez Apologising for Telling the Truth? Spiked*, August 1,

21. Kelly Oliver, *If This Is Feminism... Philosophical Salon*, May 9, 2017, thephilosophicalsalon.com/if-this-is-feminism-its-been-hijacked-by-thethought-police/.
22. Adam Lusher, *Professor's 'Bring Back Colonialism' Call Sparks Fury and Academic Freedom Debate, Independent*, October 12, 2017, www.independent.co.uk/news/world/americas/colonialism-academic-articlebruce-gilley-threats-violence-published-withdrawn-third-world-quarterly-a7996371.html.
23. Peter Wood, *The Article That Made 16,000 Ideologues Go Wild, Minding the Campus*, October 18, 2017, www.mindingthecampus.org/2017/10/04/the-article-that-made-16000-profs-go-wild/.
24. Ben Cohen, *The Rise of Engineering's Social Justice Warriors, James G. Martin Center for Academic Renewal*, January 3, 2019, www.jamesgmartin.center/2018/11/the-rise-of-engineerings-social-justice-warriors/.
25. Donna Riley, *Engineering and Social Justice*, San Rafael, CA: Morgan & Claypool Publishers, 2008, 109.
26. Enrique Galindo and Jill Newton, eds. *Proceedings of the 39th Annual Meeting of the North American Chapter of the International Group for the Psychology of Mathematics Education* (Indianapolis, IN: Hoosier Association of Mathematics Teacher Educators, 2017).
27. Catherine Gewertz, *Seattle Schools Lead Controversial Push to 'Rehumanize' Math*, Education Week, October 22, 2019, www.edweek.org/ew/articles/2019/10/11/seattle-schools-lead-controversial-push-to-rehumanize.html.
28. *Seriously . . . Seven Things You Need to Know about Antifa*, BBC Radio 4, n.d., www.bbc.co.uk/programmes/articles/X56rQkDgd0qqB7R68t6t7C/seven-things-you-need-to-know-about-antifa.
29. Peter Beinart, *Left Wing Protests Are Crossing the Line, Atlantic*, November 16, 2018, www.theatlantic.com/ideas/archive/2018/11/proteststucker-carlsons-home-crossed-line/576001/.
30. Yasmeen Serhan, *Why Protesters Keep Hurling Milkshakes at British Politicians, Atlantic*, May 21, 2019, www.theatlantic.com/international/archive/2019/05/milkshaking-britain-political-trend-right-wing/589876/.
31. Shaun O'Dwyer, *Of Kimono and Cultural Appropriation, Japan Times*, August 4, 2015, www.japantimes.co.jp/opinion/2015/08/04/commentary/japan-commentary/kimono-cultural-appropriation/#.XUdyw5NKj_Q.
32. Ade Onibada, *Macy's Admits It 'Missed the Mark' for Selling a PortionSized Plate That Some People Online Aren't Happy About, BuzzFeed*, July 24, 2019, www.buzzfeed.com/adeonibada/macys-pull-portion-controlplate-mom-jeans.
33. Crystal Tai, *Noodle-Maker Nissin Yanks 'Whitewashed' Anime of Tennis Star Naomi Osaka, South China Morning Post*, January 24, 2019, www.scmp.com/news/asia/east-asia/arti-

Asked for,' Vox, December 12, 2018, www.vox.com/first-person/2018/12/12/18131186/college-campus-safe-spacestrigger-warnings; Judith Shulevitz, *In College and Hiding From Scary Ideas, New York Times*. March 21, 2015.

7. Daniel Koehler, *Violence and Terrorism from the Far-Right: Policy Options to Counter an Elusive Threat, Terrorism and Counter-Terrorism Studies*, February 2019, doi.org/10.19165/2019.2.02.
8. Julia Ebner, *The Far Right Have a Safe Haven Online. We Cannot Let Their Lies Take Root,* Guardian, November 14, 2018, www.theguardian.com/commentisfree/2018/nov/14/far-right-safe-haven-online-white-supremacist-groups.
9. Natalie Gil, *'Inside The Secret World Of Incels'—The Men Who Want to Punish Women, BBC Three Review*, July 2019, www.refinery29.com/engb/2019/07/237264/inside-the-secret-world-of-incels-bbc-three.
10. Timothy Egan, *How the Insufferably Woke Help Trump, New York Times*, November 8, 2019, www.nytimes.com/2019/11/08/opinion/warrenbiden-trump.html.
11. Andrea Vacchiano, *Colleges Pay Diversity Officers More Than Professors, Staff, Daily Signal*, July 14, 2017, www.dailysignal.com/2017/07/14/colleges-pay-diversity-officers-more-than-professors-staff/.
12. Alex_TARGETjobs, *Equality and Diversity Officer: Job Description.* TARGETjobs, July 30, 2019, targetjobs.co.uk/careers-dvice/jobdescriptions/278257-equality-and-diversity-officer-job-description.
13. Jeffrey Aaron Snyder and Amna Khalid, *The Rise of 'Bias Response Teams' on Campus, New Republic*, March 30, 2016, newrepublic.com/article/132195/rise-bias-response-teams-campus (accessed August 20, 2019).
14. Ryan Miller et al., *Bias Response Teams: Fact vs. Fiction, Inside Higher Ed*, June 17, 2019, www.insidehighered.com/views/2019/06/17/truth-aboutbias-response-teams-more-complex-often-thought-opinion.
15. Snyder and Khalid, *The Rise of 'Bias Response Teams'.*
16. Tom Slater, *No, Campus Censorship Is Not a Myth, Spiked*, April 2, 2019, www.spiked-online.com/2019/02/04/campus-censorship-is-not-amyth/.
17. Slater, *Campus Censorship*.
18. *Hypatia Editorial Office,* archive.is, June 9, 2017, archive.is/kVrLb.
19. Jerry Coyne, *Journal Hypatia's Editors Resign, and Directors Suspend Associate Editors over Their Apology for the 'Transracialism' Article, Why Evolution Is True*, July 22, 2017, whyevolutionistrue.wordpress.com/2017/07/22/journal-hypatias-editors-resign-and-directors-suspendassociate-editors-over-their-apology-for-the-transracialism-article/.
20. Jesse Singal, *This Is What a Modern-Day Witch Hunt Looks Like,* Intelligencer, *New York Magazine*, May 2, 2017, nymag.com/intelligencer/2017/05/transracialism-article-controversy.html.

'Whiteness Studies' Professor to White People: You're Racist If You Don't Judge by Skin Color, Pluralist, May 29, 2019, pluralist.com/robin-diangelo-colorblindness-dangerous/.

61. Robin J. DiAngelo, White Fragility: *Why It's So Hard for White People to Talk about Racism,* London: Allen Lane, 2019, p. 142.
62. 同上 p. 158.
63. 同上 p.105.
64. 同上 p. 89.
65. 喬納森・丘奇（Jonathan Church）是第一個將迪安吉洛的「白色嬌慣脆弱」概念作為一種實體化謬誤的犧牲品 . Jonathan Church, *Whiteness Studies and the Theory of White Fragility Are Based on a Logical Fallacy,* Areo Magazine, April 25, 2019, areomagazine.com/2019/04/25/whitenessstudies-and-the-theory-of-white-fragility-are-based-on-a-logical-fallacy/. Church has produced an enlightening series of essays on the epistemological problems with DiAngelo's work accessible through his website www.jonathandavidchurch.com.
66. 特別是霍克海默（Max Horkheime）和法蘭克福學派的批判理論。
67. See, in particular, Breanne Fahs and Michael Karger, *Women's Studies as Virus: Institutional Feminism, Affect, and the Projection of Danger, Multidisciplinary Journal of Gender Studies* 5, no. 1, 2016 and John Coveney and Sue Booth, *Critical Dietetics and Critical Nutrition Studies,* Cham, Switzerland: Springer, 2019.
68. Lindsay, *Postmodern Religion.*

第九章——實踐中的社會正義

1. Hardeep Singh, *Why Was a Disabled Grandad Sacked by Asda for Sharing a Billy Connolly Clip?* Spectator, June 27, 2019, blogs.spectator.co.uk/2019/06/why-was-a-disabled-grandad-sacked-by-asda-for-sharinga-billy-connolly-clip/.
2. Sean Stevens, *The Google Memo: What Does the Research Say about Gender Differences? Heterodox Academy*, February 2, 2019, heterodoxacademy.org/the-google-memo-what-does-the-research-say-about-gender-differences/.
3. Emma Powell and Patrick Grafton-Green, *Danny Baker Fired by BBC Radio 5 Live over Racist Royal Baby Tweet, Evening Standard*, May 9, 2019, www.standard.co.uk/news/uk/danny-baker-fired-broadcaster-sacked-bybbc-radio-5-live-over-racist-tweet-a4137951.html.
4. Charlotte Zoller, *How I Found a Fat-Positive Doctor Who Didn't Just Tell Me to Lose Weight, Vice*, August 15, 2018, www.vice.com/en_us/article/43ppwj/how-to-find-a-fat-positive-doctor.
5. Lukianoff and Haidt, *The Coddling of the American Mind.*
6. Jonathan W. Wilson, '*I've Never Had a Student Ask for a Safe Space. Here's What They Have*

cember 26, 2018, areomagazine.com/2018/12/18/postmodern-religion-and-the-faith-of-social-justice/.
36. Barbara Applebaum, *Being White, Being Good: White Complicity, White Moral Responsibility, and Social Justice Pedagogy*, Lanham, MD: Lexington Books, 2010, p.31.
37. 同上 p.100.
38. 同上 p.99.
39. 同上 p.43.
40. 同上 p.43.
41. 同上 p.102.
42. 同上 p.108.
43. 同上 p.96.
44. 同上 p.97.
45. 同上 p.112.
46. Alison Bailey, *Tracking Privilege-Preserving Epistemic Pushback in Feminist and Critical Race Philosophy Classes, Hypatia* 32, no. 4, 2017: p.877.
47. 同上 p.877.
48. 同上 p.881.
49. 同上 p.882.
50. 當然，我們不能先假設《希帕提亞》的編輯們同意貝利的論點。他們本來是想發表後引起辯論。而且，他們也發表了沃爾夫的論文，以反對哲學中的特權理性。他們接受了我們的「惡作劇」（hoax）論文，以此來論證對社會正義研究的諷刺批評是無效和不道德的。一位編輯說：「這個主題非常好，將對女性主義哲學做出傑出貢獻，並引起《希帕提亞》讀者的興趣。」Wolf, *'Tell Me How That Makes You Feel'*; James Lindsay, Peter Boghossian, and Helen Pluckrose, *Academic Grievance Studies and the Corruption of Scholarship,* Areo Magazine, October 2, 2018, areomagazine.com/2018/10/02/academic-grievance-studiesand-the-corruption-of-scholarship/.
51. Bailey, *Tracking Privilege-Preserving Epistemic Pushback,* 886.
52. 同上 p.878.
53. 同上 p.886.
54. 同上 p.887.
55. 同上 p.887.
56. 同上 p.887.
57. DiAngelo, Robin J. DiAngelo, *White Fragility, International Journal of Critical Pedagogy* 3, no. 3, 2011.
58. 同上 p.54.
59. 同上 p. 57.
60. 這當然不是指責她虛偽。迪安吉洛非常清楚她的理論化會帶來什麼樣的結果，她希望自己可以「不那麼白」。她還一再指出，她只針對白人說話。See Michael Lee,

temic Oppression, Social Epistemology Review and Reply Collective 3, no. 10 (2014), ssrn.com/abstract=2798934.

24. Nancy Tuana, *Feminist Epistemology: The Subject of Knowledge,* in *The Routledge Handbook of Epistemic Injustice*, ed. Ian James Kid, José Medina, and Gaile Pohlhaus, Jr., London: Routledge, 2017, p.125.
25. José Medina, *The Epistemology of Resistance: Gender and Racial Oppression, Epistemic Injustice, and Resistant Imaginations*, New York: Oxford University Press, 2013, p.44.
26. 女性主義理論家桑德拉·哈定在一九八〇年代末和一九九〇年代初寫作，稱這種另外的景像是「強烈的客觀性」。Sandra Harding, *Rethinking Standpoint Epistemology: What Is 'Strong Objectivity'? Centennial Review* 36, no. 3, 1992.
27. 立場理論和一九八〇年代女性主義學者哈定的工作關係最為密切，但和當代理論家不同的是，哈定並不認為一個人必須成為某個群體的成員，才能想像自己處於他們的位置。因此，她的作品和弗里克的作品一樣，對人們同情其他群體成員的能力，仍然保持了一定的信心。Sandra Harding, Whose Science/Whose Knowledge? Ithaca, NY: Cornell University Press, 1991; Harding, *The Science Question in Feminism*; Harding, *Feminism and Methodology*; Sandra Harding, *Gender, Development, and Post-Enlightenment Philosophies of Science,* Hypatia 13, no. 3, 1998.
28. 柯林斯寫道：「身分政治和立場認識論，構成了針對建構出知識權威來源的有色人種、婦女、窮人和新移民群體的兩種重要授權形式。身分政治聲稱自己的經驗和社會位置的作為一種權威知識機構。立場知識論主張，人們有權在平等的知識代理人的詮釋社群中，解釋自己的現實時。」
此外：「將身分政治描繪為一種低級的政治形式，將知識論視為一種有限且可能帶有偏見的認識形式，說明了這種抹黑受壓迫主體的認識機構的普遍做法。」Patricia Hill Collins, *Intersectionality and Epistemic Injustice,* in *The Routledge Handbook of Epistemic Injustice*, ed. Ian James Kid, José Medina, and Gaile Pohlhaus, Jr., London: Routledge, 2017, p.119.
29. 多森認為：「這就像要盡可能地體驗不可能，並且相應地，看待一個人的知識論系統的局限性，這些系統要將可能視為不可能。能夠邁出這一步已經夠難的了。對許多人來說，改變這些限制是不可能的了。」（*Epistemic Oppression*, p.32）
30. 多森寫道：「那些實施三層秩序認知壓迫的人必須後退一步，並且意識到他們的整體認知系統，正在保護和合法化不足的認知資源。這種承認，可以看作是對一個人的文化傳統體系的廣泛承認，而這是非常困難的。」（同上 p.32）
31. Medina, *Epistemology of Resistance*, p.32.
32. 同上 pp. 30-35.
33. Georg W. F. Hegel, *The Phenomenology of Spirit*, 1807.
34. Charles Mills, *Ideology,* in *The Routledge Handbook of Epistemic Injustice*, ed. Ian James Kid, José Medina, and Gaile Pohlhaus, Jr., London: Routledge, 2017, p.108
35. James Lindsay, *Postmodern Religion and the Faith of Social Justice,* Areo Magazine, De-

Routledge, 2017, p. 1
9. Kristie Dotson, *Conceptualizing Epistemic Oppression, Social Epistemology* 28, no. 2, 2014.
10. 史碧瓦克對認知暴力的描述，借鑑了傅柯關於在普遍認知壓迫下的思想，這些思想和法國社會學家布赫迪厄在一九七〇年代提出的「象徵暴力」概念相似。對於布赫迪厄而言，每當一個人被引導相信她應該接受她的壓迫時，象徵暴力會發生。這兩個相似的概念，有助於我們解釋為什麼社會正義研究和社運主義，如此容易將令人不快的言論，視為一種暴力形式。
11. Nora Berenstain, *Epistemic Exploitation, Ergo* 3, no. 22, 2016.
12. José Medina, *Varieties of Hermeneutical Injustice,* in *The Routledge Handbook of Epistemic Injustice*, ed. Ian James Kid, José Medina, and Gaile Pohlhaus, Jr., London: Routledge, 2017.
13. Jeremy Wanderer, *Varieties of Testimonial Injustice,* in *The Routledge Handbook of Epistemic Injustice*, ed. Ian James Kid, José Medina, and Gaile Pohlhaus, Jr., London: Routledge, 2017.
14. Susan E. Babbit, *Epistemic and Political Freedom,* in *The Routledge Handbook of Epistemic Injustice*, ed. Ian James Kid, José Medina, and Gaile Pohlhaus, Jr., London: Routledge, 2017.
15. Lorraine Code, *Epistemic Responsibility,* in *The Routledge Handbook of Epistemic Injustice*, ed. Ian James Kid, José Medina, and Gaile Pohlhaus, Jr., London: Routledge, 2017.
16. 海蒂·格拉斯維克（Heidi Grasswick）認為:「有鑑於它們的認知力量和政治影響力，科學機構及其相關實踐，需要作為知識不正義的可能場所和根源，對之進行調查。」因此，僅僅因為他們獲得如此高的名譽聲望，科學和理性就必須被懷疑具有某種不正義的認知優勢。格拉斯維克繼續說：「種族主義和性別歧視，以及其他形式的壓迫，已經明確地形塑了科學的實踐和成果，現已被後殖民科學和科技研究學者、女性主義理論家和科學哲學家，以及種族批判理論家等給充分證明。」Heidi Grasswick, *Epistemic Injustice in Science*, in The Routledge Handbook of Epistemic Injustice, ed. Ian James Kid, José Medina, and Gaile Pohlhaus, Jr., London: Routledge, 2017, p.313.
17. 同上 p.313.
18. Kristie Dotson, *How Is This Paper Philosophy? Comparative Philosophy* 3, no. 1, 2012.
19. Code, *Epistemic Responsibility*.
20. Allison B. Wolf, *'Tell Me How That Makes You Feel': Philosophys Reason/ Emotion Divide and Epistemic Pushback in Philosophy Classrooms, Hypatia* 32, no. 4, 2017: 893–910, doi.org/10.1111/hypa.12378.
21. Alexis Shotwell, *Forms of Knowing and Epistemic Resources,* in *The Routledge Handbook of Epistemic Injustice*, ed. Ian James Kid, José Medina, and Gaile Pohlhaus, Jr. (London: Routledge, 2017), p.79.
22. 同上 p.81.
23. Alison Bailey, *The Unlevel Knowing Field: An Engagement with Dotson's Third-Order Epis-*

53. Aphramor and Gringas, in Solovay, *Reader*, p. 97.
54. 同上 p. 97.
55. 同上 p. 100.
56. 同上 p. 100.
57. John Coveney and Sue Booth, *Critical Dietetics and Critical Nutrition Studies,* Cham, Switzerland: Springer, 2019, p. 18.
58. Cooper, *Fat Activism*, p.7.
59. 同上 p. 2.

第八章——社會正義研究及其思想

1. Alan Sokal and Jean Bricmont, *Fashionable Nonsense: Postmodern Intellectuals Abuse of Science,* New York: St. Martin's Press, 1999.
2. See, for example: Ruth Bleier, *Science and Gender: A Critique of Biology and Its Theories on Women,* New York: Pergamon Press, 1984; Donna Haraway, *Situated Knowledges: The Science Question in Feminism and the Privilege of Partial Perspective, Feminist Studies* 14, no. 3, 1988.
3. Kristie Dotson, *Tracking Epistemic Violence: Tracking Practices of Silencing, Hypatia* 26, no. 2, 2011.
4. Hancock, *Intersectionality*, 1.
5. 「科學戰爭」乃是指自然科學家和後現代學者之間，有關知識的客觀性或社會建構性質的一系列激烈辯論，主要發生在一九九〇年代的美國。
6. Fricker, *Epistemic Injustice* 儘管「知識不正義」一詞被歸於弗里克，但人們在知識的關係中，可能會處於不利地位的這個論點，則由來已久。正如艾米・艾倫所言：傅柯很可能被認為是知識不正義的理論家（*avant la lettre*）。Amy Allen, *Power/Knowledge/Resistance: Foucault and Epistemic Injustice, The Routledge Handbook of Epistemic Injustice*, ed. Ian James Kid, José Medina, and Gaile Pohlhaus, Jr., London: Routledge, 2017, p.187.
7. See, for example: Rae Langton, *Epistemic Injustice: Power and the Ethics of Knowing by Miranda Fricker,* book review, *Hypatia* 25 no. 2, 2010; Elizabeth Anderson, *Epistemic Justice as a Virtue of Social Institutions, Social Epistemology* 26, no. 2, 2012.
8. 「知識不正義」是什麼？這是一種社會正義哲學。正如伊恩・詹姆斯（Ian James Kid）、何塞・梅迪納和蓋爾・波爾豪斯（Gaile Polhaus）所言：「作為一種現象和研究課題，『知識不正義』顯然和主要的知識與社會運動連結並相互滲透，像是女權主義、詮釋學、種族批判理論、身心障礙研究以及去殖民化、酷兒和跨性別知識論。」

   Ian James Kid, José Medina, and Gaile Polhaus, *Introduction,* in *The Routledge Handbook of Epistemic Injustice*, ed. Ian James Kid, José Medina, and Gaile Pohlhaus, Jr., London:

它還出現在更易於理解的文本《肥胖羞愧》（*Fat Shame*）之中，這個文本開頭就提到：肥胖汙名和種族、民族和道德歧視交織的方式；這兩者（肥胖和道德汙名）和階級特權之間的連結；最後所有這些因素（肥胖的汙名、種族歧視和階級特權）與性別交織的方式，以及對「受歡迎的正妹」的意義的合宜地建構成一個性別主題。Amy Erdman Farrell, *Fat Shame: Stigma and the Fat Body in American Culture,* New York University Press, 2011, 3. This book focuses on race and gender, claiming that *fat denigration is intricately related to gender as well as racial hierarchies, in particular the historical development of 'whiteness'* Farrell, Fat Shame, p.5.
這種交織性方法也可見於這本著作《你有權保持肥胖》（*You Have the Right to Remain Fat*）：「順性別的胖女人，可能會受到與跨性別的胖女人不同的對待……肥胖的跨性別女性，經歷了存在於性別歧視、肥胖恐懼症和跨性別恐懼症之間的暴力。種族是另一種可以緩解的原色。你膚色越輕，你的文化價值就越高。因此，白色或者淺色皮膚，可以緩解針對肥胖的負面偏見，而深色皮膚的女性，可能會因為膚色和脂肪恐懼症的綜合影響而面對更多的敵意。」Virgie Tovar, *You Have the Right to Remain Fat,* New York: Feminist Press, 2018, pp. 67-68.

37. Cooper, *Fat Activism,* p.4.
38. 同上 p. 36.
39. 同上 p. 35.
40. 他寫道：「傅柯的作品（一九八〇年）向我們表明，以自我完善的自由主義議程的名義，將身體置於科學的顯微鏡下，實際上重新記錄了它們的偏差，並且增強了它們的壓迫感」(in Rothblum and Solovay, Reader, p.70).
41. 阿弗拉莫爾和吉格拉斯在他們的文章〈在飲食理論和實踐中消失的有關於肥胖的女性主義話語〉中寫道：「巴特勒提醒我們，當我們繼續努力改變世界時，我們仍然和這個世界緊密相連，因為出於渴望和被認可的需要。更重要的是，我們不應為自己對權力、話語和知識的濫用和誤解負責。」（in Rothblum and Solovay, Reader, p.102）
42. Cooper, *Fat Activism*, p.24.
43. Wann, in Rothblum and Solovay, *Reader*, xi.
44. Tovar, *Remain Fat*, p.371.
45. Cooper, *Fat Activism*, p.169.
46. 同上 p.175.
47. 同上 p.175.
48. Wann, in Rothblum and Solovay, *Reader*, xiii.
49. 同上 xiii.
50. LeBesco, in Rothblum and Solovay, *Reader*, p. 70.
51. Allyson Mitchell, *Sedentary Lifestyle: Fat Queer Craft, Fat Studies* 7, no.
2, 2017: p. 11.
52. LeBesco, in Rothblum and Solovay, *Reader*, p. 83.

31. 以培根的著作為基礎的宣言，似乎最符合具有慶祝精神的自由身體積極運動。我們要拒絕參加不公平的戰爭，加入新的和平運動：「各種體型都健康」（HAES），承認幸福和健康的習慣，比大小胖瘦上的任何數字都更重要。要參加其實很簡單：
    1. 接受您的身材數字。喜愛並欣賞你所擁有的身體。自我接納，使您能夠繼續前進並做出積極的改變。
    2. 相信自己。我們都有目標，保持我們健康和健康體重的內部系統。藉由尊重身體飢餓、飽腹感和食欲的信號，支持您的身體自然地找到合適的體重。

    Linda Bacon, *Health at Every Size: Excerpts and Downloads,* LindaBacon.org, n.d., lindabacon.org/health-at-every-size-book/haes-excerptsand-downloads/.
32. 請參閱這些針對 HAES 主張的主要研究，Caroline K. Kramer、Bernard Zinman 和 Ravi Retnakaran，*Are Metabolically Healthy Overweight and Obesity Benign Conditions?: A Systematic Review and Meta-analysis, Annals of Internal Medicine* 159 no. 11, December 03, 2013, annals.org/aim/article-abstract/1784291/metabolically-healthyoverweight-obesity-benign-conditions-systematic-review-meta-analysis?doi=10.7326/0003-4819-159-11-201312030-00008; Lara L. Roberson et al., *Beyond BMI: The 'Metabolically Healthy Obese' Phenotype and Its Association with Clinical/Subclinical Cardiovascular Disease and AllCause Mortality—A Systematic Review, BMC Public Health* 14, no. 1, 2014: article 14.
33. 「ASDAH」網站聲明他們對包容性的承諾：
    1. 包括基於種族、國籍、移民身分、性別認同、性取向、年齡、信仰、能力、教育、經濟階層、社會階層、體型和大小等的多樣性。壓迫制度不是單獨發生的。因為它們累積了很多影響，我們不能在不解決所有壓迫的交織性的情況下，去消除重量／體型壓迫。
    2. 因此，我們 ASDAH 認為，以包容和交織性的方法工作，是創造一個所有身體都安全和受重視的世界的唯一途徑。
34. *Fat Studies*, Taylor and Francis Online.
35. Charlotte Cooper, *Fat Activism: A Radical Social Movement,* Bristol, England: Hammer-On Press, 2016, p.145。庫珀指出：「激進的女同性戀女性主義分離主義，通常是和第三波酷兒女性主義相對立的。」（p.145）回想一下，我們還看到了性別研究的一種轉變，也就是激進女性主義者被認為是跨性別排斥的，而交織性女權主義者是跨性別運動者。還要記住，唯物主義者和後現代主義者之間的分歧，在後殖民理論和種族批判理論中都很明顯。
36. 這種新的對齊方式，可以在《肥胖研究閱讀者》的前言中看到，它聚焦在理論性的發展：「就像考慮性別、性取向或者功能差異的女性主義研究、酷兒研究和身心障礙研究一樣，肥胖研究可以藉由體重的視野，向我們呈現出我們是誰。肥胖研究可以藉由提供一種新的和獨特的異化觀點，來提供一種和抵制其他形式的壓迫一致的分析。」Marilyn Wann, *Foreword*, in *The Fat Studies Reader*, ed. Esther D. Rothblum and Sondra Solovay, New York Unviersity Press, 2009, xxii.

分類是在什麼條件下，以誰的利益為考量而出現的？（Havis, in Scuro, *Addressing Ableism*, p.72）

9. Dan Goodley, *Dis/ability Studies: Theorising Disablism and Ableism*, New York: Routledge, 2014, p.3.
10. Goodley writes：「話語、策略和模式對人群和個人都有效。生物質能有微觀和宏觀目標。」（同上 p.32）
11. 同上 p. 26.
12. 同上 p. 36.
13. 同上 p. 35.
14. 同上 p. 8.
15. Fiona Kumari Campbell, *Contours of Ableism: The Production of Disability and Abledness.* (New York: Palgrave Macmillan, 2012).
16. 同上 p. 5.
17. 同上 p.6.
18. 同上 p.17.
19. 同上 p.28.
20. Brown, in Scuro, *Addressing Ableism*, p.70.
21. 正如安德魯．蘇利文所記錄的那樣：「自殺成為我身分的一部分。」Andrew Sullivan: *The Hard Questions about Young People and Gender Transitions, Intelligencer*, November 1, 2019, nymag.com/intelligencer/2019/11/andrew-sullivan-hard-questions-gender-transitionsfor-young.html.
22. Joseph P. Shapiro, *No Pity: People with Disabilities Forging a New Civil Rights Movement,* New York: Times Books, 1994, p. 3.
23. Shapiro, *No Pity*, p.20.
24. Brown and Scuro, in Scuro, *Addressing Ableism*, p.92-94.
25. 有時，助聽器並不能直接恢復聽力，而且要以不得不忍受令人不快和侵入性的噪音為代價，來改善聽力，導致聽障者是以看起來比問題還更糟糕的方法來「治療」。
26. 詳 見 Bradley Campbell and Jason Manning, *The Rise of Victimhood Culture: Microaggressions, Safe Spaces, and the New Culture Wars*, New York: Palgrave Macmillan, 2018.
27. *Naafa—We Come in All Sizes,* National Association to Advance Fat Acceptance, www.naafaonline.com/dev2/, accessed August 21, 2019.
28. Micaela Foreman, *The Fat Underground and the Fat Liberation Manifesto, Feminist Poetry Movement*, December 20, 2018, sites.williams.edu/engl113-f18/foreman/the-fat-underground-and-the-fat-liberation-manifesto/.
29. Association for Size Diversity and Health ASDAH, www.sizediversityandhealth.org/index.asp, accessed August 21, 2019.
30. Linda Bacon, *Health at Every Size: The Surprising Truth about Your Weight*, Dallas, TX: BenBella Books, 2010.

53. Steven Pinker, *Enlightenment Now: The Case for Reason, Science, Humanism and Progress,* Penguin Books, 2019.
54. Armin Falk and Johannes Hermle, *Relationship of Gender Differences in Preferences to Economic Development and Gender Equality, Science* 362, no. 6412, 2018: eaas9899.

第七章——身心障礙和肥胖研究

1. 這種奇怪的符號，在使用後現代方法和手段的學科中相對很普遍。這裡的意思是障礙者（the disabled）和正常人（the abled）一起同時學習。
2. 奧立佛等人寫道：「障礙者的『個體模式』預設了障礙者所經歷的問題，是他們受損的直接後果，這使得專業人員可以嘗試調整個人以適應他們特定的障礙狀況。可能會出現一個重新適能的方案，目的是使個人盡可能恢復接近正常狀態。」Michael Oliver, Bob Sapey, and Pam Thomas, *Social Work with Disabled People*, Basingstoke: Palgrave Macmillan, 2012, p.12.
3. 同上 p. 16.
4. 同上 p. 19.
5. Brown, in Jennifer Scuro, *Addressing Ableism: Philosophical Questions via Disability Studies,* Lanham, MD: Lexington Books, 2019, p.48.
6. 「瘸子理論」（crip theory）中的「Crip」是「瘸子 cripple」的縮寫。正如史碧瓦克所描述的，將這個用語應用於他們自己和他們的理論，是一種「策略型本質主義」的行為。
7. Robert McRuer and Michael Bérubé, *Crip Theory: Cultural Signs of Queerness and Disability,* New York University Press, 2006, p.8.
8. 詳見珍妮佛．斯庫羅和德沃尼亞．N．哈維斯對話的轉錄，在這當中哈維斯評論道：
這並非特指身障本身，而是系統性與結構性的權力動力，這些動力決定了何謂「規範」，也決定了那些不被視為「正常」的事物將被管理與接受「矯正」的過程，而「矯正」的目的在於強制執行既定的規範。
我想我是帶著傅柯式的視野來的。這並非特指身心障礙本身，而是系統性和結構性的權力動態才決定了所謂「規範」，也決定了那些不被視為「正常」的事物將被管理並服從於「矯正」的過程，而「矯正」的目標在於強制執行既定規範。
這些權力動態及其部署可以從歷史的角度探索制度和概念之戰。對傅柯而言，至關重要的是必須檢視某些現實是如何被確立為理性、正常和可取。當然，被種族化的歷史，對性和性別差異的歸因，以及被認為是「異常」的東西，都有這樣的歷史和權力部署的關係，這些權力部署使某些種族、性別和某種特定意義上的能力獲得特權。在這方面，我認為傅柯有助於指出權力的運作方式，也就是特定的正常概念是如何被自然化的。傅柯清楚地將規範的建構，以及那些超出既定規範的類別，視為影響人們如何被分類的機制。他甚至發展出一種針對異常的「種族主義」概念。對我來說，這是一種啟發性的方法，來審視我們經常認為是基本或既定的類別。這些

to the Neo-fascists. Telegraph, January 14, 2018. www.telegraph.co.uk/news/2018/01/14/bourgeois-left-has-abandonedworking-class-neo-fascists/; Michael Savage, *'Cities Are Now Labour Heartland, with Working-class Turning Away'. Guardian*. September 22, 2018. www.theguardian.com/politics/2018/sep/22/cities-are-nowlabour-heartland-as-traditional-working-class-desert; Paul Embery, *Why Does the Left Sneer at the Traditional Working Class? UnHerd*. April 05, 2019. unherd.com/2019/04/why-does-the-left-sneer-at-the-traditionalworking-class/; Sheri Berman, "Why Identity Politics Benefits the Right More than the Left." *Guardian*. July 14, 2018. www.theguardian.com/commentisfree/2018/jul/14/identity-politics-right-left-trump-racism.

43. Gordon, *Musings*, p.351.
44. Suzanna Danuta Walters, *Why Can't We Hate Men? Washington Post*, June 8, 2018, www.washingtonpost.com/opinions/why-cant-we-hatemen/2018/06/08/f1a3a8e0-6451-11e8-a69c-b944de66d9e7_story. html?noredirect=on.
45. Michael S. Kimmel, *The Politics of Manhood: Profeminist Men Respond to the Mythopoetic Men's Movement (and the Mythopoetic Leaders Answer)*, Philadelphia: Temple University Press, 1995.
46. Raewyn Connell, *Masculinities*, Vancouver: Langara College, 2018.
47. Terry A. Kupers, *Toxic Masculinity as a Barrier to Mental Health Treatment in Prison, Journal of Clinical Psychology* 61, no. 6, 2005.
48. 應該指出的是，川普當選美國總統在「理論」內部被視為對「理論」堅持的最佳實證，即社會暗地裡本質上就是存在著種族主義、性別歧視，和所有其他偏見，透過更多的「理論」來揭露這一點，比以往任何時候都更加重要和迫切。見 Lisa Wade, *The Big Picture: Confronting Manhood after Trump, Public Books*, January 4, 2019, www.publicbooks.org/big-picture-confronting-manhoodtrump/.
49. American Psychological Association, *APA Guidelines to Psychological Practice with Boys and Men*, 2018, www.apa.org/about/policy/boysmen-practice-guidelines.pdf.
50. Nancy E. Dowd, *The Man Question: Male Subordination and Privilege*, New York University Press, 2016.
51. Eric Anderson, *Inclusive Masculinity: The Changing Nature of Masculinities*, London: Routledge, 2012.
52. 這個想法通常被歸因於女性主義和後殖民學者桑德拉・哈定（Sandra Harding）的書《女性主義與方法論：社會科學問題》（*Feminism and Methodology: Social Science Issues*, Bloomington, IN: Indiana University Press, 1996）。哈定最具影響力的可能是在發展立場理論中提出「強制客觀性」的概念，最著名的可能是在她在一九八六年出版的《女性主義的科學問題》（*The Science Question in Feminism*）一書中，將艾薩克・牛頓的《數學原理》稱為「強姦手冊」（rape manual），她後來聲稱很後悔寫了這本書。Sandra G. Harding, *The Science Question in Feminism*, Ithaca, NY: Cornell University Press, 1993.

使真正的厭女症患者很少，或者根本不存在，自卑感也會在社會上存在而被強制執行。見 Kate Manne, *Down Girl: The Logic of Misogyny*, New York: Oxford University Press, 2018. 中文版由麥田出版。

26. Candace West and Don H. Zimmerman, *Doing Gender,Gender and Society* 1, no. 2, 1987.
27. 同上 p.126.
28. 同上 p.137.
29. 同上 p.142.
30. 他們寫道，「如果我們合宜地處理性別問題，我們就得以同時維持、複製，使以性別分類的體制安排被合法化。如果我們不能恰當地處理性別問題，我們作為個人，而不是被體制安排，則可能會被要求（要對我們的性格、動機和傾向）負責。」（同上 p.146）
31. Catherine Connell, *Doing, Undoing, or Redoing Gender? Gender & Society* 24, no. 1, 2010 pp. 31-55.
32. Pilcher and Whelehan, *Key Concepts*, p.54.
33. Crenshaw, *Mapping the Margins,* p. 1297.
34. Pilcher and Whelehan, *Key Concepts*, p.42.
35. 同上 p.43.
36. Nancy J. Hirschmann, *Choosing Betrayal*, *Perspectives on Politics* 8, no. 1, 2010.
37. bell hooks, *Racism and Feminism: The Issue of Accountability,* in *Making Sense of Women's Lives: An Introduction to Women's Studies*, ed. Lauri Umansky, Paul K. Longmore, and Michele Plott, Lanham, MD: Rowman & Littlefield.
38. Collins, *Black Feminist Thought.*
39. Patricia Hill Collins, *Toward a New Vision: Race, Class, and Gender as Categories of Analysis and Connection, Race, Sex & Class* 1, no. 1, 1993. pp. 38-39.
40. 社會主義女性主義者琳達．戈登寫道：「交織性概念也開始更多地關注某些社會地位。在降低交織性作為一個概念的潛力時，特別關注的是對階級不平等的忽視。這裡舉出一個例子：紐約州立大學奧爾巴尼分校社會工作學院的教學大綱，包含一個關於交織性的『模塊』（module），當中列出了性別、年齡、種族群體或種族和職業身分作為要考慮的影響，但卻忽視階級或經濟不平等，我知道這兩者絕不相同，也是一種普遍且非常確定存在的現象。」（p. 348）
    她繼續說：「我發現的運動者／交織性網站中，很少有討論低收入人群的問題，像是禁止聯邦資助墮胎、足夠的兒童保育成本、缺乏帶薪家事假和病假、失業、監獄條件、學校撥款、處方藥費用、有夠低的最低工資和工資盜竊。」（p. 353）
    Linda Gordon, *'Intersectionality,' Socialist Feminism and Contemporary Activism: Musings by a Second-Wave Socialist Feminist, Gender & History* 28, no. 2, 2016.
41. Peggy McIntosh, *On Privilege, Fraudulence, and Teaching As Learning: Selected Essays 1981–2019*, New York: Taylor & Francis, 2019, pp.29-34.
42. 見 journalistic analyses: Janet Daley, *The Bourgeois Left Has Abandoned the Working Class*

21. 同上 p. 448.
22. 我們不應該誤解這一點，以為每個女性主義者到二〇〇〇年代初成為了應用後現代主義者、交織性女性主義者，或每個女性主義者現在都是這樣。事實上，大部分女性主義者都不太可能是這樣。除了在某些飛地，像是大學、學院，女性主義者仍然存在，仍然活躍並相互爭鬥，但是交織性分支主導著社運主義和學術。
    激進女性主義者、自由女性主義者和唯物女性主義者，在許多其他類型中的女性主義者仍然存在並相當活躍。激進分子和唯物主義者對經濟、法律和政府的物質現實感興趣，並接受客觀真理的存在，而後現代主義者以及他們的後代：交織性主義者，則對於話語如何建構知識和權力感興趣（後現代知識和政治原則）。
    這兩種女性主義者，最終都認為性別是一種文化建構，但激進的唯物主義女性主義者認為，它是由男性為壓迫女性而建構的（典型的馬克思主義對權力的理解是自上而下的），而交織性主義者則認為，強制性別的力量，藉由我們如何談論事物而以話語的形式滲透到整個社會。而解放只能來自破壞性、性別和性取向分類的穩定性和相關性，包括激進女性主義者所依賴的那些。這使她們處於相當大的矛盾中。
    激進女性主義者和交織性女性主義者之間最明顯的衝突，發生在後現代跨性別運動者之間令人難以置信的敵對戰場上，他們相信性別的自我認同，這需要接受跨性別女性為女性，像是批判性激進女性主義者（通常被輕蔑地被稱為「跨性別排斥激進女性主義者」或 TERF），這些人認為，性別是一種壓迫性強加，而跨性別女性也是這種壓迫的同謀。在那些對女性從事性工作持正面態度的人，與那些相信性工作是對女性的剝削的激進女性主義者（通常被輕蔑地稱為「性工作者排斥激進女性主義者」或 SWERF）之間，也存在類似的衝突。
    在一九七〇年代和一九八〇年代，激進和唯物主義的女性主義觀點在大學中占據主導地位，但是隨著應用後現代主義的轉向，交織性女性主義、酷兒理論和後殖民女性主義的創造，交織性女性主義者，酷兒理論家和跨性別活動家已經開始占有了主導地位。這導致了像吉曼．基爾和裘莉．伯奇爾（Julie Burchill）等曾受歡迎的女性主義人物，因為對跨性別身分和性工作的看法而被「全網封殺」。激進女性主義者也面臨來自後殖民和交織性女性主義者的激烈批評，因為他們將女性視為一個階級，因此經常反對文化相對主義。舉例來說，他們批評伊斯蘭教對婦女的壓迫，而後殖民和交織性學者有時認為，這是對帝國主義的普遍化。
23. 這種現象的另一個例子，可以在那些基督教派中找到，他們重新解釋耶穌的應許，也就是在一代人之內會再來建立上帝的國度（馬太福音 24：34，和其他地方），以各種方式發生，像是在天堂或藉由建立基督教本身的方式實現預言。
24. Leon Festinger, Henry W. Riecken, and Stanley Schachter, *When Prophecy Fails: A Social and Psychological Study of a Modern Group That Predicted the Destruction of the World*, New York: Harper Torchbooks, p.195.
25. 這種新的女性主義思想的一個好例子，是屢獲殊榮且頗具影響力的著作《不只是厭女》（*Down Girl: The Logic of Misogyny*），康奈爾大學哲學教授凱特．曼恩（Kate Manne）認為，厭女症最好被理解為社會的一個系統性特徵。據此，在女性中，即

Equality, Psychology Today, December 17, 2018, www. psychologytoday.com/gb/blog/gender-questions/201812/good-news-at-titudes-moving-toward-gender-equality; in the United Kingdom: Radhika Sanghani, *Only 7 per Cent of Britons Consider Themselves Feminists, Telegraph*, January 15, 2016, www.telegraph.co.uk/women/life/only-7-per-cent-of-britons-consider-themselves-feminists/.

3. 這裡幾乎可以確定，至少遺漏了一個女權主義陣營，並且同樣有可能我們會因此而聽到它。
4. 為了避免引起交織性女性主義者的憤怒，假設這是有可能的，在此我們會點出，許多女性主義分支拒絕「波動線性模型」（linear wave model），像是有為女性選舉權而戰的第一波女性主義，緊隨其後的是第二波自由模式，這個模式擴大了婦女在家庭、工作場所和社會中的合法權利，再來是交織性的第三波（有時還有第四波，主要是聚焦在應用一種對性騷擾的擴大延伸觀點，也像是強姦文化的概念）。黑人和交織性女權主義者的許多分支，特別帶有這種拒絕波動線性模型的想法。
5. Paraphrased from Judith Lorber, *Shifting Paradigms and Challenging Categories, Social Problems* 53, no. 4, 2006, p. 448.
6. Simone de Beauvoir, *The Second Sex*, trans. H. M. Parshley, New York: Vintage Books, 1974.
7. Betty Friedan, *The Feminine Mystique*, New York: W. W. Norton & Company, 2013.
8. Kate Millett, Catharine A. MacKinnon, and Rebecca Mead, *Sexual Politics*, New York: Columbia University Press, 2016.
9. Germaine Greer, *The Female Eunuch*, London: Fourth Estate, 2012.
10. 洛柏寫道：「談到男性霸權，作為一種對葛蘭西一九七一年所寫的主導菁英和馬克思主義階級意識思想的應用，很容易將女性視為家庭分工中的從屬階級。」（*Shifting Paradigms*, p. 448）
11. 同上 p. 449.
12. Jane Pilcher and Imelda Whelehan, *Key Concepts in Gender Studies* , Los Angeles: Sage, 2017, xiii.
13. Pilcher and Whelehan, *Key Concepts.*
14. 同上 xiii.
15. 用皮爾徹和惠爾漢的話來說，「性別研究」一直是提高對多樣性和差異性認識的關鍵驅動力。舉例來說，以階級、性取向、種族、年齡、國籍和宗教以及公民身分為基礎的不平等和差異，不僅在性別之間，而且在性別內部，現在都受到關注。（同上 xiii）.
16. 同上 xiii.
17. Lorber, *Shifting Paradigms*, p. 449.
18. 同上 p. 448.
19. 同上 p. 448.
20. 同上 p. 448.

lectual History*, p. 9）。

57. 漢考克說：「交織性學者，是如何在將交織性概念化為知識產權的不可能性質，和將交織性概念化為模因的破壞性概念之間，找到一種中間立場。這當中的形狀變化如此之大，以至於不再被識別，為除了病毒傳播的模因之外的任何東西？」（*Intellectual History*, p. 17）
58. 坎秀說：「有些人將交織性視為萬物的宏大理論，但這不是我的意圖。如果有人試圖考慮如何向法院解釋，為什麼他們不應該駁回由黑人女性提出的案件，僅僅因為僱主確實僱傭了黑人男性和女性白人。那麼，這就是這個工具的設計目的。如果它有效，那就太好了。如果它不起作用，你不必使用這個概念。另一個問題是交織性可以被用作一個籠統的術語來表示『嗯，這很複雜』。有時，『這很複雜』是不做任何事情的藉口。」
   Kimberlé Crenshaw, *Kimberlé Crenshaw on Intersectionality, More than Two Decades Later, Columbia Law School,* June 2017, www.law.columbia. edu/pt-br/news/2017/06/kimberle-crenshaw-intersectionality.
59. 見 Robin J. DiAngelo, *White Fragility, International Journal of Critical Pedagogy* 3, no. 3, 2011 and Robin J. DiAngelo, *White Fragility: Why It's so Hard for White People to Talk about Racism*, London: Allen Lane, 2019.
60. Greg Lukianoff and Jonathan Haidt, *The Coddling of the American Mind: How Good Intentions and Bad Ideas Are Setting Up a Generation for Failure*, New York: Penguin Books, 2019.
61. 見 Heather Bruce, Robin DiAngelo, Gyda Swaney (Salish), and Amie Thurber, *Between Principles and Practice: Tensions in Anti-Racist Education*, panel, 2014 Race & Pedagogy National Conference, University of Puget Sound, video posted by Collins Memorial Library, vimeo.com/116986053.
62. Bruce et al, *Tensions*, p.2014.
63. 同上 p.2014.
64. James Lindsay, *Postmodern Religion and the Faith of Social Justice, Areo Magazine*, December 26, 2018, areomagazine.com/2018/12/18/postmod-ern-religion-and-the-faith-of-social-justice/.
65. David Rock and Heidi Grant, *Is Your Company's Diversity Training Making You More Biased? Psychology Today*, June 7, 2017, www.psycholo-gytoday.com/intl/blog/your-brain-work/201706/is-your-company-s-di-versity-training-making-you-more-biased.

第六章——女性主義與性別研究

1. Stevi Jackson, *Why a Materialist Feminism Is (Still) Possible—and Necessary, Women's Studies International Forum* 24, no. 3- 4 , 2001.
2. In the United States: Barbara J. Risman, *Good News! Attitudes Moving Toward Gender*

07, 2019, mediadiversified.org/2018/04/26/we-need-to-talk-about-light-skinned-privilege/.

42. Damon Young, *Straight Black Men Are the White People of Black People, Root*, September 19, 2017, verysmartbrothas.theroot.com/straight-black-men-are-the-white-people-of-black-people-1814157214.
43. Miriam J. Abelson, *Dangerous Privilege: Trans Men, Masculinities, and Changing Perceptions of Safety, Sociological Forum* 29, no. 3, 2014.
44. Sara C., *When You Say 'I Would Never Date A Trans Person,' It's Transphobic. Here's Why, Medium*, November 11, 2018, medium.com/@ QSE/when-you-say-i-would-never-date-a-trans-person-its-transphobic-here-s-why-aa6fdcf59aca.
45. Iris Kuo, *The 'Whitening' of Asian Americans, Atlantic*, September 13, 2018, www.theatlantic.com/education/archive/2018/08/the-whitening-of-asian-americans/563336/; Paul Lungen, *Check Your Jewish Privilege, Canadian Jewish News*, December 21, 2018, www.cjnews.com/living-jewish/check-your-jewish-privilege.
46. Zachary Small, *Joseph Pierce on Why Academics Must Decolonize Queerness, Hyperallergic*, August 10, 2019, hyperallergic.com/512789/ joseph-pierce-on-why-academics-must-decolonize-queerness/.
47. Peter Tatchell, *Tag: Stop Murder Music, Peter Tatchell Foundation*, May 13, 2016. www.petertatchellfoundation.org/tag/stop-murder-music/.
48. Arwa Mahdawi, *It's Not a Hate Crime for a Woman to Feel Uncomfortable Waxing Male Genitalia, Guardian*, July 27, 2019. www.theguardian.com/commentisfree/2019/jul/27/male-genitalia-week-in-patriarchy-women.
49. Pluckrose and Lindsay, *Identity Politics Does Not Continue the Work of the Civil Rights Movements.*
50. Collins and Bilge, *Intersectionality*, p. 30.
51. Rebecca Ann Lind, *A Note From the Guest Editor, Journal of Broadcasting & Electronic Media* 54 (2010): p. 3.
52. 邱秀美、坎秀和麥考定位了三組重疊的「系列約定」：第一組包括交織性框架的應用，或者交織性動力學的研究；第二組包括關於交織性的範圍和內容，作為理論和方法典範的辯論；第三個是採用交織性視野的政治干預。Sumi Cho, Kimberlé Williams Crenshaw, and Leslie McCall, *Toward a Field of Intersectionality Studies: Theory, Applications, and Praxis, Signs: Journal of Women in Culture and Society* 38, no. 4 (2013): p. 785.
53. Ange-Marie Hancock, *Intersectionality: An Intellectual History*, New York: Oxford University Press, 2016, p. 5.
54. 同上 p. 5.
55. 同上 p. 6.
56. 這些被漢考克命名為坎秀和柯林斯所謂的「源頭」，正是那個白人傅柯無誤（*Intel-*

of Diversity in Education, ed. James A. Banks, Thousand Oaks, CA: SAGE, 2012, p. 491.
克莉絲汀·斯利特繼續確定關鍵種族理論的以下原則：
1. 對中立、色盲，和任人唯賢主張的挑戰；
2. 白人作為種族補救措施的受益者（利益趨同論文）；
3. 經驗知識的中心性（翻轉敘事；立場理論）；
4. 致力於實現社會正義（最終，種族批判理論家致力於為社會正義努力。雖然一些理論家認為，種族主義是棘手的，但大多數人希望種族主義其進行深入分析，並且開發出豐富的翻轉敘事，來說明人們為何一直在反對種族主義，最終將導致種族主義被消滅）。

26. Delgado and Stefancic, *Introduction*, p. 7.
27. 同上 p. 7-8.
28. 同上 p. 7-8.
29. 同上 p. 127.
30. bell hooks, *Postmodern Blackness,* in *The Fontana Postmodernism Reader*, ed. Walter Truett Anderson, London: Fontana Press, 1996, p. 117.
31. Kimberlé Crenshaw, *Demarginalizing the Intersection of Race and Sex: A Black Feminist Critique of Antidiscrimination Doctrine, Feminist Theory, and Antiracist Politics, University of Chicago Legal Forum* 1, no. 8, 1989, chicagounbound.uchicago.edu/uclf/vol1989/iss1/8.
32. Kimberlé Crenshaw, *Mapping the Margins: Intersectionality, Identity Politics, and Violence against Women of Color, Stanford Law Review* 43, no. 6, 1991: 1224 n9.
33. Collins, *Black Feminist Thought.*
34. Crenshaw, *Mapping the Margins,* p. 1297.
35. 同上 p. 1242.
36. 同上 p. 1296.
37. 原本批判種族理論是許多非裔美國學者的工作，但在過去的幾十年裡，這個領域已經擴大到包括拉丁裔、亞洲人、穆斯林和阿拉伯人的分支。這些群體都被視為和白人，甚至他們彼此之間都具有不同的從屬關係。詳見 Helen Pluckrose and James A. Lindsay, *Identity Politics Does Not Continue the Work of the Civil Rights Movements, Areo*, September 26, 2018, areomagazine.com/2018/09/25/identity-politics-does-not-continue-the-work-of-the-civil-rights-movements/.
38. Patricia Hill Collins and Sirma Bilge, *Intersectionality*, Cambridge: Polity Press, 2018.
39. Adam Fitzgerald, *Opinion: Time for Cis-Gender White Men to Recognise Their Privilege, news.trust.org*, May 2, 2019, news.trust.org/item/20190502130719-tpcky/.
40. Jezzika Chung, *How Asian Immigrants Learn Anti-Blackness from White Culture, and How to Stop It, Huffington Post*, September 7, 2017, www. huffpost.com/entry/how-asian-americans-can-stop-contributing-to-anti-blackness_b_599f0757e4b0cb7715bfd3d4.
41. Kristel Tracey, *We Need to Talk about Light-skinned Privilege, Media Diversified*, February

它的結論是：CRT 已迅速發展成為社會理論的一個主要分支，並且已在美國以外的地方開展工作，包括在歐洲、南美、澳大利亞和非洲的工作。它經常被抱持不同觀點的人詆毀，他們認為，強調種族和種族主義是錯誤的，甚至是具有威脅性的。但是這些攻擊經常建立在過度簡化，還有缺乏對方法的理解的基礎上，但 CRT 仍在繼續增長，並且正在成為英國種族不平等政策和實踐的最重要觀點之一。

Nicola Rollock and David Gillborn, *Critical Race Theory (CRT), BERA,* 2011, www.bera.ac.uk/publication/critical-race-theory-crt.

24. 舉例來說，佛蒙特大學的佩恩．希拉爾多（Payne Hiraldo）提出了用於高等教育的種族批判理論的五項原則。這些分別是：

「翻轉敘事」（*Counter-storytelling*）：「一個被邊緣化群體的種族和從屬經歷合法化的框架。」因為社會被認為是由占有主導地位的群體的意識形態敘事：話語、論述所建構而成的，所以翻轉敘事就是代表了被邊緣化的身分群體的那些從前被忽視的知識。這是一種立場理論，它預設了具有某些身分的人，都帶有共同的觀點、經驗和價值觀，這些建構成了知識的替代形式，屬於邊緣身分群體的人，相對於特權群體的成員，可以獲得比其他人更豐富的知識集合。

「種族主義的延續性」（*The permanence of racism*）：種族主義在美國社會的所有領域：政治、社會和經濟各面向都普遍存在的觀點。因此，它並未被反歧視立法打倒，而必須在各種系統和相互作用中被發現並採取行動。

「白人作為一種資產」（*Whiteness as property*），這是一個複雜的論點，也就是說「白人」，和白人身分相關的社會結構，賦予了人們財產權，這是由於根深柢固的偏見和預設，這些內容的根源在於奴隸制。和白人特權非常相似，它假定隱蔽的系統性歧視，會繼續維護白人的優越性，和更大的機會權和財產權，而這只能藉由平權行動或其他平等倡議來解決。

「利益轉移」（*Interest conversion*），認為白人和被理解為白人至上主義者的社會，只有在對他們自己的利益有好處時，才允許有色人種的權利進步。

「對自由主義的批判」（*The critique of liberalism*），自由主義因普遍主義思想而受到批評，像是「色盲」、機會平等、平等權利和菁英政治。人們認為藉由預設已經存在的「公平競爭環境」，來忽視系統性的種族主義。

Payne Hiraldo, *The Role of Critical Race Theory in Higher Education, Vermont Connection* 31, no. 7, 2010: Article 7, scholarworks.uvm.edu/ tvc/vol31/iss1/7.

所有這些原則的基礎，是後現代社會概念，它藉由話語構建構成權力和特權系統：後現代知識和政治原則。這些原則也明確提倡應用解釋和理論結構，而不是提供可觀察的證據。

25. 《教育多樣性百科全書》（*The Encyclopedia of Diversity in Education*）對這些核心原則提出了另一種變體，但更強烈地強調了批判種族理論的政治目標。克莉絲汀．斯利特（Christine E. Sleeter）在副標題「種族主義的核心」之下寫道：「種族批判的理論家認為，種族主義不是一種失常，而是一種根本性的、地方性的和規範化的社會組織方式。」Christine E. Sleeter, *Critical Race Theory and Education,* in *Encyclopedia*

13. 德瑞克・貝爾寫道：「黑人永遠不會在這個國家獲得完全的平等。即使是那些我們稱之為『成功』的艱鉅努力，也只會產生暫時的『進步高峰』，隨著種族模式以維持白人統治的方式去調整適應，這些短暫的勝利，也會變得無關緊要。這是一個難以接受的事實，但所有歷史都證明了這一點。我們必須承認這一點，並繼續採取我所說的『現實種族主義』（Racial Realism）為基礎的政策。這種心態或者哲學，要求我們承認我們的從屬地位的永久性。這種承認，使我們能夠避免絕望，並讓我們自由地想像和實施，可能帶來成就感甚至勝利的種族策略。」
Derrick A. Bell, Jr., *Racial Realism, Connecticut Law Review* 24, no. 2, 1992.
14. Bell, *Brown v. Board*, esp. pp. 530–533.
15. Alan David Freeman, *Legitimizing Racial Discrimination Through Anti-discrimination Law: A Critical Review of Supreme Court Doctrine, Minnesota Law Review* 62, no. 1049, 1978, scholarship.law.umn.edu/mlr/804.
16. Mark Stern and Khuram Hussain, *On the Charter Question: Black Marxism and Black Nationalism, Race Ethnicity and Education* 18, no. 1, 2014.
17. 正如史蒂芬奇和德爾加多所言：「來自內部的持續的批評，指責這個運動偏離了原本的唯物主義源頭，過度關注中產階級少數群體所關心的問題，微觀冒犯、種族侮辱、無意識的歧視，和高等教育中的平權行動。如果種族壓迫有物質和文化根源，那麼僅僅攻擊這當中的觀念或語言的表達，往往對不平等的潛在結構無濟於事，更不用說赤貧者的困境了。」（Introduction, p. 106）
18. Patricia J. Williams, *The Alchemy of Race and Rights*, Cambridge, MA: Harvard University Press, 1991.
19. 詳見 *About This Book* on the page for *The Alchemy of Race and Rights* by Patricia J. Williams in Harvard University Press's online catalog, www.hup. harvard.edu/catalog.php?isbn=9780674014718.
20. Harvard University Press, *Honoring the Work of Patricia Williams.* Harvard University Press Blog, February 2013, harvardpress.typepad.com/ hup_publicity/2013/02/honoring-the-work-of-patricia-williams.html.
21. Angela P. Harris, *Race and Essentialism in Feminist Legal Theory, Stanford Law Review* 42, no. 3, 1990: 584.
22. Delgado and Stefancic, *Introduction*, pp. 8–11.
23. 儘管種族批判理論在美國的出現，是為了應對一個非常具體的歷史性種族背景，但它並沒有只停留在美國。英國教育研究協會，已經條列出了自己的種族批犯理論的原則：
    1. 種族主義的核心意義
    2. 白人至上
    3. 有色人種的聲音
    4. 利益趨同性
    5. 交織性

40. 同上 p. 3.
41. 同上 p. 9.
42. Elizabeth Freeman, *Time Binds: Queer Temporalities, Queer Histories,* Durham, NC: Duke University Press, 2010.
43. Mel Y. Chen, *Animacies: Biopolitics, Racial Mattering, and Queer Affect*, Durham, NC: Duke University Press, 2012.
44. Butler, *Gender Trouble*, p. 4.
45. 酷兒理論家對此的回應可能是說，這是對他們立場的過分徹底簡化，他們聲稱這些並不否認生物學現實，而只是認為這些現實是藉由歷史話語進行調和的，而歷史話語反過來又決定了我們思考的分類類別。這是另一個沒有區別的區別。由於酷兒理論拒絕、破壞和顛覆科學主張和有關於性別、性行為甚至性的「常識」的道德要求，酷兒理論家幾乎不花時間承認生物現實的存在，而且幾乎所有時間都在拒絕它們，並且論斷那些分類類別的社會建構性質。

第五章——種族批判理論和交織性

1. Michael Neill, *Mulattos, 'Blacks,' and 'Indian Moors': Othello and Early Modern Constructions of Human Difference, Shakespeare Quarterly* 49, no.4, 1998.
2. 一些三世紀的漢族人，描述了金髮碧眼的野蠻人，並評說很明顯，這些和漢人不同，他們顯然是猴子的後裔。Thomas F. Gossett, *Race: The History of an Idea in America*, Oxford: Oxford University Press, 1997.
3. Sojourner Truth, *The Narrative of Sojourner Truth*, ed. Olive Gilbert, in *A Celebration of Women Writers*, www.digital.library.upenn.edu/women/ truth/1850/1850.html.
4. Frederick Douglass, *Narrative of the Life Frederick Douglass*, Lexington, KY: CreateSpace, 2013.
5. W. E. B. Du Bois, *The Souls of Black Folk: The Unabridged Classic*, New York: Clydesdale, 2019.
6. Winthrop D. Jordan, *White over Black American Attitudes toward the Negro, 1550–1812*, Chapel Hill, NC: University of North Carolina Press, 2012.
7. Richard Delgado and Jean Stefancic, *Critical Race Theory: An Introduction*, New York: New York University Press, 2017, p. 3.
8. 同上 *Introduction*, p. 26.
9. Derrick A. Bell, *Race, Racism, and American Law,* Boston: Little, Brown, and Co., 1984.
10. Derrick Bell, *And We Are Not Saved: The Elusive Quest for Racial Justice,* New York: Basic Books, 2008.
11. 同上 p. 159.
12. Derrick A. Bell, Jr., *Brown v. Board of Education and the Interest-Convergence Dilemma*, Harvard Law Review 93, No. 3, 1980.

19. 另一位具有影響力且痴迷於權力的法國社會學理論家布赫迪厄（Pierre Bourdieu）強烈反對傅柯和正統的後現代觀點，他也有類似的看法，並用他的社會「慣習」（*habitus*）概念來描述這一點。
20. 社會對人類性行為各個面向的道德處境，在過去半世紀中發生了巨大變化，婚外性行為和同性戀性行為，愈來愈被視為道德中立的狀況。但是，蓋爾．魯賓令人震驚地，居然把戀童癖列入了她那份由社會所建構出來的禁忌清單之中，並且還說：「大多數人很難同情真正的戀男孩癖好者。就像一九五〇年代的共產主義者和同性戀者一樣，被如此汙名化，以至於很難為他們的公民自由找到捍衛者，更不用說他們的性取向了。」Gayle Rubin, *Thinking Sex: Notes for a Radical Theory of the Politics of Sexuality,* in *The Lesbian and Gay Studies Reader*, ed. Henry Abelove, Michèle Aina Barale, and David M. Halperin, Abingdon: Taylor & Francis, 1993, p. 7.
21. 同上 p. 9.
22. 同上 p. 10.
23. 同上 p. 11.
24. 蓋爾．魯賓明確描述了這種階層結構：
「現代西方社會根據性價值的等級體系來評估性行為。已婚、有生育能力的異性戀者，孤立在色情金字塔的頂端。在下面叫囂的是夫妻中未婚但一夫一妻的異性戀者，其次是其他大多數的異性戀者……目前最受鄙視的性行為上的種姓，包括了變性者、變裝癖者、戀物癖者、性施虐受虐者、性工作者（如妓女和色情模特），以及最卑賤的性種姓，也就是那些性欲超越了分類邊界的人。」（同上 p. 12）
25. 同上 p. 15.
26. 同上 p. 22.
27. Judith Butler, *Bodies that Matter: On the Discursive Limits of "Sex"*, New York: Routledge, 1993, xii.
28. Judith Butler, *Gender Trouble* (London: Routledge, 2006), p. 192.
29. 同上 p. 192.
30. 同上 p. 192.
31. 同上 pp. 192-3.
32. Adrienne Rich, *Compulsory Heterosexuality and Lesbian Existence*, Denver, CO: Antelope Publications, 1982.
33. Butler, *Gender Trouble*, p. 169.
34. 同上 p. 44.
35. 同上 p. 44.
36. 同上 p. 9- 10.
37. 同上 p.7.
38. Eve Kosofsky Sedgwick, *Epistemology of the Closet* , Berkeley, CA: University of California Press, 2008,p. 13.
39. 同上 p. 1.

5. 這裡的 Q 似乎為自己的政治項目增加選擇了 L、G、B 和 T 身分，而其他人可能不（通常不）接受。
6. Judith Halberstam, *In a Queer Time and Place: Transgender Bodies, Subcultural Lives*, New York: New York University Press, 2005.
7. David M. Halperin, *The Normalization of Queer Theory*, *Journal of Homosexuality* 45, no. 2- 4, 2003.
8. David M. Halperin, *Saint Foucault: Towards a Gay Hagiography*, New York: Oxford University Press, 1997, p. 62.
9. 作者趕緊指出，genderfucking 是酷兒理論中的一個技術學術術語，大致意思是「操弄『性別』的含意，從而使之成為酷兒」。
10. Annamarie Jagose, *Queer Theory: An Introduction*, New York: New York University Press, 2010, p. 1 安娜瑪麗・雅戈斯還嘗試給酷兒理論以下的定義：雖然對於酷兒的定義界線範圍（確定性是其廣為宣傳的魅力之一）沒有達成共識，但它的總體輪廓經常被勾勒和辯論。廣義來說，酷兒描述了那些將染色體性別、性別和性取向之間所謂穩定關係的態度或分析模型，帶往戲劇化般的不一致。抵制這種穩定模式，聲稱異性戀是這種模型的源頭或更準確地說，是異性戀帶來的影響時，酷兒所關注的是性、性別和性取向之間的不一致。在制度上，酷兒和女同性戀者、男同性戀者的關係最為突出，但這當中的分析框架，包括了諸如變裝、雌雄同體、性別模糊和性別矯正手術等相關主題。無論是作為變裝癖展演，還是學術解構，酷兒就在這當中找到定位，並且運用了這三個穩定異性戀的用語中的不連貫性。它證明了任何「自然」的性行為都不可能使用，甚至對「男人」和「女人」這樣看似沒有問題的用語也提出了質疑。（p. 3）
11. 「許多與公共領域相關的心理特徵，像是一般智力，男女平均而言是相同的……對於許多人來說，關於性別的概括總是不真實的。像『適當角色』和『自然場所』這樣的概念在科學上毫無意義，沒有理由限制自由。」Steven Pinker, *The Blank Slate: The Modern Denial of Human Nature,* London: Penguin, 2002, p. 340.
12. E. O. Wilson, *From Sociobiology to Sociology,* in Evolution, Literature, and Film: A Reader, ed. Brian, Joseph Carroll, and Jonathan Gottschall, New York: Columbia University Press, 2010, 98.
13. 一些跨性別學者和活動家最近開始對科學提出呼籲，因為神經科學愈來愈多地提供證據，表明跨性別人士的性別與性別不同的經驗，是以生物學為基礎的，但這些卻並沒有對酷兒理論產生任何重大影響。
14. Michel Foucault, *The History of Sexuality: Volume 1, an Introduction*, trans. Robert J. Hurley, New York: Penguin, 1990.
15. 同上 p. 69.
16. 同上 p. 54.
17. 同上 p. 93.
18. Louise Amoore, *The Global Resistance Reader,* London: Routledge, 2005, p. 86.

43. 同上 p. 164.
44. 梅拉・南達寫道：「後現代／後殖民理論對啟蒙價值觀的敵意及其對某些矛盾的放縱，使理論和典型的右翼思想對先進科技社會脈絡之間的不同步性（或時程遲緩），那種典型發展中社會現代化的經驗歷程所提出的解決方案是非常能夠兼容的。」（同上 p. 165）
45. 為此，南達寫道：「如果我們將客觀性的基礎授予西方，我們不是又回到了非理性情感原生者的那種舊的刻板印象嗎？具有諷刺意味的是，對於建立在否認基本的、非歷史的、永久的特徵的知識派別來說，這些批評者沒有看到這些典型的現代特徵，也並沒有得到西方宗教和文化的認可，但他們甚至不得不為之奮鬥，即使是在西方也是一樣。」（同上 p. 171）
46. Carolette R. Norwood, *Decolonizing My Hair, Unshackling My Curls: An Autoethnography on What Makes My Natural Hair Journey a Black Feminist Statement*, International Feminist Journal of Politics 20, no. 1, 2017.
47. Meera Sabaratnam, *Decolonising the Curriculum: What's All the Fuss About? SOAS Blog*, June 25, 2018, www.soas.ac.uk/blogs/study/decolonising-curriculum-whats-the-fuss/.
48. Alan J. Bishop, *Western Mathematics: The Secret Weapon of Cultural Imperialism, Race & Class* 32, no. 2, 1990.
49. Laura E. Donaldson, *Writing the Talking Stick: Alphabetic Literacy as Colonial Technology and Postcolonial Appropriation, American Indian Quarterly* 22, no. 1/2, 1998.
50. Mutua and Swadener, *Cross-Cultural Contexts*.
51. Lucille Toth, *Praising Twerk: Why Aren't We All Shaking Our Butt? French Cultural Studies* 28, no. 3, 2017.

第四章——酷兒理論

1. Sherry B. Ortner, *Is Female to Male as Nature Is to Culture?* in *Woman, Culture, and Society*, ed. Michelle Zimbalist Rosaldo and Louise Lamphere, Palo Alto, CA: Stanford University Press, 1974.
2. 有些文化已經感知到了第三種性別或多種性別。這些在很大程度上似乎是思考那些不符合「男性被女性吸引」和「女性被男性吸引」的預期分類的人的方法，並且這些人通常被認為是主流規範的異常狀態，這種主流規範深深植根於有性繁殖物種的生物學現實中。
3. 「酷兒理論」這個名字被認為是在一九九一年由勞拉提斯（Teresa de Lauretis）編輯的論文集中創造的。*Teresa De Lauretis, Queer Theory: Lesbian and Gay Sexualities*, Providence, RI: Brown University Press, 1991.
4. Mikael and Sune Innala, *The Effect of a Biological Explanation on Attitudes towards Homosexual Persons: A Swedish National Sample Study, Nordic Journal of Psychiatry* 56, no. 3, 2002.

ty,London: Pluto Press, 2018, p.1-2.

26. 巴巴及其同儕說：「去殖民化方法對以歐洲為中心的知識形式提出的主要挑戰之一，是堅持立場的性質和多元化，也許更重要的是，認真對待「差異」將對標準理解產生的影響。」（同上 pp.2- 3）。
27. 同上 p. 3.
28. 同上 p.2–3.
29. 英國第一位黑人研究教授凱欣德．安德魯斯在二〇一八年出版的《羅德像必須被推倒：對帝國的種族主義核心去殖民化的鬥爭》（*Rhodes Must Fall: The Struggle to Decolonise the Racist Heart of Empire*）一書的引言中，出現了西方菁英有效地促進「白人」，而不是所有他者認知方式的想法。安德魯斯寫道：「牛津的聲望建立在自己的菁英地位之上，這是這個校園的白人的代名詞。」（p.1）這方面的證據是經驗性的：「人們很容易低估像牛津這樣的空間每天發生的象徵性暴力。但你只需要在校園裡走一走，就能感受到環境的壓迫感。」Kehinde Andrews, *Introduction,* in *Rhodes Must Fall: The Struggle to Decolonise the Racist Heart of Empire*, ed. Roseanne Chantiluke, Brian Kwoba, and Athinangamso Nkopo, London: Zed Books, 2018, p. 2.
30. Bhambra et al., *Decolonising*, p. 5 .
31. Andrews, *Introduction,* p. 4.
32. *Our Aim. #RHODESMUSTFALL*, December 24, 2015. rmfoxford.word-press.com/about/.
33. 這種信念，最可能明確藉由將西方的知識概念拒絕並貼上「實證主義」的標籤而被表達出來。「實證主義」代表著知識被定義為可以呈現和看到、科學測試，或者數學證明的知識。對知識的實證主義理解，就是接受有證據的事物，而不是僅被理論化、主觀體驗，或者是信仰問題的事物。這種態度，不再是被視為嚴謹的，在後殖民和非殖民運動中，反而被理解為僅僅是屬於西方和殖民者的。
34. Gebrial, *Movements for Change,* p. 24.
35. Nelson Maldonado-Torres, Rafael Vizcaíno, Jasmine Wallace, and Jeong Eun Annabel, *Decolonizing Philosophy,* in Decolonising the University, eds Gurminder K. Bhambra, Dalia Gebrial, and Kerem Nişancıoğlu, London: Pluto Press, 2018, p.64.
36. Maldonado-Torres et al., *Decolonising Philosophy*, p. 66.
37. 同上 pp. 66–67.
38. Andrew Jolivétte, *Research Justice: Methodologies for Social Change*, Bristol, UK., Policy Press, 2015, p. 5.
39. Kagendo Mutua and Beth Blue Swadener, *Decolonizing Research in Cross-cultural Contexts: Critical Personal Narratives,* Albany, NY: SUNY Press, 2011.
40. Mutua and Swadener, *Cross-Cultural Contexts*, p. 1.
41. 同上 p. 2.
42. Meera Nanda, *We Are All Hybrids Now: The Dangerous Epistemology of Post-colonial Populism*, Journal of Peasant Studies 28, no. 2, 2001: p. 165.

後結構主義成為後殖民議程的核心。」（Simon Gikandi, *Poststructuralism and Postcolonial Discourse*,.Cambridge Companion to Postcolonial Studies, ed. Neil Lazarus, Cambridge: Cambridge University Press, 2004, p. 113）莫頓則走得更遠，認為要以高度理論化和移除的方法「讀出」文化，實際上讓被殖民化的人沉默了。藉由符號、代碼的抽象術語，來建構政治抵抗和話語策略，換句話說，後殖民主義的唯物主義批評者德希達和傅柯著作的理論認為，後殖民理論，無論有意還是無意，也否認了被殖民者的機構和聲音（Morton, *Formations,* p.161）。

簡而言之，藉由一個狹窄的後殖民視角來關注語言和詮釋的焦點，先前被殖民的人民再次被淪為西方的陪襯。我們只能根據他們與西方的集體關係來理解他們，並且否認他們的個性和普遍性。因此，我們稱之為「應用後現代主義」的這種藉由政治為導向的權力結構的「閱讀」方式，重現了它聲稱由西方所創造的刻板印象。儘管與先前的東方主義者不同，它讚揚而非貶低它們。

20. Bhabha, *Location*, p.20-21.
21. 對後現代後殖民學者最帶有一致性的批評者，是馬克思後殖民學者，這當中最傑出的可以說是維維克·齊貝爾（Vivek Chibber）。齊貝爾最關心的是後殖民研究本質主義問題。他的意思是，普遍或共同的人類目標，在後殖民研究中被貶低，只偏愛明確的文化差異，這反而再現了東方主義。藉由使科學、理性、自由主義和整體啟蒙，變成只是一個西方傳統，齊貝爾擔心說：「後殖民理論的持久貢獻與未來如何，在我看來，如果現在的它在五十年後被回憶時，將是對文化本質主義的復興及其對東方主義的認可，而根本不是對症下藥去解決東方主義。」

    Vivek Chibber, *How Does the Subaltern Speak?* Interviewed by Jonah Birch, *Jacobin*, April 21, 2013, www.jacobinmag.com/2013/04/how-does- the-subaltern-speak/.
22. Joseph-Ernest Renan, *La Réforme intellectuelle et morale* (1871), as quoted in Ahdaf Soueif, *The Function of Narrative in the War on Terror,* in *War on Terror*, ed. Chris Miller, Manchester: Manchester University Press, 2009, p.30.
23. Mariya Hussain, *Why Is My Curriculum White?* National Union of Students, March 11, 2015, www.nus.org.uk/en/news/why-is-my-curriculum- white/; Malia Bouattia and Sorana Vieru, *#LiberateMyDegree @ NUS Connect,* NUS Connect, www.nusconnect.org.uk/campaigns/liberate-mydegree.
24. Dalia Gebrial, *Rhodes Must Fall: Oxford and Movements for Change,* in Decolonising the University, ed. Gurminder K. Bhambra, Dalia Gebrial, and Kerem Nişancıoğlu, London: Pluto Press, 2018.
25. 巴巴和同儕是這樣解釋的：

    「去殖民化」有關於多種定義、解釋、目標和策略……第一，它是一種以殖民主義、帝國主義和種族主義作為其實證性和論述研究對象的世界觀；它將這些現象重新定位為當代世界的關鍵塑造力量，而它們的作用已被系統地從我們的視野中抹去。其次，它旨在提供另一種思考世界的方法和另一種政治實踐形式。Gurminder K. Bhambra, Dalia Gebrial, and Kerem Nişancıoğlu, eds., Decolonising the Universi-

8. Said, *Orientalism*, p.3.
9. Joseph Conrad, *Heart of Darkness: and Other Stories*, New York: Barnes & Noble, 2019.
10. Said, *Orientalism*, p. xviii.
11. Linda Hutcheon, *Circling the Downspout of Empire*, in *Past the Last Post: Theorizing Post-Colonialism and Post-Modernism*, ed. Ian Adam and Helen Tiffin, London: Harvester/Wheatsheaf, 1991.
12. 同上 p. 168.
13. Gayatri Chakravorty Spivak, *Can the Subaltern Speak?* in *Marxism and the Interpretation of Culture*, ed. Cary Nelson and Lawrence Grossberg, Chicago: University of Illinois Press, 1988.
14. Gayatri Chakravorty Spivak, *Subaltern Studies: Deconstructing Historiography,* in *Selected Subaltern Studies*, ed. Ranajit Guha and Gayatri Chakravorty Spivak, New York: Oxford University Press, 1988, p. 13.
15. Spivak, *Can the Subaltern Speak?* P. 308.
16. 英語文學和文化講師史蒂芬・莫頓（Stephen Morton）描述他因此判定：「巴巴的作品，經常在那些看似強大、權力的知識形式的核心，揭露出矛盾和不確定性。他批評殖民主義的論述，揭露了他們破碎化的過程，拆毀了他們的核心。他們會焦慮地尋找（但總是失敗）能確保殖民的知識。」Stephen Morton, *Poststructuralist Formulations,* in *The Routledge Companion to Postcolonial Studies*, ed. John McCleod, London: Routledge, 2007, p. 205.
17. The Bad Writing Contest, www.denisdutton.com/bad_writing.htm, accessed August 22, 2019.
18. 巴巴最著名的是「混合性」（*hybridity*）的概念，他在一九九四年於《文化的位置》（*The Location of Culture*）一書中引介這個思想及相關的概念，像是「擬態」（mimicry），「矛盾心理」（ambivalence）和「第三空間」（third space）。這些和二元性、加倍、挪用和含糊不清的有關概念。這類的用語在後期模式中經常出現後現代理論。這些概念很適合被理解為對穩定分類範疇的拒絕。這些用語指涉某些人同時在多個領域運作，雖然感覺各是兩者的部分，但也是分裂的，也在自己對自己的看法，又在自己的位置或別人的位置。他們可以感覺到「混合」，舉例來說，亞裔美國人，他們可以感覺到他們在模仿或順從主流文化，或者擁有自己的文化，然後文化模仿或者挪用。巴巴的混合概念描述了文化和語言的混合，以創造一種新的形式，包含了兩者的元素。「矛盾心理」描述了分裂的個體，和「擬態」是在（第三）空間內進行交流的一種實踐，讓兩者的部分相遇。然而，在後殖民理論中，這種文化的混合的特點是權力不平等，帶來一種強加於他者的、優越於他者的文化和語言。詳見 Homi K. Bhabha, *The Location of Culture*, London: Routledge, 1994。
19. 這種後殖民分析方法，非常注重解釋和重新解釋、解構和重建文化、敘事、觀念、身分，很少有關於實證性地看待材料現實。正如英語語言文學教授西蒙・吉坎迪（Simon Gikandi）所言，他認為：「這是一種文化分析方法，和一種閱讀模式，

42. 這個表徵來自進化生物學家希瑟・海因（個人溝通交流，personal communication）。
43. Sean Stevens, *The Google Memo: What Does the Research Say About Gender Differences?* Heterodox Academy, February 02, 2019, heterodox- academy.org/the-google-memo-what-does-the-research-say-about-gender-differences/.
44. Emma Powell and Patrick Grafton-Green, *Danny Baker Fired by BBC Radio 5 Live over Racist Royal Baby Tweet,* Evening Standard, May 09, 2019. www.standard.co.uk/news/uk/danny-baker-fired-broadcaster-sacked-by-bbc-radio-5-live-over-racist-tweet-a4137951.html.

第三章——後殖民理論

1. 一些後殖民學者是唯物主義者（通常是馬克思主義者），聚焦在殖民主義及其在經濟和政治方面帶來的後果。他們通常對後殖民主義者帶有很強的批判性，特別是米拉・南達、阿加斯・阿邁德（Aijaz Ahmad）、貝妮塔・帕里（Benita Parry）、尼爾・拉扎拉斯（Neil Lazarus）和帕爾・阿魯瓦利亞（Pal Ahluwalia）。
2. 去殖民性和本土性，構成了兩個相關但又相互獨立的研究領域，它具有後殖民理論的許多特徵。這兩者關注殖民主義的權力繼承者維護他們的社會和政治主導地位的方法，特別是藉由語言來進行「他者」化。去殖民主義最初集中在拉丁美洲。沃爾特・米尼奧洛（Walter Mignolo）特別是在知識論中挑戰啟蒙思想生產知識的方法。然而，去殖民主義學者經常拒絕將後現代主義視為西方現象。土著學者們對知識和權力系統的關係，也採取了類似的態度。琳達・杜喜娃・史密斯，是紐西蘭懷卡託大學土著教育的教授，在這方面頗具影響力。詳見她的書 *Decolonizing Metodologies: Research and Indigenous Peoples,* 1999 describes itself as "*drawing on Foucault*" to argue that Western scholarship is central to the colonization of indigenous people. See Linda Tuhiwai Smith, *Decolonizing Methodologies: Research and Indigenous Peoples* , London: Zed Books, 1999.
3. Frantz Fanon, *Black Skin, White Masks*, trans. Richard Philcox, New York: Penguin Books, 2019.
4. Frantz Fanon, *A Dying Colonialism*, trans. Haakon Chevalier, Harmondsworth, Middlesex: Penguin Books, 1970.
5. Frantz Fanon, *The Wretched of the Earth*, trans. Constance Farrington, Harmondsworth: Penguin, 1967.
6. Said, *Orientalism*.
7. Mathieu E. Courville, *Genealogies of Postcolonialism: A Slight Return from Said and Foucault Back to Fanon and Sartre,* Studies in Religion/Sciences Religieuses 36, no. 2, 2007. 薩依德的方法大體上是傅柯式的，儘管他某些方面拒絕傅柯工作的，而贊成法農的。因此，他的方法可以看作是這兩位思想家工作的融合。

28. Ibid., 1297.
29. Ibid., 1297.
30. Fiona Kumari Campbell, *Contours of Ableism: The Production of Disability and Abledness*, New York: Palgrave Macmillan, 2012.
31. Esther D. Rothblum and Sondra Solovay, eds., *The Fat Studies Reader*, New York: New York University Press, 2009.
32. 這方面的一個典型例子是近年來對定格動畫電視特別節目《紅鼻子馴鹿魯道夫》（*Rudolph the Red-Nosed Reindeer*, 1964）的批評。儘管這部電視節目清楚地描繪了一個包容的、反欺凌的主題：不要歧視那些不一樣的人。但目前的理論家和運動者已對這部電影提出質疑，因為這部電影描繪了欺凌者可能帶有的那種具有冒犯性的語言和態度，儘管事實上，這些細節對整部電影的主題是至關重要的。
33. Andrew Jolivétte, *Research Justice: Methodologies for Social Change*, Bristol, UK: Policy Press, 2015.
34. Miranda Fricker, *Epistemic Injustice: Power and the Ethics of Knowing*, Oxford: Oxford University Press, 2007.
35. Kristie Dotson, *Conceptualizing Epistemic Oppression*, *Social Epistemology* 28, no. 2, 2014.
36. Nora Berenstain, *Epistemic Exploitation*, *Ergo, an Open Access Journal of Philosophy* 3, no. 22, 2016.
37. Gayatri Chakravorty Spivak, *Can the Subaltern Speak?* in *Marxism and the Interpretation of Culture*, ed. Cary Nelson and Lawrence Grossberg, Chicago: University of Illinois Press, 1988.
38. 也許這方面最令人震驚的例子，在哥倫比亞的南卡羅來納州，由 FIRE 調查的一個案例（教育個人權利基金會），在這當中，班規要求學生必須「承認種族主義、階級歧視、性別歧視、異性戀，和其他經過紀律帶來的壓迫形式」，還有那些使他們永存的神話和刻板印象是存在的，並且同意與這些東西作鬥爭。一名學生反對要被教導說，她必須分享她老師的意識形態信仰，FIRE 也運作了一個反對立場的學術要求。（可見芭芭拉，*Being White, Being Good: White Complicity, White Moral Responsibility, and Social Justice Pedagogy*, Lanham: Lexington Books, 2010, p. 103）雖然偏見確實存在，反對它們是一件好事，但這些班規有兩個原因是令人擔心的。首先，令人不安的是，學生們需要接受一種信仰，並成為為這種信仰服務的積極分子，並且，其次，和神話與成見做鬥爭的要求，這些問題的基礎可能是很主觀的（和意識形態的）所定義下的什麼是神話和刻板印象。
39. Breanne Fahs and Michael Karger, *Women's Studies as Virus: Institutional Feminism, Affect, and the Projection of Danger, Multidisciplinary Journal of Gender Studies* 5, no. 1, 2016.
40. Sandra J. Grey, *Activist Academics: What Future? Policy Futures in Education* 11, no. 6, 2013.
41. Laura W. Perna, *Taking It to the Streets: The Role of Scholarship in Advocacy and Advocacy in Scholarship*, Baltimore: Johns Hopkins University Press, 2018.

Post-Colonialism and Post-Modernism, eds. Ian Adam and Helen Tiffin, London: Harvester/ Wheatsheaf, 1991, p.171.

15. 這種分裂主要發生在性別批判（激進）女性主義者和跨性別運動者（交織性和酷兒）女性主義者之間，他們理論之間的衝突是既深刻又分裂的。
16. 瑪麗・波維在一九八八年曾寫道：「將解構帶到邏輯結論中，會說『女人』只是一種社會建構，沒有任何自然基礎，換句話說，那個『女人』只是一個用詞，這個用詞定義取決於討論它的脈絡，而不是某些性器官或社會經驗。但這至少提醒了我們，要去提問說，美國女性主義的政治議程，是有歷史根據的實證基礎。挑戰我們這些相信歷史上女性是否真實存在，並且有分享某些特定經驗。解構對於女性存在的去神祕化，具有理論上的意義，意思就是要同時思考女人和『女性』。這並非一個簡單的任務。」詳見 Mary Poovey, *Feminism and Deconstruction, Feminist Studies* 14, no. 1, 1988, p.51.
17. Judith Butler, *Gender Trouble*, London: Routledge, 2006.
18. 巴特勒在她題為〈偶然基礎：女權主義與「後現代主義」問題〉的文章中，針對批評後現代主義者的言論提出辯護：
    我不知道該怎麼定義「後現代」這個詞，不過也許可以從後結構主義來理解。權力滲透在非常概念性的工具上，尋求商榷那些用語納入批評者的主體地位；此外，這代表著針對權力領域的批評用語的意義，並非是無法提供規範的、虛無的相對主義，而是參與政治批判的前提條件。去建立一系列能超越權力或者暴力自身的規範，就是一種帶有權力的和強制力的概念實踐，將會昇華、掩蓋，藉由訴諸規範普遍性的比喻，擴展自己的權力遊戲（p.158）。她的論文詳見於 *The Postmodern Turn: New Perspectives on Social Theory,* ed. Steven Seidman, Cambridge: Cambridge University Press, 1994.
19. Seidman, *Postmodern Turn*, p. 159.
20. bell hooks, *Postmodern Blackness,* in *The Fontana Postmodernism Reader*, ed. Walter Truett Anderson, London: Fontana Press, 1996.
21. 同上 p.117.
22. 同上 p.115
23. 同上 p.120.
24. Kimberlé Crenshaw, *Mapping the Margins: Intersectionality, Identity Politics, and Violence against Women of Color, Stanford Law Review* 43, no. 6, 1991.
25. Crenshaw, *Mapping the Margins,* 1244 n9.
26. 交織性被證明可以有效地提供一個框架，這被坎秀的同時代人柯林斯稱之為「宰制矩陣」（matrix of domination），這使得不同的少數群體能夠團結在同一面旗幟下。在這個鬆散的聯盟中，交織性還提供了定義階級分層結構的工具，使欺凌更受認可和更有效果的運動，像是女性主義，可以在「盟友」和「團結」這樣委婉的標題下，分散較小的責任。
27. Crenshaw, *Mapping the Margins,* 1297.

義的學者則主張，沒有解構目標的後現代主義和這些理論創始人的白人男子氣概，和當前的理論是完全相衝突的，這種理論目標是要建構一個更美好的世界。

平心而論，這些反對意見，對於什麼是後現代主義，什麼不是後現代主義，存在許多誤區。最常見的一種思想是把後現代主義與馬克思主義結合，稱之為「文化馬克思主義」或「後現代新馬克思主義」。馬克思主義和解構它的後現代主義之間有著複雜的連結，這種說法很常見於堅持「應用後現代主義」的思想當中。把人簡化分為被壓迫階級和壓迫階級的馬克思主義思想，應用於其他身分分類，像是種族、性別和性取向。這些都是似是而非的。本書前一章有說明，馬克思主義是一種後現代主義所拒絕的「宏大敘事」，但在「批判方法」卻為了服務馬克思行動主義而得到了保留和發揮。如以下章節所言，馬克思主義者的後裔：唯物主義學者，以非常不同的方法繼續他們的工作，也通常會對後現代主義者的後代提出批判。詳見 Matthew McManus, "On Marxism, Post-Modernism, and 'Cultural Marxism,'" *Merion West*, May 18, 2018, merionwest.com/2018/05/18/ on-marxism-post-modernism-and-cultural-marxism/

3. 舉例來說，詳見 Patricia Hill Collins, *Black Feminist Thought: Knowledge, Consciousness, and the Politics of Empowerment*, New York: Routledge, 2015.
4. 回顧所謂的批判理論，是被設定來解釋西方社會在道德上錯在哪，並且藉由投入社運主義帶來社會變革。從這個意義上說，我們在應用後現代中看到了後現代主義和批判理論衍生內容的融合，就像他們這數十年間，以「新左派」社運主義的形式興起，和在一九六〇和一九七〇年代，通常更直接、更激進的後現代主義理論是相左的。
5. McHale. *The Cambridge Introduction to Postmodernism*, p.48.
6. McHale, *Introduction*, p.97.
7. Mark Horowitz, Anthony Haynor, and Kenneth Kickham. *Sociology's Sacred Victims and the Politics of Knowledge: Moral Foundations Theory and Disciplinary Controversies. The American Sociologist* 49, no.4 (2018): pp. 459–95.
8. Jonathan Gottschall, *Literature, Science and a New Humanities*, New York: Palgrave Macmillan, 2008, p. 5.
9. Brian Boyd, Joseph Carroll, and Jonathan Gottschall, eds., *Evolution, Literature, and Film: A Reader*, New York: Columbia University Press, 2010, p. 2.
10. McHale, *Introduction*, p.172.
11. René Descartes, *Discourse on the Method: The Original Text with English Translation*, Erebus Society, 2017.
12. 儘管薩依德後來對傅柯頗多批評，但他的開創性文本：《東方主義》，明確地引用了傅柯的知識概念：藉由話語來建構出邊緣，這些內容至今仍然是後殖民研究中的關鍵文本，並且繼續影響這個領域的工作。
13. Edward Said, *Orientalism*, London: Penguin, 2003, xiii.
14. Linda Hutcheon, *Circling the Downspout of Empire*. In *Past the Last Post: Theorizing*

course on Language*, trans. A. M. Sheridan Smith, London: Tavistock, 1972.
28. 這一般正式稱為「反基要主義論」（anti-foundationalism）。
29. 艾倫・索卡爾和布里克蒙《時尚胡說》中區分了這兩種不同的懷疑主義類型：
 特定的懷疑論不應與激進主義的懷疑論相混淆。重要的是，要仔細區分兩種不同的科學批判的類型：那些反對特定的理論，並且以特定的論點來爭論，以及那些以一種或另一種形式，老調重談激進的懷疑論。先前的批評可能很有趣，但也可以被駁倒，而後者卻是無可辯駁，而且還不能反駁的（因為它們的普遍性）……如果有人想對科學做出貢獻，無論是自然面向還是社會角度，都必須放棄激進主義對邏輯的可行性或藉由觀察和／或實驗了解世界可能性的懷疑。當然，人們總是會對特定的理論產生懷疑。但為了支持這些懷疑，而提出一般性的懷疑論點是無關緊要的，正是因為它們的普遍性。
 Alan Sokal and Jean Bricmont, *Fashionable Nonsense: Postmodern Intellectuals Abuse of Science,* New York: St. Martin's Press, 1999, p. 189.
30. Lyotard, *Postmodern Condition*.
31. 李歐塔描述了科學語言以及政治和倫理之間的「嚴密的相互連結」（ibid, p. 8）。
32. Michel Foucault, *On the Genealogy of Ethics: An Overview of Work in Progress,* afterword to *Michel Foucault: Beyond Structuralism and Hermeneutics*, 2nd ed., by Hubert L. Dreyfus and Paul Rabinow, Chicago: University of Chicago Press, 1983.
33. Lyotard, *Postmodern Condition*, p. 7.
34. 具體而言，德希達拒絕了「意表」（signifier，無論是書面或口語）直接等同「意符」（signified，意義、觀念或對象，想要溝通的內容）而是將單詞視為關係。舉例來說，他認為「房子」應結合「小屋」（較小）和「豪宅」（較大）來理解，並且缺乏這些關係之間的明確含意。
35. Jacques Derrida, *Of Grammatology*, trans. Gayatri Chakravorty Spivak, Baltimore: John Hopkins University Press, 1976.
36. Roland Barthes, *The Death of the Author*, Aspen no. 5–6, ubu.com/aspen/aspen5and6/threeEssays.html.

第二章——後現代主義的應用轉向

1. 第一個規則，也是最重要的規則，就是永遠不要無聊。
2. 當今學術界的一個共同立場是：後現代主義死了。我們今天看到的那種理論並非後現代主義。這個論證，以一種純粹主義的方法為基礎，這種方法定位了後現代主義具有高度的解構階段，並且將後現代和緊隨其後而出現的應用後現代概念的理論給區別開來。這種區別，主要是那些希望捍衛後現代主義的堅持，希望拒絕那些當代以身分為基礎的社會正義學術，或為了捍衛社會正義不要被後現代主義汙染。重視後現代的學者指出，身分政治以一致性身分、實體分類和客觀真實的權力和特權系統為基礎，簡單地說，這種思想在後現代的世界觀中是行不通的。那些重視社會正

是社會和歷史的創造來源，西方優越的觀念，科學即真理的觀念，以及對社會進步的信念，這些都是歐洲和美國的根本。這種文化現在則處於危機狀態（*Turn* , p. 1）。

22. 這些想法都不是新鮮事。事實上，史蒂芬・希克斯（Stephen R. C. Hicks）在他的著作中 *Understanding Postmodernism: Skepticism and Socialism from Rousseau to Foucault*, Tempe, AZ: Scholargy Publishing, 2004. 對此做過整理：它們只是一種相對而言比較新，但又是延續不斷的反啟蒙思想表現，這些提問早在啟蒙運動內部就存在。對我們知識能力的可能性和可靠性的探求，大約兩百多年前就已是康德和黑格爾的主要關懷。舉例來說，很多著作都探討康德和黑格爾哲學與後現代思想之間的關係。更大、更直接影響到後現代思想的發展，則是尼采和海德格那些有關主體和存在的本質的思想。對於那些對後現代主義的哲學先驅感興趣的人，另外也可見大衛・德特（David Detmer）更早的著作，*Challenging Postmodernism Philosophy and the Politics of Truth*, Amherst, NY: Humanity Books, 2003. 這部著作同樣也很有價值。
23. 順道一提，這是一個很好的案例，看看後現代主義者如何將一種有價值的觀察，運用來把非常糟糕的哲學給正當化了。更明確的說，我們如何理解現實，取決於我們用什麼方法來解釋。後現代觀點出錯的地方是在於，認為這是科學知識生產才帶來的災難。這真理是什麼，這個事實是什麼，無法帶給任何嚴肅的科學家或哲學家感到震驚。確實，在他們的書中 *The Grand Design*, 2012，霍金和倫納德・姆沃迪瑙（Leonard Mlodinow）解釋了這種解釋世界的方式，他們稱為「依賴方法的現實主義」（New York: Bantam Books, 2010）。在這種方法下，我們主要設定稱之為「模型」的語言結構來解釋現象，然後我們檢視可以收集到的有關證據，來確定世界和這些模型之間的一致性。當一個模型已被證明可以分析可用數據，做出目前為止最好的解釋並預測新的結果（在某些更「硬」的科學，像是物理學，所用的標準會更為嚴格），我們就接受在此模型的脈絡中，這些事實「暫時是正確的」。但如有更好的模型被設計出來，科學家們可以相應地改變他們的理解，但這表面帶有靈活性，實際上卻是相當嚴謹的，其實完全不同於文化結構主義。這一點被科學哲學家孔恩（Thomas Kuhn）和奎因（Willard Van Orman Quine）很好的說明了。
24. Richard Rorty, *Contingency, Irony, and Solidarity* (Cambridge: Cambridge University Press, 2009), p. 3.
25. 理查・羅蒂早在十年前就處理過，詳見 *Philosophy and the Mirror of Nature*, Princeton, NJ: Princeton University Press, 1979.
26. 詳見 Michel Foucault, *The Order of Things: An Archaeology of the Human Sciences*, London: Routledge, 2002, 168. 雖然在其他時間，傅柯似乎會接受社會中可能存在不止一種知識論，但他始終將知識視為強大權力的產物，是一個確立我們能知道什麼的設定。
27. Michel Foucault, *Madness and Civilization: A History of Insanity in the Age of Reason*, trans. Richard Howard and Jean Kafka, New York: Routledge, 2001; Michel Foucault, *Birth of the Clinic: An Archaeology of Medical Perception*, trans. A. M. Sheridan Smith, London: Tavistock, 1975; Michel Foucault, *The Archaeology of Knowledge: And the Dis-*

容，對啟蒙價值觀的懷疑看法，但確實某些重要的事情正在發生變化，特別是在大學、學院、研究單位當中。

13. Brian Duignan, *Postmodernism, Encyclopædia Britannica*, July 19, 2019, britannica.com/topic/postmodernism-philosophy, accessed August 15, 2019.
14. Paraphrased from Walter Truett Anderson, *The Fontana Postmodernism Reader*, London: Fontana Press, 1996, pp. 10–11.
15. Steinar Kvale, *Themes of Postmodernity*, in *The Fontana Postmodernism Reader*, ed. Walter Truett Anderson, London: Fontana Press, 1996, p.18.
16. Kvale, *Themes*, p.18.
17. 同上 20.
18. 對於理查・羅蒂而言，關鍵因素是從「發現」到「製造」，他的意思是真相不會被揭露、掩蓋，而是人為建構的。這清楚地表達了有關現代性所帶有的潛在人為性質的後現代焦慮（諷刺的是，後現代性也是）並且將其描述為一種真實。對於布賴恩・麥克海爾（Brian McHale）而言，最重要的轉變，是哲學聚焦上從知識論到本體論的轉向，也就是說，從對我們如何產生知識的關注，到嘗試刻化存在的本質。他寫道，「現代主義聚焦於我們能『知道什麼』，以及我們『如何知道』，以及知識獲得的可能性和可靠性」，因此，「它追求知識論問題」。後現代主義則是「優先提問是有關世界製造和存在方法的，是超過接受和認知：因此它的定位是『本體論的』」（這些都是最後的原文）。詳見 Richard Rorty, *Contingency, Irony, and Solidarity*, Cambridge: Cambridge University Press, 2009, 3; McHale, *The Cambridge Introduction to Postmodernism*, pp. 14-15.
19. Steven Seidman, *The Postmodern Turn: New Perspectives on Social Theory*, Cambridge University Press, 1998, p. 1.
20. Anderson, *Reader*, 2.
21. 像是以下三位思想家認為，現代主義的興起是由於啟蒙運動的失敗。對於華特・安德森而言：

    對啟蒙運動的後現代論斷，是一項輝煌而雄心勃勃的努力，但它的視野是受到限制的。它的領導人認為，以理性思維為基礎建立一個普遍的人類文化的任務，比原來更容易。宇宙現在看起來就算不是無限的，也至少是無限複雜和神祕的。原本的永恆真理現在似乎看來和那些創造了它們的文化以及陳述它們的語言是無法切割的（*Reader*, p. 216）。

    大衛・哈維認為，啟蒙思想家覺得任何問題只有一個可能的答案，是不證自明的。由此得出世界可以被掌握和理性地治理，只要我們能描繪和正確地呈現它。這種預設存在一個單一的、正確的呈現模式，就是說只要我們能揭示它（這就是科學和數學的努力的全部）將帶來能使我們達到啟蒙目的的方法。

    因此，哈維將啟蒙運動描述為對「線性進步、絕對真理和理想社會秩序的合理規劃」（*Condition*, p. 27）。史蒂文・塞德曼還用非常簡單的教條話語來描述啟蒙運動：

    現代西方的核心，是啟蒙運動的文化。這是有關人類帶有一致性的預設，每個個人第三，它必須是可操作的，以期能用它來改變社會的社會運動者。
後現代理論家採用了批判的方法，或者至少是法蘭克福學派的批判情緒，並將原本的思想應用為結構主義，特別是那當中的權力觀。兩者的「核心」目標仍然一樣帶有一致性的，使「這個系統」中固有的問題更被彰顯出來，讓據說被這個系統壓迫的人們，無論他們多麼幸福地在這當中生活，直到他們開始厭惡這個系統，並且尋求革命反抗。法蘭克福學派發展了批判理論方法，特別是要超越對資本主義的批判，就像馬克思主義者曾經做過的那樣，而且這是以西方文明整體為目標的預設，特別是要使之作為一種社會政治哲學，也要成為啟蒙運動的自由主義替代選擇。正是這種批判方法，使後現代主義者轉向關注整個社會秩序及其制度，堅持認為這當中橫跨各種差異面向，無所不在的霸權結構（來自葛蘭西〔Antonio Gramsci〕的概念），需要被揭露並最終要被顛覆。

2. 我們已經寫過關於捍衛現代性的必要性的著作，針對的對象有兩個：前現代主義者（那些將我們帶回前工業和世俗時代的人）和後現代主義者，詳見 James Lindsay and Helen Pluckrose. *A Manifesto against the Enemies of Modernity*, Areo Magazine, August 22, 2017, areomagazine.com/2017/08/22/a-manifesto-against-the-enemies-of-modernity/.
3. Brian McHale, *The Cambridge Introduction to Postmodernism*, Cambridge University Press, 2015, 1.
4. 儘管拉岡和法國女性主義者如路思・伊瑞葛來（Luce Irigaray）和茱莉亞・克莉斯蒂娃（Julia Kristeva）都是後現代轉向中極具影響力的參與者，但本書卻不會花太多時間討論精神分析。他們的思想基礎在於心理學的發展，而並非文化結構主義，和其他思想家的研究差不多，因此對當下的文化影響不大。他們之所以也被批評為「本質主義者」，也是因為這個原因。
5. 要對每一位後現代思想家的思想淵源進行全面描述，著實超出本書範圍。
6. Jean François Lyotard, *The Postmodern Condition: A Report on Knowledge,* Manchester: Manchester UP, 1991.
7. Jean Baudrillard, *Simulacra and Simulation*, trans. Sheila Faria Glaser, Ann Arbor: University of Michigan Press, 1994.
8. 布希亞將這種奇怪的觀點帶到了一個可怕和虛無主義的極端，呼籲採取嚴厲的手段，讓我們回到一個更有生產力、更強大的技術之前的時代。詳見 Jean Baudrillard, *Symbolic Exchange and Death*, trans. Iain Hamilton Gran, London: SAGE Publications, 2017.
9. Gilles Deleuze and Felix Guattari, *Anti-Oedipus: Capitalism and Schizophrenia*, trans. Robert J. Hurley, London: Bloomsbury Academic, 2016.
10. Fredric Jameson, *Postmodernism: Or, the Cultural Logic of Late Capitalism*, New York: Verso Books, 2019.
11. David Harvey, *The Condition of Postmodernity*, Cambridge, MA: Blackwell, 2000.
12. 目前還無法確定，一般大眾或者社會觀念中是否開始帶有這種某些思想家引介的內

注釋

導論

1. James Lindsay and Helen Pluckrose, A Manifesto against the Enemies of Modernity, Areo Magazine, August 22, 2017, areomagazine. com/2017/08/22/a-manifesto-against-the-enemies-of-modernity/.
2. John Rawls, A Theory of Justice, Oxford: Oxford University Press, 1999.
3. Audre Lorde, Sister Outsider: Essays and Speeches, Berkeley, CA: Crossing Press, 2007, pp. 110-114.

第一章——後現代主義

1. 批判理論通常被認為是起源於著名的法蘭克福學派，作為馬克思主義對現代性的批判工具。而來自後現代批判理論的則和它不同，通常簡稱為「理論」。另外還有一些更具體的批判理論路線，像是「種族批判理論」或者「營養學批判」。事實上，法蘭克福學派的成員，特別是哈伯瑪斯（Jürgen Habermas）在很大程度上批評了後現代主義。通常在當代被稱為「批判理論」的方法，往往是指一種後現代的變異，這些理論目前主宰著大部分的學術界思想。有關於「批判理論」的不同涵義的一般性解釋，詳見 James Bohman, *Critical Theory,* in *Stanford Encyclopedia of Philosophy*, ed. Edward N. Zalta, Winter 2019 Edition, plato. stanford.edu/archives/win2019/entries/critical-theory/.

   從最初的出發點，批判理論的設定就有別於一般傳統的理論，原本的理論是要嘗試理解和解釋各種現象是什麼還有這些現象是如何運作的，這當中包括社會現象。與之相反，一個批判理論必須滿足三個標準。

   首先，它必須帶有一種「規範性」願景，也就是一系列社會應該要變成怎樣的道德觀點，而且這種道德願景要同時形塑理論，作為新社會的目標。

   其次，它必須解釋當前社會系統有什麼錯誤，通常藉由「問題」的形式，指出系統或方法的缺陷，哪些並未合乎由理論發展出的規範道德觀。

FOCUS 002

左膠是如何煉成的

左派理論如何讓一切都成了問題？危害社會民主價值

CYNICAL THEORIES: How Activist Scholarship Made Everything about Race, Gender, and Identity—and Why This Harms Everybody

作者	海倫・普魯克羅斯（Helen Pluckrose）、詹姆斯・林賽（James Lindsay）
譯者	蔡至哲
責任編輯	李銳俊
校對	魏秋綢
封面設計	井十二設計研究室
排版	宸遠彩藝
副總編輯	邱建智
行銷總監	蔡慧華
出版	八旗文化／遠足文化事業股份有限公司
發行	遠足文化事業股份有限公司（讀書共和國出版集團）
地址	新北市新店區民權路 108-2 號 9 樓
電話	02-22181417
傳真	02-22188057
客服專線	0800-221029
信箱	gusa0601@gmail.com
Facebook	facebook.com/gusapublishing
Blog	gusapublishing.blogspot.com
法律顧問	華洋法律事務所／蘇文生律師
印刷	成陽印刷股份有限公司
定價	600 元
初版一刷	2025 年 1 月
初版二刷	2025 年 2 月
ISBN	978-626-7509-23-4（紙本） 978-6267-509-22-7（EPUB）、978-6267-509-21-0（PDF）

左膠是如何煉成的：左派理論如何讓一切都成了問題？危害社會民主價值 / 海倫 . 普魯克羅斯 (Helen Pluckrose), 詹姆斯 . 林賽 (James Lindsay) 著 ; 蔡至哲譯 . -- 初版 . -- 新北市 : 八旗文化 , 遠足文化事業股份有限公司 , 2025.01

面 ;　公分 . -- (Focus ; 2)

譯自：Cynical theories : how activist scholarship made everything about race, gender, and identity—and why this harms everybody.

ISBN：978-626-7509-23-4 (平裝)

1. 西洋哲學　2. 後現代主義　3. 社會正義　4. 左派

143.89　　113018073